本书受到中国政法大学青年教师学术创新团队支持计划、教育部人文社会科学研究项目（20YJC820042）的资助

疑难案件与司法推理

Hard Cases and Judicial Reasoning

孙海波 著

图书在版编目(CIP)数据

疑难案件与司法推理/孙海波著. —北京:北京大学出版社,2020.7
ISBN 978-7-301-31367-1

Ⅰ.①疑⋯ Ⅱ.①孙⋯ Ⅲ.①审判—研究—中国 ②司法—研究—中国 Ⅳ.①D925.04 ②D926.04

中国版本图书馆 CIP 数据核字(2020)第 104448 号

书　　　名	疑难案件与司法推理 YINAN ANJIAN YU SIFA TUILI
著作责任者	孙海波　著
责 任 编 辑	毕苗苗
标 准 书 号	ISBN 978-7-301-31367-1
出 版 发 行	北京大学出版社
地　　　址	北京市海淀区成府路 205 号　100871
网　　　址	http://www.pup.cn
电 子 信 箱	law@pup.pku.edu.cn
新 浪 微 博	@北京大学出版社　@北大出版社法律图书
电　　　话	邮购部 010-62752015　发行部 010-62750672 编辑部 010-62752027
印 刷 者	河北滦县鑫华书刊印刷厂
经 销 者	新华书店
	650 毫米×980 毫米　16 开本　20 印张　278 千字 2020 年 7 月第 1 版　2021 年 12 月第 2 次印刷
定　　　价	59.00 元

未经许可,不得以任何方式复制或抄袭本书之部分或全部内容。
版权所有,侵权必究
举报电话: 010-62752024　电子信箱: fd@pup.pku.edu.cn
图书如有印装质量问题,请与出版部联系,电话: 010-62756370

序

孙海波博士的专著《疑难案件与司法推理》就要出版了，这本书大多数内容是他在北大读博期间撰写的。我很高兴看到这些文字结集出版。海波邀请我为此书作序，作为他的导师，我当然愿意。海波勤奋刻苦，善于钻研，甚至经常"死读书"，用一股子"蛮劲"啃文本，非得从中看出个所以然来。我们眼前的这本书，就是他长期钻研的果实。

从2010年海波跟随我读硕士起，我们相识已经十年。海波自硕士阶段就开始关注疑难案件的问题。他的硕士论文就是研究当代英美法理学中有关疑难案件的基本理论。在博士阶段，他对相关问题的兴趣有增无减，将疑难案件的裁判理论作为自己的研究方向，逐渐聚焦于司法实践中疑难案件的成因、形态及应对措施，并以此为题撰写了博士论文。他的博士论文以出色的学术水准被选为"青蓝文库"的首批著作，由中国法制出版社出版。

这本书讨论的核心问题是"法官如何面对疑难案件"。从写作体例上看，前几章的理论色彩更浓，后几章则涉及一些具体的司法制度或方法论问题。疑难案件既是从司法实践中生发的具体问题，也是非常值得研究的重要理论问题。"法官不得拒绝裁判"已成为世界多数国家普遍遵循的法治原则。如果法官在实践中遇到疑难案件时不能拒绝裁判，那应该如何裁判呢？这本书就尝试以法哲学和方法论的双重视角来探讨并回答这个问题。

我同意海波的观点，司法裁判包括疑难案件的裁判，基本上是一个理性化的过程，法官需要借助理由（reasons）来证成某个决定。即便是在疑难案件的裁判中，法律理由也不能轻易地甚至任意地让位于政治理由、经济理由或道德理由，毕竟法治国家的司法裁判的根本原则在于依法裁判。

　　这本书的前两章系统梳理了法教义学与社科法学的争论,在澄清二者各自相关的概念和性质的基础上,指出它们在某些方面可能存在的合作空间。当今的法教义学已不再是简单的概念解释,而是蕴含价值判断的实践法律解释之学,能够在特定的场域为案件裁判提供多样化的理由支撑。法教义学具有不断自我生产的能力,有时批判和续造既有法律,为疑难个案提供有效的解释方案。与之相比,社科法学主要采纳外在的立场,以一种还原论的方式来理解法律及其适用。对这些外在后果的考量,在一定程度上有助于避免机械司法,为解决疑难案件提供重要的帮助。但是,如果把握不好分寸和限度,便容易陷入法外裁判论的立场,走向依法裁判的对立面。因此,第七章重点讨论价值判断的问题。如果价值判断在司法中不可避免,那么如何让这种判断与整体法秩序保持一致,而不至于沦为主观恣意?这本书进行了一些建设性的探讨。

　　同时,这本书还用了一定的篇幅讨论司法推理的相关内容。演绎及类比这些常见的推理方式,大体上就是人们常说的"像法律人那样思考"所意指的法律思维。演绎推理是一种最为基础的法律思维,由于它自身的相对程式化或简单化而遭致不少质疑。为此,海波在清理常见的认识误区的基础上,为这一推理方法进行正名。与演绎推理相比,类比推理在法律领域也十分重要,在普通法的实践中更是一种具有普遍性的法律思维方法。在实践中,我国当下方兴未艾的案例指导制度的适用,在很大程度上也依赖于类比思维。只有确证待判案件与某个指导性案例是实质意义上的相似案件时,参照适用指导性案例才有必要。那么,如何去判断案件之间的相似性?以及如何参照前案中的裁判规则?解答这些疑问都要求我们熟悉类比推理的相关理论,并将它们妥当地应用于案例实践之中。

　　当前我国仍然处于社会转型时期,突如其来、正在全球肆虐的新冠病毒疫情更是对人类既有规则和理念的空前挑战,特别是许多人过去习以为常的行为方式、认知模式变得不可靠、不确定了。基于上述分析,对疑难案件的研究显得具有一种常规意义。海波这本书以疑难案件作为媒介和平台,沟通法律理论与裁判方法;其所提出的具体裁判方法对司法实践具有启发意义,所构建的一般理论丰富了法学理论的内容。这类研究对于我们应对不断出现的新型案件、疑难案件、复杂案件,无疑是大有裨益的。期待未来有更多的学者关注疑难案件的司法理论,也衷心希望海波能够在这个领域继续耕耘,产出更丰硕的研究成果。

  是为序。

张　骐
2020 年 4 月 18 日

CONTENTS 目 录

引 言 ... 1

第一章　法学研究与司法的良性互动 ... 6
　一、法教义学面临的难题 ... 8
　二、中国法教义学发展的实践困境 ... 16
　三、司法裁判中的后果考量与教义论证 ... 22
　四、本章小结 ... 36

第二章　法教义学的知识及方法贡献 ... 42
　一、从"法条是否容许批判"说起 ... 44
　二、法教义学的概念再探 ... 48
　三、法教义学的性质和范围 ... 53
　四、法教义学能为我们做什么？ ... 64

五、法学的社会科学化及其局限　　71
　　六、本章小结　　79

第三章　道德争议难题的法理反省　　81
　　一、法律实践中的道德难题　　82
　　二、法律道德主义的基本立场及困境　　84
　　三、法律道德主义的实践检讨　　94
　　四、本章小结　　101

第四章　疑难案件的法哲学之维　　104
　　一、法哲学视野下的疑难案件　　105
　　二、法概念论与裁判理论　　106
　　三、疑难案件的法哲学争议　　110
　　四、本章小结　　122

第五章　疑难案件的成因及裁判进路　　124
　　一、案件为何疑难？　　124
　　二、法官如何面对公共视野中的
　　　　疑难案件？　　135

三、裁判疑难案件的方法论迷思　　144
　　四、本章小结　　155

第六章　重思形式逻辑的功用与限度　　157
　　一、对司法三段论的种种诘难　　158
　　二、误解产生的根源　　164
　　三、对几种替代性理论的检讨　　168
　　四、本章小结　　176

第七章　司法裁判中的价值判断　　180
　　一、法教义学与价值判断　　180
　　二、超越法律？　　185
　　三、放弃司法裁判的确定性？　　192
　　四、本章小结　　199

第八章　"后果考量"与"法条主义"的较量　　201
　　一、法官如何思考？　　201
　　二、"社会效果论"到"后果主义裁判"
　　　　的异化　　204
　　三、法律适用的噩梦与美梦　　207

四、本章小结　　217

第九章　类比推理的一般结构与运行方法　219
　　一、为什么需要类比推理？　220
　　二、两大法系中的类比推理　227
　　三、"区分技术"和"寻找相似性"　231
　　四、本章小结　241

第十章　基于案例的司法推理　244
　　一、一个基本概念的追问　247
　　二、制约指导性案例使用的潜在因素　249
　　三、滥用指导性案例的诸种表现形式　253
　　四、指导性案例"指导性效力"发挥
　　　　的难点　260
　　五、被遗忘和遮蔽的"相似性判断"　272
　　六、本章小结　283

参考文献　285

后　记　309

引　言

很长一段时间以来，我将学术研究的兴趣和重心放在"疑难案件"这个主题上。如果说，法律体系的核心在于司法，那么司法的核心便集中于疑难案件的裁判。在此意义上，疑难案件成为过滤和检验现有法律体系之整全性的试金石。与此同时，疑难案件所牵涉的并不仅仅是法律方法的范畴，其背后还有复杂的法哲学的内容。事实上，不少法哲学家也正是从这个角度展开讨论的。疑难案件能够成为架通法哲学与裁判理论的一个重要桥梁，很多案件之所以疑难，究其根本乃在于人们对于法律规定背后的理由或根据存在分歧，而非单纯的法律语义层面的争议。

法律理论虽然并不直接拘束或决定司法实践，但是它能为法官提供重要的司法知识和方法。一般而言，如果不理解"法"这个事物是什么，那么法官在裁判实践中将很难开展工作。正如拉伦茨所言："'法'是一种极为复杂的标的，它不只是不同的个别学科研究的客体，哲学也研究它。如果不考虑法哲学，就根本无法研究法学方法论。"[①] 法官应如何理解自己的职业或工作？其职责是严格地依法裁判，还是有义务为个案寻求正当的裁判？换言之，法官是否必须严格地受到既有法律的拘束，还是在特定情况下可以背离法律而为正当的裁判？对于这些问题的回答，还是必须要回到法律理论或法哲学中来。这也是为什么德沃金会说，"法理学是裁判的总则部分，是任何法律决定的无声前言"。[②] 可以说，任何一种法律方法论的背后，都可能会预设着一种不同的法律理论。

本书收录了我近几年陆续完成的十篇文章，它们都或多或少地与疑难案件这个主题相关。贯穿于全书的一条主线是"法官应如何面对疑难

---

① 〔德〕卡尔·拉伦茨著：《法学方法论》，陈爱娥译，商务印书馆2003年版，第21页。
② 〔美〕罗纳德·德沃金著：《法律帝国》，李冠宜译，台湾时英出版社2002年版，第99页。

案件"。具体来说,可以分为上下两个部分:前一部分法律理论的气息更浓,思考的问题是法律理论如何回应疑难案件频繁发生的现实实践;后一部分则有较强的实践导向,主要是从法律方法与司法推理的角度分析应对疑难案件的经验与方法。

第一章,是以法教义学与社科法学之争为线索,探讨法学研究与司法之间的良性互动如何可能。近年来,围绕着法学究竟应否采纳一种外在主义的视角和后果导向的思维,引发了一场社科法学与法教义学的争论。这两种主张背后隐含着一些关于法学研究的立场、法律理论的性质、对好法官以及好法律实践的期待、法律思维、法学教育等问题的不同预设。廓清社科法学与法教义学各自的性质、知识范围及其实践影响,将有助于我们认识到二者之间并不能相互取代,而是在竞争中有协作、以协作弥合竞争的互补关系。同时还应注意到,在不断面向实践敞开的情势下,二者均应注重司法实践和现实案例,通过对案例的研究来影响、激励或促进判决说理,真正实现法学与司法的良性互动。

第二章,主要是为法教义学在法学研究体系中的核心地位作辩护。在社科法学的强劲攻势下,法教义学的基础性地位遭到挑战,加上实践中疑难案件频发,使得法教义学的处境更显被动。在此背景下,我们思考的问题是法教义学究竟能为司法实践生产何种法律知识并提供何种法律方法。将法教义学视为法学的核心,绝非有意过度提升法教义学的地位,而是为了从根本上厘清法学各学科的内在脉络与基本性质。无论是从法教义学的性质、范围、功能及法学教育的理想来看,还是从社科法学在知识生产与应用上对于法教义学的依赖来分析,上述命题均是可以成立的。此外,透过新近学界所出现的"社科法学的教义化武装"和"法(教义)学的社会科学化转向"这两种现象,还应看到法教义学与社科法学相互合作与相互促进的一面。

第三章,是以实践中经常出现的道德争议难题为对象,从法哲学的视角审视如何对其进行法律治理。在立法、司法领域中都存在着道德争议难题,立法不能强人所难,它应注意所引导的道德行为自身的性质及限度;而法官在面对道德争议难题时,应注意区分法律裁判与道德裁判之间的界限,避免以道德裁判取代法律裁判,从而使得司法裁判丧失根本的法律属性。在理论上,将这种道德法律化的理论称为"法律道德主义",主张国家对道德事务享有判断权,并且在必要时为了保护社会可以动用法律限制公民的道德自由。然而该理论却无法回应"道德民粹主义"和"经验主义"的批评,在此基础上发展而出的新法律道德主义理论尽管精致,但仍面临"帕累托挑战"和"权衡难题"。关于法律道德主义的主要争议并不在于道德是否能够入法,而在于其入法的限度和具体方式。

第四章,主要着力分析法哲学视野中众说纷纭的疑难案件。具体而言是以思想关系为视角,通过对思想史上数位学者之间的学术争议进行梳理,来审视疑难案件的基本面貌。这一章主要解决了以下两个问题:其一,法概念论与裁判理论到底是什么关系,它们之间是否存在一种单线的决定论关系;其二,对简单案件和疑难案件的区分是否有必要,以及这种区分如何是可能的。

第五章,开始转入方法论的讨论,重点探讨了疑难案件的成因及裁判进路。疑难案件的产生,首先是法律成因,也是疑难案件的内在成因,包括语言之不确定性、法律方法之有限性以及法律之开放性。其次,社会转型和社会生活事实的纷繁复杂构成了疑难案件的社会成因。最后,从历史性的维度切入,疑难案件的产生还有赖于一定的历史成因。对于疑难案件的裁判,一方面需要一定的司法知识论作为基础,亦即法官在面对疑难案件时所运用的知识和理论,另一方面疑难案件的裁判涉及法律发现、法律解释和法律推理等内容。据此得出一个初步的结论,法官不得拒绝而只能面对疑难案件,可以通过解释的方法来发现用以裁判的法律规则或法律原则,进而依据形式推理与实质推理的双重变奏,来解决其所面临的疑难案件。

第六章,主要对那种轻视乃至否定形式逻辑在疑难案件裁判中能够发挥作用的观点进行了检讨,并在此基础上维护了形式逻辑在司法推理中所具有的基础性地位。近年来,对司法三段论的批评之声日渐高涨,甚至有人主张要放弃这一法律方法,转而倡导法律论证、等置理论等非逻辑方法。在形形色色的批评中,实际上存在着对逻辑与经验、形式逻辑与非形式逻辑之关系的误解。批评者们所倡导的类比推理、等置理论以及法律论证,离开了三段论的基本框架均难以自足,替代性方案在某种程度上失败了。形式逻辑在法律推理中的地位与作用必须重新得到捍卫,否则告别司法三段论只会走向恣意化的司法裁判。

第七章,再次回到第一章所提到的但并未充分展开的价值判断难题。在概念法学的乌托邦被破除之后,法官如何做到既受"规范拘束"又能兼顾"个案正义",一直以来成了法学方法论上的一个难解之谜。由于"依法裁判论"和"自由裁量论"这两种对待疑难案件的极端裁判理论,均未能成功地回应法官在落实疑难个案中的正义时如何同时受到规范的拘束的问题,所以,以价值判断为核心的综合平衡论应运而生。通过遵循形式规则、融贯性和最小损害原则,它可以达到捍卫疑难案件裁判中法律属性的基本立场,同时又可以最大限度地确保司法判决的确定性。法教义学和价值判断的彼此交融,最终能够成功地化解"规范拘束"与"个案正义"之间的紧张关系。

第八章,重点检讨了两种具有代表性的裁判理论主张,即"后果考量"与"法条主义"。法律效果与社会效果相统一的司法政策,导致审判实践过分依赖对法外各种后果的考量,法律规范在司法裁决中的地位日渐式微。由于社会效果论自身所面临的一些难题,导致它向作为一种方法论的后果主义裁判的异化并不成功。通过对"张学英诉蒋伦芳案"的分析,后果主义裁判在多数情形下虽然采用了"依法裁判"的外在形式,但却掩饰不住对案件起到根本决定作用的是法外因素,这不仅动摇了司法裁判的合法性,而且也危及形式法治。相比之下,法条主义就是指我们所应追求的是一种法律在场的司法裁判理论,无论如何,案件必须以法律的名义裁决,这是法治最低限度的要求。

第九章,聚焦于类比推理这种为法官所经常使用的法律方法,它强调类似的案件应得到类似的判决,对于实现民主和法治具有重大的价值,并且对于解决疑难案件和初现案件也颇有助益。由于人们疏忽了类比推理的内在成因,从而导致了对这种方法的不当使用甚至滥用。类比推理在民法法系国家表现为依据规则的类推适用,而在普通法系国家则是与遵循先例原则联系在一起的。然而,类比推理的实践操作一直是困扰法律人的难题,只有深层剖析判例所包含的案件事实与判决理由的双重结构、相似点与不同点的区分技术以及判断重要程度的方法,才能彻底破解这一难题。

第十章,则从司法方法的视角,结合案例指导制度的发展,窥探法官在实践中如何通过案例进行推理。每一个指导性案例多少都具有代表性,在某种意义上都属于疑难案件。指导性案例所确立的裁判要点或规则,对于未来裁决类似案件具有一般性的指导性意义。眼下指导性案例的数量已初具规模,指导性案例只有在实践中被具体使用,才能使之从静态的案例集合发展为动态的案例指导制度,也只有通过审判实践这个桥梁才能从根本上激活指导性案例的生命力。然而,如何使用指导性案例以及实际使用的状况如何一直是个未决的难题。本章结合普通法系中的先例推理理论,对指导性案例使用过程中所存在的"指导性效力如何发挥"以及"案件之间的相似性如何判断"两个难题进行剖析,力图扫清相关主体使用指导性案例所面临的方法论障碍。

以上是我以疑难案件打通法哲学与裁判理论的尝试,这种努力还仅仅停留在初步的层面。如何真正从根本上实现法律理论与司法实践之间的良性互动,依然是一件未竟的事业。由于笔者的能力和水平有限,拙作中错误、疏漏乃至浅薄之处将是在所难免,恳请读者诸君提出宝贵的批评性意见。

孙海波
2019 年 12 月于中国政法大学科研楼

第一章 法学研究与司法的良性互动

一百多年前,霍姆斯大法官曾预言:"对于法律的理性研究,现在可能属于严格恪守法条的研究者,而将来必定属于那些既掌握统计学知识又精通经济学的法律研究者。"① 尔后,布兰代斯大法官又发表了内容大致的观点,"一个没有研究过经济学和社会学的法律人极有可能成为人民的公敌"。② 而这些表态的确在某种程度上被美国后来的法律现实主义运动以及当下蓬勃发展的法律经济学所证实。十多年前,苏力教授就看到了中国法学从"政法法学"(以经典政治学为理论资源,运用具有高度意识形态的法律话语讨论关于法律和法治的一些核心概念)到"诠释法学/法教义学"③(高度关注具体的法律制度和技术问题,注意研究现实生活中具体的法律问题)再到"社科法学"(借用其他社会科学或人文学科的理论资源和研究方法,探讨支撑法条背后的历史根据、制定法的实际运作状况及相关制约条件)的转变,并且认为"部门法的研究中都很难以法条为主导了,也不是以诠释为主,而是必须高度关注现实的制度变迁"。④ 可如今,中国法学的现实情形又是怎样的呢?吊诡的是,当年被苏力教授列为社科法学家名单中的某些学者,如今却是在法教义学领域

---

① Oliver Wendell Holmes, "The Path of the Law", *Harvard Law Review*, Vol. 110, No. 5 (Mar., 1997), p. 1897.

② John A. Garraty ed., *Quarrels That Have Shaped the Constitution*, Harper & Row, 1987, p. 195.

③ 德文"Rechtdogmatik",兼有法释义学、法解释学、法律信条学、法教义学等多种译名,而关于法教义学之译名、性质的详细介绍见本章第二部分。笔者此处暂采"法教义学"这一译名,其核心要义在于以解释的方法对法规范进行澄清和体系化建构,以服务于司法裁判,就此而言它主要是一种司法导向的法学活动。

④ 苏力:《也许正在发生——中国当代法学发展的一个概览》,载《比较法研究》2001年第3期。

第一章　法学研究与司法的良性互动

产出了大量研究成果的杰出代表。

法教义学所关注的主要是实在法(规范)的适用,即使在拥有强大的体系性法学发展传统的德国,也面临这样的一个问题:"一方面市面上是汗牛充栋的法教义学著述和文献,而另一方面则是理论的贫乏,不仅教科书出现了'去理论'的倾向,连德国联邦最高法院也越来越少地引用理论。"①数年前,德国法学界就已经意识到了这一问题,不少德国学者也开始反思法学的自主性。与此不谋而合,当下中国学界也掀起了一场关于法教义学与社科法学各自性质、范围、知识竞争以及对话空间的争论②,甚至在部门法学内部这种争论更为激烈。③ 这一争论从整体上来看呈现出了一种对立的局势:法教义学学者主张应当重视对于实在法的解释和研究,以便让我们的思考和推理更加规范,进而使得司法判决更加稳定和具有可预测性。与之相对,社科法学学者则认为我们对法教义学不应抱有太高的期望,应当重视司法实践中后果导向式的思维,即先有(预测性)结论(预判),然后再回过头去寻找法律(找法),最后运用修辞来使这一结论正当化。这两种不同的法律思维也可以归纳为"基于法条主义的顺推法"与"后果主义导向的逆推法"之间的对立。④

这两种对立性主张的一个典型例证,便是中国法学界新近关于法律

---

① 参见张嘉尹:《台湾法学典范的反思——从当代德国法科学理论的兴起谈起》,载《世新法学》2012年第1期。

② 苏力、侯猛等学者组织和主持的"社科法学连线"是社科法学研究的主要阵地,在倡导法律的社会科学研究方面做了大量的工作,比如举办社科法学年会、发行《法律和社会科学》集刊、开办社科法学研习班、举行社科法学系列讲座、出版社科法学系列丛书、发表社科法学通讯、举办社科法学工作坊和社科法学读书会等。相比之下,法教义学阵营似乎没有太多明显的举动。2014年上半年,以"法教义学与社科法学"为主题的会议就举办了好几场,例如:2014年5月31日至6月1日,由《法学研究》编辑部、中南财经政法大学法学院、"社科法学连线"、《法律和社会科学》编辑部联合发起的"社科法学与教义法学的对话"会议;2014年5月24日,由中国政法大学法理学研究所举办的"多学科背景下的法学及其方法"研讨会。

③ 当下学术界,刑法这一部门法中对于法教义学的讨论是相对较为成熟的,这方面代表性的文章有陈兴良:《刑法教义学方法论》,载《法学研究》2005年第2期;陈兴良:《刑法教义学与刑事政策的关系:从李斯特鸿沟到罗克辛贯通》,载《中外法学》2013年第5期;冯军:《刑法教义学的立场和方法》,载《中外法学》2014年第1期;张明楷:《也论刑法教义学的立场:与冯军教授商榷》,载《中外法学》2014年第2期等。

④ 参见王彬:《司法裁决中的"顺推法"与"逆推法"》,载《法制与社会发展》2014年第1期。

人思维的讨论。苏力教授主张"法律人不能沉湎于纯粹由概念和规则所编织出来的天国,而应当在实践中慎重考虑社会后果,善于运用各种社会、政治的知识与经验,最终作出恰当的判断和行为"。① 简言之,就是法律人要学会"超越法律"和善用"后果考量"。而与此相对,孙笑侠教授则认为法律人在"进行社会后果考量时,不能夸大'超越法律'的功能和意义,不能以普通法系的特有方法遮蔽和否定成文法系法教义学方法中原本已然存在的'超越法律'的功能,更不应否定法教义学上法律人特有的思维方法"。② 孙笑侠和苏力之争的焦点固然是针对法律人的思维方式,但支撑二者观点的内在知识和理据仍然是关于法学之性质的争论,是其身后所代表的法教义学与社科法学两个阵营之间的争论。无论何时,法学都不能仅仅是一种纯粹的理论建构,它也是一种实践之学,法学必须向社会实践开放并为后者提供强有力的智力支持。然而,我们在当代中国常常看到的是,"当实践真正需要智力支持的时候,法学却并不在场。面对疑难的个案,几乎所有的人都显得手足无措"③。就此而言,无论是法教义学还是社科法学均有其自身的知识秉性、思维方式和适用范围,论者不可简单地在二者之间做非此即彼的选择。本章的主要工作,就是以法学与司法的互动关系为主线,从法理论的视角检讨这一争论。

一、法教义学面临的难题

法教义学囿于自身的性质、知识和方法,难以避开来自社科法学的种种批评,此外司法实践中疑难案件的频发也让法教义学颜面尽失。为了在一种更加清晰的意义上审视所施加于法教义学的种种指责,此处有必要对法教义学自身的性质、范围进行简要的分析,更为详尽的检讨在本书第二章还会有深入的展开。另外,法教义学固然不是法学的全部内

---

① 苏力:《法律人思维?》,载《北大法律评论》2013年第2辑。
② 孙笑侠:《法律人思维的二元论》,载《中外法学》2013年第6期。
③ 舒国滢:《并非有一种值得期待的宣言——我们时代的法学为什么需要重视方法》,载《现代法学》2006年第5期。

第一章 法学研究与司法的良性互动

容,也很难说它完全等同于狭义的法学,但它的确是法学的核心,同时它也是法律思维的核心内容。施密特曾提出了法学思维的三种模式,即以实在法规为核心的规范论思维模式、具体的秩序思维模式以及以决定为核心的决断论思维模式。① 规范论思维模式的缺陷就在于过于狭隘地将法仅仅局限于规范或者规则形式,而未能注意到规范赖以生成的具体法律秩序。而将规范、原则以及法秩序作为一个整体的法律来加以理解和运用,恰恰正是我们眼下所讨论的法教义学方法。

法学研究理应对各种研究进路保持开放,我们首先应当认识到法教义学与社科法学仅仅只是法学研究的两种不同进路而已,彼此之间并不完全相互排斥。法学研究以及法律实践主要是基于参与者的内在观点进行的,因为无论是法律学者还是法官、律师等法律实务者都必须在解释现有法律体系之合法有效的前提下才能进一步展开工作,而社科法学家则可以采纳外在的立场来观察和研究法律。② 为此,法学被一分为二:"提出对法规范的主张、建议与论证"(法学 A)以及"对法规范、法体系、法律之一般性质及其相关社会现象与人类行动及其历史之外在观点的了解、分析、描述与说明"(法学 B)。③ 这里的法学 A 和法学 B,与舒国滢教授对"法学内的法学"和"法学外的法学"的划分大体上是一致的,前者是指专业法律人的法学,大致等同于法教义学或狭义法学,而后者是专业法学以外思想者的法学,其对应的是采取"外在立场"的社科法学。④ 相应地内在于这两种法学之中的思维方式也可以被区分为"法学内的思

---

① See Carl Schmitt, *On The Three Types of Juristic Thought*, translated by Joseph W. Bendersky, Praeger Publishers, 2004, pp. 43-59.

② 哈特系统地提出了"外在观点"(the external point of view)和"内在观点"(the internal point of view)之分,前者是指人们可以站在观察者的角度而本身并不必接受社会规则,诸如历史法学、法社会学、法律经济学、法律人类学、法律心理学等都是秉持此种立场的典范;相比之下,后者是指以群体成员的角度接受并使用规则,在德沃金那里被冠之以"参与者的内在观点",并认为法律实践的论证性特质必须以此视角来获得解析。See H. L. A. Hart, *The Concept of Law*, Second Edition, Oxford University Press, 1994, pp. 89-90.

③ 参见颜厥安著:《规范、论证与行动——法认识论论文集》,台湾元照出版公司2004年版,第20—21页。

④ 舒国滢:《并非有一种值得期待的宣言——我们时代的法学为什么需要重视方法》,载《现代法学》2006年第5期。

维"和"法学外的思维"。

这种思维方式上的一内一外,也展现出了两种法学的不同学术旨趣和方法论。法学的内在思考方式和法社会学的外在思考方式的差异在于,法学方面的思考对"法律"这种基本现象的独特特征(比如规范性、强制性)的把握要准确得多。而相比之下,这种规范的、应当在内在的法学思考方面持续发挥作用的特征,在社会学领域中已经"被放在括号里了",并且这个被放在括号里的法律变成了一个事实问题。[①] 法教义学,就其方法而言,是和解释理论紧密联系在一起的,它避开了法社会学等经验科学领域。然而,这并不意味着二者之间就不发生任何关联,只是这种关联是工具性的而非方法论上的,法社会学为法教义学生产了解释知识,但却未提供任何方法。[②] 身为法社会学家的卢曼也提出了类似的观点,"法社会学只能从外部观察法律,却绝不可能对存疑的法律问题的决断有任何贡献"。[③] 尽管如此,我们仍然不能决然地将二者割裂开来处理,借用赫尔曼·坎托罗维奇的话说就是"没有社会学的教义学是空洞的,没有教义学的社会学是盲目的。"[④] 廓清这二者各自的性质和知识范围,寻求合作空间,方是发展之道。

（一）说不尽的"Rechtsdomatik"

当我们谈论或批判法教义学时,我们究竟意指什么？或者说,社科法学者在对法教义学发起诘难时,是在何种意义上使用法教义学这个概念的？这是二者之间能够开展有效对话的一个基本前提或方法论问题。国内学者近年来已经出版和发表了大量的有关法教义学的论著,然而仍有不少学者把法教义学当作一个公认的、似乎毫无争议的概念来使用,

---

① 参见〔德〕卡尔·曼海姆著:《思维的结构》,霍桂桓译,中国人民大学出版社 2013 年版,第 34 页。

② See Aulis Aarnio, Robert Alexy, and Aleksander Peczenik, "The Foundation of Legal Reasoning", *Rechtstheorie* 12（1981）, p. 425.

③ Niklas Luhmann, Die soziologische Beobachtung des Rechts, 1986, S. 19 ff. 转引自〔德〕托马斯·莱赛尔著:《法社会学基本问题》,王亚飞译,法律出版社 2014 年版,第 97 页。

④ Kantorowicz, Rechtswissenschaft und Soziologie, 1911, Neudruck 1962, S. 139 ff. 转引自〔德〕托马斯·莱赛尔著:《法社会学基本问题》,王亚飞译,法律出版社 2014 年版,第 98 页。

第一章 法学研究与司法的良性互动

其实这不过是一种假象。事实上，法教义学是一个极为含混的概念，部分学者是在不同的意义上使用这一概念，这难免会出现一些误解甚至偏见，为此有必要先来梳理一下这个概念。

"Rechtsdomatik"是源自德国法文化中的一个概念，大致等同于英美法学者所说的"doctrine of law"[①]"legal doctrine"[②]或者"the doctrinal study of law"[③]。目前中国学界对该语词的翻译一直较为混乱，这种翻译上的差异在某种程度上也反映出了不同学者对"Rechtsdomatik"之基本含义与性质存在不同认识。我国台湾学者多将"Rechtsdomatik"翻译为"法律释义学"或"法律解释学"，认为法学就其本质而言是一种释义性的、解释性的和体系性的学问。[④] 历史上"Rechtsdomatik"与独断的解释学的确有过重合，而且二者在研究方法上极为相似，但是需要注意的是，跟法律解释学相比，法教义学其实并非一门学科，亦非一门专业的法学课程。并且从研究对象看，跟法律解释学相比，法教义学似更侧重以实在法（positive law）为研究对象。[⑤] 至于"法律教条论"或"法律信条论"[⑥]的译法也存在问题，一方面它具有贬义的色彩，常指不加反省地、盲目地信赖现行有效法律的一种学问态度，另一方面法学知识并不仅仅局限于

[①] 一般被译为法律学说，是由法官和法学家发展和阐述的关于法律原则、规则、概念和标准、或案例类型、或法律秩序的系统理论，由此可以根据此系统及其逻辑内涵作出推理。参见薛波主编：《元照英美法词典》（缩印版），北京大学出版社2013年版，第430页。

[②] See Aleksander Peczenik, "A Theory of Legal Doctrine", *Ratio Juris*, Vol. 14 No. 1 (Mar., 2001), pp. 75-105.

[③] 法律的教义学研究，和法律的比较研究、历史研究、法律社会学、法律与经济分析等并列，同属法律科学的范畴之一。它的核心内容体现在两个方面：其一，通过解释活动生产关于法律的信息；其二，对法律规范进行体系化。See Aulis Aarnio, *Essays on the Doctrinal Study of Law*, Springer, 2011, p. 19.

[④] 参见张嘉尹：《台湾法学典范的反思——从当代德国法科学理论的兴起谈起》，载《世新法学》2012年第1期；以及陈妙芬：《Rechtsdogmatik——法律释义学，还是法律信条论？》，载《月旦法学杂志》2000年第3期。

[⑤] 参见林来梵、郑磊：《法律学方法论辩说》，载《法学》2004年第3期。

[⑥] 比如王世洲教授认为信条学（Dogmatik）是关于信条（Dogma）的理论，而信条的原意是关于信念或者信仰的原理或者定律（Glaubensatz），不宜把"Dogmatik"翻译为教义学，这不仅是因为教义学的说法已经不符合现代德语的标准意思，而且是因为教义的说法与宗教的意思太近，在我们主张无神论的社会背景下，在刑法学中不使用教义的说法，有利于避免可能产生的误解和争论。参见王世洲：《刑法方法理论的若干基本问题》，载《法学研究》2005年第5期。

信条论所提供的,信条论和非信条论的法律知识之间仍是有分别的。①由于"Rechtsdomatik"的核心在于先接受法律文本的权威性,然后再对其进行解释,就此而言,"法教义学"的译法是相对可取的,但这并也并不意味着它没有缺点,比如法律并非宗教经典,又何来"教义"之说呢?②尽管如此,学界既已普遍接受"法教义学"这一译法,为了讨论方便起见,笔者此处不再纠结于译名的争议及选择。

法学是对法律人有关法律是什么的任何说明的一部分,纵使那个法学是平淡无奇的和机械式的。③法教义学通常是先接受现行实在法规范的效力,然后运用相关的方法对其进行解释和体系化,继而将所获得的法律文本或规范的意义运用于司法裁判之中。具体而言,它是"以处理规范性角度下的法规范为主要任务的法学,质言之,其主要想探讨规范的'意义'。它关切的是实证法的规范效力、规范的意义内容,以及法院判决中包含的裁判准则"④。法教义学是关于现行有效法律或者实在法的学问,它并不致力于探讨理想之法或应然之法(law as it ought to be),正是在这个意义上,拉德布鲁赫将这种体系化的、解释性的法学进一步界定为"处理实证法秩序之客观意义的科学",以区别于法哲学、法政策学和法社会学等。⑤法教义学"不过是法律科学的一部分而已"⑥,大体上等同于狭义的法学,在我国法学的主要内容是由各个部门法教义学所构成的,比如民法教义学、刑法教义学、行政法教义学等,在此之外也有一些以理论探索为旨趣的法学,比如法理学、比较法学、法经济学和法社会学等。

法教义学相对于社科法学而言,其范围是十分广泛的,无论是法律

---

① 参见陈妙芬:《Rechtsdogmatik——法律释义学,还是法律信条论?》,载《月旦法学杂志》2000年第3期。
② 参见张嘉尹著:《宪法学的新视野(一):宪法理论与法学方法》,台湾五南出版公司2012年版,第100页,注释26。
③ Ronald Dworkin, *Law's Empire*, Harvard University Press, 1986, p.380.
④ 〔德〕卡尔·拉伦茨著:《法学方法论》,陈爱娥译,商务印书馆2003年版,第77页。
⑤ 〔德〕古斯塔夫·拉德布鲁赫著:《法哲学》,王朴译,法律出版社2013年版,第127—128页。
⑥ 参见陈妙芬:《Rechtswissenschaft——法学可能纯粹吗?》,载《月旦法学杂志》2000年第2期。

第一章　法学研究与司法的良性互动

学者还是司法官,原则上在承认制定法的权威性与拘束性的前提下,对于相关法律文本所为的解释皆是具有教义学性质的活动,广义上该活动内容皆可称为法教义学。① 甚至有学者主张,法教义学之外的那些边缘法学只有当其研究旨趣与法教义学相关联时,才被认为可以划归于法学之列。由此可见,当与法教义学的关联成为是否属于法学科目的判断标准时,当法学越来越将重点置于法教义学时,所谓的"基础法学"(主要是指法理学、法哲学、比较法学、法律史学、法社会学等)就越来越不具有基础地位。② 与此同时,尽管形式逻辑在价值判断面前有日渐式微之势,但形式逻辑和解释性方法依然是法律思维的核心,故而笔者初步得出"法教义学是法学的核心"这样一个结论。拉伦茨的主张更是一语中的:"之于法律教义学者,必须强调的却是,制定法本身的实质内容,且首先是制定法的实践范围,即法律概念和法律条文的内容和范围,但其次是这些东西的政治、传统和文化意义。所以,历史因果只能是处在这些实质内容之下,且才能有用。"③

笔者将法教义学判定为法学的核心,在某种程度上必然会引起批评者的不悦,但这恰恰也可以从某些批评者的自嘲中得到印证:"只要中国的政法实践对法律人所提出的需求更多还是同诠释法学相关,社科法学在很大程度上仍然是少数学者的'自娱自乐'与'孤芳自赏'。"④笔者之所以主张法学的核心是法教义学,而没有说法学就是法教义学,正是考虑到除了法教义学之外,法学尚包括其他内容,这也为法学自身的扩展留下了一定的空间,而这恰恰可能是法教义学与社科法学相互合作的可能空间。正如某些学者所言:"当我们主张法学的'核心意义'在于法释义学时,主要在于厘清法学的学科逻辑与知识性质,而非评定何种类型的知识具有较高的价值。至于这样的主张是否可能会对于学术场域权力

---

① 张嘉尹:《法释义学的作用与限制》,载张文显、徐显明主编:《全球化背景下东亚的法治与和谐》(下册),山东人民出版社2009年版,第1017—1018页。
② 参见张嘉尹:《台湾法学典范的反思——从当代德国法科学理论的兴起谈起》,载《世新法学》2012年第1期。
③ 〔德〕卡尔·恩吉施著:《法律思维导论》,郑永流译,法律出版社2004年版,第106页。
④ 李晟:《面向社会管理的法律实证》,载《法学》2013年第4期。

逻辑产生影响，使得一些原本处于法学边陲的知识或学科，受到自认掌握政体法学知识并在法学社群中掌握权力者的贬损，则有待经验证实。"①

（二）法学的"教义性"与"开放性"

法教义学给人们的最初印象，好像是一种墨守成规、教条主义的思维模式。法学家似乎可以在教义学旗帜的掩护下，拒绝任何带有价值判断和目的性创造的建议和活动，因而反对一切对现行法律规范之合法有效性的质疑和批判。而这可能是对法教义学的一种较为粗浅的认识甚至是误导，也是它备受批评的主要原因之一。这种被扭曲的形象源自"教义"这个标签，从词源学上考察，dogmatic 源于希腊文 dogma，其字根为 dokein，大意是"不容置疑而必须加以信奉的权威或真理""命令或禁令""具有拘束力的学理"等。法教义学与宗教教义学存在着某种瓜葛，神学与法学存在着渊源上、方法上或结构上的类似性，因为在神学中是神，在法学中则是立法者，两者都涉及吾人对于高不可攀之本质的体验。他们的命令或意图，对于尘世男女而言都是秘不可宣的或无法清楚认知的，只有享有特权或拥有特殊能力的神学家或法学家方能阐释他们对于世人的开示。② 总而言之，法教义学的教义性就在于："教义学是对自身能力未先予批判的纯粹理性的独断过程，教义学者从某些未加检验就被当作真实、先予的前提出发，法律教义学者不问法究竟是什么，法律认识在何种情况下，在何种范围中，以何种方式存在。"③

尽管如此，这并不意味着法教义学只能解释法条而不能批判法条，正如考夫曼所认识到的那样，这并不是说"法律教义学必然诱使无批判，但即便它是在批判，如对法律规范进行批判性拷问，也总是在系统内部，

---

① 张嘉尹：《法释义学的作用与限制》，载张文显、徐显明主编：《全球化背景下东亚的法治与和谐》（下册），山东人民出版社 2009 年版，第 1018 页。
② 参见刘台强：《法律知识论的建构——以法律释义学的探讨为基础》，台湾辅仁大学 2008 年法律学研究所博士学位论文。
③ 〔德〕阿图尔·考夫曼：《法哲学、法律理论和法律教义学》，郑永流译，载《外国法评议》2000 年第 3 期。

第一章　法学研究与司法的良性互动

并不触及现实的体制"①。封闭性、机械性、概念化和价值中立等对传统概念法学的指责,甚至基希尔曼断言"立法者的三个更正词就可以使所有的文献成为废纸"②,所有这些批评已经很难再适用于今日的法教义学了。③ 它不再是一种纯粹"价值中立"的法学,而愈发地演变为一种开放性的法学,要求法律人在开放的体系中进行论证。就此而言,它能够有效地包容价值判断并处理好与后者的关系,因此它是一种价值导向的法学。但是很快会有人提出疑问:"一种对新的问题具有开放性,不把自己想象为仅由既定前提作逻辑推论的法学,质言之,采取理解及价值导向思考的法学,其是否仍适合'教义学'之名?"④前文已经反复强调,法学就其本质而言是面向实践的,它的素材和资料来自实践,同时又能够为实践中的问题提供解决建议,只有这种学术研究与司法实践之间的良性互动,才能为法学的发展提供源源不竭的动力。如果说,如今法教义学仍旧给人们一种封闭和落后的印象,那么这在很大程度上或许是由"教义"或"教义学"这个语词所造成的。无论如何,这都不过仅仅是个指称而已。

法教义学强调对现行法律规范的效力、法律秩序的权威的尊重,目的在于维护法律的安定性和可预期性,它教导法律人的中心工作在于解释法条,为司法准备裁判基准,而不要动辄去批判甚至否定法条,一旦怀疑主义之风盛行,则司法的确定性便荡然无存。法教义学的这种稳定功能是基础性的,在大多数情形下尤其是在普通案件的裁判中非常具有可适用性。尽管当下司法实践中疑难案件的频发,似乎让法教义学不知所措,而社科法学通过经济的、政治的、道德的甚至社会的后果考量可以实现疑难个案中的正义,协助解决法律适用中的难题,但这并不意味着法

---

① 〔德〕阿图尔·考夫曼:《法哲学、法律理论和法律教义学》,郑永流译,载《外国法评议》2000年第3期。
② 〔德〕基尔希曼:《作为科学的法学的无价值性》,赵阳译,载《比较法研究》2004年第1期。
③ 雷磊教授认为,法教义学与社科法学在这里的分歧(如果存在的话)顶多也只是一个"名分之争",眼下社科法学对于法教义学封闭性的批评至少是个"打击错误",两者真正的区别并不在此。参见雷磊:《什么是我们所认同的法教义学》,载《光明日报》2014年8月13日。
④ 〔德〕卡尔·拉伦茨著:《法学方法论》,陈爱娥译,商务印书馆2003年版,第107页。

教义学遭到了根本性的质疑和否定。事实上,法教义学自身仍然能够包容一些价值判断的方法,来完成对个别法律规范的批判,不断地实现自我修正和自我发展,而且多数学者已经注意到了法教义学的这种批判功能在法律续造方面所发挥的重要作用。① 这在下文中对其与社科法学主张的后果考量所做的对比分析中会得到更加清晰的体现。因此,以下主张也就不难理解:"虽然教义学不止于解释,但是没有它实在也不能想象。"② 如今,无论是法教义学还是社科法学,都是面向实践的而并不是完全封闭的和价值无涉的,两种法学所共有的这种实践特质恰恰是二者可以进行有效对话的一个节点,在敞开的法学体系中进行论证也几近成为共识。

二、中国法教义学发展的实践困境

笔者对法教义学的概念和性质已经进行了简要的解释,但是仍然遗漏了一个更为根本同时也更为重要的问题,亦即为学者们众说纷纭的法教义学是如何产生的呢?就笔者目前所接触到的海峡两岸学术资料以及有限的外文文献来看,基本上很少有学者提及这一问题,更不用说有什么独到精辟的见解了。由于法学来自并最终要回归于实践,因此从发生学的角度考察法教义学与司法的关系,对于我们讨论法教义学与社科法学之间的争论将会带来不小的帮助,同时也能够对目前中国法教义学研究存在的疏离案例的现象进行反思,并对来自外部的某些批评和误解予以澄清。一旦采纳了这个分析视角,我们接下来马上就会遇到一个更为棘手的问题,法教义学与司法实践到底是哪一方催生了另一方?这是

---

① 法教义学所提出关于法律解释及法律续造的原则,具有调节各个制度发展的作用,但不应拘泥于向来的见解。为适应社会变迁,应为深刻的批评创造条件、发现矛盾和解决冲突,探寻符合体系的新的合理解决方法途径,而能有所革新进步。参见〔德〕乌尔弗里德·诺依曼:《法律教义学在德国法文化中的意义》,郑永流译,载郑永流主编:《法哲学与法社会学论丛》(总第 5 卷),北京大学出版社 2002 年版,第 15 页;王泽鉴著:《人格权法》,北京大学出版社 2013 年版,第 11—12 页;白斌:《论法教义学:源流、特征及其功能》,载《环球法律评论》2010 年第 3 期;参见许德风:《论法教义学与价值判断——以民法方法为重点》,载《中外法学》2008 年第 2 期。
② 〔德〕卡尔·拉伦茨著:《法学方法论》,陈爱娥译,商务印书馆 2003 年版,第 104 页。

第一章 法学研究与司法的良性互动

一个"先有鸡还是先有蛋"式的难题,笔者尚无充分的证据证明法教义学是从司法中发展而来的,但是这并不妨碍我们讨论司法是否以及如何促进了法教义学的产生。

司法与法教义学的关系就像鱼儿离不开水一样,法教义学的"最终目的"(ultimate objective)仍是"确立用以决定案件的规则"。从这个意义上说,法教义学的发展乃是在法官的推动下进行的。① 法官们可能会采纳法教义学语句,并亲自参与法教义学的发展。② 从魏德士关于法教义学之内容的下述论断中也可以清晰地看到法教义学与司法的关系:"包括一切可以在法律中找到的理论规则、基本规则和原则,也包括法学与法律实践为法律增加的理论规则、基本规则和原则。"③然而,目前中国学界所谈论的法教义学基本上仍然是以法学理论为基础的法教义学,而对于以司法为基础并由法官、律师等法律实务工作者所参与推动形成的法教义学未能给予足够的重视。

(一) 法教义学与司法的良性互动

法院不得将当事人拒之门外或法官不得拒绝审判已经成为一个普遍的司法原则,而对于某些新问题或疑难问题在既有的法律条文或法官所经年所累积司法经验中难以找寻到答案,这就迫使法教义学在这种关键时刻能够有所作为,"必须对新问题作出符合事实的试探性判断,同时它也累积并分析目前的解决模式中的经验和结果"④。由此可见,法教义学所处理的对象固然是有待进行意义澄清的法律概念和规范,但其更为根本的成因乃是司法实践中所实际遇到的难题,这些问题呼唤法教义学给出一种响亮的回应,这也是法教义学存在的合理基础之一。而从另一个角度讲,法教义学并非仅仅是法律学者的专属,在其发展的过程中明显是有法官等法律实务人参与的。在普通法系国家,法官在司法与立

---

① 参见许德风:《法教义学的应用》,载《中外法学》2013年第5期。
② 〔德〕罗伯特·阿列克西著:《法律论证理论》,舒国滢译,中国法制出版社2002年版,第316页。
③ 〔德〕魏德士著:《法理学》,丁晓春、吴越译,法律出版社2013年版,第137页。
④ 同上注,第138页。

法之间的角色界限往往并不是泾渭分明的,一些具有历史影响性判决书中的说理和论证深刻影响了美国的法学研究和法学教育,不少法官还引领和开创了一个又一个至今依然兴盛不衰的法学流派,比如霍姆斯、卡多佐以及当代的波斯纳等。即使退回到民法法系国家,法官通过司法先例或案例对于法学的影响也是不容忽视的。以德国为例,德国联邦最高法院的法官经常会参与一些判例的编撰,而这些后来都成为学者研究的重要素材。中国的情形也十分类似,最高人民法院所发布的指导性案例以及部分高级人民法院自行选编的一些典型案例,已经引起很多学者的关注和研究。因此,很难想象脱离了司法的任何一种法教义学,是否还能够再被称之为适格的法教义学。

　　法教义学与司法之间是一种双向互动的关系,"教义学提供实务界许多裁判基准,它们常被引用,有时经过修正,有时也被误解。另一方面,司法裁判提供教义学大量的'材料',由这些材料法学才能发展出新的基准"①。这充分体现了法教义学与司法实践之间的合作和互动,相对于具体的、变幻万千的社会事实而言,法律规范的内容总体上来说还是相对抽象和一般的,法教义学对于法规范的解释及体系化、类型化所做的工作,对于法官而言具有重要的参照或指导意义。对于一些疑难案件或者初次出现的新颖案件,法官难以寻找到合适的法律来裁判,此时可以诉诸法教义学,"法学研究以及司法裁判中的意见分歧表明了对新案件的进行指导的必要,正是在各种观点的权衡方面,从事实践的法律工作者需要指引其职业工作的导航灯,而信条学可以满足这样的要求,它可以提出有关法律问题的解决方法和理由"。② 阿列克西也认为法教义学的一大任务在于"提出解决疑难的法律案件的建议"③。从这个角度来说,法教义学对于立法的修改和完善以及司法裁判具有重要意义,而司法中积累的新素材也为法教义学的发展提供充足的"食材",丰富了法教

---

① 〔德〕卡尔·拉伦茨著:《法学方法论》,陈爱娥译,商务印书馆2003年版,第112页。
② 〔德〕魏德士著:《法理学》,丁晓春、吴越译,法律出版社2013年版,第138页。
③ 〔德〕罗伯特·阿列克西著:《法律论证理论》,舒国滢译,中国法制出版社2002年版,第311页。

义学的内容。在广西南宁发生的首例"驴友案"的二审判决中所确立的"自助旅游中风险自担"原则,就是一个十分典型的例证。

(二)"中国化的法教义学"看不到"中国的司法实践"

既然法教义学与司法之间有着如此紧密的关系,那么中国的法教义学对于司法或者案例的态度是什么呢?显然在这方面相较于社科法学,法教义学对于司法及案例的关注远不尽人意。中国法教义学学者对于法教义的讨论从理论资源和语境上过度受限或依赖于外国(这里主要是指德国),同时他们在对待案例的态度上也出现了两个极端,要么压根不谈论任何理论或者即使谈论也很少涉及中国现实的案例,要么就是完全讨论国外案例或虚拟案例。表面上看不过是将国外的那套教义学理论转译到中国,有时对于案例的研讨也仅仅只是起到了一种修饰的作用。这就成为一种"削足适履"的错误做法,也就是将那些我们事实上本来就已经拥有的法律解释和体系化的学问给硬生生地扣上"法教义学"的帽子,从而使得这种脱离中国实践之根基的"法教义学"徒有其表,而无任何实质性的和能够产生知识贡献的内容。可以说,这是一种法律移植思维的承袭,基本上仍然是在"中国化的法教义学"的意义脉络下讨论的,而这种"中国化的法教义学"看不到"中国的司法实践"。[①] 因此,法律学者必须要搞清楚一个问题,那就是我们所应建构和发展的不是德国的法教义学,而只能是并且应当是植根于本土司法实践的中国法教义学。

当下中国法教义学事实上也存在着制度基础。由于法教义学的终极目标依然是协助司法中的法律适用,所以中国法教义学所赖以产生和发展的重要制度性基础就是司法案例、法官在判决书中的说理以及各种有法官和学者所参与的对于指导性案例、典型案件、疑难案件的评注。案例及判决书构成了法教义学的重要载体,后者离开了前者不过是一种无本之木、无源之水。然而,我国法教义学是否充分做到了这一点呢?或者说当下中国是否提供了这种实现法教义学与司法良性互动的前提

---

① 此一观点是在和凌斌教授的讨论中受到启发,特此表示感谢。

呢？对此，部分学者持怀疑态度，认为一方面这种前提要求法律相对稳定和相对完备，在法律迅速发展的时代或是法律匮乏的时代，法教义学难以进行。另一方面，这种前提要求法院至少是高级人民法院、最高人民法院公开其判决，以便圈定法律条文在实践中提出的问题，使学术研究能够结合实际，能够为司法判决提供理论支持。此外，司法实践能够借鉴学术研究成果，吸收学术界对于司法判决的批判。[①] 我们要进一步追问的是，中国法教义学到底是否缺乏上述实践性基础？是否真如有的学者所说的那样，问题的核心在于"中国公开的法院的判决数量非常有限……法院判决的不公开迫使部门法研究只能就理论谈理论，或是局限于引入外国的理论与判例，无法形成以中国法律规范为中心的理论体系，而这样的研究成果必然不会为司法界所重视"[②]。正是中国部门法对制度性研究的偏爱[③]，使得相关的理论研究有意无意地偏离司法实践，并不在于判决公开的制度不健全或者可供研究的案例太少。由此可见，中国法教义学面临的"无米之炊"的无奈与困境其实只是一个假象，当然需要承认的是，我国宪法教义学的确面临着此种困难。然而，对于其他部门法而言，这似乎不成为一个问题，至少目前除法律有特殊规定外，最高人民法院生效裁判文书全部在最高人民法院政务网站上予以公布了，江苏、四川、上海等地高级人民法院以及部分中级人民法院和基层人民法院也选择性地在网站上公布裁判文书。因此，真实的情形是生活中有太多的案例可以供法律人研究和评注，更不用说如许霆案、药家鑫案、李昌奎案等具有轰动性的热点案件或疑难案件了。从这个意义上说，中国法教义学所缺失的并不是实践或司法，而是学者的研究本身（如方法、立场、姿态）。学者们自觉或者不自觉地疏离或忽视案例，而仅仅沉浸于由法律条文所编织的"概念天堂"里，会进一步拉开法教义学与司法之间的距离，阻断二者之间的对话和互动。中国法教义学未来的发展方向，应

---

① 参见卜元石：《法教义学：建立司法、学术与法学教育良性互动的途径》，载《中德私法研究》2010年总第6卷。
② 同上注。
③ 关于民法学中对"制度性研究"的批判，请参见王轶：《对中国民法学学术路向的初步思考——过分侧重制度性研究的缺陷及其克服》，载《法制与社会发展》2006年第1期。

当重视对案例的研究和评注,必要时学者和法官应进行合作。一言以蔽之,中国的法教义学不仅要有法律学者的在场,更应当看到法官以及司法案例的影子。我们不能自满于一种纯粹针对法律适用而进行理论构造的法教义学,更应当迈向一种面向实践的、关注生活的、不断展现出开放性和包容性的中国法教义学。

(三) 法教义学与判决不说理

既然制约中国法教义学发展的实践困境并不在于缺少案例或者司法法学的进入,那么为什么人们仍然表现出对司法或者案例研究的不满呢?如果非得将制约法教义学发展的某些原因归咎于司法的话,似乎唯一值得我们批评的就是中国判决书中普遍存在的不说理现象。法教义学并非是学者的自娱自乐,法官也是法教义学十分重要的参与者之一,那么法官对法教义学的贡献就主要体现在判决说理上。司法裁判通常是由两部分所构成的:一是寻找或准备可供推理的法律规范;二是通过论证或推理方法来证明裁判结论的正当性,而判决说理就刚好构成了后一阶段工作的主要内容。恰如某些学者所言:"即使承认在法律体系内,法释义学与法院判决之间具有分工的关系,然而法院的判决仍是具有释义学性质的活动,因为法院的判决同时也是法的解释与适用,不但以权威文本(法律条文、判决先例、权威学说等)为出发点,对于这些文本所采取的认识途径也是诠释学,所以活动的本质具有释义性。"①法官在司法裁判过程中本身接受了法教义学的指引,同时法官自身也参与了教义学知识的生产工作,无论是在普通法系国家还是民法法系国家,司法裁判的制作是法教义学得以形成的重要土壤,如果说"找法"主要是一个与现有法教义学知识相"符合"(fit)的面向,那么对裁判结论的正当化则更多是一个"融贯或发展"现有法教义学体系的面向,而这一工作主要是通过判决说理完成的,尤其体现在疑难案件的裁判中。

"法律者们当论证",而且"法律者的武器是论证,作为法律者,他必

---

① 张嘉尹:《法释义学的作用与限制》,载张文显、徐显明主编:《全球化背景下东亚的法治与和谐》(下册),山东人民出版社 2009 年版,第 1017—1018 页。

须设法使其他人信服"。① 法院是一个由争讼当事人选择的能够容许说理、听取说理和尊重说理的地方,判决书就构成了司法说理的重要载体;判决书就不仅应当说理,而且还要好好地说理儿。判决书说理是一个老生常谈的问题,学者们对于判决书不说理有过很多批评。判决书说理从根本上讲是司法合法原则的内在要求,但中国判决书的内容基本上千篇一律,无非包括案件事实查明、法律适用以及判决结果三个主要部分,这是一种典型的"以法律为根据,以事实为准绳"的中国式司法判决。判决书不说理的原因是多方面的,总结一下大致有:现行判决书的制作样式简单和篇幅狭小制约了法官的推理和说理;言多必有失,法官怕说多了会露馅儿②;法官受金钱诱惑企图借助"宁简勿繁""含糊胜于明确"的裁判表述风格来掩盖审判中"暗箱操作"的诸多问题③;行政式批复、指示等制度有时要求法官不得说理或无法说理④。此外,法官的个人职业素质也客观上制约着说理的能力及效果。目前中国司法判决的依据不像德国、美国等可以引用法学学术著作,但是法教义学仍然可以为司法说理提供方法和智力支持,而法官对于判决的说理反过来也可以丰富甚至更新或修正法教义学的内容。在下一节,笔者会以四川泸州情妇遗赠案为参照,分析法官在司法判决中的后果考量和教义论证两种思维,并展示在该案件中真正基于法教学所为的说理和判决结论应当是什么样的。

三、司法裁判中的后果考量与教义论证

通过前文的介绍,笔者已经对法教义学与社科法学的主张及各自性质有了一个大致的认识,那么现在再次回归到法教义学与社科法学之争的话题上来,二者之间的一个分歧还体现在教义论证和后果考量之二元

---

① 〔德〕乌尔弗里德·诺依曼:《法律论证理论大要》,郑永流、念春译,载郑永流主编:《法哲学与法社会学论丛》(总第8卷),北京大学出版社2005年版,第3、4页。
② 参见张骐著:《法律推理与法律制度》,山东人民出版社2003年版,第27页。
③ 参见黄利红:《民事判决书不说理之原因及其对策》,载《广西社会科学》2004年第3期。
④ 参见付立庆:《法院判决书:你为什么不说理?》,载《法制日报》2001年2月18日;苏力:《判决书的背后》,载《法学研究》2001年第3期。

对立的法律思维上。总的来说,在权力分立的原则下,教义论证强调法官的推理和思考要受到现有法律规范、法律原则乃至法秩序的拘束,除非在疑难的个案中正义原则要求法官进行某种程度的发展法律的工作,就此而言,教义论证不仅向后看,还向前看。而相比之下,社科法学更多地关注因果关系及社会后果,是一种向前(未来可能产生的后果或影响)看的一种策略性思维,主张"立法者、法官、实务法律人以及其他决策者,通过对其行动之可能后果的各种考量而获致结论"①,甚至必要时要学会"超越法律"。那么,法官到底是不是一直都要进行后果考量,还是只在某种情形下才可以为之?可以被纳入考量范围的后果包括哪些后果?后果考量、价值判断与法教义学之间是一种什么样的关系?对此,笔者将结合四川泸州情妇遗赠案的分析进行一个初步的检讨和回应。

(一)无判断则不法律

法教义学的核心内容是对法律规范的解释和体系化,这种解释和体系化工作并不是完全价值中立的,它事实上需要价值判断的介入,尤其是对那些概括性条款或一般性概念的解释更是如此。"法释义学对于实证法脉络以外的价值论述,倘若仍然不能加以重视,而且无法就性质不同的价值论述,发展其应有的研究守则及评断标准,并且将之整合于法释义学的研究取向之中,则所谓法释义学上的'价值思维',在缺乏方法论的导引之下,恐怕不免流于学者在三段论法之中,不时涉入的主观判断。"②有趣的是,某些社科法学学者却认为,法教义学存在的一个根本问题是价值判断在发挥作用,即主张:"对于价值判断问题,我们难以证明,也无法从事科学的研究,因为它们属于接近信仰的领域。而规范法学研究的一个最大教训,就是使用了太多的价值判断,没有一套客观的评价标准。相反,社会科学有一套衡量研究科学性的指标……法学研究者应该用最通用的社会科学方法研究法律问题,只有这样才能使我们的结论

---

① See Harry W. Jones, "An Invitation to Jurisprudence", *Columbia Law Review*, Vol. 74, No. 6 (Oct., 1974), p. 1025.

② 王立达:《法释义学研究取向初探:一个方法论的反省》,载《法令月刊》2000年第9期。

更加科学、经得起检验。"①这固然是在批评法教义学,但也间接地表明了法教义学与价值判断的紧密关系。

法学并不是纯粹的概念和逻辑操作,一方面,法学所面对的社会问题是各式各样的,这是单纯依靠概念和逻辑所解决不了的;另一方面,法学的内容大多数是应然性陈述,它们所指涉的并非仅仅是真或假,而是合法或非法、正义或非正义、有效或无效。就此而言,"法教义学的运作通常总是价值负载的。法教义学是论证实践的一个绝佳实例,其目的在于追求有关现行法的知识,但在很多情况下也会导致法律的改变"②。虽然大部分的法教义学命题均可根据现行实证法规定或其他法教义学命题被正当化,但仍有一些法教义学命题的正当化必须仰赖法教义学之外的价值命题或价值判断。③ 阿尔尼奥也表达了类似的看法,认为法教义学的背后是以一系列的价值预设为支撑的,这些价值或者评价以某种正当的方式影响着法教义学的解释工作。④ 但仍需指出的是,价值评价并非寄居于法教义学的任何领域中,评价的存在及具体内容主要依赖于不同的解释方法或准则,那么显然在文义解释中,更多依靠的是概念逻辑和语法规则而非价值评价。然而,这并不能否认"评价或价值判断内生于法教义学中"这一命题的真实性。

离开了价值判断法律将寸步难行。因此,拉伦茨谈及"要认识到:法律的应用并不仅限于(三段论的)涵摄,它在更大范围内也需要法律应用者的评价";缪勒的观点是:"一个没有裁判和评价的法律……(似乎)既不是实践的,也不是现实的";埃塞尔断言:"评价……在差不多所有疑难裁判中,均具有核心的意义";克里勒得出的结论是,人们绝对不可能"逃脱那些潜伏在任何解释中的评价性

---

① 陈瑞华:《社会科学方法对法学的影响》,载《北大法律评论》2007年第1辑。
② See Aleksander Peczenik, "A Theory of Legal Doctrine", *Ratio Juris*, Vol. 14 No. 1 (Mar., 2001), p. 76.
③ 参见〔德〕罗伯特·阿列克西著:《法律论证理论》,舒国滢译,中国法制出版社2002年版,第335—337页。
④ See Aulis Aarnio, *Reason and Authority: A Treatise on the Dynamic Paradigm of Legal Dogmatics*, Ashgate/Dartmouth, 1997, p. 83.

的、规范——目的论的和法律政策性的因素";恩吉施也不得不承认:"甚至在今天,法律部门中的法律本身仍然是按照下列方式来建构的:法官和行政官员不仅仅是通过固定的法律概念下的涵摄来发现和证立其裁判的,而且也立足于自己独立进行评价,间或也照着立法者的样子来作出裁判和发布命令。"①

由此可见,法学与价值判断之间是一种相容共生的关系,一种将价值判断完全抽空的纯粹法学是很难想象的。自概念法学的乌托邦破产之后,自由法学、利益法学、评价法学以及实用法学风起云涌,不少学者已经开始注意到这些理论的共同主张是一种"后果导向"的思维,主要是指法律适用者会考量"规则的公正性、合理性以及适用它的各种效果"②,认为重视裁判结果才是最可取的和符合理性的,此外还有一些与此类似的主张:"一项法律原则的持久生命力,及其能否可靠地为未来继续提供指引,比之于其文字是否精炼或和其他法令在形式上是否一致,更加取决于它对社会的效用。"③众所周知,理由(reasons)是司法裁判的重要工具,法官借此来解决纠纷并正当化其判决。在常规的普通案件中可能表现得并不是那么明显,一旦遇到疑难案件,法官则必须寻求一些实质性的理由来支撑其判决。"事实上,法官最为重要的品性之一就在于他的价值体系以及进行价值判断的能力。只有在不同的理由尤其是实质性理由之间进行调解,一位法官才能有力地提出其获得支撑的价值。"④由此可见,无论是法教义学还是社科法学都是主张价值判断的,而争执的焦点聚焦于何时需要价值判断,以及如何进行价值判断。

---

① 参见〔德〕罗伯特·阿列克西著:《法律论证理论》,舒国滢译,中国法制出版社2002年版,第8—9页。

② 参见〔德〕乌尔弗里德·诺依曼:《法律论证理论大要》,郑永流、念春译,载郑永流主编:《法哲学与法社会学论丛》(总第8卷),北京大学出版社2005年版,第7页。

③ See Harry W. Jones, "An Invitation to Jurisprudence", *Columbia Law Review*, Vol. 74, No. 6 (Oct., 1974), p. 1025.

④ Robert S. Summers, "Two Types of Substantive Reasons: The core of a theory of common-law justification", *Cornell Law Review*, Vol. 63, No. 5 (Jun., 1974), p. 710.

（二）何时需要价值判断以及如何进行判断？

既然价值判断内在于法学之中已经成为一个不争的事实,那么学者们对于价值判断的作用方式、判断的时点以及判断的限度并未达成共识,关于这方面的既有讨论还不够多也不够成熟,但这的确是一个值得去发掘的理论要点。对于司法裁判中价值判断的问题,笔者将在第八章中进行更为详尽的探讨,这里仅择其要点阐述之。首先是何时需要价值判断的问题,主要有两种观点:第一种是一种说服力较强的主张,认为价值判断贯穿于整个司法过程的始终,或者说法官在裁判中时时刻刻都在进行着价值判断或评价。如许德风认为,法律规则的适用无法与价值判断割裂开来,即使三段论下单纯的找法活动以及区分简单案件与疑难案件的本身都会涉及价值判断。因此,在他看来,价值判断是一项贯穿裁判始终的工作,只是在进行司法裁判时,法教义学的分析可以减轻裁判者价值衡量的负担,而直接得出契合法律背后基本价值选择的结论。① 魏德士有过类似的判断,他认为即便是涵摄也绝不是一个单纯的逻辑演绎的过程,而总是包含着价值和评价的因素在其中。② 而另一种是说服力较弱的主张,认为:"现行法的制度在大部分情况下已经固定了立法者的价值判断,法教义学研究是为了发现这些价值判断并对其进行合理性进行论证,法官在一目了然的具体案件中,只要适用法律即可,无须过问法律规定背后的价值判断的合理性。"③ 也就是说,只有在疑难案件或复杂案件的裁判中,法官为了审判需要通过目的解释确定具体的法律内容时,在判定眼前案件与既往案件之相似性以决定是否类推适用相关法律规范时,以及法官需要诉诸实质性的理由填补法律漏洞时,方可进行价值判断。

一种法教义学是否成功,在很大程度上就要看它是否能够协助法官

---

① 参见许德风:《论法教义学与价值判断——以民法方法为重点》,载《中外法学》2008年第2期;许德风:《论基于法教义学的案例解析规则——评卜元石:《法教义学:建立司法、学术与法学教育良性互动的途径》,载《中德私法研究》2010年总第6卷。
② 参见〔德〕魏德士著:《法理学》,丁晓春、吴越译,法律出版社2013年版,第293—299页。
③ 卜元石:《法教义学:建立司法、学术与法学教育良性互动的途径》,载《中德私法研究》2010年总第6卷。

第一章　法学研究与司法的良性互动

解决疑难案件。事实上,在简单案件中法官通常并不需要运用价值判断,法教义学的一个很重要的功能就在于减轻论证负担,如果我们时刻都要进行价值判断,则势必会增加论证负担,甚至有时会造成对现行实在法秩序的破坏,实属不必要。而只有在法律适用出现疑难的案件中,价值判断的行使才会有意义,它可以帮助法官找到借以支撑其判决结论的法律依据,甚至有时这种依据是以高度抽象化的原则形式存在的,只能通过价值判断才能被发现。那么接下来的问题则更为重要,如何行使价值判断才是正当的和可欲的?笔者主张,司法裁判中价值判断的行使应至少受到以下方面的限制:首先,价值判断的行使要以现有的法教义学体系为基础,亦即价值判断的行使要受到一系列形式规则的约束;其次,法教义学体系的融贯性以及法律论证的融贯性能够从客观上制约价值判断的行使方式,从而尽可能保证司法判决的确定性;最后,价值判断还可能会受到最小损害原则的限制,也就说司法裁判中基于价值判断所为的利益衡量必须使得对法教义学体系的损害控制在一种最小的幅度之内。对此更为细致的讨论,在本书后半部分会全面展开。

批评者可能会步步紧逼,认为仅仅勾勒出价值判断所可能受到的一些制约,这仍然并没有告诉法官价值到底该如何进行判断。其实这是一个十分困难的问题,首先需要肯定的是,我们并不能给法官建构一个"价值判断的公式",法官只要将需要判断或权衡的价值输入到该公式中就可以获得一个结论,这根本是无法做到的。传统上我们习惯在较为抽象的层面上讨论价值判断,试图在不同价值之间排列出一个优先次序,不同位阶之间的价值固然可以进行比较。例如,一般认为生命的价值要优于财产的价值,二者之间发生内在冲突之时,两者相权自然要取前者。然而,如果是同一位阶的价值发生冲突,由于这些价值之间具有不可通约性,那么这一操作方法就不再奏效,比方说在著名的洞穴奇案中就出现过个体与群体之生命价值如何权衡、判断的难题。[①] 拉兹也注意到了这一点,他认为价值具有社会实践的依赖性,并且坚持价值的多元论而

---

① 参见〔美〕萨伯著:《洞穴奇案》,陈福勇、张世泰译,生活·读书·新知三联书店2009年版。

反对价值相对主义,抽象层面上对于价值的还原、排序和比较是不可取的,因此,最终还要回归到具体的实践层面来讨论价值判断的问题。① 比如对于是否违反"公序良俗"的判断,在较为抽象的层面上就很难做出一个客观、公正的评判,而必须回到眼前案件中的具体事例,甚至需要与既往大量的类似案例进行对比,"思想的过程不是单向进行,毋宁是对向交流的,质言之,一方面是由一般的法律思想趋向于——应依其而为判断的——事例,另一方面则是由此等事例,经由典型的事例及比较特定的法律思想,而趋向于此一般原则"。② 如此一来,法院在日后的审判中所积累的同类案例越多,能够在各个案件之间进行比较也就越有可能,这样就会限制法官在处理类似案件时所需行使的价值判断空间。

(三)考量何种后果及后果考量的难题

社科法学者将后果考量或者后果主义导向的思维视为法学的核心,并认为这是社科法学较之于法教义学的一个优势所在。但是,尽管法教义学思维主要是一种规规整整的从法律规范到案件再到判决结论的逻辑思维,但并不意味着它丝毫不关注后果。魏德士就主张,法教义学是法律续造的重要工具,具有实现法政策制定的功能,而在其对法政策参与的同时也意味着"对结果负责",亦即在建立法教义学的概念和原则时,要对结果进行权衡。也就是说,法教义学的思想研究不能抛弃后果导向与社会现实、政治现实之间的关系。③ 那么,社科法学者批评法教义学只注重概念、逻辑和解释而不关注后果,这又是为什么呢?后果考量中的"后果"是一个极其混乱的概念,即使在德国也是如此,其中特别富

---

① 拉兹对此提出了两个命题:第一,特殊的社会依赖命题,主张一些价值只有在社会实践支持它们时才存在;第二,一般的社会依赖命题,认为除了一些例外情况,所有的价值都依赖于社会,它们要么是从属于特殊的社会依赖命题,要么是通过对那些从属于特殊的社会依赖命题的价值而体现。See Joseph Raz, *The Practice of Value*, edited and introduced by R. Jay Wallace, Oxford University Press, 2003, pp.19-21.
② 〔德〕卡尔·拉伦茨著:《法学方法论》,陈爱娥译,商务印书馆2003年版,第173页。
③ 参见〔德〕魏德士著:《法理学》,丁晓春、吴越译,法律出版社2013年版,第142页。

第一章 法学研究与司法的良性互动

有争议的是"法官在多大程度上可以以实际效果为取向进行裁判"。① 我们常常说司法裁判应当注重社会后果和法律后果的统一,法律后果是指法律条文与案件事实相涵摄而推导出的结果,而社会后果主要是指法律条文的适用所实际产生的后果,就其本质而言它是一种事实后果,这种后果范围是非常广泛的,包括经济、道德、政策等后果。② 一般来说,法教义学可能更多地关注法律后果,而社科法学更注重对事实后果的分析与考量。

社科法学学者一再告诫我们,司法过程更注重对后果的判断,并认为文本解释、教义学、法律推理等专业技能训练,"只有助于法律人用各种语词将各种不可缺少的判断包装起来,陈仓暗度,在字面上勾连法律和法律决定,却无助于法学人在面对非常规案件时所必需的出色判断",而真正的司法实践应当是"需要明智有效地处理各种信息,能有效预测和掌控后果"。③ 只有后果考量更有助于满足人们对于法律可预测性的需求,那么后果考量又如何进行呢?其具体的操作方法一般包括五个步骤:(1)可适用性——确认眼前个案是否是后果导向的适用领域,此步骤之必要在于确保法律适用中的法律拘束;(2)后果调查——在完成适用领域的说明后,法官必须分析判决的作用领域,并进而选定重要的后果;(3)后果预测——对之前选定的后果进行预测,也就是预测其发生之概率;(4)后果评价——在此对前述可能的后果进行评价,又分为评价标准的选择和评价过程两个步骤来进行;(5)决定行为——建立在上述评价的

---

① 〔德〕乌尔弗里德·诺依曼:《法律论证理论大要》,郑永流、念春译,载郑永流主编:《法哲学与法社会学论丛》(总第 8 卷),北京大学出版社 2005 年版,第 8 页。

② 一个典型的例子就是苏力教授对于药家鑫案的分析。他认为,刑罚总是会以某种方式波及或连累罪案的另一类受害人,也就是罪犯的家人。为适度限制严重的殃及效果,中国社会长期实践并获得广泛接受的一个惩罚原则是,即使死刑罪有应得,但当罪犯是独生子女时,在某些案件中可略微减轻对罪犯的惩罚。当代中国可以借此进一步丰富罪责自负原则,从理念层面更多转向经验层面,这也是针对中国目前独生子女政策实践和刑事和解实践的必要刑事政策调整。据此认为判处药家鑫死刑,等于是断了药家鑫父母继续活下去的全部希望和念头。这是一种对药家鑫案的"外行人"解读,因为是独生子女、怜悯犯罪嫌疑人的父母就有理由对重罪进行轻判吗?这种分析进路在法律人眼中多少是有些怪诞的,不难想象中国的法官也几乎不可能会做此种考量。参见苏力:《从药家鑫案看刑罚的殃及效果和罪责自负》,载《法学》2011 年第 6 期。

③ 苏力:《法律人思维?》,载《北大法律评论》2013 年第 2 辑。

基础上,即可选择出最佳的判决可能。① 据以评价后果和作出后果考量决定的分析工具,典型的是经济学中的成本—收益分析方法,法官以此往往会选择那个成本最小并能够为未来社会带来最大整体福利的判决结论。

事实上,基于后果主义导向的社科法学其实不过是美国法律实用主义及其后裔法律现实主义在当代中国的一个翻版而已。② 那么,对于法律实用主义以及法律现实主义的一些常见批评,自然也可以适用于社科法学的后果考量论。例如,它的精打细算有时会做出漠视当事人既有权利的判决,进而导向一种怀疑主义的法律立场。③ 又如,"在疑难案件中参与法律争论的律师要么掩耳盗铃地表演,要么隐瞒其论据的真实政治属性而完全欺骗公众。在法律无能为力的疑难案件中,争论的对象不再是法律问题。没有法律,就没有关于法律的争论,也就没有特殊的法律裁决。法官不得不运用政治的自由裁量对疑难案件加以裁决"。④ 再如,"当法官通过诉诸道德的、经济的、政治的、制度性的或者其他社会的考量来提出实质性的理由时,可能会以未经证明的假定进行辩论,而这在理由上往往是不够强的或不充分的"。⑤ 然而,尽管这种"后果导向"的法学思维可能会对法教义学带来一定的冲击,但还不至于从根本上让我们否定或放弃法教义学,究其原因在于"后果思维"有其自身的局限,将一段卢曼对后果主义思维的批判内容归纳如下:

第一,如果法律系统被定为在裁判"结果"即不确定的未来上,

---

① Martina Renate Deckert, Folgenorientierung in der Rechtsanwendunf, München, 1995, S. 124 ff. 转引自何家昇:《法律论证中的后果考量》,台北大学2004年法学硕士学位论文。

② 新近美国学者布莱恩·莱特提出了自然化法学的理论,并用以为法律现实主义提供哲学基础上的辩护。莱特借助于奎因所倡导的自然主义认识论,试图在法学领域引发一场自然主义的革命。为此,他从根本上打击了分析法学长久以来所依赖的概念分析工具,转而提倡以社会科学的经验性研究方法来研究法律,从而为法律现实主义的复兴重构一套全新的哲学理论基础。See Brian Leiter, *Naturalizing Jurisprudence*: *Essays on American Legal Realism and Naturalism in Legal Philosophy*, Oxford University Press, 2007, pp. 15-80.

③ See Ronald Dworkin, *Law's Empire*, Harvard University Press, 1986, pp. 154-163.

④ 〔德〕Ralf Poscher:《裁判理论的普遍谬误:为法教义学辩护》,隋愿译,载《清华法学》2012年第4期。

⑤ Robert S. Summers, "Two Types of Substantive Reasons: The core of a theory of common-law justification", *Cornell Law Review*, Vol. 63, No. 5 (Jun., 1974), p. 710.

第一章　法学研究与司法的良性互动

这将会损害法律的安定性。第二,预测结果或者试图在一定程度的复杂情况下有计划地操控结果,这将是一件非常困难的工作。第三,如果完全站在法律"结果取向"思维立场上,有必要佩戴防止因派生的结果、结果的结果等积聚而成的膨胀效果进入视野的"眼罩"。第四,如果将"结果"理解为从未来的现实中有意切取的一部分,判决结果的正当性将重新回到法律教义学中寻找依据。第五,实施判决的法律系统面对具有高度复杂性及不确定性的未来,难以作出准确的选择。第六,法律系统所依据的诸多法律规则在排除其他可能性的基础上,虽然可以明确作出"合法/非法"的判决结论,但无法对判决结果实施任何的具体操控。①

社科法学学者所坚持的后果考量思维优于法教义学的规则导向思维,如果想要成立的话,在这方面他们仍有大量的工作要做,比方说需要能够提出对后果考量更为精致的理论构造及辩护,同时还需要对法教义学的规则导向的思维提出具有充分说服力的驳斥,否则也会像他们指责法教义学那样走入一个自己所编织的美好"乌托邦"。在笔者看来,社科法学学者过分夸大了后果考量在现实实践中的地位、功能和作用,"行为后果和结果的确十分重要,但也只是在有限的范围内十分重要"②。他们未能对应当纳入考量的后果开列一个明晰的清单,恰如拉伦茨所言,后果考量并不是随意的,"法官对其裁判可能产生之后果的判断远逊于立法者,唯有当法官决定作'超越法律'之法的续造时,才能将后果列入考量的范围之列"③。他们也未能准确地指出法官究竟在何时需要考量,超越法律的考量何以具有正当性和合法性。不少其他学者对后果考量提出了种种限制,如德国的科赫和吕斯曼两位教授坚持只有在(逾越了法

---

① Niklas Luhmann, Rechtssystem und Rechtsdogmatik, 1974, Stuttgart/Berlin/Mainz, SS. 7, 35. 转引自顾祝轩著:《民法系统论思维:从民法体系转向法律系统》,法律出版社2012年版,第71页。读者也可以参见〔德〕卡尔·拉伦茨著:《法学方法论》,陈爱娥译,商务印书馆2003年版,第110—111页。

② 〔英〕尼尔·麦考密克著:《修辞与法治——一种法律推理理论》,程朝阳、孙光宁译,北京大学出版社2014年版,第151页。

③ 参见〔德〕卡尔·拉伦茨著:《法学方法论》,陈爱娥译,商务印书馆2003年版,第29页。

律拘束的)较为有限的情况下才能进行后果考量,另外贝格教授也主张法官"只有在法律之内,或在法律之旁,但绝对不能够抵触法律"地考量后果。① 因此,正像价值判断不是恣意性的判断一样,后果考量的作用的发挥也依赖于其自身运行的合理根据及性质,同时也有赖于其对于现实司法实践的符合和尊重。

(四) 四川泸州情妇遗赠案的法教义学分析

既然已经看到法教义学所主张的规则导向的思维与社科法学所主张的后果主义导向的思维的差异,但是为了进一步刻画这二者之间的差异,笔者接下来将选择影响甚广的泸州情妇遗赠案(以下简称"泸州案")作为分析参照,力图揭示出该案一审法院和二审法院法官所做的不适宜的后果考量,并尝试对比德国情妇遗赠案例给出的一种可能的教义论证。需要说明的是,法教义学固然一直没有逃离本章研究的主题,但总的来说笔者所讨论的仍然是有关法教义学与社科法学的一般理论问题。尽管如此,这并不妨碍对案例的分析,但此处引入案例并不是逃避笔者前文所批评的目前中国法教义学研究缺乏对司法实践中现实案例的关注,而是有其独特的理论意义。

泸州案的基本事实是:遗赠人黄永彬与被告蒋伦芳于1963年结婚,1996年遗赠人黄永彬与原告张学英相识并在外租房同居。2001年初,黄永彬被确诊患肝癌病晚期并在临终前立下书面遗嘱,将其所得的住房补贴金、公积金、抚恤金以及出售泸州市江阳区住房所获钱款的一半及自己所用的手机一部,全部赠与原告张学英。在遗赠人黄永彬去世以后,原告张学英诉至法院要求判令被告执行遗嘱内容。泸州市纳溪区人民法院以及泸州市中级人民法院均以遗嘱内容有悖于《民法通则》第7条所规定的公序良俗原则为由,并结合《立法法》关于"上位法效力高于

---

① Hans-Joachim Koch/Helmut Rümann, Juristische Begründungslehre, München: C. H. Beck, 1982, S. 227ff. Norbert Achterberg, Theorie und Dogmatik des Öffentlichen Rechts., Ausgewählte Abhandlungen, 1980, S. 195. 以上引文转引自〔德〕卡尔·拉伦茨著:《法学方法论》,陈爱娥译,商务印书馆2003年版,第66页,注释120。

第一章 法学研究与司法的良性互动

下位法效力"之规定,得出了遗嘱无效的判决结论。为分析方便,笔者将一审、二审判决书说理的部分分别摘引:

一审判决内容如下:"1. 非法同居并不影响遗赠协议书的效力。黄永彬与张学英即使有非法同居关系,《继承法》没有规定当遗赠人和受赠人有非法同居关系时,遗赠就不成立,所以不影响本案遗赠成立。2. 该遗赠形式合法但实质不合法。在实质赠与财产的内容上存在以下违法之处:(1)黄永彬死后的抚恤金不是黄永彬个人财产,不属遗赠财产的范围;(2)遗赠人黄永彬无权处分住房补助金、公积金,这部分财产属黄永彬与蒋伦芳夫妻关系存续期间所得的夫妻共同财产;(3)所遗赠之住房为夫妻共同财产,同样无权处分部分应属无效。3. 遗赠行为违反了公序良俗、破坏了社会风气,是社会公德和伦理道德所不允许的,于法于理不符。4. 依照《民法通则》第七条关于公序良俗原则的规定判决遗赠行为无效。"[①]

二审判决内容如下:"1. 二审法院的找法活动。依《立法法》第五章之规定,上位法效力高于下位法效力。《民法通则》的效力等级在法律体系中仅次于《宪法》,高于一般法律、法规和规章;后者若与《民法通则》规定不一致,应适用《民法通则》。2. 适用公序良俗原则否定遗赠行为的效力。在确定公序良俗原则中社会公德或社会公共利益的法律内涵进行具体法律适用时,必须也只能通过不同历史时期法律具体规定所体现的基本社会道德观念和价值取向加以确定。黄永彬的遗赠行为虽系黄永彬的真实意思表示,但其内容和目的违反了法律规定和公序良俗,损害了社会公德,破坏了公共秩序,应属无效民事行为。"[②]

从上述判决文书中我们可以十分清晰地看到,一审、二审法院首先根据《立法法》第五章关于"上位法优于下位法"之规定排除了《继承法》在本案中的法律适用,其次均以《民法通则》第7条所规定的公序良俗原则否定了遗赠行为的效力。学者们已经从多个角度对本案进行了理论剖析,笔者关注的是本案中法官究竟进行了什么样的后果考量?从表面上来看,这一判决是基于现有法律规范做出的,无论是法律适用的选择还是对遗赠行为合法性的判定都是一种基于法条的"教义学分析"。其

[①] 四川省泸州市纳溪区人民法院(2001)纳溪民初字第561号民事判决书。
[②] 四川省泸州市中级人民法院(2001)泸民一终字第621号民事判决书。

实则不然，仔细阅读不难发现判决书中充斥着大量的道德语言，笔者统计了一下两份判决书中分别有16、12和13处使用了"非法同居""公德"和"道德"这些字眼，这固然可以在某种程度上迎合人们内心对于陋风、恶习憎恶的感情，但不能以道德绑架法律而为法律道德主义的裁判。在可供适用的原则与规则并存时，穷尽法律规则方可适用法律原则是一条重要的司法原则，对于规则的偏离必须有充足的理由，而法院判决所基于的《立法法》第五章之规定是站不住脚的，因为《立法法》第五章同时还规定了"特别法优于一般法"，为什么不适用《继承法》这个特别法呢？再退一步说，即使在本案中有充分的理由排除对《继承法》有关遗嘱的法律规则的适用，那么也不应忘记《民法通则》第4条还规定了自愿原则，为什么不能适用自愿原则而非得径直适用公序良俗原则？[①] 对于这一点主审法官却避而不谈，而在以往的讨论中也几乎没有引起学者们太多的注意。

正如某些学者意识到的那样，"这些问题都不太可能从法律条文中找到答案。从而，一定有一些另外的东西促使法官进行了相关抉择"。[②] 判决书中所展现出来的基于法条的教义分析和论证不过是一种进行后果考量的掩饰而已。在接受采访时，当被问及为何直接用《民法通则》规定的公序良俗原则来判案，该案一审法院分管民事审判的刘波副院长如是回答记者："通过本案，我们也总结出了一个经验，执法机关、审判机关不能机械地引用法律，而应该充分领会立法的本意，并在充分领会立法的前提下运用法律。在判决本案时，我们直接引用《民法通则》的基本原则，而没有机械地引用《继承法》的规定，是合情合理的。如果我们按照《继承法》的规定，支持了原告张学英的诉讼主张，那么也就滋长了'第三者''包二奶'等不良社会风气，而违背了法律要体现公平、公正的精神。"[③] 正是考虑案件可能给社会带来的不良影响后果，两审法院才做出

---

① 有一种观点认为，自愿原则虽然也是民法的基本原则，但与其他原则不同之处在于，它无法成为裁判规则，在司法实践中不能为法官提供裁判指引。

② 陈坤：《疑难案件、司法判决与实质权衡》，载《法律科学》2012年第1期。

③ 参见王甘霖：《"社会公德"首成判案依据"第三者"为何不能继承遗产》，载人民网：http://www.people.com.cn/GB/shehui/46/20011102/596406.html，最后访问时间：2019年5月5日。有关本案对中德情妇案件的对比分析和研究，读者可以参见郑永流：《道德立场与法律技术》，载《中国法学》2008年第4期。

了这样的判决。

在德国曾经发生过一起与上述案件十分相似的情妇遗赠案,已婚但无子女的男性被继承人于 1965 年死亡,他从 1942 年左右起到死亡时止,一直与同样已婚但是在 1964 年离婚的 M 女士像夫妻一样生活在一起。在被继承人去世之后,M 女士依据被继承人生前写下的遗嘱,主张对被继承人的遗产享有继承权。后来该案一直上诉到德国联邦最高法院,最后 M 女士根据遗嘱获得了被继承人四分之一的遗产。该案判决书长达二十余页,推理和说理都很详细、精致,限于篇幅原因,笔者无法做太多的引述,法官重点分析了"被继承人是否意在通过此种遗赠来增加或维护性关系"这个问题,并指出:

> 并不能确定被继承人意在通过向 M 女士遗赠财产的方式,对与 M 女士长期保持的性关系予以酬谢或者促使她继续维持这种关系。一般的生活经验也不能对这个问题作出肯定的回答。因为在"男女两人建立"长年联系的情况下,比如在本案中被继承人与受赠人之间存在的关系中,这种关系通常不仅仅局限于性的领域。在这种情况下,如果被继承人将与之曾共同生活过的女士指定为其继承人,那么依据生活经验,这种指定既可以建立在性的领域基础之上,但同样完全可以建立在其他的,至少也可以建立在其他的动机之上。法庭对此表明了立场:所以在这种情况下,只要并未证明被继承人向情妇作出遗赠仅仅是为了促使情妇继续保持性付出或者想起表示酬谢,那么,即使不能认定存在特殊的、值得引起重视的遗嘱动机,被继承人将一名与自己婚外长年如夫妻般共同生活的女士指定为遗产继承人的法律行为,也不应被视为违反善良风俗而归于无效。①

再次回到泸州案,其实一审、二审法院在案件事实查明中一直在强调黄永彬与张学英之间的非法同居关系以及确认该非法关系是违反社

---

① 参见邵建东编著:《德国民法总则编典型判例 17 则评析》,南京大学出版社 2005 年版,第 229—230 页。

会公德的,然而疏忽了一个十分重要的细节性事实:黄永彬的姨妈(黄永彬自幼父母双亡,被姨妈抚养长大)说:"这都是蒋伦芳的不对,蒋伦芳逼走黄永彬,她对黄永彬不好,对黄永彬经济上的控制非常严",并且张学英在黄永彬生病期间对其进行生活上的照顾,为此还花去一万多元钱。① 两审法院对于非法同居行为所进行的道德考量构成了本案判决的核心理由,这是一种不说理的"说理",这种判决思路虽然可以像有关负责人所说的那样遏制社会不良风气,取得良好的社会效果,但这对于法教义学或者法学的损害却是巨大的,因为它架空了本该适用的《继承法》。② 如果从严格的教义论证出发,该案一种较为合适的判决思路在于,适用《继承法》中有关遗嘱生效要件的规定,确认遗嘱中黄永彬对有权单独处置的个人财产的遗赠行为有效,判决归张学英所有,而对于夫妻共同财产中属于蒋伦芳个人的财产份额则判处给蒋伦芳。

四、本章小结

我们不能戴着有色眼镜去评判社科法学和法教义学,更不能基于纯粹主观的想象和偏好去支持或反对二者中的任何一种。法学研究理应对各种研究进路保持开放,只有"百家争鸣"方能实现"百花齐放"。法学研究的竞技场上如果只有一种法学(社科法学、法教义学或者其他任何形式的法学)的影子,那也不过是自娱自乐罢了。社科法学和法教义学尽管是两种性质不同的法学,但并不意味着法律人只能在它们之间做非此即彼的选择,二者仍然有着十分广阔的合作基础和交流空间。因为社科法学和法教义学都能够为我们提供法学知识,并在各自的知识范围内以不同的方式影响司法实践,未来法教义学和社科法学的发展都应当面向实践,发掘那些兼具理论意义和实践意义的案例并对其进行评注或分

---

① 参见《多事的遗嘱》,http://www.cctv.com/lm/240/22/38812.html,最后访问时间:2019年5月5日。

② 参见萧瀚:《被架空的继承法——张xx诉蒋伦芳继承案的程序与实体评述》,载《私法》第1卷第2辑,北京大学出版社2002年版,第300—313页。

第一章 法学研究与司法的良性互动

析,而这种评注或分析一旦能够流行起来,便会在一定程度上影响法官在司法裁判中的判决说理,从而实现法学研究与司法实践之间的良性沟通和互动,这才是法律学者的真正使命所在。如果偏执地陷入到底哪一种法学是正统法学,哪一种法学是边缘法学的争论中,最终会堕入一种宏大的话语或修辞之争,实属无聊也无益。

由于本章所关注的是近年来学界持续升温的法教义学与社科法学之争,而这一争论从根本上提出了法学自主性的问题,尤其是社科法学所引领的跨学科研究(台湾学者称之为"科际整合"①)不断将经济学、政治学、社会学的方法引入到法学内部,在让人们充分认识到法学的不自足性的同时,也不免激起人们的思考,即对法学的这种开放性的改造是不是有点"开放过头了"?恰如颜厥安所指出的,"法学这种实践之知,绝不可能孤立,也不应该封闭,但却绝对有其独立运作之逻辑,对法学狭隘性、自足性的反思与批评,决不能以牺牲法学的独立性为代价"。② 法教义学与社科法学各有其运作的合理逻辑,法教义学无法取代社科法学,反过来社科法学同样也无法取代法教义学,二者毋宁是一种相互竞争而又相互协助的关系。今日法学教义学与社科法学均已承认法学之开放性与实践性的特质,并尽力对自身做出某些调整以适用急剧变化的法律实践。法教义学作为一种传统的对于法律问题之问答的学问,尝试着将价值判断包容于体系化的解释和推理中,以期对实践中频繁发生的疑难案件给予回应。

与此同时,社科法学在更大程度上革新和影响了中国的法学教育,今天在大多数法学院里都开设了法律社会学、法律经济学等课程,相应地对于法律现象的跨学科研究在学术市场上也颇受欢迎,能够娴熟教授法律社会学、法律经济学、法律与文学的学者在法学院里也很有市场。

---

① 学科之间的对话、交流和融合,也被一些学者称为"科际合作"或"科际整合",是指不局限于传统法律分析,借助于各个不同科学的路径来研究法律,比如将法律社会学、法律人类学等研究方式纳进来,成为法学研究的一环。参见张嘉尹:《宪法之"科际整合"研究的意义与可能性——一个方法论的反思》,载《世新法学》2010 年第 2 期,第 24 页。

② 参见颜厥安著:《规范、论证与行动——法认识论论文集》,台湾元照出版公司 2004 年版,第 20 页。

在很大程度上，中国的社科法学是由苏力教授发起和引领的，他本人则更多地受到美国的霍姆斯、卡多佐、布兰代斯、波斯纳等人的影响，而在中国法学界"年轻一代的社科法学者，很多毕业于北京大学，或虽不是北京大学毕业，但明显受到苏力的影响"。① 这其中不免有存在学术产品之市场产出便利性的原因而有意跟风或模仿的嫌疑，并且社科法学还尚未从根本的层面上反思中国法学是否、为何以及如何面向社会科学。此外，即使在社科法学内部也纷争不止，尚未达成基本的学术共识，形成自成一体的知识体系以及共同的学术方法。说得透彻一点，社科法学学者不过是将"美国的法律和社会学运动"和"芝加哥的法律经济学"搬到了中国的法学场域中，并进行一种刻意的模仿和学习，这种法学之根是否真的像有的学者所主张的那样是"面对中国的法学"②，或许只是某些学者的一厢情愿，有待社科法学者给出更为精准的论证和辩护。

美国今天的主流法学并不是法教义学，而是法律的经济分析、法律的社会分析乃至法律的政治分析，但是近些年美国学界也开始对这种跨学科的法律研究进行反思，他们讨论的问题是"在非精英法学院要不要进行跨学科的教育"？③ 同时即使在拥有强大法教义学传统的德国，20世纪70年代以来，"法学教育改革的不同方案引发了一场法学与其他社会科学之间关系的激烈争论……对法律者而言，要求法学专业学生必修社会科学课程并非是通向更好的法律教育的可行之路。由于社会科学的材料浩如烟海，其涉及的对象必定是无边无际的。可见，要求法学专业学生学习社会科学的风险在于，学生学到的可能是一知半解的社会科

---

① 侯猛：《社科法学的跨界格局与实证前景》，载《法学》2013年第4期。
② 参见苏力：《面对中国的法学》，载《法制与社会发展》2004年第3期。
③ 主要是 Brian Tamanaha 的文章，文章名为"Why the Interdisciplinary Movement in Legal Academia Might be a Bad Idea (For Most Law Schools)"，http://balkin.blogspot.com/2008/01/why-interdisciplinary-movement-in-legal.html，最后访问时间：2019年5月19日。还有一些评论性文章，主要有：Dan Solove, "Is Interdisciplinary Legal Study a Luxury?"; Ethan Leib, "Non-Elite Interdisiciplinary Scholars"; Belle Lettre, "Tamanaha on Interdisciplinary Scholarship"; Lawrence B. Solum, "Interdisciplinarity, Multidisciplinarity, and the Future of the Legal Academy"等，以上文献来自 http://www.ideobook.com/339/interdisciplinary-movement-in-legal-academia/，最后访问时间：2019年5月5日。

学"①。由于社科法学专长于对经验材料、因果关系以及后果的考量,在法学教育上也倾向于时刻保持对法律条文的偏离或批判,如果法科学生在长期的学习过程中潜移默化地形成了这样一种习惯,即动辄就批判法条甚至否定其效力,其实对于实在法的损伤甚大。韩世远教授对于立法论与解释论的相关评价值得反思:

> 我们有时也会见到这样的情形,有的法学教师喜欢说中国法这里不好、那里不行,中国法落后,不如外国法。老师的言谈又影响到了学生,以至刚入大学校门不久的学生都跟着对新近出台的立法品头论足,一副指点江山、挥斥方遒的派头。如果这样的风气盛行,将会带来很多不良的后果。对于我们的法律,如果习法之人都不尊重,将来又如何很好地应用?敬法者始能成为护法者,法律一旦成为法律,就意味着权威,就必须得到尊重,学习之时,当有敬畏之感。学习的路径应当是由解释论入手,学习的重点也是在于解释论,适当兼及立法论。在这里,我们尤其需要强调解释论,重视解释论。毕竟,我们所要造就的法律人才,更多的都是要走上应用法律的岗位。②

法学教育的问题根源可以追溯至法学研究,一旦法学向跨学科的研究进路开放,法教义学将不可避免地与主要源自多范式主义的障碍以及其他社会科学的不稳定性条件相冲突。③ 除了可能带来的不确定性问题之外,跨学科的研究向法学引入其他科学知识,"固然会增强法学论证之力量,但是由于此等论据之性质相同(都是事实性论据),并因此无法形成'决定性'的法学论据。所以一位拥有生物学高级学位的人,即使学过法律,并不一定必然会比一位只拥有生物学常识,但饶富法学素养与经

---

① 〔德〕魏德士著:《法理学》,丁晓春、吴越译,法律出版社 2013 年版,第 135 页。
② 韩世远:《民法的解释论与立法论》,载《人民法院报》2005 年 5 月 18 日。
③ Enrique Zuleta Puceiro, "Legal Dogmatic as a Scientific Paradigm", in Aleksander Peczenik, Lars Lindahl and Bert Van Roermund eds., *Theory of Legal Science: Proceedings of the Conference on Legal Theory and Philosophy of Science*, D. Reidel Publishing Company, 1984, p.23.

验的人,更能提出良好的法学主张与论证"[①]。对法律进行跨学科分析和研究有其内在的必要性和合理性,但也并不是可以任意地、无限度地超越法律的疆界,同时也不要求法律人必须是一个精湛的社会学家或者经济学家,"许多所谓的法社会学研究,通过对社会行为的研究来否定法律规范的有效性,强调'写在字面上的法律'与'行动中的法律'的区别,但他们的研究实际上看到的不过是行动中的个人,或者个人的行动,哪里又看得到什么法律呢?"[②]如果缺乏或者有意疏忽必要的法学训练,而偏执地扎进社会科学中无法脱身的话,仍然难以做好这种跨学科的研究。

　　行文至此,我们已经看到了法教义学与社科法学之间的合作可能,前文虽然已经多次强调二者均可生产和提供法律知识,但是仍需注意到它们所生产的知识在性质上是有差异的,法教义学试图掌握法律的文本意义或法律在法院裁判中的意义,并将其体系化以获取融贯的法律知识,对于实务法律人而言,法教义学是不可或缺的必要知识。跨学科的法律研究则试图将法律置于不同的社会背景之中来理解,对于实务法律人虽非没有帮助,但其帮助常常是间接的,通常有赖法教义学的中介。[③]同时在法教义学面对不确定概念、概括条款以及法律漏洞之时,法教义学必须向社科法学保持开放,后者的介入可以帮助前者解决这些难题。如果说法律人正沉迷于"中国法学何去何从"的难题时,如果说法律人在面对来自社科法学的外部批评以及日益复杂的实践面前而险些要放弃法教义学之时,我们不妨聆听一下来自凯尔森的忠告:"指向具有规范性意涵之法律科学的可能性与必要性,可以通过法教义学已经存在千年之久的事实得到证明,法教义学满足了法律人在知识上的需求。我们没有理由忽视这一正当性需求,更不能放弃此种法教义学,或者以法律社

[①] 参见颜厥安著:《规范、论证与行动——法认识论论文集》,台湾元照出版公司2004年版,第19页。

[②] 泮伟江:《法学的社会学启蒙——社会系统理论对法学的贡献》,载《读书》2013年第12期。

[③] 参见张嘉尹:《台湾法学典范的反思——从当代德国法科学理论的兴起谈起》,载《世新法学》2012年第1期。

学取而代之,正如宗教心理学或宗教社会学不能取代宗教教义学一样。只要有法律的存在,法教义学就一直存在着。"① 因此,一言以蔽之,未来寻求法教义学与社科法学之间的合作才是真正具有建设意义的发展之道。

---

① Hans Kelsen, *Pure Theory of Law*, translated from the second German edition by Max Knight, University of California Press, 1978, p. 105.

第二章 法教义学的知识及方法贡献

目前法教义学与社科法学之间的这场争论还在持续,加入其中参与论辩的学者越来越多,其在学术界所产生的影响也愈来愈大。在某种程度上,我们可以将这场争论看成十多年前中国法学界对于法学自主性之争的延续。在第一章中,笔者已经就这场争论的一些基本观点做了简要的交代。本章将继续以该学术论战作为讨论线索,尝试为法教义学在未来中国法学发展的格局中找到适合于自己的位置。恰如一些学者所宣称的那样,未来中国法学的基本格局将仍旧是由日渐式微但有重生之势的政法法学、举足轻重但边界模糊的法教义学和发展势头愈加猛烈的社科法学这三个部分所组成的,同时由于法教义学自身边界的模糊必然会慢慢淡出法学研究的舞台,即使我们还能够看到一些所谓的"法教义学",它们也只是一种被装扮的而非真正的法教义学。[①] 果真会如此吗?法教义学在未来是否真的像有的论者所言会丧失主导性地位,乃至最终被取代?对于这个问题的回答,还是必须要回到法教义学与社科法学的这场争论之中来。

首先,非常有意思的一点是,这场争论几乎完全是在法学内部进行的,而很少看到有法学圈以外的人士(尤其是其他社会科学领域的专家和学者)参与。从人员的构成来看,社科法学的倡导者基本上都是法学院的学者们,他们大多都是正儿八经的法学科班出身,所接受的也恰恰正是法教义学(或者传统的法条主义)式的教育,至少在法学本科阶段是这样的。我们看到,教义学训练出身的学者转向社科法学令人多少感到有些别扭,恰如一位训练有素的民法学者大力地呼吁民法学应转向社科

---

① 参见苏力:《中国法学研究格局的流变》,载《法商研究》2014 年第 5 期。

第二章 法教义学的知识及方法贡献

法学一样多少会令人感到费解。同时,笔者还注意到一个很有趣的现象,德国是公认拥有十分发达的法教义学传统的国家,然而却出现了法教义学不断衰落的现象:"一方面市面上是汗牛充栋的法教义学著述和文献,而另一方面则是理论的贫乏,不仅教科书出现了'去理论'的倾向,连德国联邦最高法院也越来越少地引用理论。"① 因此,综合以上两个方面可以看到,法教义学正在经历着一个走向衰落的过程。然而,这是否意味着法教义学会一直、持续地衰落下去,乃至最终被社科法学所完全取代?剥离了法教义学的法学可能会是什么样的?而以上正是本文所要思考的问题。

一个被普遍忽略的事实是,法教义学在我国兴起和发展的时间并不算长。也就是说,学者们(尤其是法教义学的批评者)不可简单地将"中国法教义学"与"某(比如德国)国法教义学"等。同样的道理,从发展的进程和水平上来看,中国的社科法学与美国的法律与社会科学②虽然有渊源关系,但二者相比尚有很大差距。那么无论是以美国的法律与社会科学来指责中国的法教义学,还是借美国的法律与社会科学来诘难德国的法教义学,从而将得出的判断或结论直接拿过来批判中国法教义学,这些做法都是不可取的。③ 中国的法教义学和社科法学之间的争论只有立足于本国法学发展的实际,才能展开真正富有意义和卓有成效的对话。在本章中,笔者将继续为这样一个命题进行辩护,即法教义学尽管有其自身不可避免的缺点和局限,但在未来很长的一段时间内它仍然构成法学的核心。正如熊秉元教授主张:"1960 年法经济学出现以前,教义法学已经存在数百年;之后,即使经济学者进驻法学院,依然有相当比例

---

① 参见张嘉尹:《台湾法学典范的反思——从当代德国法科学理论的兴起谈起》,载《世新法学》2012 年第 1 期。
② 在美国几乎没有"社科法学"这个提法,与此比较接近的概念是"法律与社会科学""法律的跨学科研究"与"法律的交叉研究",比如说常见的法律与文学、法律与社会学、法律与经济学、法律与人类学、法律与历史学等。
③ 恰如尤陈俊教授所指出的,当下法教义学与社科法学之争在某种程度上乃是德国法学传统和美国法学传统在中国法学界的狭路相逢。参见尤陈俊:《不在场的在场:社科法学和法教义学之争的背后》,载《光明日报》2014 年 8 月 13 日。

的法学院,几乎完全不受影响;半个世纪过后,主流还是教义法学。"① 想要在理论上证成上述主张,需要深入到这场争论的背后,发掘法教义学与社科法学的各自立场和性质范围,澄清二者之间的核心争议,并在此基础上寻求它们在未来可能的合作空间。

一、从"法条是否容许批判"说起

长期以来人们对于法教义学的印象大多是模糊的,这部分是因为法教义学者自身也未能对法教义学提供一个十分清晰的界定。久而久之,人们渐渐习惯用"法条主义""机械法学""概念法学"来指代法教义学,并时常给它贴上僵化、封闭、落后、保守、盲目、价值无涉等标签。② 由于法教义学具有较强的实践指向性,其任务或活动内容在于将法律规范以体系化的形式展现出来,作为整体的法律体系是由一个个法律规范相互连接、协调、组合而成的,因此对于个别规范的理解、解释与适用必须同时照顾到其身后所处的更大的法律体系。法律条文是法律规范最通常的表现形式,然而对于法条是否容许批判则是一个颇具争议的问题。在批评者看来,既然法教义学具有很强的"教义性",即以尊重和信奉现有法律的有效性为基本前提,那么如此一来它必然也就不会触碰或质疑既有法律的有效性,因而也就不会对个别法条采取批判性的态度来对待。

法教义学真的只能对法条采取一种保守主义的解释性态度吗?换言之,法教义学是否只能解释而不能批判法条?在回答这个问题之前,我们有必要对"批判"做一个简单的概念上的界定,以明确此处是在何种意义上使用这个术语的。大体而言,"批判"一词主要有两个方面的含义:其一,与不假思索地接受相对,它要求对客体或对象进行反思、检讨或权衡,在此基础上可以提出一些建设性的意见或建议;其二,因为某个思想、观点或理论存在错误因而将其否定。具体而言,笔者主要在第一种意义上使用"批判"一词,亦即"容许对法条进行批判"并不是指在实践

---

① 熊秉元:《论社科法学与教义法学之争》,载《华东政法大学学报》2014 年第 6 期。
② 参见张翔:《形式法治与法教义学》,载《法学研究》2012 年第 6 期。

第二章 法教义学的知识及方法贡献

中彻底否定某个法条之效力,它的意思是说在对法条的理解与解释过程中可以伴随着对其是否全面、完整或是否与其他规范协调一致的建设性讨论,如果不完整或不全面则应想办法使其变得全面和完整,如果与其他规范不一致也应想办法消除它们之间的冲突或矛盾。

在民法领域中,这一主张主要体现为民法规范的"解释论"与"立法论"之争。该争论所指向的一个对象是司法实践,另一个则是立法实践;一个关注法律实际上是什么,另一个探究好的法律应该是什么样的。用韩世远教授的话说,"民法解释论所关注的是民法规范的现实结构,民法立法论所关注的则是民法规范的理想状态"。① 但是,我们并不能就此得出结论说"解释论"完全不容许批判法条,因为在民法这个部门法中,"解释论"是一套十分复杂、精细的学问,除了最为常规的文义解释之外,还包括目的解释、体系解释、历史解释、漏洞填补等其他续造法律的方法。② 很显然这些法律方法并不完全局限于对法条之文义的揭示,它们的行使过程中始终会伴随着或强或弱的价值判断,以致会时不时地挑战或批判既有的法条。例如,交通事故中受害的行人因自身的病理性因素而使得损害后果加重,那么是否可以此为由减轻侵权人的责任呢?一种解释认为,受害人对于后果之发生并不存在主观上之故意,其病理性因素与后果之发生无法律上因果关系,因此也就并不构成法律意义上的过错。③ 该解释显然并不是建立在文义的基础上,而是结合侵权法的立法目的对法条进行了批判性解释,同时它也表明对法条的批判并不意味着对法条(内容及效力)的彻底性否定。

在教义学传统同样较为发达的刑法中,学者们对于"法条解释"与"法条批判"二者之间的关系也持有不同的态度。我们可以从张明楷教授与冯军教授关于刑法之基本立场的争论中清晰地看到这一点。冯军教授明确区分了刑法教义学与刑法政策学,主张只要刑法是有效的,就

---

① 韩世远:《民法的解释论与立法论》,载《人民法院报》2005年5月18日。
② 关于民法的解释理论,请参见梁慧星著:《民法解释学》(第4版),法律出版社2015年版;也可以参见黄茂荣著:《法学方法与现代民法》(第5版),法律出版社2007年版。
③ 最高人民法院指导性案例24号(荣宝英诉王阳、永诚财产保险股份有限公司江阴支公司机动车交通事故责任纠纷案)确立了这个解释或观点。

应当严格服从刑法的权威,不得以其不符合自然法、不符合正义或者不符合社会实际而否定其效力。① 相比之下,张明楷教授并不认为刑法解释学与刑法教义学之间存在着什么实质性的差异,通常的情形是解释本身就包含了批判,尤其是在法律条文的表述存在缺陷的情况下,"通过解释弥补其缺陷,是刑法教义学的重要内容或重要任务之一。事实上,将批判寓于解释之中,是刑法教义学的常态"②。由此可见,张明楷教授与冯军教授表面上是在争论刑法的基本立场,实质上是对法教义学秉持着不同的态度。"法条解释"与"法条批判"并不是根本对立的,二者有着十分密切的关系。

法律条文构成各种各样的法律规范,而法律规范从类型上来讲通常包括法律规则和法律原则,而正是这样两种规范组合形成了不同的法律部门,各个不同的法律部门又进一步型构了整个法律体系。当然,法教义学活动也是按照不同的层次逐步推进的,通常是从概念到条文规范再到单个部门法体系,最后才是一国的整体法律体系。法律体系是不断发展变化的,旧有的规范(通过明确或漠视的废止方式)不断退出,新的法律规范不断加入进来,甚至还涌现出了一些新的部门法。而无论是新规范的加入还是旧规范的退出,都涉及"一致性"的问题,即当不同的法规范之间彼此发生冲突时该如何协调,这不可避免地成为法教义学的重要内容之一。法教义学需要站在全局的眼光上对法律体系进行批判和检验,具体来说,就是需要针对可能的冲突不断对法律规范进行解释与再解释、体系化与再体系化。所以,法教义学对法条进行批判不仅是可能的而且是必要的,通过对法条的批判可以不断地推动既有法律体系的更新与发展。

在这个意义上讲,对法条的批判不仅是必然的而且也是必要的。总的来说,对于法条的批判主要有以下几种形式:(1)以法律原则否定法律规则的效力,法律原则是规则得以存在的更深层次的理由,或者说是规

---

① 参见冯军:《刑法教义学的立场和方法》,载《中外法学》2014 年第 1 期。
② 张明楷:《也论刑法教义学的立场——与冯军教授商榷》,载《中外法学》2014 年第 2 期。

第二章 法教义学的知识及方法贡献

则的正当化依据或理由。① 第一章提及的泸州案即是典型,该案的一审、二审法院均以公序良俗原则否定了《继承法》中关于遗嘱继承之规则的效力。② (2) 协调规则与规则之间的冲突,这通常需要按照规范冲突的解决规则来进行协调。比如上位法优于下位法、一般法优于特别法、新法优于旧法等。(3) 当法律的规定不全面或不完整时,通过解释的方法(目的解释、类推适用等)发展和续造法律。比如在我国首例胚胎继承纠纷案件中,当法官面临既有法律对胚胎的法律属性以及相关主体享有何种权利均无明确规定的情形时,通过审视立法之目的与精神,将胚胎界定为一种具有未来生命之发展潜能、介于人与物之间的一种过渡存在。③ 这便是批判性地发展或续造法律的一个典型案例。(4) 编纂错误或立法错误,即立法者在明确表达的法律规定中所出现的编纂错误或评价矛盾,需要借由法教义学在对法律规定进行解释时予以纠正或消除。④

通过以上讨论,我们对于法教义学或许已经有了更进一步的认识。其实,以"是否容许对法条进行批判"作为标准来区分法教义学与其他法学(如社科法学)是不准确的。因为从活动内容上来看,无论是对法条进行解释还是进行批判,其目的都是为了揭示或澄清法条的真实意涵。可以说,法律解释与法条批判这两种活动并不是截然对立的,在实践中二者总是以这样或那样的方式彼此勾连在一起。详言之,致力于对实在法进行解释与规范化的法教义学并不必然排斥对法条的批判,并且在很多时候恰恰是通过这种批判性的反思活动,使得过时的或有缺陷的旧有规范不断退出、新的规范不断加入法律体系之中来,最终推动既有的法律体系不断自我更新、自我发展。对此,在下文有关法教义学之概念与性质的讨论中还会有更具体的证明。

---

① 参见范立波:《原则、规则与法律推理》,载《法制与社会发展》2008年第4期。
② 笔者提出这个例子并不代表认可或支持该案的判决思路及判决结论,事实上该案一审、二审法院对于"为何选择适用公序良俗原则"这个问题并没有提出十分令人信服的理由。
③ 参见江苏省宜兴市人民法院(2013)宜民初字第7279号民事判决书,以及江苏省无锡市中级人民法院(2014)锡民终字第01235号民事判决书。
④ 参见刘台强:《法律知识论的建构——以法律释义学的探讨为基础》,台湾辅仁大学2008年法律研究所博士学位论文。

二、法教义学的概念再探

法教义学是当下法学界热门的话题,法教义学的倡导者与其批评者之间的争论也越演越热。然而,一个普遍的问题在于:论者们大都疏于对法教义学进行概念上的界定,这不可避免地导致了一些对于法教义学的错误认识。法教义学的倡导者对此难辞其咎,他们未能向人们提供一幅关于法教义学的清晰图像,同时法教义学的批评者也可能不恰当地歪曲了法教义学的特性或过度放大了法教义学的某些缺陷。在德国也存在类似的问题,正如阿列克西所指出的,时至今日尽管关于法教义学的论著越来越多,但是对于这个问题并不是已经十分地清楚的。[①] 为了正本清源,概念分析工作仍然很有必要。

我们念兹在兹的法教义学到底是什么样子的?不难发现,许多学者往往都会有意或无意地将德文中的"Rechtsdogmatik"(即"德国的法教义学",在英文中一般用"legal dogmatics"或"doctrinal study of law"来指称对法律进行教义性的研究)作为讨论的起点,以此来阐释法教义学的可能含义或特性,在此列举几例:

> 法教义学主要来自德国传统,被认为是原本意义或狭义上的法学/法律科学(Rechtswissenschaft im engeren Sinn)。[②]

> 法教义学(Rechtsdogmatik)是来自德国法学界的一个概念,在宽泛的意义上,可与狭义的法学、实定法学、法律学、法解释学等术语在同一或近似的含义上使用。[③]

> 在德国的法学文献中,"法教义学"这一术语的用法有多个不同的层次:可以在学科整体意义上使用,如"民法教义学""刑法教义学";可以在某个领域层次上使用,如"基本权利教义学""基本权利

---

① 参见〔德〕罗伯特·阿列克西著:《法律论证理论——作为法律证立理论的理性论辩理论》,舒国滢译,中国法制出版社2002年版,第310页。
② 雷磊:《法教义学的基本立场》,载《中外法学》2015年第1期。
③ 林来梵、郑磊:《基于法教义学概念的质疑——评〈中国法学向何处去〉》,载《河北法学》2007年第10期。

第二章 法教义学的知识及方法贡献

保护义务的教义学";也可以在非常具体的层次上使用,如"基本法第 2 条第 1 款的教义学""平等原则的教义学",甚至"某判决的教义学"。围绕整个法律文本或者个别法律条文的解释和适用而形成的规则和理论,就是法教义学。①

诸如此类的例子还有很多,似乎形成了一种"言教义学必先称德国"的风气。正如前文所指出的那样,"法教义学"这个语词并不是在中国本土所生长出来的,而是对德文"Rechtsdogmatik"的直接对译,除了法教义学之外,学界还有法律教义学、教义法学、法律信条学(论)、法释义学以及法律解释学等多种不同译法,此处要指出的一点是:法教义学这个语词虽然是舶来的,但这并不意味着只有德国才存在法教义学(甚至是发达的法教义学),也不意味着中国的法教义学只能是作为一种对德国法教义学之模仿或译介的产物。由此,我们将不得不面对这个问题,即我们中国没有自己纯正的、土生土长的"法教义学"吗?这又再一次地回到之前的那个问题,即我们的"法教义学"究竟是"'中国的'法教义学"还是"'中国化'的法教义学"?

要想弄清楚上面这个问题,还是先来探明法教义学的基本概念。法教义学既不是一个学派,也不是一个具体的部门法,从本质上来说它是一种研究法律(study of law)的方法,是通过对实在法律规范的分析和解释,进而为法律的适用和实践问题的解决提供指南所形成的方法和知识体系的总称。由于法教义学的中心任务在于解释法律,因此也有很多学者乐于称其为法释义学或法解释学。② 法教义学旨在阐明法律之内涵,

---

① 张翔:《宪法教义学初阶》,载《中外法学》2013 年第 5 期。
② 法教义学和法解释学是什么关系?是否可以将二者等同?这里仍然涉及对法教义学概念与性质的理解。在我国台湾地区,学者普遍倾向于使用"法释义学"一词,其实就是法解释学。他们认为,剔除"教义"二字,可以消解法教义学的神秘性,增进人们对于这种解释性学问和方法的认识和接受。张明楷教授指出,法教义学本身就是法解释学,提倡在刑法学或者刑法解释学之外再建立一门刑法教义学的观点是值得质疑的。参见张明楷:《也论刑法教义学的立场——与冯军教授商榷》,载《中外法学》2014 年第 2 期。对此,也有一些学者反对将法教义学与法解释学等同起来,理由有三:首先,法教义学地域性极强,适合于以德国为主的欧陆法系国家;其次,法教义学并非一门学科,亦非一门专业的法学课程;其三,法教义学更侧重以实在法为研究对象。参见武秀英、焦宝乾:《法教义学基本问题初探》,载《河北法学》2006 年第 10 期。

而不是要为法律之外延划定边界。具体来说,它有以下几个基本特征:

(1)以现行有效的实在法为研究对象,它以实际存在的具有效力的法律规范作为思维起点,这突出了法教义学所具有的较强的实证品性。法教义学既然只关心具有实际效力的法律规范,因而不同于将一切称之为法的东西作为研究对象的理论法学。我们知道理论法学所涉猎的对象是十分广泛的,可谓无所不包,一切与法发生关联的事物或现象都可以成为它的研究对象,因此应当将法教义学与理论法学中的法哲学、法史学、比较法学、立法学、法律政策学等区分开来。但是,需要指出的是,法教义学注重研究实在法或将实在法作为讨论起点,并不意味着法教义学必然不会诱使任何对实在法的批判,对此上文已经指出了法教义学展开法条批判的一些情形。

(2)确定或信奉现行法规范及法秩序的合理性,先接受之、解释之和适用之,而暂且不怀疑之或批判之,这是法教义学所预设的逻辑起点。此处涉及对"教义"的理解,从字面上来看的话,所谓"教义"("doctrine"一词来自拉丁文"doctrina")就是"权威的意见或观点""预先给定或存在的东西""不容置疑的真理或律令"等,弗里希一针见血地指出了这一点,认为教义学的思想经常被视为一种不能批判思想的典范,"是以预先给定的内容和权威为前提,而不是对该前提进行批判性检验"[①]。值得注意的是,当今法教义学脉络下的"教义"已经不再局限于传统法学所依赖的各种教义/学说(如民法中的诚实信用原则、契约自由原则,刑法中的正当防卫原则等)[②],而是囊括整个实在法体系及其之中的具体规范。[③] 简言之,离开了所谓的教义性,实在法的安定性和可预期价值将可能会遭

[①] 〔德〕沃尔福冈·弗里希:《法教义学对刑法发展的意义》,赵书鸿译,载《比较法研究》2012年第1期。这与考夫曼教授的判断是基本一致的:"教义学者从某些未加检验就被当作真实的'先于的前提出发,法律教义学者不问法究竟是什么,法律认识在何种情况下、在何种范围中、以何种方式存在。"参见〔德〕阿图尔·考夫曼:《法哲学、法律理论和法律教义学》,载〔德〕阿图尔·考夫曼、温弗里德·哈斯默尔主编:《当代法哲学与法律理论导论》,郑永流译,法律出版社2002年版,第4页。

[②] 参见熊秉元:《论社科法学与教义法学之争》,载《华东政法大学学报》2014年第6期。

[③] 有学者认为,对法教义学来说那些不容置疑的教义就是实在法,实在法构成了法律适用或法律解释的起点和约束。参见丁胜明:《刑法教义学研究的中国主体性》,载《法学研究》2015年第2期。又可参见陈兴良:《刑法知识的教义学化》,载《法学研究》2011年第6期。

第二章 法教义学的知识及方法贡献

到破坏。

（3）法律规范的解释和法律规范的体系化是法教义学的两大中心任务，而正是在这种意义上，德国法学家拉德布鲁赫将教义学称之为一种"体系化的""解释性"的法学（interpretive science of law）①。一方面，通过解释性的活动，可以探明法律规范的意义，避免法律规范的模糊性、不确定性所带来的困难和局限；另一方面，通过逻辑的工具，可以将法律规范进行体系化，由此可以减少法律之间的冲突，促进法律的融贯性和一致性，简化法律适用的程序，并提高法律适用的效率。通过解释和体系化来推动法律的自我更新与自我发展，可以有效地减少动辄就制定"例外规定"的做法，防止"将法律沦为无数个'例外'的杂烩，失去体系本身的生命力，甚至无法就特定问题给出一贯的、有说服力的回答"②。所以，法教义学对于法律的适用与发展是特别重要的。

（4）法教义学的目的在于为实践中的个案提供解决建议或方案，因此它是一种个案导向或实践指向的研究进路，以此可以将其与理论法学区分开来。实在法只有在被遵守、被适用的过程中才能获得其生命力。普通公民遵照法律来调整和规范自己的行为，法院以法律的规定来裁判案件，实际上都涉及对法律的理解与解释。在通常情形下，法教义学足以为简单案件（easy case）或常规案件（regular case）提供一套简便、高效的分析工具或裁决指南，最为常见的方法莫过于三段论推理了。③ 另外，并不像有些学者所说的那样，法教义学对于疑难案件或重大案件将难以发挥作用。④ 一方面，从产生的数量和频率来看，疑难案件只是司法裁判的一种例外状态（exceptional state），司法活动的常态仍然是处理简单案件；另一方面，即使在面对疑难案件时法教义学也并不是束手无策，它仍

---

① 参见〔德〕古斯塔夫·拉德布鲁赫著：《法哲学》，王朴译，法律出版社2013年版，第127页。
② 许德风：《法教义学的应用》，载《中外法学》2013年第5期。
③ 许德风教授指出，（非极端意义上的）形式推理是法教义学的基本内容，同时他还指出我们并不能将形式推理与实质推理完全对立起来，二者仅仅只有量的差异而无质的区别，法教义学同时可以将以价值判断为核心的实质推理包容进来。参见许德风：《法教义学的应用》，载《中外法学》2013年第5期。
④ 参见侯猛：《社科法学的传统与挑战》，载《法商研究》2014年第5期。

然能够在一定程度上为疑难法律问题的解决提出建议。① 在法教义学所提供的众多方法中,利益衡量、目的解释、体系解释等法律续造方法正是为应对疑难案件而发展出来的。

行文至此,相信读者对法教义学已经有了一个大体上的认识,它是围绕着法律规范的适用而发展起来的一套解释性的方法与学问。法律解释活动是伴随着法律的产生而出现的,历史上古罗马的五大法学家对罗马法的解释(比如说以著书立说的形式)直接推动了罗马法的传播与发展,到后来的注释法学派对沉默已久的罗马法的注释和评价对于罗马法的复兴更是功不可没。中国也有着源远流长的法解释传统,权且以秦汉的律学为例,秦简《法律答问》和董仲舒的《春秋决狱》都采用了问答式,用明白晓畅的一问一答形式来解释法律问题。② 在某种程度上可以说,法教义学乃是为法律所生,成文法对法教义学的产生和发展提供了更加肥沃的土壤,判例法的运行和发展同样也离不开解释活动。③ 只是英美法律文化并没有使用"法教义学"这个指称的习惯,他们热衷于讨论法律推理(legal reasoning)、法律解释(legal interpretation)、法律论证(legal argumentation)④等具体的教义学方法。

我们必须认识到,法教义学并不为某个法系或国家所独有,它的地域性只是相对的,其存在则是普遍的。因此,就再次回到本节一开始所提出的那个问题,"中国的法教义学"与"中国化法的教义学"究竟有何区

---

① 参见〔德〕罗伯特·阿列克西著:《法律论证理论——作为法律证立理论的理性论辩理论》,舒国滢译,中国法制出版社 2002 年版,第 311—312 页。

② 虽同为"问答式"释法,但各自又有微妙的差异。详见张伯元:《问答式律注考析》,载《法制与社会发展》1999 年第 5 期。

③ 在判例法体系下,先例规则的提取活动本身就是一个对法律进行解释的过程。关于判例的解释与适用,请参见 Ronald Dworkin, *Law's Empire*, Harvard University Press, 1986, pp. 276-312.

④ 这方面的文献有很多,比如 Edward H. Levi, *An Introduction to Legal Reasoning*, University of Chicago Press, 2013; Neil MacCormick, *Legal Reasoning and Legal Theory*, Oxford University Press, 1978; Steven J. Burton, *An Introduction to Law and Legal Reasoning*, Little Brown & Co Law & Business, 1995; Rupert Cross & John Bell, *Statutory Interpretation*, Lexis Law Pub, 1995; Antonin Scalia & Bryan A. Garner, *Reading Law: The Interpretation of Legal Texts*, Thomson/West, 2012.

别?虽然是一字之差,却导向了两种全然不同的对待法教义学的认识。笔者认为,我们所要研究、发掘和捍卫的是中国自己的法教义学,是在中国的法律实践中生发出来的对于实在法条文进行解释的方法和学问。如果对"法教义学"这个指称感到陌生或别扭的话,那么法解释学或注释法学的称呼想必会更加亲切一些。之所以应谨慎对待"中国化的法教义学"这个提法,是因为它可能会一步步摧毁中国法教义学的"中国主体性"。[①] 由此发展出来的法教义学注定是将外国的法教义学机械地搬到我们这里,然后摇身一变就成了中国的法教义学,这种法教义学必然会偏离中国的立法和司法实践。[②] 当然,与此相关的一个称呼是"真教义学"与"伪/假教义学"。所谓"伪/假教义学",是指徒有法教义学的表面形式或特征,而实质上并不是真正意义的法教义学,而中国化的法教义学恰恰可以纳入"伪/假教义学"的行列。中国的法教义学研究必须保持住自己的主体性、本土性。

三、法教义学的性质和范围

前面我们花了很大篇幅来讨论法教义学的概念,初步扫清了人们对于法教义学的认识障碍。那么从本部分开始笔者将着力对下面这个命题继续展开辩护,即法学的核心是法教义学。[③] 这里我们有必要先来界定一下"法学"的概念,英文中有"jurisprudence"(除指称一般的法学概念之外,它常常还被用来指称法理学)、"legal science"或"science of law",

---

[①] 丁胜明指出,我国刑法教义学已经面临着丧失中国主体性的危险,他认为如果有意识地将国外的教义学知识作为比较法研究的参考资料来使用并无大碍,但如果忘了这些知识是以相关外国刑法不可置疑的教义为前提而产生的,将其直接拿到中国径直作为中国的教义学知识,则中国学者的主体性在教义学知识的生产过程中就完全丧失了,而这种"拿来主义"的教义学知识也可能无法解决中国的问题。参见丁胜明:《刑法教义学研究的中国主体性》,载《法学研究》2015年第2期。

[②] 凌斌教授主张法教义学应当是司法中心主义的,然而眼下国内学界对法教义学的研究似乎遮蔽了中国的司法实践,其对于司法案例,特别是中国司法案例的援引和分析还很不足,中国的法教义学研究也没有把本国的司法裁判作为重要的教义来源和信仰依据。参见凌斌:《什么是法教义学:一个法哲学追问》,载《中外法学》2015年第1期。

[③] 拉伦茨也将狭义的法学等同于法教义学。参见〔德〕卡尔·拉伦茨著:《法学方法论》,陈爱娥译,商务印书馆2003年版,第34页。

德文中有"jurisprudenz"和"rechtswissenschaft"。简言之,法学是一门研究法律的学问。显然,对于法律的研究可以有多种不同的进路,通常来说它包括:(1)基于一种内在的进路对法规范提出主张、建议与论证,以此明确在某个规范之下人们是否享有权利、负担何种义务,以及该规范是否应做某种修改或解释等。(2)基于一种外在的进路对法规范、法体系、法律之一般性质及其相关社会现象与人类行动及其历史之外在观点的了解、分析、描述与说明。① 可以说,第一种法学也是法律家和法律人的法学,它使用法律人所发明的专业化的法律语言,沿用来自法律家经验的解释方法,完成法律实务之问题解答。第二种法学可以说是专业法学以外的思想者的法学,它所关注的问题、运用的语言以及采取的方法与第一种法学均有所不同。② 二者几乎构成了法学的全部内容。

　　从具体的学科内容来看,法学内的法学所包罗的学科内容要比法学外的法学丰富得多。属于第一类的有民法学、刑法学等部门法,都是传统的法教义学科目,另外,法律解释的方法(法律方法)也可以归入;法理学、法哲学、法史学、比较法学、立法学等基础法律学科,以及法社会学、法心理学、法经济学、法政治学、法人类学等交叉法律学科,均属于第二类法学的内容。③ 然而需要指出的是,在这两类法学中的第一类法学构成了"法学的核心科目"("die Kerndisziplin der Rechtswissenschaft")④,也如颜厥安教授所指出的,当今法学之主要样态是以内在参与者观点以

---

① 参见颜厥安著:《规范、论证与行动——法认识论论文集》,台湾元照出版公司2004年版,第18—21页。
② 舒国滢教授将这样两种法学分别称之为"法学内的法学"与"法学外的法学",同时他还指出法学内的法学基本上等同于"Jurisprudenz"("狭义的法学")或"Rechtsdogmatik"("法教义学")。对此请参见舒国滢:"并非有一种值得期待的宣言——我们时代的法学为什么需要重视方法",载《现代法学》2006年第5期,第6页。
③ 参见卜元石:《法教义学:建立司法、学术与法学教育良性互动的途径》,载《中德私法研究》(总第6卷),北京大学出版社2012年版,第12页。
④ Ralf Dreier, Zum Selbstverständnis der Jurisprudenz als Wissenschaft, S. 51; ders., Rechtstheorie und Rechtsgeschichte, in: ders., Recht-Staat-Vemunft: Studien zur Rechtstheorie 2, 1991, S. 217. 转引自张嘉尹《法释义学的作用与限制》,载张文显、徐显明主编:《全球化背景下东亚的法治与和谐》(下册),山东人民出版社2009年版,第1008页。

第二章　法教义学的知识及方法贡献

及司法者观点所运作的法学①，亦即是一种司法中心主义而非立法中心主义的法学。这也是本章的核心议题，但是主张法教义学是法学的核心，并不是有意抬高法教义学的地位而贬低其他性质之法学的价值，并不是说法教义学是有用的、有价值的，其他法学是无用的、无价值的，我们的目的在于厘清法学的学科逻辑与知识性质。② 如此一来，我们将被以下问题所困扰：法教义学的范围到底有多大？它有没有一定的边界？法教义学能够为我们做什么？它是否能够为我们提供一套系统的方法和知识？

（一）法教义学的性质

法教义学虽然主要是贯彻司法中心主义的，即它所关心的主要内容是规范的解释和适用，但这并不意味着法教义学就是一个单一维度的学科，事实上，法教义学是复杂的和多维度的。阿列克西认为，法教义学至少是以下三种活动的混合体："（1）对现行有效法律的描述；（2）对这种法律—概念体系的研究；（3）提出解决疑难的法律案件的建议。"③虽然法教义学包含三个方面的内容，但实际上仍然可以将它们化约为两个维度，即"概念/理论的维度"和"实践/适用的维度"。前者主要是对于法律的概念和性质的认识，而后者所指向的是法律规范的构成要素、逻辑关系及其在实践中的适用。法教义学的这两个维度彼此之间是紧密关联的，这与德沃金的如下论断有不谋而合之处，"法理学是裁判的总则部分，是任何法律决定的无声前言"。④ 拉伦茨也注意到了法律理论对于法律方法的重要意义，认为每种法学方法论事实上都取决于对"法"的理解⑤，法律方法论的研究倘若离开了法律理论势必将难以为继。接下来

---

① 参见颜厥安著：《规范、论证与行动——法认识论论文集》，台湾元照出版公司2004年版，第29页。
② 参见张嘉尹：《法释义学的作用与限制》，载张文显、徐显明主编：《全球化背景下东亚的法治与和谐》（下册），山东人民出版社2009年版，第1008页。
③ 〔德〕罗伯特·阿列克西著：《法律证立理论——作为法律证立理论的理性论辩理论》，舒国滢译，中国法制出版社2002年版，第311页。
④ 〔美〕罗纳德·德沃金著：《法律帝国》，李冠宜译，时英出版社2002年版，第99页。
⑤ 参见〔德〕卡尔·拉伦茨著：《法学方法论》，陈爱娥译，商务印书馆2003年版，第20—21页。

笔者分别从理论与实践的角度来检视法教义学的性质。

1. 规范性与法效力议题

首先我们所要考虑的问题是，在理论的维度内法教义学是否有一席之地？在人们的心目中，法教义学不是形而上的，由于它是个案指向的，因而具有较强的实践性，所以人们很少将法教义学与法律背后的道德哲学基础相挂钩。事实上，既然法教义学首先是法学的一部分，那么它自然难以避开对"法律是什么？"这个根本问题的回答。在具体的个案中，它要对某个法规范是否具有规范性效力做出评价和回应。然而，问题的关键在于，法教义学是不是在任何场合都面临着上述法规范的效力问题？对此，笔者认为台湾学者张嘉尹教授的观点是颇有见地的：

> 法律实践虽然总是预设着法哲学对于法的理解与所提供的典范，法教义学也无法摆脱这个"总论"，但是在法的解释适用上，这个关联确实常常是隐含着的，除非遇到的是所谓的困难案件（hard cases），否则"总论"的问题不太会被提出来当做议题，因为法论证中的外部正当化常常以概念操作的方式来解决。法教义学在这里恰好充当一个将基本问题议题化的门槛，这也是法教义学的重要功能所在：让法院无须一再面对基本的问题——具有原则性的实质与评价问题。[①]

通过上述论断可见，法规范效力的问题是时隐时现的。在简单案件中，法教义学通常不理会它，直到出现疑难案件时，才会纳入议题考虑。例如，我国《继承法》第 16 条第 1 款规定："公民可以依照本法规定立遗嘱处分个人财产，并可以指定遗嘱执行人。"该条第 3 款又规定："公民可以立遗嘱将个人财产赠给国家、集体或者法定继承人以外的人。"在通常情况下，稍微有点法律常识的人都知道这条法律规定的含义，并且在实践中操作起来一般也不会产生太大争议。但是，一旦将该条规定置于疑难

[①] 张嘉尹：《法释义学的作用与限制》，载张文显、徐显明主编：《全球化背景下东亚的法治与和谐》（下册），山东人民出版社 2009 年版，第 1014 页。需要说明的是，文中所使用的是"法释义学"，为了行文上的统一，笔者在引用时以"法教义学"做了相应的替换。

第二章 法教义学的知识及方法贡献

案件的情境中,法规范的效力难题便会显现出来。比如在"泸州案"中,被继承人依据《继承法》为其情妇立下的遗嘱是否合法有效?应当对我国《继承法》第 16 条第 1、3 款的规定做何解释和评价?换个角度而言,法律效力问题的另一个面向实质上是法律的规范性问题。① 实在法是由法律规则与法律原则组成的一个有序化的规范体系,而法律规范最为重要的特征在于其具有规范性。所谓规范性,是指法律能够为人们的行动提供理由,告诉人们应当做什么、可以做什么以及不得做什么②,进而使得法律规范与一般规范在指向实践时产生了如下根本的差异:人们必须按照法律所指示的方向来行事,否则就要承担相应的不利法律后果。

既然规范性或效力问题是法教义学在某些极端场合或特殊情景下所必须面对的,那么它如何来解释法律的规范性呢?它与社科法学的解释进路又有何差异呢?为了便于讨论,举个例子说明。假设北京市政府出台这样一项规定:"2015 年 6 月 1 日起,出租车司机在驾驶过程中除非启用免提设备否则不得接听电话,同时也不得在营运途中使用手机设备抢单。"(以下简称为"R")这项规定所包含的内容是十分清晰的,它对出租车司机在运营过程中的行为进行了约束,出租车司机必须遵照此规定的指示行事,否则将被认定是违法行为。问题在于,是什么使得这项规则成为一个法律规则呢?或者说它的规范性来自于何处?法教义学倾向于从法律体系内部寻找规范性的基础,该规范之所以成为法律规范是因为"立法"这个制度性事实的存在,法教义学在处理规范性的难题上采取了一种"内在参与者"的态度。③ 站在参与者的立场上对规则持一种审

---

① 雷磊教授主张法教义学在法概念论所秉持的基本立场是:法律是一种规范,或者说是一种规范性的存在。对此笔者是认同的。但是雷磊教授紧接着认为,规范性之外的法的其他特征均与法教义学无关,法教义学对于法学领域的基本概念和原理都是从规范性的视角去分析和处理的。对此笔者不敢苟同,规范性的概念和来源的确很重要,但是法教义学并不会时时刻刻去触碰它,因为从一开始法教义学就预设了现行法律规范(体系)的合法有效性,只是在法规范与个案事实之间出现严重的张力之时,效力问题才会被提上日程并重新进入评价者的视野。参见雷磊:《法教义学的基本立场》,载《中外法学》2015 年第 1 期。

② See Andrei Marmor, *The Philosophy of Law*, Princeton University Press, 2014, pp. 2-3.

③ See H. L. A. Hart, *The Concept of Law*, second edition, Oxford University Press, 1994, pp. 89-99.

慎的批判、反思态度，人们服从法律并非单纯是因为法律的强制力，更主要的原因是人们在信念上认识到自己有义务服从法律。出租车司机之所以遵守 R，是因为他们认识到 R 并不是一个普通的行为规范，它是立法者经过正式程序所颁布的一项规定，自己有义务遵守和服从 R。

相比之下，社科法学所提供的解释方案是全然不同的。法律不仅仅是一个简单的规范存在，而是一个融合经验、价值与社会事实等要素的综合体，因而对于法律规范的解释自然也就离不开法律背后的社会、文化、经济、政治等关联因素。社科法学不像法教义学那样重视规范，它认为"法之理在法外"，法律背后的东西和真实生活世界中的法律才是重要的。在谈及当我们研究法律时到底在讨论什么时，美国法社会学家埃贝尔夸张地说道，"除了法律规则之外，法学研究几乎无所不及"。[①] 社科法学也轻视法律规范的规范性，法律规范所蕴含的"应当"品性在社科法学领域中已经"被放在括号里"了，并且这个被放在括号里的法律变成了一个事实问题。回到我们之前的例子，社科法学对于 R 的解释可能会追溯至社会学、经济学等，它认为 R 的产生是有深厚的社会成因的：时下出租车司机通过各种打车软件"抢单"，一方面会分散司机驾车的注意力，难免会给乘客的安全带来潜在的隐患；另一方面，"抢单"可能会扰乱正常的公共运输市场秩序，因为年龄大一点的司机在操作智能手机方面通常不如年轻的司机熟练，"抢单"所形成的市场竞争对于他们来说显然很不公平。另外，爽约、拒载的现象随着"抢单"的出现会日益严重。这就解释了 R 为何会被制定出来的原因，至于出租车司机为什么会遵守 R，最直接的决定因素是一种后果主义、实用主义的考虑，R 既然已经是一项名副其实的规定，如果不遵守势肯定要承担不利的法律后果。由此可见，社科法学对于法律及其规范性的解释，采取的是一种外在观察和描述的方法，它无法真切地把握住法律独特的规范性特征。

法律的基本载体是法律规范，法律规范是法律体系的实体，法教义学以法律规范为中心，并通过规范分析和解释的方法来展开自身的工

---

① See Richard L. Abel, "What We Talk about Law", in Richard L. Abel eds., *The Law & Society Reader*, New York University Press, 1995, p.1.

第二章 法教义学的知识及方法贡献

作。社科法学所看重或关注的是法律规范之外的事实、经验和社会关系,而对于法律规范本身并没有给予足够的重视,甚至可能对法律规范持有一种怀疑主义的态度。法律最为重要的特性在于它具有规范性,规范性将法律规范与其他的一般社会规范区分开来,它能够解开人们为何遵守法律的奥秘。法教义学从内在参与者的视角,着眼于规范的形式权威性与有效性,阐释了法律的规范性与"义务"概念之间的关联。社科法学采取的是一种外在观察与描述的立场,从而将法律的规范性消弭于经验事实和社会关系之中。

2. 司法裁判的法律属性

法教义学还包含着实践这个重要的维度,法教义学所发展出来的一套独特的知识和方法体系最终是为司法裁判服务的,它为法律从"纸面之法"转变为"行动之法"提供了一个良好的中介。对待法律规范的适用,法教义学有一个基本的预设:法学是由法律规则和法律原则所构成的一个规范体系,它不仅能够为人们的行为提供各种各样的行动指南,而且能够为进入司法的各类案件提供裁判标准和依据。也就是说,现有的法律体系是一个近乎自洽、自足的体系,法官在这个法律宝库内几乎能够为任何法律问题找到答案。根据现代法治的一般原则,司法裁判必须依法进行,即"以事实为依据,以法律为准绳"。法官的裁判活动应受规范的拘束,其不得随意偏离、规避或漠视既有法律。

实践中各类疑难案件频繁发生,而法学研究有时未能对这种现象给予及时、有效的回应,尤其是在一些新型疑难案件出现之后。例如许霆案,对于许霆利用ATM机发生故障而恶意取款的行为到底该如何定性,法学界(主要是刑法学学者们)产生了较大的分歧,许霆的行为是否构成刑法所规定的盗窃罪?刑法所规定的盗窃"金融机构,数额特别巨大的"应如何解释?一般来说,民法学和刑法学是教义学研究传统和水平都相对较为成熟的学科,而盗窃罪又是一个常见罪名,关于盗窃罪的犯罪构成、量刑标准应当是共识性比较强的,但吊诡之处在于法教义学似乎对于许霆的行为如何评价难以提供一个确定的、有把握的答案。"多种法律教义分析的存在,尽管有高下之分,也表明教义分析本身甚至不能保证一个公认的教义分析,不能导致一个确定的结果,更不保证这个结果为社会普遍接受。"①这种认识上的分歧令法教义学处于十分尴尬的地位,这让人们开始质疑法教义学还能否为法律问题/案件提供有效的解决方案。在法教义学无法提供解决方案或者所提供的方案不尽如人意之时,法官是否可以不受既有法律的拘束,转而诉诸法律之外的道德、经济或政治判断?

司法裁判与道德裁判、经济裁判、政治裁判的不同之处在于,司法裁判是以法律的名义、根据法律的标准做出的,亦即司法裁判具有鲜明的法律属性。从裁判的视角来看,与法教义学内在相符的是一套形式而非实质的法治观。相比之下,实质法治观是较为厚实的,它包含太多的价值和观念,在背后支撑它的是一整套的政治哲学和社会理论。但在面对具体的个案时,实质法治观会使得法律判断承担过多的政治判断、社会判断和后果考量,这非但不能保证案件能够得到迅速、及时的解决,反而还会引起一些新的争议而难以达成共识。如此一来,不仅加大了判断的成本,而且还会损害法律的确定性和可预期性。② 较薄的形式法治观,可以大大减轻裁判者在做实质价值判断方面的负担,让法律人在面对法律争议时容易达成共识。尤其是在法治刚刚起步的阶段,形式法治观是应当特别予以重视的。

既然法教义学与形式法治是内在统一的,那么毫无疑问,法教义学的一个重要任务就是保障法官能够"依法裁判"。前文已经有所提及,实践中疑难案件的频繁发生不断地向法教义学示威,一些社科法学的倡导者借机主张司法裁判应当对法外因素或判断标准开放,法官在形成案件裁决结论的过程中实质上是在进行一种后果的考量、权衡和判断③,对裁判结论最终起决定作用的不是法律(标准)而是政治、经济、道德、社会等法外因素。如此一来,疑难案件的裁判就不再是法律裁判,而是一种

---

① 苏力:《法条主义、民意与难办案件》,载《中外法学》2009 年第 1 期。
② 参见张翔:《形式法治与法教义学》,载《法学研究》2012 年第 6 期。
③ 参见苏力:《法律人思维》,载《北大法律评论》2013 年第 2 辑;侯猛:《社科法学的跨界格局及实证前景》,载《法学》2013 年第 4 期。

第二章　法教义学的知识及方法贡献

名副其实的政治裁判、道德裁判或经济裁判。德国学者 Ralf Poscher 分别从理论、规范与实证三个角度讨论了法教义学与司法裁判的关系：即便法律具有不确定性，疑难案件的裁决仍然是一项特殊的法律事务，而不会沦为政治、经济、道德推理或立法的"婢女"。① 法教义学何以能够担此重任呢？对此笔者做以下三点说明：

第一，从概念和性质上讲，法教义学和概念法学、法条主义不是一回事，法教义学是针对实在法规范的解释与体系化所发展起来的知识和方法，概念法学是法学历史上曾经出现的一个思潮，它强调对法律的概念分析和体系构造，由于过于信奉法律的完美性而将法律的适用过程描述为一种纯粹概念和规范的演绎活动。在德国，概念法学与早期的法教义学有部分的重合，但是法教义学一直在向前发展着，而概念法学只是一个历史的存在。法教义学也不同于法条主义，当下法条主义通常被学界用来意指一种僵化的、机械的适用法律的态度。② 因此，概念法学、法条主义无力应对复杂疑难案件，并不意味着法教义学在疑难案件面前就一定束手无策。

第二，法教义学并不是静止不变的，不同国家、不同历史时期的法教义学发展水平是不一样的。相对于早期较为单一、应变能力较弱的法教义学来说，今日之法教义学已具有较强的包容性、开放性和适用新形势的能力，恰如劳东燕教授所指出的："法教义学本身不可能是封闭的、僵化的存在，它固然具有相对的稳定性，但同时也表现出流动性的一面。不然便难以理解，为什么当下的法教义学内容与以前相比总是有这样那样的区别，并且总是存在根据社会生活的变化而发展教义学的需要。此外也难以解释为什么法教义学对变动的政治社会条件与价值标准表现

---

① 参见〔德〕Ralf Poscher：《裁判理论的普遍谬误：为法教义学辩护》，隋愿译，载《清华法学》2012 年第 4 期。

② 关于法条主义与法教义学的界说，参见雷磊：《法教义学的基本立场》，载《中外法学》2015 年第 1 期；关于法条主义的讨论，参见刘星：《怎样看待中国法学的"法条主义"》，载《现代法学》2007 年第 2 期，以及刘星：《多元法条主义》，载《法制与社会发展》2015 年第 1 期。

出惊人的适应能力。"[①]社会环境日新月异,法教义学也在随之变化发展,疑难案件数量的增多也为类型化提供了空间,裁判经验的积累有助于为后来类似案件的裁判提供方法指引。

第三,司法实践中常规案件占有绝对的数量优势,而法教义学对于常规案件之裁判的支配意义是不言而喻的。比较具有争议的是,法教义学是否有助于疑难案件的裁判?笔者认为,疑难案件大体上可以分为两类:一类是由法律的不确定性所引发的,在此情形下,人们对于法律规范的评价产生了分歧,由此在法律规范与个案事实之间产生了一种张力;另一类是由法律的未完成性所导致的,立法者在立法时无法预料到将来所可能发生的一切事情,因此总会出现一些不受既有法所调整的案件。对于第一类案件,可能存在着多个不同的裁判结果,法官的工作就是通过实质解释方法(如目的解释、体系解释等),选择其中最契合规范目的的那个结果,最终的裁判仍然是依靠教义学推理出来的。然而,第二类案件的情形就复杂多了,因为在该类案件中,"法律缺位了",那么法官就必须努力续造和发展法律,比如说通过扩大解释、目的解释、类比推理以及原则论证等方法。这些方法能够保证前述的"找法"行为并不会从根本上触动既有的法教义学体系,从而确保案件的裁判仍然以法教义学为基础。

(二)法教义学的范围

以上从理论和实践的维度探讨了法教义学的性质。从理论的角度看,虽然法教义学并不会任意开启对法律规范效力的检讨,但是一旦适时将法律规范效力议题化,唯有法教义学才能够真切地把握和揭示法律所独具的规范性品质。同样地,法教义学对于规范的适用具有决定性的意义,法教义学的知识和方法体系不仅能够为常规的简单案件提供简便、易行的解决方案,而且即便是在疑难案件的裁判中,法教义学仍然要求并且能够保障法官的裁判受到既有法律体系之拘束。总而言之,无论

[①] 劳东燕:《刑事政策与刑法解释中的价值判断——兼论解释论上的"以刑制罪"现象》,载《政法论坛》2012年第4期。

第二章 法教义学的知识及方法贡献

是在对于"总则"重要议题的解释上,还是在法律规范的个案适用上,法教义学的影子可以说无处不在、无时不有。因此,通过对法教义学性质的讨论,我们能够看到法教义学在法学中的核心地位和重要意义。

当然,法教义学的"教义"已经不局限于传统民法、刑法等部门法学的原则(如罪刑法定原则、平等原则、公序良俗原则、无罪推定原则等)和学说(这里主要指针对法律规范、产生于法教义学商讨中的通说①),而渐次扩展至整个部门法规范。因此在这个意义上讲,一切与实在法律规范的解释与适用相关的活动都可以纳入法教义学的范围,这是由法教义学的解释性特质所决定的。从活动分工来讲,法教义学的范围应当从法学和司法两个维度来理解:(1)法律学者对实在法规范的解释与研究构成了法教义学的主干,反观我国诸部门法的教学及研究,主要是围绕法条的解释和案例的解析进行的,传统的民法学和刑法学更是如此,以至于它们又可以被称作为民法教义学(解释学)与刑法教义学(解释学)。②(2)法官的判决(判例)、法官所撰写的案例评析、最高人民法院或各高级人民法院出版的典型案例选、最高人民法院所发布的指导性案例,在本质上都属于对法律规范的解释与适用,因此都属于法教义学的内容范围。法教义学能够沟通法学与司法,丰富法律学说,协助解决各类疑难案件,统一法律适用,发展和续造法律。

法教义学的边界在不断扩大,这的确是一个客观存在的事实,但是也有学者对此提出了一些担忧,正如一些社科法学学者所指出的那样,法教义学范围的扩张所带来的直接后果便是法教义学的边界变得越来越模糊不清。如果法教义学不再仅仅以教义、信条或概念为中心展开研

---

① 黄卉教授给法学通说提供了一个较为明确的定义,她认为它是指针对现行法律框架中某一具体法律适用问题,学术界和司法界人士经过一段时间的法律商讨而逐渐形成的、由多数法律人所持有的关于法规范解释和适用的法律意见。黄卉教授还指出了法学通说对于法律规范的正确适用、疑难案件的统一裁决以及法教义学的稳固发展具有十分重要的意义。对此请参见黄卉:《论法学通说——又名法条主义宣言》,载《北大法律评论》2011年第2辑。

② 一些法外人士曾多次追问笔者法学院(法学专业)的学习和教育,当他们询问"你们法学院的教材、教学和司法考试是不是都是按着法条来的?"时,我顿时意识到我们当下的法学教育不正是如此么!法学(主要是部门法学)教材基本上是围绕着某部法律的体系结构来撰写的,只要随便翻开一本刑法学或物权法学的教材便能一目了然。

究,而是被完全等同于法释义学或法解释学,或者被等同于除了法社会学、法史学之外的关于司法适用的一些学问,那么这种已经消解了教义的法教义学还有何所指呢?① 需要承认的是,这种担忧并不是多余的。在法学体系中,法教义学范围的扩大,势必会压缩法教义学之外的其他法学的存在空间,如此一来法学在整体上不就变得越来越单一、越来越狭隘了吗?事实上,只要立法在不断推进,法教义学的核心地位就难以衰落,同时在短时期内新的法律部门或法学学科不会急速地增加,因此,法教义学仍然处于一种相对稳定的发展水平,丝毫不会影响其他非教义法学的发展。从经验上来看,近年来非教义法学有了很大的发展,它一方面与法教义学在知识生产上存在竞争,另一方面在某些重要议题上又能够相互协作。一国法学研究的健康发展,不可能是法教义学或非法教义学"一枝独秀",而应当是各种性质的法学流派"百家争鸣,百花齐放"。

四、法教义学能为我们做什么?

(一)法学教育的理想

法教义学在法学中的核心地位还与法学教育的理想这个命题密切相关。所谓法学教育的理想,通俗地讲,就是我们的法学院想要培养什么样的法律人。是想要培养优秀的法官、检察官、律师等实务法律人,还是致力于培养具备较高理论素质和学术追求的法律理论家?不同法学教育模式背后所彰显的是其在教育理想方面的差异。法学教育的二重性(职业性与学术性)并不是绝对对立的,二者固然存在着内在的张力,但也有相互统一的一面。② 法学学科本身就具有很强的实践性,它所传授的主要是一种让法律人安身立命的实践知识和技艺,所以职业和技能的培训具有十分重要的意义,毕竟绝大多数的法学院毕业生都是奔着实

---

① 参见苏力:《中国法学研究格局中的社科法学》,载《法商研究》2014年第5期。
② 参见王晨光:《法学教育的宗旨——兼论案例教学模式和实践性法律教学模式在法学教育中的地位、作用和关系》,载《法制与社会发展》2002年第6期。

第二章 法教义学的知识及方法贡献

务工作去的。同时,法学院的教育本身也是一种人文教育,自然离不开其他一些人文、社会科学的知识和方法在法学教育中的传播。张骐教授认为,法学院的学术风气至少应包括三个方面的内容:职业技能的训练与传授、人本主义精神和社会正义感的培养、自由的精神和开放的胸怀。① 因此,完整而健康的法学教育不应该忽视技能训练和人文修养的任何一个方面。

美国和德国的法学教育常常被拿来当作法学研究的典范,它们恰恰分别代表了两大法系不同的法学教育模式。我们先来看美国法学研究的大体情况,美国法学院经历了从学徒制到正规职业教育的发展历程,本科阶段并不开设法学课程,法学院在研究生阶段才开始招收拥有不同专业和学科背景的申请者,主要是三年制的 JD(Juris Doctor 的简称,译为"法律博士")职业课程学习。② 这种职业法学教育的目的非常明确,那就是为社会培养优秀的法律实务工作者,学生从进入法学的第一天到毕业之前所努力学习的就是"像法律人那样思考"(Thinking like a lawyer),而通往实务界的敲门砖便是娴熟掌握和运用判例阅读、法律检索、文书写作、法律推理、法律解释等方法和技艺。在法学院里,"从教授到学生所关心的都是'什么是法',而不关心'什么应当是法'……这种制度和训练在功能上保证学生遵循现存的法律,保持了法律的稳定性,并进而对美国法律和政治的稳定起了重要作用"③。美国法学院正统的教学方法是案例教学法,美国法学院教材的编写大多数是围绕案例和材料进行的,比较有名的教科书系列一般少不了"cases and materials"(判例与素材)。但是,也有一些学者开始质疑这种教育方法能否培养出社会所

---

① 张骐教授同时还敏锐地指出,法学教育应当避免走入以下两个极端:要么是"有学问的'呆子'",要么是"惟利是图"、自私自利的所谓"精英"。参见张骐著:《法律推理与法律制度》,山东人民出版社 2003 年版,第 4、5、11 页。
② 参见李慧敏、郑玉双:《美国法学教育学术化与国际化的管道——法律科学博士教育探析》,载《学位与研究生教育》2013 年 8 期。
③ 苏力:《美国的法学教育和研究》,载《南京大学法律评论》1996 年第 1 期。

需的法律人才。[①] 在美国,一切问题都可以上升为法律问题,因此,有时法律人所要考虑的不仅仅是法律,同时还要考量与此相关的政治、道德、宗教、经济、文化等因素,这也为法律职业提出新的、更高的要求,社会的发展需要复合型的法律人才,在这种背景下,法律的跨学科教育和研究在美国有很强劲的发展势头[②],这种跨学科研究所展现出的两个特点特别值得关注:其一,研究的阵地主要不是在法学院,而是在哲学院、政治学院、社会学院、经济学院;第二,即便是在法学院设立此类研究中心,研究人员也多是法学专业之外的学者,比如研究法社会学的主要是社会学学者,研究法经济学的主要是经济学者等。以上两点与我国均有很大不同。尽管如此,美国法学院的核心教育仍然是案例教学,仍然是传统的法律职业技能传授,否则,如果法学院的教育重心转移至法律经济学、法律社会学等方面,那么法学院的毕业生出了校门之后很可能是"两眼一摸黑",只会"花拳绣腿"而并无"真才实学"。一言以蔽之,如此一来,法律人就丢失了赖以生存的看家本领。

至于德国的法学教育,则给人这样一种印象,每当我们提及民法或刑法研究时,总是会去谈论"德国某某法如何"。可以说,德国的法学教育是民法法系国家的典型,它所实行的是一种"双轨制教育",是由基础教育和实践教育两个阶段所组成的。基础教育的目的是引导学生认识和走进法学,培养学生发现问题、分析问题和解决问题的能力,这一阶段的授课既有较为抽象的基础理论课程(如法理学、立法学、法哲学、法学方法论等),也有一些实务性较强的课程(如民法学、刑法学、诉讼法学等)。基础学习阶段结束后,学生可以参加第一次国家司法考试,通过考试便获得相应从事法律职业的资格。接下来便是实践阶段,需要到法律

[①] See Harry T. Edwards, "The Growing Disjunction Between Legal Education and the Legal Profession", *Michigan Law Review*, Vol. 91, No. 1 (Oct., 1992), pp. 34-78; See also Jason M. Dolin, "Opportunity Lost: How Law School Disappoints Law Students, the Public, and the Legal Profession", *California Western Law Review*, Vol. 44, (2007), pp. 219-255.

[②] 尽管在美国法学界,对于是否应当在法学院大力开展跨学科教学也存在着争议,但是很多名牌法学院纷纷开设了相关的课程并成立了研究中心,比如芝加哥大学法学院的"法律与经济研究中心"(Law and Economic Center)对美国法学的发展产生了十分重要的影响。

第二章 法教义学的知识及方法贡献

事务部门接受为期 2 年的实践训练，实践期满必须参加第二次司法考试并通过后才能正式从事法律职业。① 德国的法学教育与司法考试制度形成了一种良性的互动关系，德国联邦议会在 2002 年 4 月通过一项法案，规定从 2003 年起，大学法学教育应当面向实践，尤其是要着重培养学生的法律实践能力，在此基础上司法考试也做了相应的改革，改革方向即是司法考试应更多地面向律师行业，加大从律师角度处理问题的训练。② 此外，从法学院教师的构成来看，从事法理学、法哲学、法学方法论、比较法学、国家法学等抽象课程研究的学者，其学术专长在于民法、刑法、宪法、行政法等部门法，比如拉伦茨是民法专业出身，而考夫曼则是刑法专业出身。所以，从学科分布、司法考试制度设置、教师的出身等方面来综合分析，德国的法学研究主要是由强大的法教义学所构成的，德国法学教育的直接目的在于为社会培养更多的法律实务工作者。

回到中国的法学教育这个议题上来，我们的法学教育究竟是想要培养更多的法官、检察官、律师，还是想培养更多的法律学者、立法者呢？总的来讲，中国的法学教育主要是一种职业教育，"法学教育的内容由法律职业的性质和功能来决定，提供给学生基本的法律知识和法律观点，一旦脱离法律职业法学教育的目的也便不复存在"③。具体来讲，四年制的法学本科、三年制的法律硕士（非法学）、两年制的法律硕士（法学）等虽然也开设少数的理论课程，但主要还是以职业教育为目标，学生们学习的是检索法条、分析案例和解决法律问题的方法和技巧。④ 之后他们

---

① 参见邵建东：《德国法学教育制度及其对我们的启示》，载《法学论坛》2002 年第 1 期。
② 参见种若静：《试论德国司法考试与法学教育的协调统一》，载《中国司法》2007 年第 10 期。
③ 参见王晨光：《法学教育的宗旨——兼论案例教学模式和实践性法律教学模式在法学教育中的地位、作用和关系》，载《法制与社会发展》2002 年第 6 期。
④ 北京大学法学院每年招收大约 300 名法律硕士（非法学），一年级主要学习法理学、民法学、刑法学、宪法学、行政法学、诉讼法学等基础课程，二年级时开始划分专业方向，在民法、商法、刑法、知识产权法、财税法等十余个专业方向中，只有法律与公共政策方向稍具理论倾向或跨学科研究色彩，其余基本上都属于中规中矩的教义学科目、专业。另外，自 2013 年起，北京大学法学院开始招收法律硕士（法学），且下设金融法、商法、财税法、国际商法、电子商务法五个专业方向。可见，法律硕士（非法学）、法律硕士（法学）教育具有较强的实务色彩，其致力于为社会培养专业性的实务法律人才。

只有通过司法考试才能获得从事法律职业的资格,另外,中国的司法考试题目设置采纳的是一种地道的法教义学思维,考查的是学生对于法条的记忆、理解和分析。①无论是法学教育还是司法考试,并不鼓励学生动辄去批判法律条文或否定现行立法,而是培养学生在尊重现行法律之权威的前提下具体分析、解释和运用法律的能力。由于法学院所培养的大多数毕业生最终是要从事实务工作的,法学教育的重心因此相应地要转移到培养法科生解释和适用法律的能力上来。相比之下,法学硕士教育、法学博士的培养(尤其是后者)则具有更强的学术指向,但招生规模相对少很多,毕竟只有很少一部分法科生有志于理论研究工作。

(二)法教义学的功能与作用

从宏观上讲,法教义学通过提供相应的法学知识和法律方法,能够培养社会所需要的专业实务人才。那么,从微观上来分析,法教义学到底能够发挥何功能与作用?它的这些功能与作用是如何服务并作用于司法实践的?它是否能够满足日益复杂的法律实践对于法律知识与方法的需求?目前学界对于法教义学的功能已经从不同的角度做了一些描述,学者们认为法教义学的功能包括但不限于稳定功能、进步功能、减负功能、技术功能、检验功能、启发功能等。②为此,笔者将主要从体系化、稳定、减负以及发展法律这四个方面来做一个简要的讨论。

1. 体系化功能

"有系统的整理分析现行法的概念体系,了解法律内部的价值体系,并在整体上把握具体规范间的关联,便于讲授、学习及传播。"③将各种规范(包括法律规则与法律原则)以一个逻辑上层次分明、融贯且一致的体系展现出来,是法教义学的核心与本旨所在。如此一来,"它产生了一种

---

① 参见蔡桂生:《学术与实务之间——法教义学视野下的司法考试(刑法篇)》,载《北大法律评论》2009年第1辑。
② 参见〔德〕罗伯特·阿列克西著:《法律论证理论——作为法律证立理论的理性论辩理论》,舒国滢译,中国法制出版社2002年版,第328—334页。
③ 王泽鉴著:《人格权法:法释义学、比较法、案例研究》,北京大学出版社2013年版,第11页。

第二章 法教义学的知识及方法贡献

信息便利的功能,提高了法律素材的'可传授性'与'可习知性',由此也增强了它的'可流传性'"①,大大便利了人们对于法律体系的把握。例如,整个刑法分则按照犯罪客体所设计的规范整体,在逻辑上就具有十分强的层次性和体系性。又如,我国的侵权法是按照主观"过错"与"无过错"建构了一个囊括一般侵权与特殊侵权在内的侵权法体系。在许德风教授看来,法教义学与体系化是一体两面、相互促进的关系:法教义学促进体系化,体系化反过来也让法教义学更容易、更好地应用,这也是为何普通法系国家对律师执业门槛和专业素质要求更高的一个重要原因。② 想要在卷帙浩繁的判例、繁杂的成文法中找到合适的法律是一件十分困难的事情。体系性的建立可以增进法律规范的一致性,消除潜在的矛盾冲突,这不仅有利于法学教育和法学研究,而且对于法律规范的司法适用也提供了十分便捷的条件。

2. 稳定功能

法教义学能够为司法实践及特定裁判提出妥当的法律见解或方案,并以期能长期影响同一类型的判决,从而形成普遍实践原则,以强化法院裁判的可预见性及法律安定性。③ 对于法律规范意涵的阐明以及对个别法律问题的解决方案,法教义学能够以制度化的形式固定下来并长期存在,而不必每次在适用同一个规范时重新进行解释,否则不仅不利于法秩序的稳定,反倒有可能使得法律体系混乱不清。除非有更强、更充分的理由,不然不得放弃既有的见解和观点。法教义学的这个功能在深层次上为"法治主义"(legalism)所要求,法官不得随意背离、脱离既有法律体系的约束,正如麦考密克所言,如何根据法律进行规制、争议以何种方式进行裁决都应当根据事先已经确定的、具有普遍性和清晰性的规则来进行,通过诉诸这些规则便可以清楚地界定由权利、义务、权力、豁免

---

① 〔德〕罗伯特·阿列克西著:《法律论证理论——作为法律证立理论的理性论辩理论》,舒国滢译,中国法制出版社 2002 年版,第 333 页。
② 参见许德风:《论法教义学与价值判断——以民法方法为重点》,载《中外法学》2008 年第 2 期。
③ 王泽鉴著:《人格权法:法释义学、比较法、案例研究》,北京大学出版社 2013 年版,第 11 页。

等所组成的法律关系,并且无论政府的行为是何等的可欲,都必须对这些现有的规则与权利给予充分的尊重。①

3. 减负功能

对于业已接受过检验并被承认的教义学命题或解决方案,如学者们所言的"法学通说"(或法律学说),可以暂时被加以接受,无须重新对其展开检讨,从而有助于减轻法学研究以及司法裁判论证的负担。某个部门法中的大多数法律规范所表达的含义和内容是清晰易懂的,人们可以通过条文直观表达的表面文义去理解它,立法者、法律适用者以及法学研究者是可以形成基本共识的。只有在出现了新事实(如借助 ATM 取款机的故障恶意取款的行为是否可以涵摄到《刑法》中的"盗窃"条款之下),或者在具体个案中,法律适用者面临着多个可供选择的、彼此竞争的法律规范(如在"泸州案"中,法官究竟应当选择适用《继承法》中有关遗嘱效力的规定,还是《民法通则》中的公序良俗原则)时,才需要借助法教义学的解释工具重新开启对于某个规范或问题的讨论。

4. 法律修正与续造功能

法教义学所提出的关于法律解释及法律续造的原则,具有调节各个制度发展的作用,但不应拘泥于向来的见解。为适应社会变迁,应为深刻的批评创造条件,发现矛盾,解决冲突,探寻符合体系的新的合理的解决方法和途径,而能有所革新进步。② 法教义学所型构的体系并不是固步自封、隔绝于外界评价与判断的,面对纷繁复杂、日新月异的社会事实,在其内部难免会出现冲突或疏漏之处,这就需要对其进行解释和再解释、体系化与再体系化,从而实现法律规范体系的自我批判、自我生长和自我发展。故应当将法教义学视为一个动态发展的学问体系,在衔接法律规范与社会事实之断裂的问题上,法教义学发展了一套精细化的漏洞填补或续造法律的方法,比如类比推理、原则论证、目的解释、利益衡

---

① See Neil MacCormic, "The Ethics of Legalism", *Ratio Juris*, Vol. 2, No. 2 (1989), p. 184.

② 王泽鉴著:《人格权法:法释义学、比较法、案例研究》,北京大学出版社 2013 年版,第 12 页。

量等,这些方法的运用可以有效地推动既有法律体系的不断更新与向前发展。

五、法学的社会科学化及其局限

至此,笔者对"法教义学作为法学的核心"这个命题的论证尚未完成。只从正面讨论法教义学的性质和范围、法教义学对于法学教育和法律职业化的意义、法教义学在司法实践中所独具的功能和作用,尚不足以证明法教义学就是法学的核心。除此之外,还需要一些补强性的或补充性的论证,也就是说,我们还需要论证法教义学之外的其他法学尚不足以危及法教义学的上述核心地位。法教义学之外的其他法学,除了基础性的理论法学(如法理学、法史学等)之外,就是以法律经济学、法律社会学等为代表的边缘法学或交叉法学。基础理论法学对于法学的整体发展不仅是必要的而且是重要的,通常而言,它并不会对法教义学产生什么实质性的威胁。法律经济学、法律社会学等跨学科研究的蓬勃发展,一方面虽然丰富了法学的理论和方法,但是另一方面也对法教义学的核心地位构成了威胁。有鉴于此,笔者将着力检讨这些跨学科的法学研究的基本立场及其内在局限,从而在间接的层面上捍卫法教义学在法学中的核心地位。

(一) 社科法学的基本主张

在具体着手对这种跨学科的法律研究进行评价之前,首先准确地描述和归纳该类法学的基本主张是十分必要的。近年来,关于法学的性质的争议一直在持续进行着,法教义学可以说是在力图捍卫法学的自主性,认为法律体系是由实在法规范所组成的一个相对圆满的体系,即便出现难以为具体法律规范所调整的难题,法教义学仍然能够通过独特的解释和体系化的方法从既有法律体系中为疑难问题寻求解决方案。与此同时,另外一些学者认为法学并不是一个在逻辑上自洽的学科,许多法律现象的解释、法律问题的解决都有赖于法学之外的其他社会科学的知识、方法与经验,法学的发展自然也就必然向政治学、经济学、伦理学、心理学、社会学等社会科学开放,由此就出现了"法律的跨学科研究"(the interdisciplinary legal studies)或"法律的交叉研究"(the cross-over legal studies),比如法律经济学、法律社会学、法律与文学、法律心理学等。

"法律的跨学科研究"或"法律的交叉研究"还有一个更高大上的名字,亦即我们通常所说的"社科法学",社科法学的概念是苏力教授较早提出的,并且经过一定时间的积累,学界业已接受了这一提法。也有学者认为,"社科法学"的英文名称是"Social Science of Law",之所以没有直译为"法律的社会科学"有两个原因:一是社科法学所特别指向的是那些法学科班出身但在法学院或法学院之外专门从事法律研究的社科学者,从而与那些非法学科班出身但从事法律研究的社科学者区分开来;二是出于交流便利上的考虑。① 严格来说,在美国并没有"社科法学"这一概念,而只有"法律与社会科学"(Law and Social Science)这个提法。另外,社科法学这个提法虽然简练,但是也不能简单地将其等同于法社会学或法律经济学,社科法学只是一个统称,可以说包含一切运用社会科学的方法对法律现象进行分析和解释的学科,其中法律经济学和法社会学的发展相对比较成熟,因此往往被当作社科法学的典范来分析和批判。

当我们将"一切运用社会科学的方法来研究法律问题、解释法律现象的学问"都称为社会法学时,反而不清楚社科法学究竟是什么。当我们把一切运用了一些社会科学方法的法学都贴上标签从而包装为社科法学时,社科法学同样也就没有明确具体指示的意义了。苏力教授对社科法学下的定义是:"社科法学是针对一切与法律有关的现象和问题的研究,既包括法律制度研究、立法和法律效果研究,也包括法教义学所关注的法律适用和解释,主张运用一切有解释力且简明的经济研究方法,集中关注专业领域问题,同时注意利用其他可获得的社会科学研究成

---

① 参见侯猛:《社科法学的传统与挑战》,载《法商研究》2014 年第 5 期。

第二章 法教义学的知识及方法贡献

果,也包括常识。"① 如此一来,我们看到这般界定的社科法学的边界已然十分模糊,甚至将部分法教义学也囊括在自己的辖域之内,可以说几乎是无所不包、无处不及了。② 尽管并不存在严格的、统一的社科法学,但为了更加全面、准确地审视和评价它,笔者仍然力图从它们的诸多主张中归纳出其普遍共享的基本立场和方法论,当然这种归纳并不是细致入微的,因此也难免会有所偏差。

1. 外部研究视角和经验分析

法教义学认为法律是由规范组成的一个体系,通过采纳一种内在参与者视角,它可以真正解释法律所独具的规范性品质。而与之相反,社科法学将法律化约为一系列的经验事实或事件。与法教义学不同的是,社科法学所坚持的是一种外在观察者的视角,通过对诸种经验事实、经验现象的描述来揭示法律的本质面目。换言之,如果说法教义学所关注的是法律的效力(validity),那么社科法学关心的则是法律在社会生活或实践中的实效(effectiveness),即法律在实际生活中有没有被遵守、具体遵守或不遵守的情况如何、影响人们遵守或不遵守法律的潜在社会因素有哪些等。社科法学学者认为:"法律不是在真空中运行的,而是受到各种各样的现实制约,从不同的角度可以看到不同的制约,如社会结构、运行成本、文化和生活样式、执法组织和个人、执法对象等。"③ 在分析一个法律现象或问题时,以上经验性要素是很难避开的,在这个意义上,外部观察视角与经验分析是内在统一的。经验分析以大量的经验事实材料为基础,注重揭示事物之间的因果联系(即因果解释的方法),并以实证调查和研究的方法作为自己的主要分析方法。

---

① 苏力:《中国法学研究格局的流变》,载《法商研究》2014年第5期。
② 泮伟江教授也注意到了这一点,他指出法学的开放性并不意味着取消各法学学科之间的界限,更不意味着取消任何学科的界限。就其试图取消法学学科的界限而言,社科法学是"无根的基",因此所谓的"法社会学""法经济学"等无非是套用其他学科的方法论,将法学变成其他学科分支的一种自我殖民化的做法;就其试图取消任何其他学科的界限而言,社科法学又是"反科学的"和自不量力的,因为相对于其他真正的"社会科学"而言,它显得有些业余和"半吊子",逃避了这些学科更为规范和严格的评审和评价机制。参见泮伟江:《社科法学的贡献与局限》,载《中国社会科学报》2015年5月20日。
③ 陈柏峰:《社科法学及其功用》,载《法商研究》2014年第5期。

2. 对法条采取怀疑或轻视的态度

法律规范是法律的重要构成要素,而法条则是法律规范的重要载体。法教义学有一个十分重要的预设条件,那就是既有的法律体系是有效的、不得被随意挑战的,法学工作者的主要任务是在尊重既有法律体系的权威的前提条件下,通过解释推进法律规范的适用,因此对于法教义学来说,法律规范的存在及其意义是十分重要的。而相比之下,社科法学学者普遍表现出了一种对于法条的怀疑或轻视态度。在普通法系国家,因为大多数法律本身就隐匿于卷帙浩繁的判例之中,"找法"本来就是一项十分复杂、艰巨的工作,法律的不确定性、法律的模糊性加剧了人们对于法律的怀疑态度。但是,在以成文法为主导的民法法系国家,对法条采取怀疑主义的态度就多少有些让人费解。社科法学所关心的是法条的生活世界,是真实世界里所发生或存在的问题,它以一种怀疑主义的科学态度对一切可能存在问题的法条保持警惕。① 之所以如此,还因为社科法学学者心目中的法是"大写的法",在社会实际生活中发挥作用的并不是"书本之法"(law in book),而是一种"行动之法"(law in action)或"活法"(living law)。因此,仅仅关注高度形式化的法条是没有太大意义的。

与此相关的另一个问题是社科法学更加注重后果判断。社科法学学者不止一次地宣称:"这个世界更看重判断,正确的判断需要明智有效地处理各种信息,能有效地预测和掌控后果","要讨论具体问题,而不是抽象概念,注重后果的分析,而不只是逻辑的演绎"。② 由于社科法学所关注的是在社会实际生活中起调控作用的法,因此不可避免地会时时关注依照该法律行事或裁判将会产生怎样的后果(包括经济后果、政治后果、道德后果以及其他的社会后果),以及从长远的角度来看这种后果是否是可欲的,从而回过头来重新调整自己的行为或决定。社科法学这种后果导向思维与传统的法教义学推理形成了一种十分鲜明的对照:传统

---

① 参见侯猛:《社科法学的传统与挑战》,载《法商研究》2014 年第 5 期。
② 苏力:《法律人思维?》,载《北大法律评论》2013 年第 2 辑;侯猛:《社科法学的跨界格局与实证前景》,载《法学》2013 年第 4 期。

第二章 法教义学的知识及方法贡献

的法教义学推理遵循的是一种从规则到裁判结论的"顺向推理",而社科法学则是从后果出发来进行推理和论证,因而可以称得上是一种"逆向推理"(或反向推理)。在司法实践中,经济后果(社会福利、利益的最大化)和道德后果(是否符合伦理道德、天理人情)是时常被考量的两种后果形式。

3. 分析上的语境依赖论

如果说旨在探讨法律之普遍问题的学问叫作一般法学(general jurisprudence),那么社科法学更像是一种特殊法学(particular jurisprudence),因为它所关注的问题相对来说具有一定的地方性,主张对待具体问题应当坚持具体分析。也就是说,社科法学主张研究具体的、真实的问题,而非那些抽象的、玄虚的问题。那么,到哪里去寻找和发现真实的法律问题呢?它们来自生活世界,来自社会实践。社科法学不仅会追问在实践中"为什么"会出现这一问题,而且还会将之置于法律之外的政治社会系统中继续思考"怎么办"的问题。① 用时髦一点的话语来说,社科法学在分析法律问题时喜欢讲究具体的时间、空间、社会关系等情境因素,要求观察者注重细节,从小处入手,具体问题具体分析。

苏力教授给语境论提供了一个相对清晰的、程式化的定义,认为语境论的进路坚持以法律制度为中心,"力求语境化地(设身处地地、历史地、社会地)理解一种相对长期存在的法律制度、规则的历史正当性和合理性"。与此同时,它还反对"以抽象的所谓永恒价值作为对法律制度和规则的评判,而是注重特定社会中人的生物性禀赋以及生产力(科学技术)发展水平的限制,把法律制度和规则都是为在某些相对稳定的制约条件下对于常规的社会问题的一种比较经济化的回应"。② 以陕西黄碟案为例,社科法学要求在分析的过程中应注重一系列的情境因素,比如

---

① 参见陈柏峰:《社科法学及其功用》,载《法商研究》2014年第5期。
② 苏力著:《也许正在发生——转型中国的法学》,法律出版社2004年版,第235、236页。陈景辉教授认为,苏力教授的这种"语境论"所直接指向的是一个预设是:社科法学所研究的是"中国的"司法实践,所关注的是"中国"的问题。它着眼于中国社会的特殊性,要求对于这个实践的解释本身也是特殊的,从而来抗拒那些无视中国特殊性的一般标准或普遍原则的统治。请参见陈景辉:《法律与社会科学研究的方法论批判》,载《政法论坛》2013年第1期。

社区的组成(是熟人社区还是陌生人社区),夫妻两个人是在家观看黄碟而不是在大庭广众之下观看黄碟,观看的仅仅是画面还是同时伴随有声音,居住的是平房还是公寓楼房,举报人是听到了声音还是隔着窗户看到了画面等。① 诸如此类的细节事实十分重要,而这往往极易为其他法学分析进路所忽视。

(二) 社科法学的知识论与方法论局限

社科法学的出现有一定的历史必然性,是法学发展到一定阶段内部分化和学术分工日益精细化的产物。可以说,社科法学的存在有其无可替代的价值和意义,从不同于法教义学的新视角来认识和观察法律,使得人们能够看到那些被阻隔于司法之外而极易被法教义学所忽视的法律现象或法律问题②,能够极大地丰富我们的法学知识和促进法学的多元、繁荣发展,能够为立法或立法改进提供更为科学的建议或对策。此外,在司法裁判方面,社科法学的运用对于案件事实的发现、证据的鉴别与认定、法律的解释、裁判的说理有重大的价值③,在一定程度上还能够缓解司法在处理重大、复杂、疑难法律问题方面的压力。社科法学的以上贡献无疑是应当给予充分肯定的,然而在笔者看来,社科法学所存在的各种难题和局限似乎更加严峻,如果不正确地加以对待,可能会危害法学的发展,甚至危及法治。

1. 在方法论上并不十分成熟

与法教义学注重概念、逻辑和体系化不同,社科法学似乎是一个十分松散的研究路径,这表现在社科法学没有为自己提供一个相对清晰的概念,至于其基本的学术立场是什么,也一直不是十分清楚。尽管社科法学旗下的诸法学共享着一些前提或方法,但是在其内部的确也存在着一些纷争和分歧,从而很难说社科法学已经形成了相对稳固、统一的学

---

① 参见苏力:《当代中国法理的知识谱系及其缺陷———从〈黄碟案〉透视》,载《中外法学》2003年第3期。
② 参见陈柏峰:《社科法学及其功用》,载《法商研究》2014年第5期。
③ 参见侯猛:《司法中的社会科学判断》,载《中国法学》2015年第6期。

第二章 法教义学的知识及方法贡献

术传统或观点。目前我国的社科法学发展水平还很低,在意图将一切借用广义社会科学方法分析法律问题的法学都强行拉入自己麾下,还很难说是一种"严格意义上的社科法学",因为在笔者看来,严格意义上的社科法学应当至少满足两个条件:(1)不仅要借用社会科学的方法,而且研究的过程和结果都要接受更为严格的社会科学规范和准则的检讨。例如,法经济学研究不仅要以法学研究的标准或规范来进行评价,更为重要的是看这项研究能否经得起经济学界同仁们的检验,因而那种"四不像"或"半吊子式"的跨学科研究本身有多大意义就很值得质疑;(2)社科法学的中坚力量应当主要是非法学科班出身的学者,社科法学的阵地应当主要是在法学院之外进行。在众所周知的法社会学家(如卢曼、韦伯等),以及著名的法经济学家(如美国的科斯)中,有哪些是纯法学专业出身的呢?

从上面两个条件来反观眼下中国的社科法学,首先,社科法学的确在不断地介绍和引进法学之外的其他社会科学的方法,尤其是经济分析、社会学中的定量和定性研究、人类学中的田野调查等,业已形成了一些比较具有代表性的作品,比如苏力教授的《送法下乡》、侯猛教授的《中国最高人民法院研究》以及桑本谦教授的《理论法学的迷雾》等。说实话,这些作品在法学院(界)的影响要远远超过在其他社会科学界的影响,它们与其说是社科法学作品,倒不如说本质上仍然是中规中矩的法(理)学作品。其次,尽管中国的社科法学有一些非法学背景的学者参与和推动,比如北京大学社会学系的朱晓阳教授、中国人民法学人类研究所的赵旭东教授等,但仍然主要是由法律学者——并且是那些法学科班出身、接受过正规的法教义学教育和熏陶的法律学者——所主导的。在一些社科法学会议上,也很少有非法学专业的社会科学界学者参与。正如熊秉元教授所指出的那样,我国的社科法学缺乏与社会科学研究者就社会科学重要议题进行讨论的机会[①],一味地在法学院内部与法教义学者争论是否是一种过度缺乏"自信"的表现?所以说,方法

---

① 参见熊秉元:《论社科法学与教义法学之争》,载《华东政法大学学报》2014年第6期。

论上的自觉和成熟是中国法教义学未来发展所必须直面的一个根本性问题。

2. 否定司法裁判的法律属性

司法裁判必须要依据法律上的理由（legal reasons）做出，而不是一种想当然的、恣意化的活动。对于法律规范的解释以及法律案件的裁判来说，法教义学与社科法学有着明显不同的思路：(1) 法教义学主张和信奉法律的相对确定性，认为确定性是法律规范的常态，只有在极个别情形下法律才是不确定的，因此在大多数案件中法律案件的解决方案也是确定的；相比之下，社科法学是将法律还原为一种经验事实，从不同的角度（如经济学或社会学视角）观察到的法律自然也会有所差异，在不同的历史情境和社会关系中，法律会呈现出不同的面貌，亦即法律的不确定成为一种常态，由此导致司法裁判也是不确定的。(2) 法教义学推理所依靠的主要是形式推理，是一种从"规范到事实再到结论"的常规推理，它不仅要求裁判结论的发现要以法律规范作为出发点，而且也要求裁判结论的论证是以合法的形式进行的；而社科法学主张的是一种逆向的法律推理思维，认为裁判者是先考虑后果、先想到裁判结论，再回头寻找可以适用的法律，并以此来进行结论的证明，甚至在极端的条件下直接以法外理由或标志作为司法裁判的依据。

通过以上两个方面的描述可见，社科法学与法教义学在对待法律的性质、司法裁判的方法等方面存在一些对立性的主张。社科法学过分夸大法律的不确定性，对法律持有一种怀疑的或轻视的态度。在分析法律现象或法律问题时，对某个行为所可能产生的后果的判断或考量要比法条本身多得多。尤其是在疑难案件中，由于法律本身所表现出的不确定性以及不完整性，社科法学者认为裁判者应当诉诸那些能够带来更好结果（如更道德、更经济、更有利于社会的整体福利或更政治正确的结果等）的法律之外的理由或标准。但正是这些法外因素而非法律理由从根本上决定了裁判结论的做出，这使得法律裁判最终沦为一种不折不扣的道德裁判或经济裁判等。① 有时社科法学对法外诸因素的直接考量可能会有助于实现"个案正义",但是由此带来的一个根本问题在于,它偏离了"规范/法律拘束"这个最为基本的要求。有时社科法学采取了"暗度陈仓""移花接木"的形式,裁判结论实质上是通过法外因素推导出来的,而法官所做的表面文章(即教义性的分析和论证)不过是一种合法化的掩饰而已。

六、本章小结

笔者分别从正反两个层面论证了"法教义学是法学的核心"这个基本命题。并且这主要是一个理论上的论证,主张法教义学是法学的核心并不意味着贬低或排挤其他法学的地位和作用,只是从内在脉络上厘清各法学的不同性质。当下法教义学与社科法学的狭路相逢在某种程度上是不可避免的,通过对这场争论的审视有助于我们客观、理性地观察法学的发展及潜在的问题。然而,纯粹的名分之争其实并无太大意义,而这恰恰是目前这场争论所容易陷入的一个误区。法教义学和社科法学均是法学的重要组成部分,只不过它们的学术分工和具体研究方式不尽相同,它们各自均有其不可替代的重要价值和意义,因此它们任何一方都不可能完全取代另一方。不过也可以看到,我国法学研究和法学教育的现状决定了法教义学在短期甚至较长的一段时间内仍然是主导性的,以教义作为出发点不仅成本低而且非常简便,不得任意启动对已确立之教义的重新检讨(即"否定禁止")有利于维护法律的权威和保障法律的正确实施;相比之下,社科法学动辄便挑战既有法律规范之有效性,而深入到法律背后探究其存在的合理根据,有时甚至以社会需要或生活经验的名义否定既有实在法的效力。从成本角度来考虑,社会科学也不

---

① 社科法学所倡导的后果考量只是"司法社会效果论"的一种异化形式而已,它并没有讲清楚后果考量的适用场合? 如果我们在任何情形下都考量法律所可能产生的后果,司法裁判还有确定性可言吗? 在诸多可能的后果中,我们应以何种标准去评价后果的可欲性呢? 后果的考量是否需要以及如何可能满足规范拘束的要求? 等等。对"后果考量"或"后果主义裁判"的批判,参见孙海波:《通过裁判后果论证裁判——法律推理新论》,载《法律科学》2015年第3期。

可能取代法教义学。①

　　法教义学与社科法学为我们提供的是具有不同性质的知识和方法，而且法教义学所提供的知识更具有基础性地位，以至于有学者主张，只有当法教义学之外的那些边缘法学的研究旨趣与法教义学相关联时，其才被认为可以划归于法学之列，而当法学越来越将重点置于法教义学时，所谓的"基础法学"就越来越不具有基础地位。② 然而，最近也有一些新的现象，即法教义学与社科法学慢慢地从对抗走向融合。一方面，出现了所谓的部门法学研究的社会科学化，这勉强也可以称之为"法教义学的社会科学化"，这一点在一些新兴的部门法领域（如知识产权法、环境与资源保护法等）表现得十分明显，比如在知识产权法领域中，政策、效益等因素有时候是起主导作用的。③ 另外，即便是较为传统的民法、刑法教义学也受到众多非教义性质的而是经验性质的社会实践的冲击。④ 例如，刑事政策学对刑法学的入侵。另一方面，也应注意到社科法学为了获得其正当性、合法性，也在慢慢向法教义学靠拢。这表现在社科法学工作的展开需要借助于法教义学所提供的基本概念和法律知识，而社科法学所进行的法律论证（比如后果考量和判断）只有借助于法教义学才能将自己武装成一种合乎法治的法律思维方式。

---

① 参见熊秉元：《论社科法学与教义法学之争》，载《华东政法大学学报》2014 年第 6 期。
② 参见张嘉尹：《台湾法学典范的反思——从当代德国法科学理论的兴起谈起》，载《世新法学》2012 年第 1 期。
③ 关于政策在知识产权案件裁判中的作用的分析，可以参见孔祥俊著：《知识产权法律适用的基本问题——司法哲学、司法政策与裁判方法》，中国法制出版社 2013 年版，第 270—287 页。
④ 参见苏力：《中国法学研究格局的流变》，载《法商研究》2014 年第 5 期。

第三章　道德争议难题的法理反省

　　法律与道德之间的关系一度被誉为"法哲学的好望角",长期以来一直是各派法律学者的"必争之地"。以至于 Tebbit 认为,当代法理论中几乎任何一个争议的背后都牵涉着"相对于道德价值而言法律是如何被理解的"这样一个难题。① 甚至可以说,整个 19 世纪的法学著作基本上是围绕着法律与道德的关系这一重大主题展开的,分析法学学者反对 18 世纪根据道德来判别法律的做法②,在此背景下,他们提出了"法律与道德在概念上并无必然联系"的分离命题(the separability thesis),这一理论几乎主导了 20 世纪乃至今天英美法学界的讨论。与此形成鲜明对照的是,这一主题似乎尚未引起中国法理学者的足够重视。③ 当下对这一议题的研究明显地存在两个极其重大的不足或疏漏:一是人们陷入了法律的概念天堂,而对何谓道德不甚明了,"法律心智从整体上看一直在耗尽心力地思考法律本身,但却满足于对法律与之相关且与之区分的那个东西(道德)不闻不问"④。二是对道德在法律中的作用不明确,要么完全

---

① Mark Tebbit, *Philosophy of Law: An Introduction*, second edition, Routledge, 2005, p. 3.

② See Roscoe Pound, *Law and Morals*, University of North Carolina Press, 1924, p. 1. 在该书中,庞德分别从历史的视角、分析的视角和哲学的视角全面分析和讨论了法律与道德之间的关系。

③ 当下中国法理学教科书对这一主题采取了一种较为简单化的处理方式,只泛泛讨论法律与道德之间的异同,对此缺乏较为系统、深入和持续的研究。参见沈宗灵主编:《法理学》(第三版),北京大学出版社 2009 年版,第 199—205 页。相比之下,英美法哲学在这方面做出了较为突出的贡献,除去一般法理学或法哲学著作不说,即便是在部门法学中也不乏关于"法律与道德"的专论。例如 Laurence D. Houlgate, *Philosophy, Law and the Family: A New Introduction to the Philosophy of Law*, Springer, 2017; Gerhart, *Tort Law and Social Morality*, Cambridge University Press, 2010; Peter Cane, *Responsibility in Law and Morality*, Hart Publishing, 2002.

④ 〔美〕富勒著:《法律的道德性》,郑戈译,商务印书馆 2005 年版,第 5 页。正文括号中内容为引者所加,请读者注意。

拒斥道德进入法律的可能,要么是过分地扩大道德入法的限度,从而陷入一种法律道德主义的泥淖之中。

一、法律实践中的道德难题

实践中,许多疑难案件的发生根源于法律规范背后的道德争议。道德争议的本质在于,社会成员对做出某一行动的道德理由存在理性分歧,它具体可能包括元理论、规范理论和教义学理论的三重实践意涵。[①] 这些道德分歧影响着人们对于法规范的理解和评价,并进一步制约着其实践适用。对于道德争议,是法学理论、立法、司法都不可能轻易回避的难题。为此,本章主要是从法学理论和立法的角度来审视伦理争议难题是如何形成的,以及如何去呈现这种争议的内在结构。除此之外,在个别地方也会从司法的角度讨论法官在实践中如何解决道德争议难题。

法律与道德之间的关系颇为复杂,长期接受法哲学的熏陶,我们很容易进入自然法学与法律实证主义之间关于法律和道德的争论。其实,法律与道德之间的关系涉及多个方面的内容。依照哈特的论述,至少需要把握四个不同层面的问题:其一,法律的发展是否曾经受到过道德的影响,这是一个"描述性的""历史的""经验的"或"因果性"的问题,只要回顾生活和历史就能对它作出回答。其二,我们对于法律的认定或判定是否必须以某种方式援引或诉诸道德,这里涉及的是对合法性判准要不要把道德标准纳入进来。此问题可以成为"分析性"或"概念性"问题,自然法与法律实证主义恰恰是在这个层面展开争论的。其三,法律能否以开放的姿态面对道德的批评,这里触及的是对法律进行道德批判的可能性,这与上一个问题有些接近但又并不完全相同。其四,我们能否通过法律去强制执行某个道德要求,涉及的是对道德进行法律强制的问题(legal enforcement of morality)。[②] 本章主要是在第四个层面讨论法律

[①] 参见郑玉双:《道德争议的治理难题——以法律道德主义为中心》,载《法学》2016 年第 10 期。
[②] See H. L. A. Hart, *Law, Liberty and Morality*, Stanford University Press, 1963, pp. 1-4.

第三章 道德争议难题的法理反省

与道德争议,即通过法律强制执行道德的可能性及限度。

传统上人们总是希望从现成的规则中寻找安全感,同时相信只要遵照规则的指示来行事就可以最大限度地降低行为风险,但理性至上的立法建构主义却慢慢地蚕食着人们的这一美好理想。当下中国正处于社会转型的现实背景下,以农业和乡村为背景的传统熟人社会正在逐渐被城乡二元分立格局下的陌生人社会所取代,道德规范所起的作用大打折扣,甚至社会中出现了严重的道德失范现象。在佛山"小悦悦事件"、南京彭宇案、天津许云鹤案中,人们表现出了对当下中国社会道德境况的深深忧虑,纷纷呼吁要"认真对待道德",在形形色色关于重振道德的呼声中有这样一种主张,即"以德入法"和"以法固德",诸如有人力争在"刑法中增设见危不救罪"。事实上,2012 年 11 月 29 日,广东省人大常委会就已经制定了《广东省见义勇为人员奖励和保障条例》①,2012 年修订的《老年人权益保障法》也将"常回家看望老人"规定为一项法律义务。通过这些热点伦理案例或事件可见,法律道德主义有回潮之势,若不认真加以对待可能会带来混淆法律义务与道德义务,甚至造成以法律尤其是刑法强制执行道德的危险后果。

"面对道德沦丧的可悲现实,刑法仓促登场,是否真能挽狂澜于既倒呢?"②事实恐怕远非如此,这一立法难题背后涉及艰难复杂的道德选择。法律道德主义的基本要旨在于,国家可以动用法律甚至刑罚来干预和限制那些不道德之举,因为法律的作用并不仅仅在于提供一个环境让人们有机会过上有德性的生活,而且要求人们必须过这样的道德生活,故而法律可以通过限制人们的自由来引导他们达致一种有德性的生活。③ 尽管如此,法律道德主义内部也纷争不止,从而存在若干不同的理论形态,

---

① 事实上,早在 2001 年全国"两会"上,就有 32 名人大代表建议在《刑法》中增设"见危不救罪"和"见死不救罪"两项新罪名。截至目前,在我国 31 个省(自治区、直辖市)出台的地方性法规中,有 19 个条例、8 个规定、4 个办法规范和保障见义勇为行为。参见王亦君、林洁:《小悦悦事件引发全民反思——危难面前,人心如何不冷漠》,载《中国青年报》2011 年 10 月 22 日。

② 俞飞:《"道德恐慌"阴影下,刑法不能承受之重》,载《东方法学》2012 年第 1 期。

③ See H. L. A. Hart, "Social Solidarity and the Enforcement of Morality", *The University of Chicago Law Review*, Vol. 35, No. 1 (Aut., 1967), pp. 1-13.

但总的来说,都主张通过法律来强制实施道德。为此,笔者首先梳理思想史上斯蒂芬、德弗林等传统法律道德主义者的基本主张,同时揭示以乔治为代表的新法律道德主义者的核心命题,并展示该理论所可能存在的难题。其次,笔者结合中国法治实践中的热点道德事件对法律道德主义的核心主张进行检讨,从而试图廓清法律与道德这两种主要的社会控制方式之间的界限。最后,笔者指出自由社会中的道德底线是一个变动不居的事物,重要的是要学会如何在各种不同价值之间进行权衡和取舍。

二、法律道德主义的基本立场及困境

传统上对法律道德主义的讨论往往是针对同性恋、猥亵、卖淫等性犯罪问题,由此牵引出这样一种理论主张,即对于那些有伤风化和有碍社会健康发展的性活动必须用刑法来加以干预,即使这些行为并没有造成直接的伤害。[①] 由此可见,大多数法理学家也正是在此脉络下讨论道德的强制实施,然而这一问题并不专属于刑事法领域,即使在民法的脉络之下同样也会产生,事实上民事法领域也存在大量的道德立法(moral legislation),诸如诚实信用、公序良俗原则等,并且它们在调整相应主体的民事活动方面也愈益发挥着十分重要的作用。故麦克劳德指出,在民事法的脉络下也同样存在道德的强制实施问题。例如,在著名的"皮尔斯诉布鲁克斯"(*Pearce v. Brookes*)一案中,一名妓女签订了一份分期付款买卖的契约,购买了一辆有装饰的汽车,以便在往来交易时乘坐。波勒克法官拒绝执行不利于该妓女的契约,认为原告根本没有诉因。因为

---

① 美国法哲学家范伯格以刑法的道德界限为主题,全面检讨了对自由进行限制的诸原则,更是撰写了影响深远的四卷本巨著《刑法的道德界限》。See Joel Feinberg, *Harm to Others*(*The Moral Limits of the Criminal Law*), Oxford University Press, 1984; Joel Feinberg, *Offense to Others*(*The Moral Limits of the Criminal Law*), Oxford University Press, 1985; Joel Feinberg, *Harm to Self*(*The Moral Limits of the Criminal Law*), Oxford University Press, 1986; Joel Feinberg, *Harmless Wrongdoing*(*The Moral Limits of the Criminal Law*), Oxford University Press, 1988.

第三章　道德争议难题的法理反省

这个马车是"提供给被告,让她能用来展示她那不道德的目的",这并不能算是诉因。①

(一) 传统法律道德主义的基本形态

前文已简要提及法律道德主义的基本主张,可以通过法律来惩罚那些不道德的或不义的行为,以此达到维护一个社会和谐有序的目的。为此,法律道德主义者必须要为"以法律强制实施道德"提供正当性辩护,那么根据各自辩护的理由可以将传统法律实证主义区分为刚性(strong)法律道德主义与柔性(soft)法律道德主义。哈特告诫我们,在对这两种不同的观点进行界分时,毋宁要留意两个重要的层次:"我们首先会问,某种不道德的行为除了对一个社会共享的道德有影响之外,会伤害到其他个人吗?紧接着我们继续追问,这种影响实在道德的行为一定会削弱社会吗?"②所谓的温和论,也就是笔者此处所言的柔性法律道德主义,至少必须对第二个层次的问题持肯定性回答;而极端论,即刚性法律道德主义,则无须对上述任何一个问题持肯定立场。此外,还有一种经过修正的新法律道德主义(new legal moralism),笔者在本部分将要梳理这三种法律道德主义的基本观点,并尽力呈现出这些理论所可能面对的各种难题。

1. 刚性法律道德主义

19世纪英国维多利亚时期是一个自由主义盛行的时代,自由作为一种至高无上的价值,对其所施加的任何限制在人们看来都是难以接受的,密尔的自由学说在这方面无疑更是起到了推波助澜的作用。在《论自由》中,他首先开宗明义地指出,公民自由是国家和社会所能够合法地施加于个人的权力之性质及限度,因此对自由所作的限制必须以"伤害他人为原则",即"人们若要干涉群体中任何个体的行动自由,无论干涉出于个人还是出自集体,其唯一正当的目的乃是保障自我不受伤害。反

---

① See Ian McLeod, *Legal Theory*, second edition, Palgrave Macmillan Limited, 2003, p.178.

② H. L. A. Hart, *Law, Liberty and Morality*, Stanford University Press, 1963, pp.49-50.

过来说,违背其意志而不失正当地施之于文明社会任何成员的权力,唯一的目的也仅仅是防止其伤害他人"①。简言之,该原则所要求的就是"自寻其乐无妨,伤害他人莫为"。这条被密尔自诩为"十分简便易行"的伤害原则,在批评者们看来却问题重重、似简实繁。英国维多利亚时期的法官斯蒂芬就认为,密尔的这一自由原则显得过于极端而未能给家长主义或法律道德主义留下任何存在的空间。正是在这种冷静批评和理性建构双管齐下的进路下,斯蒂芬发展出了一套与密尔大相径庭的自由理论学说。

总的来讲,斯蒂芬认为密尔自由理论的一个重大的缺陷在于,尽管他提出了只有防止伤害他人的限制才是正当的,但是对于这一原则却疏于论证。密尔主张必须要在法律惩罚与社会惩罚之间划出清晰的界限,可是"把《论自由》从头翻到尾,也没有找到这种区分的任何证明,甚至没有看到他打算提供一个合理而恰当的证明。如果他的学说是正确的,它就应当可以得到证明。没有证明,是因为它不正确"②。密尔的道德学说过于简单化了,也未能看到积极道德在社会控制中应有的范围与作用。以至于斯蒂芬认为:"密尔先生的学说不仅有悖于所有与道德有关的神学体系,有悖于所有众所周知的积极的道德体系,而且有悖于人性本身的构造。"③如果密尔的"基于自卫的强制"能够站得住脚的话,那么他必须对那些与自卫无关的其他强制提供充分的、成功的反驳,但这方面他仍然做得不够成功。很显然在斯蒂芬看来,像旨在确立和维护宗教信仰的强制、旨在确立和在实践中维护道德的强制、旨在改变现行政治或社会制度形态的强制等强制形式,不仅是可能的而且是可欲的,目的在于达到行使强制性权力的人认为美好的目标。

斯蒂芬对不宽容所作出的辩护是相对彻底的,认为只有这样,社会及其生活于其中的人们才可以免受违法犯罪之害。然而,莫里森认为,

---

① 〔英〕约翰·穆勒著:《论自由》,孟凡礼译,广西师范大学出版社2011年版,第10页。
② 〔英〕詹姆斯·斯蒂芬著:《自由·平等·博爱——一位法学家对约翰·密尔的批判》,冯克利、杨日鹏译,广西师范大学出版社2007年版,第30页。
③ 同上注,第29页。

第三章 道德争议难题的法理反省

斯蒂芬选择不宽容这个标签或许是个错误,他也因此经常被当成一个反动分子而遭到排挤,但他提出了一种关键性的社会学观点,也即国家法或官方法的运作有赖于社会中起作用的不成文法或非官方法的适应。① 也正是出于这个原因,他谴责密尔在对待成年人与未成年人上自相矛盾,认为法律制裁、道德制裁与宗教制裁应当作为一个社会三位一体的控制方式,对于那些严重的败德行为,仅仅靠说教、规劝是远远不够的,必须进行法律上的打击,尤其是给予刑事制裁。对此,他提出了以下两个方面的论证:第一,道德上不宽容的立法目标在于确立、维护并授权立法者所认定的良好的道德体系和标准,以此来达到惩恶扬善的目标就是可取的;第二,从社会就此目的所采取的手段的效用及代价上来看,刑事惩罚虽然残酷、粗暴,却最能够迎合人内心的复仇欲望,并且用刑法来惩罚那些仅仅被视为极不道德的行为,所付出的代价在某种程度上也并不过分。最终,斯蒂芬提出了一条与密尔之自由学说截然对立的原则,就此也表明了其刚性法律道德主义的鲜明立场:"有些残忍而放肆的恶行,即使与自卫无关,也必须阻止其发生,无论它给罪犯造成多大的代价;一旦发生,必须予以严惩。"② 刚性法律道德主义对严重的败德行为表现出了极大的不宽容,其主要的辩护理由在于,这种对道德的法律强制本身就是具有自足的价值,这一点是与柔性法律道德主义最重要的区别。

2. 柔性法律道德主义

基于19世纪独特的时代背景,斯蒂芬的学说至少在当时并未引起足够的重视,这种"吹毛求疵"式的批判自然也不乏对密尔自由主义学说

---

① 参见〔英〕韦恩·莫里森著:《法理学——从古希腊到后现代》,李桂林等译,武汉大学出版社2003年版,第219页。

② 在初步完成法律道德主义理论的建构之后,斯蒂芬也主张法律对道德的干预并不是任意的,他还小心翼翼地提出了几项限制性原则:其一,无论是立法还是舆论,都不应当过多管闲事;其二,无论是立法还是舆论,必须有充足的证据,否则易于造成极大的伤害和极残忍的不公;其三,在任何情况下,立法都要适应一个国家当时的道德水准。要想进行惩罚,道德上的多数必须占压倒优势;其四,在任何情况下,立法和舆论都应一丝不苟地尊重隐私。参见〔英〕詹姆斯·斯蒂芬著:《自由·平等·博爱——一位法学家对约翰·密尔的批判》,冯克利、杨日鹏译,广西师范大学出版社2007年版,第135页、第132—133页。

的误解。在哈特看来,斯蒂芬的学说由于过于理想化甚至空想化而缺乏对现实社会的适应,"头脑中有了这样一幅虚幻的社会画面,斯蒂芬笔下的惩罚之功能有时候与其说是报复,倒不如说是谴责;与其说是为了满足报复或仇恨的情感,还不如说是为了对违犯者施以强有力的道德谴责,以及'矫正'被违犯者所败坏的道德"①。20世纪关于这一主题的讨论被一场称为"哈特与德弗林之争"的论战推向了浪尖,其导火索是1957年《沃尔芬登报告》对不道德的性行为所表现出的极大宽容。"成年人私下的同性恋行为不再是犯罪……就私人道德方面的事宜,社会和法律应留给当事人来自由选择。"②该报告可以视为对密尔自由主义原则的一种坚持和重申,而德弗林所发表的一系列演讲与论文则表明他持一种与之完全对立的立场。尽管如此,我们接下来将会看到德弗林对待"道德的法律实施"这一议题的态度是温和的。

在德弗林看来犯罪不仅仅是对个人的侵害,同样也是对社会及其重大原则的侵犯,刑法因此并非仅着眼于个人而更要重视巩固社会之存在。他沿着如下两个问题来发展自己的学说:(1)社会是否有权对所有的道德问题作出评价?还是应该将这些问题留给私人来评价?德弗林认为答案是肯定的,这与其对社会的界定密切相关。他说:"任何一种社会都是一个观念社群,不仅仅是政治观念,而且还有关于其成员应当如何行为以及他们如何过活的观念,后一种观念就是该社会的道德","共同道德是束缚的一部分。束缚是社会的一部分代价,而人类需要社会,因此就必须要付出一定代价"。③ 而且他并不赞同密尔对公德与私德进行严格划分的观点,认为一切道德行为均具有公共性,因此对那些危害社会的败德行为,社会有权进行法律干预。(2)如果社会有权作出评价,那么它是否有权力运用法律这一工具来强制实施道德呢?从上面德弗林关于社会的界定中可以看到,社会本身就包含了公共道德(public mo-

---

① H. L. A. Hart, *Law, Liberty and Morality*, Stanford University Press, 1963, p. 63.
② Committee on Homosexual Offenses and Prostitution: *The Wolfenden Report*, 1957, Para. 227.
③ Patrick Devlin, *The Enforcement of Morals*, Oxford University Press, 1965, p. 9.

第三章 道德争议难题的法理反省

rality)的观念,它对于社会的维系不可或缺,如果把社会比作一种大的游戏,那么为社会中的人们所接受的公共道德则就好比是游戏中的规则一样,一个社会离开了它就不能被称之为社会了。① 由此德弗林提出了那个臭名昭著的"社会崩溃命题"(social disintegration),他甚至将严重的不道德行为与叛国行为进行类比,如果对此类行为不闻不问的话,就有可能出现社会瓦解的危险后果。② 严重的败德行为对社会有害或有所削弱,这是强制执行道德的必要条件,也是柔性法律道德主义的重要主张之一。

既然社会有权对道德问题进行评判,并且有权对削弱社会的败德行为进行法律强制,那么随之而来的问题便是,社会是否能够在所有情况下使用法律,还是只能在某些情况下这么做? 果真如此的话,如何来划出这条界线呢?③ 这里涉及的第一个层次的问题是"败德的判准",也就是我们以什么标准来判断一个行为是违背道德的,以至于我们无法容忍该行为的存在。德弗林给出的方案是一个"头脑正常的人"(right-minded man)的标准,亦即当且仅当一个行为超出了一个头脑正常的人所能够容忍的必要限度时才是不道德的,也只有在此时对其进行法律打击才具有正当性。④ 第二个层次的问题关系着以法律实施道德的限度及原则,社会有权运用法律来实施道德并不意味着可以凭其所好而肆意妄为,立法者必须在以下限度内进行道德立法活动:(1)要尽可能尊重个人自由,但个人自由不得危及社会的统一,对那些严重的败德行为要进行法律上的限制;(2)普通人感到义愤或厌恶时,即已达了容忍的必要限

---

① 参见石元康:《道德、法律与社群——哈特与德弗林的论辩》,载《学术思想评论》1998年第4辑。

② 正如英国学者迪亚斯所说,此类道德方面的制度就像椅子的腿一样,虽然椅子缺了一条腿,并不一定会倒,但更容易倒。参见〔英〕迪亚斯:《法律的概念与价值》,黄文艺译,载张文显、李步云主编:《法理学论丛》(第二卷),法律出版社2000年版,第421页。

③ See Patrick Devlin, *The Enforcement of Morals*, Oxford University Press, 1965, p.8.

④ 石元康教授认为,德弗林的"头脑正常的人"标准却也表现出了他的保守主义立场,而这恰恰也是自由主义者所着力之所在。因为在德弗林看来,一个社会的道德是在最普通的人身上体现出来的东西,它并非是经过批判思考后人们所作的判断,而是深深植根于我们内心深处的一套规则。因此,如果一个社会有权利维持它的道德的话,那么它就很难有什么创新的可能。参见石元康:《道德、法律与社群——哈特与德弗林的论辩》,载《学术思想评论》1998年第4辑。

度;(3)应充分尊重个人隐私,并不意味着将所有私人的败德行为完全排除出法律;(4)法律所关心的是最低限度的行为标准,而不是最高限度的标准。① 只有综合以上各项要求,才能够正确地对那些适宜法律调整的败德或不义行为进行法律强制。

3. 理论困境

贯穿于法律道德主义者讨论之始终的一个问题在于,国家或社会对于不道德的行为应该作何评价?诚如美国法哲学家戈尔丁所言,"从道德上谴责一种做法,到认为应从法律上对其加以禁止,还是有很大一段距离的"②。传统法律道德主义者斯蒂芬与德弗林在"法律应否以及如何执行道德"问题上发表了自己的看法,但在其理论敌手看来,他们对密尔自由主义原则的反叛以及对法律道德主义的正当性辩护并不彻底、充分。相较于斯蒂芬,德弗林的学说更加温和、精致和现实,因此对德弗林的大部分批评同样可以适用于斯蒂芬。囿于篇幅,笔者此处仅简要勾勒来自法律实证主义者哈特以及政治中立主义者德沃金的批评。德弗林的道德强制执行理论面临着两个主要指责:一是"纳粹主义"(Nazi)的挑战,国家可以而且应当动用法律来强制执行道德,而无论它们是否邪恶;二是可以称之为"经验主义"的挑战,主张一个社会中共享道德的改变有可能摧毁一个社会,这种"社会崩溃论"在经验层面上站不住脚。③

哈特基本上也是沿着这两个方向展开对德弗林的批判。首先,他认为德弗林对道德的认识过于单一,仅仅看到了一个社会的实在道德,而忽略了另一种极为重要的批判道德(critical morals),由此导向了一种"道德民粹主义"的立场,并且未能给公民在私德方面的自由留下自治的空间。④ 紧接着,他把批判的矛头进一步指向了"社会崩溃命题",该命题的立论依据在于"社会"实际上等同于"该社会中为成员们所共享的实在

---

① See Patrick Devlin, *The Enforcement of Morals*, Oxford University Press, 1965, pp. 16-19.
② 〔美〕戈尔丁著:《法律哲学》,齐海滨译,生活·读书·新知三联书店 1987 年版,第 123 页。
③ See Thomas Søbirk Petersen, "New Legal Moralism: Some Strengths and Challenges", *Criminal Law and Philosophy*, Vol. 4, Issue 2, (Jun., 2010), pp. 215-232.
④ See H. L. A. Hart, *Law, Liberty and Morality*, Stanford University Press, 1963, pp. 69-80.

第三章 道德争议难题的法理反省

道德",由此对这种道德所为的改变会导致该社会的解体或崩溃。在哈特看来,这一对社会的认识是错误的、有悖于常识的,共享道德只是一个社会存在的必要条件而非充分条件。此外,哈特认为只有当我们把道德系统看作是一张无缝之网时,"有可能威胁"的讲法才勉强成立,而这显然是对道德体系的误解,对某些道德规则的改变未必会改变或摧毁整个道德系统,如此一来也难以使得一个社会在道德上有任何革新。① 与哈特的观点稍微有点类似但又不完全相同,德沃金一方面指出德弗林所援引的"大多数人的道德信念或道德共识"中的道德概念存在立场上的混乱或错误,这种道德共识有时被证明不过是乌合之众的偏见或好恶的混合物,我们对民主原则的遵循并不必然要求我们以此来证成对这种道德共识的执行。② 另一方面,德沃金对"侵犯非罪化"的另一个辩护理由在于,根据自由主义的自我选择和价值中立的论旨,反对政府有责任根据某种所谓的"好生活"(good life)去引导和安排人民的生活。③ 也就是说,我们不能强迫一个人去过良善的生活,就公民私德范围内的事情应给予足够的宽容,而对于涉及整个政治社群的道德问题容许理性协商和公共辩论,警惕各种以保护社群之利益为名的各种道德立法和道德强制。④

(二) 修正的法律道德主义

正如我们所看到的那样,尽管德弗林的法律道德主义理论相较于斯蒂芬的观点更加现实化和精致化,但是仍然无法经受住"道德民粹主义"

---

① 参见石元康:《道德、法律与社群——哈特与德弗林的论辩》,载《学术思想评论》1998 年第 4 辑。哈特对社会崩溃理论的具体批评,see H. L. A. Hart, "Social Solidarity and the Enforcement of Morality", *The University of Chicago Law Review*, Vol. 35, No. 1 (Aut., 1967), pp. 1-13.

② See Ronald Dworkin, "Lord Devlin and the Enforcement of Morals", *Faculty Scholarship Series*, Paper 3611, 1996.

③ 参见徐振雄:《德沃金论"道德侵犯非罪化"与"自由主义的政治社群"——一个古老的命题:社会可透过刑罚执行道德吗?》,载《月旦法学杂志》2002 年第 91 期。

④ 德沃金以自由主义的立场先后检讨了四种利用非常不同的共同体概念为道德强制所作的论证,它们分别是把共同体与多数混为一谈的民主理论、家长主义的论证、广义上的自利论证以及整合论的论证。这些主张反对政府通过立法强制干预道德的自由主义宽容精神动摇了共同体,而德沃金则试图以平等观的背景来理解自由主义宽容,并证明其不但与共同体的观念一致,而且也是其必不可少的因素。参见〔美〕罗纳德·德沃金著:《至上的美德——平等的理论与实践》,冯克利译,江苏人民出版社 2007 年版,第 216—245 页。

"经验主义"等批评的挑战。笔者在前文中立足于"将不道德行为进行非法化是否以该行为造成伤害为已足",将斯蒂芬和德弗林分别归为极端的法律道德主义和温和的法律道德主义两个立场。[①] 不难想象,一种法律道德主义如果想要站得住脚的话,首先必须能够有力地避开传统法律道德主义所极易遭受的批评,同时又要对道德侵犯非法化提供充分的证立理由,除此之外它本身还要能够经受住一些新的批评和挑战。在德弗林之后,出现了一些新的法律道德主义者,如罗伯特·乔治、米歇尔·穆尔以及约翰·凯克斯等人,他们一方面通过自己的理论捍卫法律道德主义的基本立场,另一方面在理论的精细化方面较之于他们的前辈则走得更远。[②] 在这种意义上,姑且将这种经过修正的法律道德主义理论称为一种"审慎"的法律道德主义。

法律无法强迫人们过有德性的生活,但是人们可以通过自主选择做那些道德上的正确之事来达到这一点。关于道德、政治与法律的前自由主义思想传统,有学者认为,法律在通过对某些重大的恶习予以禁止而保持人们的德性方面,可以扮演一种合法的辅助性角色。[③] 乔治在传统法律道德主义的基础上发展出的至善主义理论,无疑是这种经修正的新法律道德主义的典型代表。和德弗林一样,他并不否认维持社会的凝聚

[①] 但是,此处我们仍需留意另一种不同的划分,亦即某种行为的不道德本身是否足以构成将其非法化的充分条件。肯定论者是持一种较强意义上的法律道德主义立场,而否定论者则是持较弱意义上的法律道德主义立场。从这个意义上讲,笔者对刚性法律道德主义和柔性道德主义的划分与此处的第二种划分存在某种吻合。较弱意义的法律道德主义主张,道德侵犯的非法化除了要求该行为本身的不道德之外,还需符合其他条件及要求进一步的论证。因此不能简单地说,上述两种划分哪一种是绝对正确的,由于所选取的标准不同,划分结果自然也就不同。

[②] 这方面的主要文献有:Robert George, *Making Men Moral: Civil Liberties and Public Morality*, Oxford University Press, 1993, pp. 48-82; Robert George, *In Defense of Natural Law*, Oxford University Press, 1999, pp. 300-314; Michael Moore, *Placing Blame: A General Theory of The Criminal Law*, 1997, Oxford University Press, pp. 83-138、637-795; John Kekes, "The Enforcement of Morality", *American Philosophical Quarterly*, Vol. 37, No. 1 (Jan., 2000), pp. 23-35.

[③] 在乔治看来,法律在这方面能够做的事情包括但不仅限于以下几个方面:第一,阻止人们由于从事不道德行为而沉溺于自甘堕落之中;第二,防止极易引诱人们效仿的坏榜样;第三,保护人们在其中可以做出符合道德要求的行为的道德生态环境;第四,教育人们辨识道德上的是非。See Robert George, *Making Men Moral: Civil Liberties and Public Morality*, Oxford University Press, 1993, p. 1.

第三章 道德争议难题的法理反省

力及避免社会崩溃是一种合法、正当的公共利益,也不否认德弗林关于这些公共利益极易为那些非道德行为所侵害的观点,然而与德弗林最为根本的分歧在于,他主张对于社会凝聚力的维持,本身并不能够成为强制执行道德义务的充分根据,而必须要证明被强制执行的道德或道德义务本身是正确的。乔治的至善主义理论,"致力于建立和维护一种有机的共同体联结,通过创造基本善能得到完整维护和激励的社会环境,让每个共同体成员得到更好的机会来实现个体的康乐和满足"①。既然至善主义理论给政府判断或干预道德行为留下了空间,承认政府在保证和促进人类在追求生活、知识、娱乐、审美经验、社交能力、实践理性等基本善的方面的作用,同时又尊重个人在符合道德真理条件下的自主行为选择,国家只是在力所能及的范围内进行道德立法,从而有力地为法律道德主义进行更加精准的辩护。

为了避开传统法律道德主义所招致的诸种诘难,乔治如此来界定他的法律道德主义立场:一方面,他认为对有悖于社会共享道德的行为的非刑事化,并不必然带来社会解体的危险后果,而只是某种程度地导致社会涣散;另一方面,他认为一些学者尤其是哈特,对于社会的解体(disintegration)的界定是存在问题的。社会的解体并不意味着社会的崩溃,正如夫妻间的相互疏远并不一定意味着婚姻的消亡一样,虽然他们不再为了某些共同利益而相互结合,但仍可住在一起。② 如此一来,乔治对社会解体的精妙解释,使得他的法律道德主义理论可以轻巧地避开"经验主义"的挑战,这是否意味着我们就此应当接受这样一种经过修正的法律道德主义理论?皮特森敏锐地指出了这种理论难以面对的两个新挑战:第一个挑战来自"帕累托难题"③,即在将某些无害的非道德行为进行

---

① 郑玉双:《法律道德主义的立场与辩护》,载《法制与社会发展》2013 年第 1 期。
② See Robert George, *Making Men Moral: Civil Liberties and Public Morality*, Oxford University Press, 1993, p.68.
③ 经济学的根本目的同时也是它所面临的一个困境,在于如何能够利用有限的资源实现社会福利的最大化。对此,意大利著名经济学家帕累托贡献了两个重要的概念,它们分别是帕累托最优和帕累托改进。前者是指在不减少一方福利的情况下,就不可能增加另外一方的福利;而后者是指在不减少一方的福利时,通过改变现有的资源分配而提高另一方的福利。参见〔英〕约翰·伊特韦尔等编:《新帕尔格雷夫经济学大辞典》(第三卷),陈岱孙等译,经济科学出版社 1996 年版,第 861—870 页。

非法化的条件下,如何不至于使得社会中人们的境况变得更糟?按照帕累托原理,如果这类无害的非道德行为的非法性给一个社会中的人们带来的好处并不足以抵消其伤害,那么这类行为就不应当被非法化。第二个挑战是一种"权衡挑战",它所关注的是在决定将某种行为非法化时,各种价值之间的权衡应当如何进行?而乔治必须面临两个困局:人类的基本善与其他善之间如何进行权衡?人类的基本善(如生命、娱乐等)之间彼此冲突时该如何权衡?基本价值优于工具性价值或许可以作为第一个问题的满意回答,而他对第二个问题的回答则让人很扫兴,他认为基本价值之间具有不可通约性,因而难以进行衡量。① 为此,他提出了"只要不为恶事,好事便会相随"和"己所不欲,勿施于人"这两条道德规范来解决这一难题,这种将"在基本价值之间的权衡难题"转变为"在两个道德规范之间的选择"只是回避了问题,而事实上并没有真正回答这一问题。

三、法律道德主义的实践检讨

上述关于法律道德主义的思想史争论,是任何试图讨论法律与道德关系的学者所无法绕开的。一方面,法律道德主义理论本身是在不断变化发展的,一些早期可以应用于斯蒂芬和德弗林的批评现在已经变得不再具有说服力;另一方面,尽管新法律道德主义理论更为精致化和现实化,我们仍需对其保持一定的警惕和批判,因为它难以回答"帕累托挑战"和"权衡难题"。法律道德主义的核心立场在于,国家享有对道德事务的判断权并可以将某些不道德行为非法化,如此一来,公民的自由有可能会被打着法律旗号的道德强制所侵害。尽管前面所讨论的法律道德主义理论主要是西方的,但笔者关注的问题所指向的仍然是中国的法律实践。可以说,当下中国法律实践为法律道德主义的讨论提供了大量的事实空间,但法律学者在面对这些道德事件时,应当避免陷入一种充满激情的道德宣泄,而要以一种理性的眼光冷静地思考潜藏于这些事件

---

① See Thomas Søbirk Petersen, "New Legal Moralism: Some Strengths and Challenges", *Criminal Law and Philosophy*, Vol. 4, Issue 2, (Jun., 2010), pp. 215-232.

背后的深层问题。

不难看出,笔者并不是一般地拒绝道德批评,更不是拒绝运用道德对法律进行批判,而只是坚持这种批评必须以正当的方式、在适度的范围内进行。事实上,我们的确需要道德批评,但面对道德争议时我们要保持一种"正当的冷漠",这并不是意味着你在生活中必须成为一个铁石心肠、冷酷无情的人,而只是要求在法学研究中对所面对的道德事实保持足够的冷漠、警惕甚至怀疑。冷漠之于法学学术研究尤为重要:一方面它要求论者在进行言说和论辩之前学会冷静地进行道德观察;另一方面"冷漠"本身是法学教育的重大目标,即便是良知教育也要略逊一筹,因为若无冷漠教育,道德批判之矛总是矛头不正。① 正如苏力教授所认识到的那样,我们关于婚姻、性爱、家庭等伦理事件的讨论,需要一种更为务实、更为冷静、有时也许被人认为有点"冷酷"的眼光,而不能仅仅停留在道德化、直觉化的评判,不能仅仅凭着我们的荷尔蒙激发出来的感觉,凭着已经根深蒂固的道德观念,凭着一些煽情的或浪漫化的文学故事,凭着本来是同一定条件相联系的但为了表述便利而抽象了的法律概念原则就可以设计出一种更好的法律制度。② 接下来笔者便以法律人的"冷酷眼光",从《老年人权益保障法》规定的"常回家看看"、陕西黄碟案以及四川泸州案这三个热点道德事件,分别批判性地检讨法律道德主义在中国立法、行政与司法中的渗透与影响。

(一)"常回家看看"与道德立法

中国长期以来就注重对道德因素和价值的摄取,甚至有时会直接将某些道德规范上升为法律规范。《刑法》中关于故意杀人、伤害、强奸等行为的禁止性规定就体现了一些最低限度的道德要求,而在民事法律领域同样存在大量的道德立法,如《民法通则》中关于公平、诚实信用、公序

---

① 参见张成敏:《"正当的冷漠"是法学的必需》,载 http://m.china-audit.com/mlhd_3khhk2r21w3gznb0fxdd_8.html,最后访问日期:2019年5月5日。
② 参见苏力:《冷眼看婚姻》,载李银河、马忆南主编:《婚姻法修改论争》,光明日报出版社1999年版,第51—53页。

良俗的规定,《婚姻法》中关于夫妻之间相互忠诚和相互尊重的规定等,无疑对人们的行为提出了更高的道德要求。① 20世纪末,学者们围绕《婚姻法》的修改曾进行了激烈的探讨,其中争议最大的一个问题就在于是否应该将"夫妻之间的相互忠诚"这一道德义务写进法律。法律制度总是要求能够精细操作,而不能只是诉诸"夫妻有相互忠诚的义务"这样很难操作或者操作起来容易出纰漏的道德话语。②《老年人权益保障法》通过修正,将"常回家看老人"规定为一项法律义务,曾一度被视为本次修法的最大亮点,却反倒引起最大争议。③ 与此相类似的情况是由2011年发生在广东佛山的"小悦悦事件"所引发的公众对于"见死不救行为"入刑的热议。这些道德规范所要求的内容或宣扬的价值在常理上无疑是值得接受的,然而从"道德义务"到"法律义务"之间却存在一条鸿沟,任何"越界"的立法举措必须要给予足够的合法化理由。

和法律相比,道德事实上并不是一个单一的概念存在,在道德领域同样存在一个等级体系,这就要求我们对于不同层次的道德规范有清晰的认识,同时根据其基本属性赋予不同的规范意义。一个道德体系至少包含以下两个不同层次:第一层次的道德是基本道德或底线道德,大致等同于富勒的"义务道德","它确立了使有序社会成为可能的或者使有序社会得以达致其特定目标的那些基本规则"④。"法律是最低限度的道德"也正是在这个意义上所言的,底线道德正是法律系统与道德系统相

---

① 对《婚姻法》修改所涉及的"法律与道德"之间的关系问题的批评文章,主要有邱仁宗:《法律道德主义的残酷与虚伪》;林猛:《把道德的东西还给道德》;王建勋:《法律道德主义立法观批判》;苏力:《冷眼看婚姻》;杨支柱:《最重要的是私生活自主权》;李楷:《应当承认公领域和私领域的划分》;信春鹰:《感情不能靠法律治理》;罗萍:《道德控制与法律控制》。以上文章参见李银河、马忆南主编:《婚姻法修改论争》,光明日报出版社1999年版,第12—95页。
② 参见苏力:《冷眼看婚姻》,载李银河、马忆南主编:《婚姻法修改论争》,光明日报出版社1999年版,第52页。
③ 从相关的采访中不难看出,八成民众,无论是作为父母的老年人还是常年在外工作、学习的年轻人,都表示出对这一规定的质疑、抵制甚至蔑视的倾向。人们普遍认为这一规定太过荒谬,不少年轻人甚至调侃道,"按照新的规定,自己岂不是每天都在违法"。甚至一位老大爷在接受记者采访时说:"孩子不回家看我们违什么法? 30岁了还不结婚才违法,该判刑!"载 http://roll.sohu.com/20130712/n381472165.shtml,最后访问日期:2019年5月5日。
④ 〔美〕富勒著:《法律的道德性》,郑戈译,商务印书馆2005年版,第8页。

互交叉、重合的那一部分。第二层次的道德是一种较高层次的伦理规范,被称为"愿望道德"或"美德"。如果说基本道德要求我们不做坏事,那么美德的起点则是要求我们要做好人好事,包括那些"极有助于提高生活质量和增进人与人之间的紧密联系的原则,但是这些原则对人们提出的要求则远远超过了那种被认为是维持社会生活的必要条件所必需的需求。慷慨、仁慈、博爱、无私和富有爱心等价值都属于第二类道德规范"①。法律道德主义者在这一点上犯了"眉毛胡子一把抓"的单一主义错误,而忽略了道德规范的层次性、等级性和多元性。

法律与道德之间的关系是双向的,也就是"法律道德化"和"道德法律化"。道德具有介入法律的正当基础,例如,道德不仅可以在内容上为法律规范提供正当性支持,而且还可以充当法律之优良善恶的重要判准。② 然而,如何在法律中引入道德?这就需要根据道德的具体类别及属性,分别赋予其相应的法律指引。道德立法主义无异于通过强制或命令来推广美德,问题在于"这是否玷污了美德的宗旨,使美德堕落为赤裸裸的灌输和强制,其结果反而'播下的是龙种,收获的是跳蚤'?""在推销了一种美德时,是否销蚀了自由的美德或权利的美德?"③因此在进行道德立法时,必须坚持两个重要的原则:第一个原则是要注重对基本道德的法律化,而对于较高层次的美德最好留给私人来自主选择。同时必须注意正确的指引方式,法律可以将义务道德设定为"命令性""禁止性"或"义务性"规范,而至于美德则充其量只能以"权利性"规范加以指引。第二个原则是立法不能强人所难,法律所规定的"应当"(ought to)意味着"能够"(can),其基本要义在于法治所要求和禁止的行为应该是人们合理地被期望去做或不做的行为,而不能把义务强加于那些根本不可能做到的事情。④ 法律不能也不应当管太多,"明智的立法者应当尽可能地限

---

① 〔美〕博登海默著:《法理学:法律哲学与法律方法》,邓正来译,中国政法大学出版社2004年版,第391页。
② 参见刘长秋:《法律介入道德:基础、限度与对策》,载《东方法学》2012年第1期。
③ 谢晖:《美德的暴政与权利的美德》,载《东方法学》2012年第1期。
④ 参见〔美〕约翰·罗尔斯著:《正义论》(修订版),何怀宏等译,中国社会科学出版社2009年版,第185—186页。

制刑法的规制范围,以减少运用刑法的机会。否则法网过密,超过民众和社会合理期望的水平,结果必然导致公众对刑法本身的憎恶,刑法效力荡然无存,甚至产生反效果"①。

(二) 陕西黄碟案与道德执法

前文笔者曾对"道德立法"与"道德入法"作过简要的区分,后者的概念外延更宽泛,除了在法律中内化、固化道德以外,还包括在执法及司法中对道德规范的考量,这种立法之外的道德甚至更加经常化、复杂化和多样化。因此在讨论法律道德主义理论时,执法过程中的道德强制万万不可小觑。众所周知,行政法规、规章以及其他行政规范性文件在数量上要远远多于法律,而现实中这些规范性法律文件则是行政执法的主要依据。从立法技术上看,规范性法律文件难以适当地在法律规定与道德义务之间划出清晰的界限。在执法者眼中,不少的道德要求"理所当然地"成为限制公民自由的正当根据,给那些打着法律的名义来进行道德强制的行为提供了可乘之机。

陕西黄碟案可以为检讨执法道德主义提供讨论空间,该案件的基本情况是:2002年8月18日晚,延安市宝塔公安分局接到群众电话举报,称张某夫妇在家中播放黄碟。4名民警随后前去调查,并将张某夫妇"当场抓了个现形",最后将当场搜查到的3张淫秽光盘连同电视机、影碟机一同"收缴",并将张某带回了派出所。② 无论是自由主义者还是社群主义者,都同意本案隐含着两个层次的问题:其一,张某夫妇在家看黄碟有没有伤害他人?这涉及行政机关进行道德强制是否有合法根据。其二,行政执法机关的执法行为是否存在瑕疵?有无违反相应的法律程序?在自由主义者看来,"仅当每个人的行为事关他人利益时,这种利益才有权要求个人的自主性服从外部控制",同时也承认"只要某人的所作所为

---

① 俞飞:《"道德恐慌"阴影下,刑法不能承受之重》,载《东方法学》2012年第1期。
② 考虑到行文的便利,笔者在正文中隐去了一些与此处讨论无关的事实细节。案件的描述主要参照了苏力教授的文章,他综合了当时多家媒体的报道,相对准确地还原了案件事实。参见苏力:《当代中国法理的知识谱系及其缺陷——从"黄碟案"透视》,载《中外法学》2003年第3期。

第三章 道德争议难题的法理反省

对个人或公众造成了确定的伤害,或有伤害的确定危险,事情便超出了自由的范围,而宜为道德或法律所过问"。①

问题是本案中张某夫妇在家中私下观看黄碟是否伤害到了街坊邻居?由于这种行为的相对隐蔽性和秘密性,它本身很难或根本不可能对他人带来直接的人身或财产上的伤害。不过这种行为有可能会冒犯他人,如举报者可能认为这种行为让他感到恶心、厌恶甚至内心的不安,但冒犯并不必定意味着伤害。正如范伯格所指出的,阅读或者阅读淫秽内容的作品是否会引起社会损害,在一定程度上是一个实际经验问题。而关于淫秽和反社会行为之间的因果关系的证明,哪怕只是一些统计数字也是很难找到的。由于没有关于损害的明显的决定性证明,那么对于淫秽题材作品的冒犯性并不能作为对它禁止的充分根据。② 笔者认为,在该案中,公安机关限制张某夫妇的自由并无充分的正当性根据,夫妻之间在家私下观看黄碟实为个人道德自治的范围,公权力不得假借"伤风败俗"之类的堂皇之词而干预之。③ 因此行政执法主体在执法过程中,应当学会区分个人道德与公共道德、基本道德与美德,从而避免陷入一种"泛道德主义",也不会人为地制造"道德恐慌"。

陕西黄碟案只是道德执法的一个反面事例,执法者未能准确地把握法律义务与道德义务之间的界限。如果执法者能够谨慎地推动义务性道德的事实,那么这种执法也便具有了法律上的正当性。2018年,在最高人民法院发布的第十七批指导性案例中,全国首例"斑马线之罚案"被确定为指导案例(第90号"贝汇丰诉海宁市公安局交通警察大队道路交

---

① 〔英〕约翰·穆勒著:《论自由》,孟凡礼译,广西师范大学出版社2011年版,第11、97页。
② 参见〔美〕乔尔·范伯格著:《自由、权利和社会正义——现代社会哲学》,王守昌、戴栩译,贵州人民出版社1998年版,第58页。
③ 苏力教授从法律社会学的角度得出了相反的结论,他认为"群众的举报"恰恰表明了冲突的存在,夫妻屋内观看黄碟所产生的声音或图像势必引起他人强烈的反感,并且由于可以想见的交易费用太高(邻里之间抬头不见低头见,磨不开面子)而诉诸警察,要求政府来界定这里的"产权",因此警方也就获得了正当干预的理由。参见苏力:《当代中国法理的知识谱系及其缺陷——从"黄碟案"透视》,载《中外法学》2003年第3期。笔者认为,苏力教授之所以得出如此结论,首先是因为他的立场更多偏向一种"社群主义"的自由观;其次,他在对"伤害""冒犯"概念的界定上存在问题,同时也并没有恰当地处理好二者的法律根据,本身就陷入了一种法律道德主义的泥淖之中了。

通管理行政处罚案")。该案详细阐述了机动车礼让行人的立法意涵,对规范交通执法具有普遍性指导意义。该案确立了一个裁判要点:"礼让行人是文明安全驾驶的基本要求。机动车驾驶人驾驶车辆行经人行横道,遇行人正在人行横道通行或者停留时,应当主动停车让行,除非行人明确示意机动车先通过。公安机关交通管理部门对不礼让行人的机动车驾驶人依法作出行政处罚的,人民法院应予支持。"礼让行人直接关系到道路交通参与者的生命安全,并且每个人都能够做到,因此应将其定位为道德要求的底线,行政执法机关在执法过程中适宜强制执行此类义务,换句话说,此类义务系道德义务与法律义务所共同要求的内容。

(三)四川泸州案与道德裁判

法律道德主义的司法之维在于法官援引道德规范为裁判,具体又存在两种不同形式的道德裁判:第一种道德裁判形式主张,法官在司法活动中必须严格地依法裁判,相对于道德理由,法律理由是一种排他性理由,只有在那些出现法律漏洞或者现有法律规范彼此冲突的疑难案件中,法官进行道德考量方才成为必要。例如,一个继承人因为急于获得遗产而不惜毒死被继承人,根据当时当地的财产法规定,该遗嘱并没有任何法律上的瑕疵,那么他能够"依法"顺利地获得遗产吗?如果严格地依照法律(继承法或财产法)来裁判,必然得出遗嘱有效并支持继承人获得遗产的裁判结论。然而,这一判决结果明显在常理和情感上都无法让人接受,法律怎么能支持一个谋杀者的不当请求呢!此时,必须要在现有的法律规则与"任何人不得从其不义行为中获利"这一更高的正义原则之间进行权衡,从而驳回继承人的诉讼请求。[①]第二种道德裁判形式在对待法概念上持有一种怀疑主义的立场,同时认为法律的不确定性是一种常态,从而主张法律在司法裁判中拥有最大限度的自由裁量权,能被广泛接受的裁判应当是符合社会主流道德价值的裁判。这两种道德裁判的根本分歧不在于道德理由能否成为司法裁判的依据,因为矫正正义

---

① 本案是美国真实发生的案件,即 Riggs v. Palmer (115 N. Y. 506, 22 N. E, 1889)。关于该案的学理讨论,参见 Ronald Dworkin, Law's Empire, Harvard University Press, 1986, pp. 15-20。

第三章 道德争议难题的法理反省

是司法的道德基础,同时也是司法存在的道德证明。① 另外,司法所追求的"同案同判"的形式正义原则,既是法律要求也是道德要求。关键在于,道德应当在何种条件下,以何种方式进入裁判以及这种进入的限度是什么。

四川泸州案就与上述情形较为类似,案件的基本案情在前文已有详细的介绍,不再赘述,只分析其中相关的问题。从判决的内容来看,一审、二审法院均以遗嘱内容有悖于《民法通则》第 7 条所规定的公序良俗原则为由,并结合《立法法》关于"上位法效力高于下位法效力"之规定,得出了遗嘱无效的判决结论。不少学者对该案的判决提出了质疑。何海波教授认为,该案可以视为司法判决合法性的一个"试金石",无论该案法官"以德入法"还是批评者呼吁"远离道德",都是建立在法条主义的演绎上,只能提供一种虚幻的合法性。② 也有学者指出,法官在本案中进行了一种"隐含的实质权衡",表面上法官们是在依法裁判,实质上判决的形成却是基于法律以外的道德观,而"教义论证"只不过是一种使得判决"合法化"的机制。③ 在民事私法领域应当给予当事人更多的自主选择的空间,而不应给他们施加太多更高的道德要求,这有悖于私法自治和契约自由的精神。因此,法官进行道德考量必须慎之又慎。一般而言,只有在疑难案件中才有必要,同时道德考量又要受到现行教义法体系的拘束。此外,对道德规范的适用必须以能够证立当事人的权利而非为其设定道德负担为前提,否则就可能出现以法律强制执行道德的危险。

四、本章小结

通过对热点案件的分析,以及对法律道德主义在立法、执法及裁判中的检讨,本章所关注的中心问题是:法律能否对不符合道德的行为自

---

① 参见曹刚著:《法律的道德批判》,江西人民出版社 2001 年版,第 104 页。
② 参见何海波:《何以合法?对"二奶继承案"的追问》,载《中外法学》2009 年第 3 期。
③ 参见陈坤:《疑难案件、司法判决与实质权衡》,载《法律科学(西北政法大学学报)》2012 年第 1 期。

由进行限制？道德的法律化随时有可能演变为道德的法律强制。"由于道德本身是自由选择的产物，那么对它的强制就不是天然合理的，而需要正当化证明，也就是确立一个限度，在此限度内的道德法律化才是合理的。"①道德立法的限度这一难题的另一面实质上关系到我们如何合理地在法律与道德之间划出一条界线，使二者能够相对分离又保持一定的交叉。法律一直在道德标尺中的"道德最大值"与"道德最小值"之间漂移不定，一旦找到那个合适的"立足点"，也就等于是找到了道德强制的合法限度。可这又岂是易事！如美国法哲学家戈尔丁所言："我们还远未能达到一个简单的限制原则，也提供不出什么方式可以用来分离出那些永远超越于法律范围之外的行为领域。"②法律道德主义者与非法律道德主义者、自由主义者与社群主义者眼中的"个人""社会""自由""法律"和"道德"都是不同的，因此也就根本不存在都认同的社会道德底线。

"自寻其乐无妨，伤害他人莫为。"这条古老的自由主义原则也受到了社群主义者越来越多的批评。第一种批评在于，支撑伤害原则的原子化个人主义的哲学基础，无论是从生物学还是从社会学上来看，已经不再完全站得住脚。"历史发展和学术研究已经推翻了这种原子化个人主义的假定，社会生物学揭示的社会利益基本单位不再是个体生物人而是基因群体。这意味着即使现代市场经济趋于缩小基于基因的利益共同体，却无法把人变成完全独立的原子化个体。"③第二种批评在于，自由主义者站在一个普遍的立场对自己的传统、道德、价值和法律进行批判时犯了一个"种族中心主义"的错误，事实上，他们所提到的那些普遍性价值只是西方社会中所拥护的一些特殊价值而已。④ 尽管如此，笔者认为仍然不能放弃古老的自由主义原则，只需要在应用这一原则上提供一些可操作性的标准。要认真对待权衡原则，重点是要学会在法律与私德、美德之间进行权衡。例如，该项私德败坏的严重性，通过法律强制产生

---

① 曹刚著：《法律的道德批判》，江西人民出版社2001年版，第98页。
② 〔美〕戈尔丁著：《法律哲学》，齐海滨译，生活·读书·新知三联书店1987年版，第124页。
③ 参见苏力：《从药家鑫案看刑罚的姨及效果和罪责自负》，载《法学》2011年第6期。
④ 参见石元康：《道德、法律与社群——哈特与德弗林的论辩》，载《学术思想评论》1998年第4辑。

的效益和其他后果以及对个人私生活自由、隐私的影响。① 又如,尽可能尊重个人隐私,不应制定难以执行的法律,不应制定得不到大多数明理人所尊敬的法律,不应制定徒劳无功和滋生恐吓勒索等罪行的法律以及一些高度不由自主的行为不应通过法律来干预。② 权衡原则本身并不是一个简便易行的原则,它需要结合具体的个案事实并综合考虑其他因素,通过在不同价值之间的权衡取舍,为是否通过法律进行道德强制提供证立理由。

---

① 参见罗秉祥著:《自由社会的道德底线》,香港基道出版社1997年版,第121—123页。
② See Basil Mitchell, *Law, Morality and Religion in a Secular Society*, Oxford University Press, 1967, p.135.

第四章 疑难案件的法哲学之维

"疑难案件"(hard cases)不仅是当代法哲学的一个核心理论问题,也是世界各国司法所普遍面对的一个实践难题,此外,还是打通一般法理学(关于法概念与性质的一般理论)与审判方法论(关于如何适用法律解决案件争议)之间的重要桥梁。事实上,英美法哲学界的学术讨论,尤其是新自然法学家德沃金与以哈特为代表的法实证主义学派之间的争论,在很大程度上就是围绕如下两个问题而展开的:一是法的性质(the nature of law)和法理论的性质(the nature of legal theory),这主要是解决法概念的界定、法效力的判定、法学理论的建构等基本问题。① 二是法律规则、法律原则以及司法裁判问题。早期的法学理论家致力于探究第一个方面的问题,而自 20 世纪中叶以来,越来越多的法学理论家开始将关注的焦点从法理论转向司法裁判层面,由此,法律规则与法律原则的关系就成为它们思考的一个核心问题,即依法裁判与自由裁量之间到底是什么关系?

1961 年哈特的《法律的概念》的出版,标志着这一研究达到了登峰造极的程度。那么,20 世纪法理学发展中为何会出现这种法理论的转向呢?法学理论家先前主张的法概念理论能为(疑难)案件的裁判提供什么?他们是否能够以某种方式回避规则与原则、依法裁判与自由裁量的关系问题?以上问题触及了当代法理学的核心,对此很难简单地给出一个结论,甚至在某种程度上它们是没有确切"答案"的。因为对其中任何

---

① 这方面的代表文献有:Jeremy Bentham, *Of Laws in General*, edited by H. L. A. Hart, Athlone Press, 1945; John Austin, *The Province of Jurisprudence Determined*, John Murray, 1832; Hans Kelsen, *Pure Theory of Law*, Deuticke, 1934; H. L. A. Hart, *The Concept of Law*, Clarendon Press, 1961; Lon Fuller, *The Morality of Law*, Yale University Press, 1964; Joseph Raz, *The Authority of Law: Essays on Law and Morality*, Oxford University Press, 1979.

第四章 疑难案件的法哲学之维

一个问题的回答,都必然会表征着对其他问题所持的立场,而所有这些问题多多少少都是有争议的,故笔者通过一种思想关系的视角,将疑难案件置入思想史的脉络之中来讨论法学理论中不同学者对待疑难案件的不同方式和态度,试图从其中发现分歧与共识,以服务于疑难案件的裁判方法论研究。

一、法哲学视野下的疑难案件

与简单案件不同,疑难案件在法理学中有其独特的性质和地位。然而,长期以来我国法学理论界似乎并没有给予足够的重视。这固然是因为中国法理学有着自己的理论框架和研究进路,但究其原因还可能在于理论与现实的过分疏离,法学理论没有较好地关注和回应司法实践中的疑难案件问题。在传统法学理论的研究进路中,疑难案件被认为是属于审判方法论的范畴,实际上这是一种单纯的误解。疑难案件不仅一端连着审判方法论,另一端还连着法哲学,因而根本无法彻底切断它们之间的内在联系。[①] 为此,笔者尝试以疑难案件作为桥梁,来打通一般法理学与审判方法论的关系,即以疑难案件为研究基点,将其作为贯穿本章思想的一条主线。不同的法概念观(conception,又称"观念")可能会导向不同的司法裁判理论,二者之间并不是一种单线的决定论关系。因此,假如法学理论者秉持不同的法概念观,那么它们眼中的疑难案件也将注定是不同的,这一点在下文中将会得到清晰的体现。

笔者通过一种思想关系的视角来揭示疑难案件的法哲学争议,梳理几次重大的学术争论背后关于疑难案件的争议和分歧,以有助于开启下

[①] 当下中国法理学界对疑难案件的讨论仅仅停留在概念操作层面上,基本上承认只有法律本身所引起的疑难案件才属于法理学意义上的疑难案件,因事实复杂所引发的裁判困难的案件则不在此列。此外,部分学者在论及作为法律方法的法律推理时,也会顺便提及疑难案件。因此,总地来讲,疑难案件理论在中国更多地被纳入审判方法论的范畴。而在英美法理学中又是另外一番情形,萌生于判例法土壤中的疑难案件,不仅被给予了过多的重视和关注,而且也形成了一套成熟的裁判疑难案件的理论。我们不仅可以在那些伟大的判决中领略到这些真知灼见,同样可以在法哲学思想中一窥这种理论的全貌,德沃金在这方面已经做了十分出色的工作。See Ronald Dworkin, *Taking Rights Seriously*, Harvard University Press, 1978, pp. 81-130.

一步对疑难案件裁判方法的研究。具体来说,将按照以下讨论步骤渐次展开:首先,从法概念论与裁判理论之间的关系入手,讨论几种不同的法概念观所导向的多样化的裁判理论,并揭示其对疑难案件研究的理论意义。其次,与前面的讨论一脉相承,笔者选取享负盛名的四位持有不同法概念观的法学理论家,检讨他们对待疑难案件的不同观点和态度,以展示这四场学术争论中各具特色的疑难案件的样式及特点,并通过对四个命题的陈列及论证,依次检讨法律形式主义者与法律怀疑论者、哈特与富勒、哈特与德沃金以及德沃金与拉兹之间关于疑难案件的复杂争论。最后,笔者将分析这四场争论中的哪一场对我们的启发意义最大,以及透视诸多争论背后的一些共识性主张。

二、法概念论与裁判理论

法学理论包括关于法律的概念与性质、规范与行动理由、价值与权威等内容,也就是我们通常所说的一般法理学的主题。自边沁提出"审查性法理学"(censorial jurisprudence)与"解释性法理学"(expository jurisprudence)以来[①],法律科学逐渐廓清了自身与伦理学、立法学、政治学之间的界限,这种贡献尤其体现在奥斯丁的《法理学的范围》及其创建实证主义法学的努力之中,自此,一般法理学得以确立并致力于以分析的方法探究世界各国成熟法律体系中所共有的法律概念和原则。哈特在批判奥斯丁"法律命令说"的基础之上,通过把日常语言分析哲学的方法引入法理学中,他将法实证主义理论进一步向前推进,由此建构了对后世影响深远的"社会规则"理论。事实上,我们可以将法理学进一步转化为以下三个具体的研究范畴,即法概念论、法理论和裁判理论。[②] 囿于本章探讨的主旨论题,笔者仅关注法概念论的思想及其与裁判理论之间的

---

① 参见〔英〕边沁著:《道德与立法原理导论》,时殷弘译,商务印书馆 2000 年版,第 360—361 页。

② 此处对法理学的划分是笔者的一己之见,其准确性值得商讨和批评,这种划分与国内学者对中国法理学的划分有明显的迥异之处。从国内学者所编写的法理学教材中便可窥见一斑,通常包括五个部分:法的原理论、法的演进论、法的价值论、法的运行论和法的社会论。

关系问题。

(一) 从"法概念"到"法理论"

关于"法律是什么"的争论一直是近代以来争论不休的重大问题,以至于今天依然没有一个定论。然而,这一问题是无法逃避的,因为在某种程度上说,它一开始就栖居于我们的法律制度和法律实践之中,不论我们是否已注意到这一问题的存在,事实上我们有意识或无意识地都在以某种方式实践着某种法概念的理论。[①] 针对法概念历来就有多种不同的观点,这种观点权且先称作"法律的概念观"(conceptions of law)或"法律的观念"。易言之,它是论者所秉持的对于"法律是什么"这一问题的观点或看法。不同的学派、甚至同一学派内的不同学者之间,都可能会持有不尽相同甚至截然对立的法概念观。[②] 与法概念论紧密相连,法理论将探讨的内容进一步向前推进,不仅仅将关注点停留在法律的性质问题上,而且开始反思法理论的性质及建构方式,这便涉及方法论层面的问题。这一点仍然与疑难案件的理论有着十分密切的关联,并将关系着我们究竟在何种层面、以何种方法或视角来讨论疑难案件及其裁判问题的。法学理论工作者或法学理论家能否通过运用概念分析法来建构一种关于疑难案件的描述性法理论,抑或是在解释主义范式下选择规范主义的理论建构进路,这仍然是有意义的。事实上,晚近以来德沃金对于哈特理论的批判也由原来的"法概念"转向了"方法论"层面。

英美法理学界关于法概念的探讨十分丰富,尤其是近年来这种争论似乎一直没有停止过。可以说,从 1967 年德沃金专门撰文讨论"规则模式"来批判以哈特为代表的实证主义法理论以来,这种关于法性质的争

---

① 参见张超著:《法概念与合法性价值》,中国政法大学出版社 2012 年版,第 1 页。
② 笔者曾以主权作为论证参照,专门探讨过法实证主义内部不同学者之间关于法律概念观的差异。详见孙海波:《法律概念的主权之维:奥斯丁与法律实证主义》,载《研究生法学》2011 年第 2 期。

论就没有休止过。① 哈特的法理论主要是基于概念分析和描述性的方法，揭示了法律不同于其他规则的一系列重要特征。他提出了两项核心主张来阐释法概念的基本特征：第一，法律具有如同社会规则一般的外在面向与内在面向，因而与以"单纯制裁为威胁后果的命令"和"被迫的服从习惯"区别开来。第二，建构现代法律体系的关键要素，乃是通过初级规则与次级规则的结合，确立一个统一法律体系的合法性判准，该判准就是承认规则。这种"社会规则理论"所引发的挑战主要来自实证法学外部，德沃金当属最强劲的批判者之一。他指责哈特的法理论所依赖的"承认规则"根本无法识别出法律原则，在他看来，法律原则恰恰才是法理论的核心所在，或者是一个法律体系必不可少的要素。后来这种批判逐渐由法概念论转向了方法论，致力于争论疑难案件及法理论的建构方式。因此，如何解决规则与原则、法律与道德之间的关系难题，直接关系着疑难案件及其裁判方法的理论模式与内容。

（二）法概念论与裁判理论

由于不同的论者所秉持的法概念观不同，这必然使得他们的裁判理论也迥然各异。我们无法也没必要去对所有的法学派别进行逐一检讨，就当前讨论的主旨而言，仅法学实证主义理论、自然法理论及现实主义法学是需要特别关注的。值得一提的是，由于自然法理论坚持一种实质主义的法概念观取向，认为在形式化的成文法之外还应当包括符合人类理性的自然法、道德原则等，因而其法概念范围要明显广于那种仅靠单一的谱系性判准所识别出的规则概念观，而这种社会规则论恰恰就是法学实证主义理论的核心主张。但从另外一个视角来看，自然法论者的实质主义价值取向又必然在追求一种（蕴含实质性意味的）"具有更高价值"的法，因此那些不符合人类理性、道德价值和政治原则的法在他们眼中根本不能被算作法，也就不能够作为法官裁判的依据。这样一来，自然法论者通过一个"价值过滤的程序机制"人为地缩小了法律概念的范

---

① See Ronald Dworkin, "The Model of Rules", *The University of Chicago Law Review*, Vol. 35, No. 1 (Aug., 1967), pp. 14-46.

第四章　疑难案件的法哲学之维

围。正如陈景辉教授所说,"无论是自然法论者,还是法律实证主义者都认同'依法裁判'的基本立场,他们的区别仅在于法律的范围不同而已"①。现实主义法学反其道而行,它彻底颠覆了传统的法理论,其内部又细分为"规则怀疑论"和"事实怀疑论"两个派别,其基本主张认为,不存在现成的法律规则供司法裁判所用,法官可以以未来为导向自由地发现和创造法律。在现实主义者们看来,那些宣称自己是在"依法裁判"的法官,不过是在说谎而已。② 上述各个学派的具体思想及代表人物的主张,并不是本部分讨论的重点。

　　由于法概念或者法理论的最终生命力必须体现在实践中的运用:一方面,法官必须尽可能地在法概念或法理论中为自己的司法裁判寻求正当性的证明;另一方面,争讼双方当事人也必须最大限度地诉诸法律来证立自己在争议案件(尤其是疑难案件)中的权利和义务。因此,法概念论与裁判理论之间必然会发生关联。那么,它们之间到底是一种什么样的关系呢?实际上在本章开篇就已指出,法概念论与裁判理论之间并不是一种单线的决定论关系,二者之间的关系是非常复杂的。波斯纳在这一点上走得更远,由于在法概念论上他持一种消极的态度,故反过来主张"审判和法甚至都是不相关联的"③。也就是说,我们不能仅仅根据某个论者在法概念论上所秉持的立场,就直接得出其在裁判理论上的立场。两个在法概念论立场上完全不同的论者,针对某个特定的疑难案件可能会坚持相同的裁判理论,反之亦然。④ 例如,德沃金与哈特在法概念论上存在明显的异同,他们对"政治道德原则"是否属于法律的一部分各执一词,但在面对一个疑难案件时,二者均不否认一个道德原则可以而且应当适用于该案的裁判。同样,在某些特定的案件中,法学实证主义

---

①　陈景辉:《法概念的基本立场》,载徐显明主编:《法理学原理》,中国政法大学出版社 2009 年版,第 15 页。

②　See Charles Yablon, "Are Judges Liars? A Wittgensteinian critique of Law's Empire", in Dennis Patterson eds., *Wittgenstein and Legal Theory*, Westview Press, 1992, pp.249-264.

③　〔美〕理查德·波斯纳著:《英国和美国的法律及法学理论》,郝倩译,北京大学出版社 2010 年版,第 6 页。

④　需要说明的是,该观点受启于陈景辉教授,在此予以感谢。详细讨论参见陈景辉:《法理论的性质:一元论还是二元论?——德沃金方法论的批判性重构》,载《清华法学》2015 年第 6 期。

者和规则怀疑论者均主张法官可以通过司法立法的方式进行裁判,但在"何谓法律"的问题上,二者的立场迥然相异。这也就表明不可能通过单线的决定主义思路,来提炼一套法概念论和裁判理论相一致的司法裁判理论,而必须深入法概念的内部去发掘它们各自独特的裁判论主张。这也同样告诉我们,一种对所有疑难案件"放之四海而皆准"的裁判理论是不存在的,类型化的思考和努力可能是唯一的出路。

三、疑难案件的法哲学争议

早在古希腊时期,亚里士多德就曾或多或少地谈论过疑难案件的问题。他从词源上探究了"公正"与"公道",认为从整体上来说二者均为一种善,但彼此之间又有不同,公道比公正的外延更广且实质上更为优越一些。公道虽也属于公正,但却非法律上的公正,而是对法律公正的一种补充。他接着阐明了作出这一判断的原因:"法律是一般的陈述,但有些事情不可能只靠一般陈述解决问题……人的行为的内容是无法精确地说明的。所以,法律制定一条规则,就会有一种例外。当法律的规定过于简单而有缺陷和错误时,由例外来纠正这些缺陷和错误。公道的性质就是这样,它是对法律由于其一般性而带来的缺陷的纠正。"[①] 亚氏的这一论断一针见血地指出了法律(成文法)之不可避免的模糊性、僵化性、不完整性等局限,由此便需要司法判决予以纠正或补充,在这种意义下,疑难案件与简单案件的区分就已初见端倪。

沿着亚氏的进路来看,凡是属于法律公正范畴内的案件无疑属于常规型的简单案件,而在法律公正之外需凭公道来予以矫正和完结的案件则属于疑难案件,尽管这一区分并不如我们所看上去的那样清晰。实际上,学界一直争论的法律解释、法律推理、法律论证、法律续造理论等无一不与这一主题相关,而差异之处仅在于论证方式、对象材料、理论语境方面。长期以来,这个问题一直困扰着无数人,许多学者也曾试图去揭

[①] 〔古希腊〕亚里士多德著:《尼各马可伦理学》,廖申白译注,商务印书馆2003年版,第161页。

第四章 疑难案件的法哲学之维

开这层神秘的"司法面纱",但今天依然未能如愿。为比较清晰地洞见疑难案件在思想史上的争论并探究这些争论背后的理论和实践意义,笔者以几场比较著名的学术论战为讨论主线,其中包括形式主义与规则怀疑论之争、哈特与富勒之争、哈特与德沃金之争以及德沃金与拉兹之争,争论的焦点主要集中在司法的客观性、疑难案件的界分与裁判方面。笔者将围绕前述两个方面,力图梳理清楚争论双方各自支持什么、反对什么以及彼此是如何回应和反击对方理论观点的。

(一)法官裁判依赖规则吗?

正如"法律是什么"这个被反复争论的古老问题一样,疑难案件也是当今法哲学上一个备受争议的主题。在英语国家,20世纪中期就拉开了法律形式主义与法律怀疑主义之间论战的帷幕,两派各执一词而不甘示弱。① 前者表征这样一种法治理想:"它坚持认为,法律推理应该仅仅依据客观事实、明确的规则以及逻辑去决定一切为法律所要求的具体行为。假如法律能如此运作,那么无论谁作裁决,法律推理都会导向同样的裁决。审判就不会因为人的个性差异而变化。"②这是由一群法治完美主义者所秉持的纯真司法理念,他们坚信法官只要忠实地遵守法律来进行逻辑推理,就总能轻易地获得正确一致的司法判决。法官只是扮演"自动售货机"般的角色,任何案件投置其中便可从另一端输出判决结果,也难怪会有人讥讽其为"机械法学"(mechanical jurisprudence)。③ 然而,现实有些"残酷"的司法实践给形式主义者当头一棒,语言的模糊性、规则的不完整性、法律的可争辩性等威胁司法确定性的因素确实客观存在。假若我们依照形式主义的法律观来推理,有时难以作出一个决定,

---

① See Robert S. Summers, "Pragmatic Instrumentalism in Twentieth Century American Legal Thought—A Synthesis and Critique of Our Dominant General Theory about Law and Its Use", *Cornell Law Review*, Vol. 66, Issue 2, (Aug., 1981), pp. 862-948; See also Robert S. Summers, *Instrumentalism and American Legal Theory*, Cornell University Press, 1982.

② 〔美〕史蒂文·J.伯顿著:《法律和法律推理导论》,张志铭、解兴权译,中国政法大学出版社1998年版,第3页。

③ See Roscoe Pound, "Mechanical Jurisprudence", *Columbia Law Review*, Vol. 8, No. 8 (Dec., 1908), pp. 605-623.

有时又会推导出复数的答案,甚至还会得到一个合法但不合理的答案。到底是哪里出错了?原来的那些想法真的过于"天真幼稚"而在司法实践中行不通吗?换句话说,法律形式主义推崇的那套裁判规则在简单案件中畅行无阻,为什么一旦遭遇有点疑难的案件就不奏效了?除此之外,我们究竟需要何种别样的法治理想?

正是在形式主义无法回应社会现实的背景之下,法律怀疑主义应运而生。法律怀疑主义者主张一种"没有法律"的法概念观,亦即"他否认,过去政治决定本身,为使用或不使用国家强制力,提供了任何证立。他在下述美德中,找到强制所必要的证立,即法官所作成的强制决定,以及当他们作成该决定时,这个强制决定本身(所具有)的正义、效率或其他某个当代美德"①。该派内部观点虽不尽一致,但最有名的莫过于霍姆斯大法官那一段广为人所熟知的论断:"法律的生命不在于逻辑,而一直在于经验。时代的迫切需要、流行的道德理论和政治理论、公共政策的直觉,甚至法官与其同事们所共享的偏见,无论是公然地还是下意识地,在决定人们所服从的规则方面所起的作用远远超过了'三段论推理'。"②显然这种思想如今在美国法学界及司法实务界占据了主导地位。③ 这样一种"没有规则的游戏"同样面临着许多难以回答的问题,正如美国学者伯顿所言:"在现实世界中,一些人自由一些人被束缚,一些人生一些人死。一场游戏这样做而没有理由或出于错误的理由,就不是一种我们应该在一个信奉自由平等的民主社会中进行的游戏。"④在这两种截然不同甚至背道而驰的司法理想的背后,实质上是对于"简单案件"与"疑难案件"之区分及裁判客观性存在分歧,这种争论依然引领着西方法哲学思潮的主

---

① 〔美〕罗纳德·德沃金著:《法律帝国》,李冠宜译,时英出版社2002年版,第160页。

② See O. W. Holmes, *The Common Law*, Little, Brown, and Co., 1881, p. 1.

③ 法律怀疑论中有一种称为"法律现实主义"(legal realism)的思潮,认为法官实际上总是根据他们自己的政治或道德偏好来判决案件,然后再选择一个适当的法律规则将其合理化,它要求一种可以关注法官做什么而非说什么,注重法官的判决对更多人的实际影响的"科学"态度。德沃金认为,美国法理学的主流正是追随了这一思潮,而尽量避免机械性和教条化。参见〔美〕罗纳德·德沃金著:《认真对待权利》,信春鹰、吴玉章译,上海三联书店2008年版,第16—17页。

④ 〔美〕史蒂文·J.伯顿著:《法律和法律推理导论》,张志铭、解兴权译,中国政法大学出版社1998年版,第4页。

流,尤其是在法学实证主义传统悠久的英美法理学中生生不息,恰如一位美国学者和一位英国学者在他们合著的一本法理学著作中所言:"美国和英国的法律体系尽管在表面上存在着种种相似性,实则有着深刻的差异——英国法律体系是高度'形式的',而美国法律体系是高度'实质的'。"① 形式主义的色彩之所以在英国更加浓厚,与其根深蒂固的实证法学传统是分不开的;而美国法则由于深受启蒙运动和自然法学说的影响,进而导向了对实质推理及实践理性的追求。

(二) 法律是由社会事实决定的吗?

关于疑难案件主题,并不局限于法律形式主义与规则怀疑论两种思潮,自然法学派、历史法学派、社会法学派、实证法学派等都曾或多或少地论及过这一问题,只是关注多少和影响大小的问题。自然法学派区分了"法"与"立法",前者不仅包括后者,而且还包括理性、公正、道德等一切形而上的价值理念。他们主张法官应以公正的良心去断案,在现有成文法足以满足现实需要或与法律的良善渊源相冲突时,可以转而诉诸道德、正义以及更高的自然法。新自然法学家富勒曾将法律视作"服从规则治理的事业",并将司法裁判视为一个形式与目的综合互动的过程。也就是说,法官不仅仅应依据"法律是什么"来裁判,更重要的是要以"法律应当是什么"来裁判,换句话说,司法裁判必须要符合"法治原则"。② 正如富勒所言:"除非我们的法官将忠于法律的义务与制定应然法的责任前后协调起来,否则他永远不可能找到一个解决其两难境地的满意办法,这一点难道也还不明白吗?"③ 由此可见,富勒是反对哈特关于简单案

---

① 〔英〕阿蒂亚、〔美〕萨默斯著:《英美法中的形式与实质——法律推理、法律理论和法律制度的比较研究》,金敏等译,中国政法大学出版社 2005 年版,第 1 页。

② 富勒基于法律的内在道德的要求,提出了一套程序自然法理论,亦即他的法治原则,并认为该原则是一个成熟法律体系之合法性的必备要素。其内容具体包括:法律的一般性、颁布、溯及既往型法律、法律的清晰性、法律中的矛盾、要求不可能之事的法律、法律在时间之流中的连续性、官方行动与公布的规则之间的一致性。参见〔美〕富勒著:《法律的道德性》,郑戈译,商务印书馆 2005 年版,第 55—96 页。

③ 〔美〕富勒:《实证主义与忠于法律——答哈特教授》,何作译,载强世功著:《法律的现代性剧场:哈特与富勒论战》,法律出版社 2006 年版,第 168 页。

件与疑难案件之二分理论的。他认为,哈特的疑难案件理论主要奠基于以下三个假定,而所有这些假定均不成立。具体而言:(1)对一条法律规则的解释就是对其中概念文字的语义解释;(2)对法律规则中概念文字的解释取决于这些语词在日常语言中的用法;(3)法律规则中的概念文字的意义不受其所作用的特定法律领域的影响。① 其实,除此之外,二者之间最为核心的一个争议还在于他们对法概念的界定不同,或者说他们秉持着不同的法概念观。由此难免会增加不必要的误解,降低学术争论的意义,如哈特所担心的:"我也为一种担忧所折磨,那就是我们在法理学上的出发点与兴奋点是如此不同,因此作者(指富勒教授)与我也许注定了不能相互理解彼此的作品。"②

哈特将法律视为一套静态的社会规则体系,它是由社会权威或社会事实所决定的。而富勒则把法律视为人们服从规则治理的事业,它是一项目的、事业、过程和活动。显然二者对法律概念的界定存在明显的差异,也由此引发了他们对待疑难案件的界分及裁判理论的不同态度和争议。哈特的全部法理论在于:"一个国内法律体制,是那些具有'开放结构'规则的创造物,在其根本处有一个终极性的法律规则,也就是说,该规则提供一套标准,这些标准是该体制的衍生性规则得以评价的最后凭藉。"③如此一来,承认规则是建构整个法学实证主义理论大厦的基石,虽然它致力于提升和增进法律的确定性,然而现实中却又不可避免地会制造不确定性。④ 正如他在《法律的概念》一书再版后记中所说,"不计任何代价牺牲其他价值来排除所有的不确定性,并不是我对承认规则所设想的目标","我在本书中曾明白地表示,或者至少我希望明白地表示,承认规则本身以及其所鉴别出来之特定法律规则,可以有可争辩之不确定的

---

① See Andrei Marmor, "No Easy Cases", *Canadian Journal of Law and Jurisprudence*, Vol. 3, Issue 2, (Jul., 1990), pp. 61-79.

② 〔英〕H. L. A. 哈特著:《法理学与哲学论文集》,支振锋译,法律出版社2005年版,第357页。

③ 同上注,第374页。

④ 关于承认规则的性质,学界存在争议,它究竟是种是社会事实,还是一种规则的抽象物,值得作进一步的探讨,然而这一话题并不是本文研究的重点。可进一步参见〔英〕丹尼斯·劳埃德著:《法理学》,许章润译,法律出版社2007年版,第169页。

第四章　疑难案件的法哲学之维

'阴影地带'"。① 法律规则与语言的不确定性必然会促使疑难案件的出现,这是法律和立法所不能及的,只有通过法官的自由裁量权的行使和法律解释方法的运用,疑难案件方可得以解决。富勒的进路则在于将目的视为法律最为核心的要素,无论是法理论的建构,还是法律解释和法律裁判均要忠于这一理想。② 富勒认为法律并非一种社会事实所决定的规则,而是作为一种多维度、多要素、动态的系统存在,连立法者与公民之间营造出的有效互动也被视作法律本身的一项要素。③ 至此不难看出,哈特与富勒之间对疑难案件的争论由于各自法概念观的不同而导致了彼此的误解,以至于道德争议的案件在富勒那里都很有可能作为疑难案件来处理,如富勒所提出的告密者案件的难题④,但在哈特那里则根本就不是一个法律难题。

(三) 法律是一种阐释性概念吗?

在上一轮哈特与富勒的论战中,哈特教授显然占了上风,他的社会规则论和疑难案件裁判论也已为更多的人所接受。尽管如此,他仍然未能避开德沃金这个强劲的理论敌手,德沃金重举自然法学说的大旗与哈特展开了新一轮的论辩与较量。如此之举,一方面是为富勒进行辩护,另一方面则是捍卫新自然法学说的基本立场。以至于有学者说:"在过去四十年里,英美法哲学几近完全沉浸于(或许有人可能说是困扰于)被称之为'哈特与德沃金之争'中。自从德沃金最初1967年在'规则模式'一文中对哈特的法实证主义理论所作的影响深远的批判以来,不计其数的著作和论文纷纷问世,它们要么是反对德沃金并以之为哈特辩护,要

---

① 〔英〕哈特著:《法律的概念》(第二版),许家馨、李冠宜译,法律出版社2006年版,第232页。
② 富勒对于目的的热爱,在哈特的如下评价中可窥一斑:"作者(指富勒)终其一生对目的的观念执着热爱,而且像其他任何人一样,这种热情不仅激发一个人的灵感,也能使一个陷于盲目。我曾力图表明,我并不希望他终止对这种主导理念的坚持不懈的追求,但是,我希望这种高涨的浪漫情绪应当通过比较冷静的思虑而平息下来。"参见〔英〕H.L.A.哈特著:《法理学与哲学论文集》,支振锋译,法律出版社2005年版,第378页。
③ 〔美〕富勒著:《法律的道德性》,郑戈译,商务印书馆2005年版,第223页。
④ 同上注,第282—291页。

么是拥护德沃金来反对哈特的辩护者。"[1]二者长达几十年的论战所涉及的主题是广泛的,而与本书直接相关的,乃是他们对待疑难案件的不同态度及其提出的法理论。正如前文所述,实证主义者偏爱在疑难案件与简单案件之间划出界线。具体而言,凡是被一般规则明确覆盖到且径直使用逻辑推理即可得出正确结论的案件就是简单案件;与之相反,那些案件事实落在规则的阴影区域或边缘争议地带,无法通过既有的法律规则来提供现成的答案,这就是法学实证主义者眼中的疑难案件。哈特既反对"决定论"的形式主义,也反对"非决定论"的规则怀疑主义,而试图通过提出"开放结构"在二者之间寻求一条中间道路。这种开放性结构意味着:"存在着某些行为领域,这些领域如何规范必须由法院或官员去发展,也就是让法院或官员依据具体情况,在相竞逐的利益间取得均衡。"[2]也就是说,在哈特那里,疑难案件实质上就是没有被规则所覆盖到的案件,这十分类似于如今所称的"法律漏洞"。哈特在《法律的概念》一书的后记中再次明确了这一点,他说:"这种所谓的'疑难案件'之所以'疑难',不只因为在这种案件中理性且资讯充足法律人之间对于法律上正确的答案为何可能意见不一,而且因为在这样的案件中法律基本上就是不完整的。"[3]由此他主张在规则落入开放性结构之边缘地带的疑难案件中,法官的工作就是要填补漏洞,亦即发挥创造规则的自由裁量权,或者说是一种有限的立法功能。

早年德沃金接替哈特出任牛津大学法理学教授教职,在方法论上追随哈特的脚步并为分析法学做出了自己的贡献。但是不久之后,他却把批判的矛头瞄向了哈特以及整个法学实证主义理论,并声称要拔掉这颗语义学之刺(the semantic sting),并代之以建构性的法律解释理论。[4] 德沃金对哈特的描述性法理学展开了多面向的批判,核心之一便是极力反

---

[1] See Scott J. Shapiro, "The 'Hart-Dworkin' Debate: A Short Guide for The Perplexed", *University of Michigan Public Law and Legal Theory Working Paper Series*, No. 77, (Mar., 2007).

[2] 〔英〕哈特著:《法律的概念》(第二版),许家馨、李冠宜译,法律出版社 2006 年版,第 130 页。

[3] 同上注,第 233 页。

[4] See Andrei Marmor, *Interpretation and Legal Theory*, Hart Publishing, 1995, p.2.

第四章 疑难案件的法哲学之维

对哈特关于疑难案件与简单案件的划分及相应的裁判理论。德沃金认为,在现行法律体制下,"即使没有明确的规则可用来处理手边的案件,某一方仍然可以享有胜诉权。即使在疑难案件中,发现各方的权利究竟是什么而不是溯及既往地创设新的权利仍然是法官的责任"①。也就是说,今日高度发达的法律体制中,"就算不被'规则'涵盖到的案件,也一定还是被抽象、概括性的'法律的原则'所规范到"②。哈特的谬误在于其谱系性的法律判准,亦即承认规则而无法识别法律规则以外的原则、政策等要素,而这恰恰是德沃金整全法理论的全部必备要素。因此,德沃金指出:"事实上法官既非事实上的立法者,同时亦非代理的立法者。当他们超出既有的政治决定之外时便是立法者,这个为人们所熟悉的假定是极具误导性的。"③这实质上是在批评哈特的"强式的自由裁量权",亦即法官的司法造法权,他之所以反对那种流行的法官造法观点,第一个原因在于,立法者通过民主选举产生,而法官并非如此,因此其不得染指立法权威,只能做好分内裁判之事。此外,法官充当立法者还存在着两个问题:一是这种通过司法立法进而将其回溯性地运用到面前疑难案件的做法违背了"法不溯及既往"原则,二是法官们扮演立法者的角色时却总是在撒谎——"我们并没有制定法律,而仅仅宣布法律是什么"。④

此处值得研究的问题是,哈特与德沃金理论视野中的疑难案件有没有重合之处?正如前文所述,哈特法理论中的疑难案件只有一种简单的类型,那就是无法被既有法律规则所覆盖到的案件,暂且称之为"法律缺失型"的案件。而相比之下,德沃金眼中的疑难案件则是十分复杂的,而且他本人对待疑难案件的态度在过去几十年里也发生了变化。在早期,他实际是接受或至少是默认哈特关于简单案件与疑难案件之分的;只是到了后期他才转变观念,开始主张这种划分根本上是一个假问题,他的建构性阐释理论可以应对一切案件,而对案件进行简单和疑难的二分实

---

① 〔美〕罗纳德·德沃金著:《认真对待权利》,信春鹰、吴玉章译,上海三联书店 2008 年版,第 118 页。

② 林立著:《法学方法论与德沃金》,中国政法大学出版社 2002 年版,第 13 页。

③ See Ronald Dworkin, Hard Cases, *Harvard Law Review*, Vol. 88, No. 6 (Apr., 1975), pp. 1057-1109.

④ See Stephen Guest, *Ronald Dworkin*, Edinburgh University Press, 1992, pp. 168-176.

属多此一举。从疑难案件的类别归属来看,早期他所谓的疑难案件实际上就是"没有被清晰的法律规则加以明确规范到的案件"。① 这类案件可以被归纳为"规则缺失型"的疑难案件,它并不等同于落入哈特开放性结构之边缘地带的(法律缺失型)案件,亦即不是由于法律漏洞所生发的疑难案件。因为在德沃金看来,现今英美法是一种高度发达和完整的法律体系,就算是不被现有规则覆盖到的案件,也必定会被法律原则覆盖到,因此对于任何案件而言,都存在着唯一正确的答案,只要法官能够掌握他的整全法理论,便可通过法律原则来裁决一切案件。一言以蔽之,他是根本不承认有法律漏洞存在的。② 晚年他放弃了对这类疑难案件的处理策略,而将关注点集中于另一类疑难案件上,这类案件虽然有现成的法律规则加以调整,但法官若径直判决,有时可能会得出一个荒谬的判决,具体表现为合法与合理两种理想之间的冲突。相比之下,这类疑难案件处理起来更加棘手,不妨回忆一下 Palmer 案,法官是否会支持一个谋杀者关于遗产继承的主张呢?③ 在该案中,法官们对"纽约州遗嘱法所规定的到底是什么"出现了争议,这显然是德沃金后期所重点关注的那类疑难案件,亦即法律规则与法律原则相冲突的疑难案件,暂且称之为"理由冲突型"的疑难案件,前面所讨论的泸州案就是此类意义上的疑难案件。④ 在德沃金看来,对这类案件的裁判需要特定的方法和技术,于是

---

① See Ronald Dworkin, *A Matter of Principle*, Harvard University Press, 1985, pp. 33-71.

② 德沃金对待疑难案件之所以会产生这种观点,根源于其所建构的集规则、原则和政策于一体的整全法理论,这不同于哈特的规则概念观。也正因如此,他批评哈特的谱系性的承认规则无法识别出法律原则。然而哈特的回应却十分有意思,他认识到德沃金和自己所从事的乃是两项不同的事业,一个致力于描述法体系和建构一般法理论,另一个致力于阐释法体系和建构规范性法理论,简单来说就是德沃金打了空靶。关于哈特对德沃金的回应,可进一步参见〔英〕哈特著:《法律的概念》(第二版),许家馨、李冠宜译,法律出版社 2006 年版,第 220—225 页。

③ 基本案情是:弗朗西斯·帕尔默于 1880 年立下一份遗嘱,约定将自己的小部分财产留给两个女儿——瑞格斯和普鲁斯顿,其余财产全部遗留给孙子小帕尔默继承。如果小帕尔默死在祖父之前,则遗产都转由两个女儿来继承。弗朗西斯·帕尔默在立遗嘱之时,拥有一座农场和可观的个人财产。当时他还是一个鳏夫,此后 1882 年与布雷西夫人结婚,并签署了一份婚前协议,约定一旦自己先于布雷西死去,她将来照看农场和管理财产,直至终老。小帕尔默担心其祖父会改变遗嘱内容从而对自己不利,为尽快得到遗产,最终毒死了祖父。See *Riggs v. Palmer*, 115N. Y. 506, 22 N. E. (1889).

④ 四川省泸州市(2001)泸民一终字第 621 号民事判决书。

他预设了一位名为 Hercules 的法官,他接受整全法理论并具有超人的智慧,通过一套建构性的阐释法理论应对眼前的一切案件,无论是简单案件还是疑难案件,而无须像哈特主张的那样,由法官在疑难案件中进行法外造法,去行使一种强制意义的自由裁量权,以最大限度地维护现行英美法体系的稳定和完善。

(四) 融贯阐释论能证立疑难案件中的权利义务吗?

德沃金批判的矛头不仅针对哈特本人,而且指向了整个法学实证主义理论。后者拒绝理论争议,认为法官和律师们实际上对法律根据的意见是一致的,只会存在关于法律经验的争议,即他们争论的是关于某个事实是否存在法律以及法律所规定的含义,这被德沃金称为一种"显明事实"(plain-fact)的观点。法学实证主义理论正是支持此种显明事实观点的一个语义学理论版本,德沃金的全部努力就在于拔掉这颗"语义学之刺"。比较遗憾的是,哈特生前对德沃金的最后一次回应并没有公开发表,而是死后由其学生(拉兹、布洛克和格林等人)整理并作为后记附于《法律的概念》再版内容之中。尽管如此,德沃金与哈特之间的论战并没有因此而终结,他的学生拉兹、科尔曼等人纷纷以自己的立场、观点和方法,通过批判德沃金来为哈特的理论进行辩护。由于本章主题和篇幅所限,此处只关注拉兹与德沃金之间关于融贯性与权威之间的争论,这直接关系到二者对待疑难案件的不同态度和处理方法。作为法学实证主义理论的后继者之一,拉兹虽然自认为是不同于包容性实证主义者的排他性实证主义者,但在根本立场上与其师哈特是基本一致的,如二者都坚持和捍卫社会事实命题。拉兹曾将围绕法律与道德关系以及案件裁判的法理论划分为三个命题,它们分别是渊源论、包容论以及融贯论。① 拉兹旗帜鲜明地反对后两个命题,而试图为渊源论的合理性寻求

---

① 拉兹指出:"假如仅仅参照社会事实便能识别出法律的存在和内容,无须求助于任何的评价性因素,那么,这个法律就是以渊源为基础的。所有这三个命题在识别法律的问题上都给予以渊源为基础的法律以特殊地位。但是,不同在于:具有纯粹性的渊源论主张,法律就是以渊源为基础的,不用再附加任何的内容了;另外两种命题分别主张法律可以被渊源之外的法律所充实,尽管各自的方式不同。"参见〔英〕约瑟夫·拉兹:《权威、法律和道德》,刘叶深译,载郑永流主编:《法哲学与法社会学论丛》(总第13卷),北京大学出版社2008年版,第45页。

根据。

与哈特一样,拉兹并不反对区分简单案件与疑难案件,而是对德沃金所建构的融贯阐释论持怀疑态度,他认为法官说什么、做什么以及最后作出什么判决并不是严格一致的,事实上司法判决也总是会有出错的时候,有时它可能并不完全符合法律之规定,有时候它也可能与当下流行的政治道德不一致。总之,司法判决尤其是疑难案件的判决,很难达到德沃金所说的客观性的"真",德沃金对于疑难案件的"唯一正解论"在拉兹那里也受到了挑战——"如果法律的内容完全由社会事实决定,则法律存有漏洞。也即是说,存在非真非假的法律语句"①。所谓融贯论或融贯命题,也可以被称为"原则一致性",它将法官赖以裁判的原则视为由一组连贯一致的原则所构成,它要求"政府对所有公民,必须要以一个声音说话,以一个具原则性且融贯的方式来行动,把自己对某些人所使用的公平或正义之实质性标准,扩张到每个人"②。详言之,这种融贯性理论不仅包括基于渊源的法律,还包括内容取向性的法律。正因如此,德沃金认为:"法官的责任在于辨识或发现(discover)既存的法律权利,而非创造(invent)新的法律权利,即便在所谓的疑难案件——亦即对于既存的法律权利是什么有争议的案件——当中也是如此。"③换言之,德沃金的基本主张在于,法官必须始终坚持法律命题为真(对于任何案件总能发现当事人的权利义务)来判决。进一步而言,他的融贯性理论可以证立疑难案件中当事人的权利和义务的存在,只要法官像 Hercules 那样,懂得如何去运用这套裁判理论和方法,他就总能对任何案件"依法"裁决,这个裁决在他看来就是唯一正确的答案。然而,拉兹认为德沃金的融贯性命题不能成立,德沃金所谓的融贯性命题的起点或基础包括宪法、制定法以及司法判决等,仍然不过是以渊源为标准的法律,而这些法

---

① 〔英〕蒂莫西·A.O.恩迪科特著:《法律中的模糊性》,程朝阳译,北京大学出版社 2010 年版,第 76 页注释 3。
② 〔美〕罗纳德·德沃金著:《法律帝国》,李冠宜译,时英出版社 2002 年版,第 174 页。
③ 转引自王鹏翔:《法律、融贯性与权威》,载《政治与社会哲学评论》2008 年第 24 期;进一步探讨,参见〔美〕罗纳德·德沃金著:《认真对待权利》,信春鹰、吴玉章译,上海三联书店 2008 年版,第 118 页。

第四章 疑难案件的法哲学之维

律就是由社会事实所决定的。因此,在拉兹看来,德沃金的融贯命题"不仅未能为自身提供有力的论据,同时它也错在与基于渊源的法律之特性不相一致"①。

实际上,拉兹的批评包括两方面的内容:一方面是认为德沃金的融贯性理论基础依然是基于谱系性的法律判准,且这种融贯性理论无法正确解释法律之"权威"(authority)本质。另一方面是"他将德沃金的融贯论视为一种'强的一元融贯性'(strong monistic coherence),亦即德沃金的建构诠释在于找出一个用来统合并支配诠释对象的单一目的"②。他认为拉兹的批评并不成立,他所谓的目的(purpose)或要旨(point)虽然是单数地被使用,但却并不必然意味着一项单独的、压倒一切的志业,相反这种建构性诠释理论恰恰是由数个相互融贯的、能为案件提供最佳证立的原则所组成。德沃金在一本汇集了他的批判者的文集的册子中,对数十篇文章一一作了回应,其中就包括对拉兹的回应。③ 德沃金认为,拉兹的批评主要是基于以下两种主张:一是法官在裁判中不应当追求整全性,因为这将会危及他们获得公平和正义的判决;二是整全性并不是法律的关键内容,因为法律是关于权威及整全性破坏权威的问题。④ 在德沃金看来,上述两个主张依然是站不住脚的。"拉兹的特殊的权威理论是专断的,是仅仅为得出其结果而设计出来的,在任何通常的权威观念上,即使必须由从道德确信得出的解释来确定标准要求的是什么,标准也能够是权威的。"⑤其实和拉兹一样,笔者此处也关注的一个问题是德沃金所坚持的公平、效率、一致性等价值原则是否处在同一个层面上。如果不是处在同一个层面上,那么就可能会出现拉兹所说的依据其中任一不同的美德来裁判,就会得出不同的结论,甚至是相反的结论。德沃

---

① See Joseph Raz, *Ethics in the Public Domain: Essays in the Morality of Law and Politics*, revised edition, Clarendon Press, 1995, p. 302.
② 王鹏翔:《法律、融贯性与权威》,载《政治与社会哲学评论》2008 年第 24 期。
③ See Justine Burley, *Dworkin and His Critics*, Blackwell Publishing Ltd, 2004, pp. 381-386.
④ Ibid., p. 383.
⑤ 〔美〕罗纳德·德沃金著:《身披法袍的正义》,周林刚、翟志勇译,北京大学出版社 2010 年版,第 35 页。

金的融贯性理论要求法官在上述不同的美德之间进行权衡、考量,并最终选择有竞争性的那一种来裁判,在某种程度上他也犯了一个不同价值、不同事物之间的"不可通约"的问题。

四、本章小结

笔者虽然是以疑问的句式引出了上面四场关于疑难案件的争论,但相信细致的读者已经从笔者的论述中找到了每一场论战的答案。任何学术理论必然生发和植根于实践,关于疑难案件的种种论说也同样如此。尽管不同学者眼中的疑难案件可能千姿百态,但这种理论的问题意识仍然还是来源于社会生活和司法实践。由此可见,也就不难理解为何普通法系的法官相较于民法法系的法官,在面对疑难案件时表现得更加敏锐和娴熟。关于这一点,苏力教授也较早认识到了,他认为欧陆法学是以立法为中心的,司法知识在那个体系中变得看不见了;而英美法学是以司法为中心的,司法知识在这一理论体系中得到了凸显。[①] 此外,"学术型"的律师或法官是普通法系法官的一个普遍特色,他们不仅处于司法剧场中,还谙熟法律理论和司法裁判理论,像霍姆斯、卡多佐等都是为世人所熟知的伟大法官,但同时他们也写下了不少经典的判决意见。在那些具有开创性的关于疑难案件的司法判决中,总是闪耀着充满智慧的真知灼见(great ideas)。而在中国,长期的学术传统导致了法学理论者对司法实践存在偏离甚至是有意无意的抵制,以至于在"法官或司法的确需要一套实用的审判方法论指导"与"学者所提供的规范性的法学方法论并不能服务于司法实践"之间出现了一个难以解决的悖论。那么,"法学方法论究竟能为法官或法院做些什么",这个问题值得我们去进一步认真思考,本书也尝试给出一个答案。

综上所述,笔者将疑难案件置于法哲学的范畴之下,通过一种思想关系的视角梳理出不同学者对待疑难案件的不同态度。在谈及的四场

[①] 参见苏力著:《送法下乡:中国基层司法制度研究》,中国政法大学出版社 2000 年版,第 15 页。

第四章　疑难案件的法哲学之维

争论中，如果将富勒与哈特之间的论战作为讨论的起点，那么哈特与德沃金之间的争论理所当然地成为疑难案件争议的顶峰，而德沃金与拉兹之争则是在较为成熟的理论基础上的一种更深层次的推进。因此，哈特与德沃金之间持续近 20 年的争论，对疑难案件的研究来说意义甚大。哈特的观点和立场一直是鲜明的，他认为由于法律存在着一种开放性结构，故在现实生活中必定有许多案件无法被现有的法律所覆盖到，而这些案件就是与简单案件相区别的疑难案件，法官只需通过行使司法立法权就可以应对此类案件。德沃金则旗帜鲜明地反对这种观点，他断言人为地去划分简单案件与疑难案件是没有必要的，而且必定也会产生一系列的难题。但是，只要秉持一种集法律规则、原则以及政策于一体的法概念观，同时法官学会一套融贯的阐释论，那么就足以应对一切案件，疑难案件自然不在话下。如今研究疑难案件，要从上述争论中去寻找区分简单案件与疑难案件的标准，以及探究案件出现疑难的原因，德沃金的规范性视角和哈特的描述性视角都是不可或缺的。最后，学者们同样要警惕在充满争议的学说中迷失自己，发掘争论者之间的共识性主张，同时形成自己对待疑难案件的观点、态度和立场。

第五章 疑难案件的成因及裁判进路

由于法律自身的未完成性品格以及司法运行的内在规律,疑难案件的出现在某种意义上变得不可避免。在传统的法理学中,除了哈特、德沃金等少数几位学者之外,专门就疑难案件问题展开系统研究的作品并不多见。笔者认为,疑难案件这个论题连着重要的两端,一端是法哲学,其中涉及法概念、规则和原则的性质、法律与语言、客观性等问题;另一端则是裁判理论,包括自由裁量权、价值判断、法律解释、法律推理等内容。如此一来,疑难案件能够较好地打通法哲学与裁判理论这两个重要的领域。笔者已从学术史的角度重点梳理了当代英美法理学界对疑难案件这个问题存在的学术争议,接下来将具体探讨疑难案件的形成原因及一般裁判方法。具体来说,必须从根源上弄清楚疑难案件究竟是如何产生的,在实践中有哪些因素可能会让案件变得疑难。在此基础上,笔者将转入裁判理论层面的讨论,分析法官在实践中应如何面对疑难案件。

一、案件为何疑难?

疑难案件的形成原因是十分复杂的,它同样和一定的时空条件联系在一起,不同历史时期、不同国家必然会存在形成疑难案件的不同因素。但作为一个普遍性的司法难题或一般法理学的论题,其中总有一些成因是共通的,而这也正是本书所关注的。因此,疑难案件类型的划分并不是绝对的和一成不变的,昨天是疑难案件,今天可能就被当作一个简单案件来处理,同理,今天的简单案件在明天可能就会演变为一个疑难案件。正如马默所言:"拉兹曾经指出,诸如裁判一个简单的税法案件(即该案完全被既有的法律标准所决定),可能比裁决其他许多疑难案件更加困难。"①总之,可以从法律成因、历史成因和社会成因三个进路来检讨疑难案件的产生。其中,相对比较重要的就是法律成因,它是疑难案件产生的根本成因,其余两方面的成因可以被分别视为疑难案件产生的背景因和动力因,三者相结合共同催发了疑难案件的出现。需要补充说明的是,从以上三个角度来研究疑难案件的成因是有根据的,仅有法律成因并不必然会导致一个疑难案件的产生,而且正如前面所强调的一样,必须将疑难案件置于一个具体的时空背景下进行研究才有意义。正是基于这个理由,笔者在论述完疑难案件的法律成因之后,继而转向对背景因和动力因的说明,从而使得它们在逻辑上形成内在的关联。

(一) 案件疑难的法律成因

确定性(determinacy)和客观性(objectivity)是法律的至上"美德",也是律师和当事人据以预测法官将如何判决的重要基础。如果真实的司法世界都是按照法律形式主义的逻辑运转的话,那么即便是一个不怎么通晓法律专业知识的门外汉,也能轻易而准确地预测法官们将会怎么裁决这个案件,因为他们认为自己和法官之间共享着一个"欧基米德式"的裁判观念和标准。果真如此的话,那么律师职业还会有多大的市场和存在意义?事实上,在美国存在大量的案件,尤其是上诉法院受理的一些案件,由于案件事实或法律适用的疑难,当事人无法有效地"像法官那样思考和推理"并私下解决纠纷;无论是法官还是案件争议当事人,无不在追求法律的确定性和客观性,而法律有时候却并不能满足这种需要。此外,律师尽管有时候需要通过有意制造"不确定"(甚至某种神秘)来谋求业务来源,但是也一直在通过追求确定性来最大限度地预测法官的判决。而所谓不确定性,包括法律的不确定性和语言的不确定性,均是疑难案件最主要的法律成因。如前所述,法律形式主义之完美法治观的衰

---

① See Andrei Marmor, *Interpretation and Legal Theory*, Hart Publishing, 1995, p. 97.

败恰恰在于它无法解释现实生活中的种种不确定性现象。因此,疑难案件刚好成为法律怀疑论者用来诘难和攻击形式主义者的一个堂皇的标靶。

1. 语言的不确定性

现代法律的传播方式几乎完全借助于语言,通过条文式的语言描述来使得法律内容具体化、一般化。然而,一旦法律以文字形式表达出来,甚至从其被制定出来的那一刻起,就必然难以摆脱不确定性的命运,这是语词或语言自身的固有属性所致。哈特认为:"20 世纪法理学的许多内容皆来自对以下重要事实的逐步认知(有时是夸大了这个事实),即以权威性实例(判决先例)来传播的不确定性,与以权威之一般化语言(立法)来传播的确定性之间的区分,远不如这个天真的对比所显示的来得清楚。即使我们使用以言辞构成的一般化规则,在特定的具体个案中,该等规则所要求之行为类型仍旧可能是不确定的。"[①] 显然哈特坚持认为,由于语言自身所固有的这种"开放性结构",无论法律是以立法还是以先例的形式表达,均会暴露出某种程度的不确定性(uncertainty)。作为法律传播和发生作用之媒介的语言,由于自身所具有的不确定性,从而会使得法律呈现出一种不确定性,而这种语言的不确定性就是指"那种可能会导致法律不确定性的语言表达使用中的不确定性"[②]。有学者就指出,语言的开放性与通过语言表达的法律规则的开放性之间并不存在单线的必然联系。也就是说,语言如果具有开放性,那么法律规则未必是开放的,反之亦然。语言的开放性并不必然引起规则的开放性之原因在于,"特定规则通常是处于同其他规则的关联当中,并且这些规则在很大程度上决定了该规则的意义,因此即使是由具备开放结构特性的言辞所组成,但其他规则仍然在很大程度上使规则的意义得以明确","规则的开放性结构除'语言的开放性结构'的原因之外,还存在着'出现了

---

① 〔英〕哈特著:《法律的概念》(第二版),许家馨、李冠宜译,法律出版社 2006 年版,第 121 页。
② 〔英〕蒂莫西·A.O.恩迪科特著:《法律中的模糊性》,程朝阳译,北京大学出版社 2010 年版,第 13 页。

第五章 疑难案件的成因及裁判进路

规则制定时并未料想到的情形'这个原因"。①

我们之所以关注语言在法律表达中的使用,是因为法律和语言如孪生兄弟般的关系,能否通过语言将法律的一般性与社会生活的复杂性衔接起来,直接关系到疑难案件的产生和出现问题。事实上,司法实践中一些疑难案件的出现,正是由于在法律的内容或语义表达方面产生了争议,具体表现为法律规定的模糊性、法律规范的缺失、不同法律规定之间的冲突等。那么,这种语言的不确定的根源何在?英国学者恩迪科特曾将这种不确定性的渊源归纳为十二个方面,包括模糊性、不精确性、开放结构、不完整性、不可通约性、不可测度性、可争辩性、家族相似、虚假标准、语用模糊、歧义和言辞之外。② 而邱昭继教授将语言的这种不确定性的渊源归结为语义怀疑论、可辩驳论、模糊性、歧义、家族相似性、争议性、不完全性、不可通约性及翻译的不确定性。③ 上述其中任意一个变量都足以引发语言走向不同程度的不确定性状态。例如,模糊性、不精确性、歧义及争议性会导致语词的内容和意义模棱两可、指涉不清,开放结构、语义怀疑论、言辞之外及不完全性会导致法律中的词语无法覆盖边缘事件,从而会出现所谓的法律漏洞或法律规则的缺失。可以说,语言之不确定性是一个极为复杂的论题,其中涉及语言学、分析哲学和法哲学的许多重要理论。④ 尽管如此,语言的不确定性仍是相对的。既要反对极端的语言确定论,也要反对极端的语言不确定论;要认识到语言的不确定性是一个客观必然的现象,并且这种不确定性是很难通过人类理性从根本上加以避免和消除的。虽然有些学者也力图从法律宝库中寻求资源克服语言的不确定性这一局限,但在某种意义上都失败了,德沃金"唯一正解论"的高贵之梦在现实中已然破灭。

---

① 陈景辉:《"开放结构"的诸层次:反省哈特的法律推理理论》,载《中外法学》2011 年第 4 期。
② 〔英〕蒂莫西·A.O.恩迪科特著:《法律中的模糊性》,程朝阳译,北京大学出版社 2010 年版,第 41—73 页。
③ 参见邱昭继著:《法律的不确定性与法治——从比较法哲学的角度看》,中国政法大学出版社 2013 年版,第 245—274 页。
④ See Andrei Marmor, *The Language of Law*, Oxford University Press, 2014.

2. 法律方法的有限性

前文从法律与语言的视角切入探讨了疑难案件的第一个成因,即语言的不确定性及其引发的法律的不确定性。如果将这一成因视为"词物"的本性使然,那么从"人"的主体性这一维度来分析,又能够分析出疑难案件的何种成因呢？首先,要有一个前提性的预设,即人类在社会行动中总是处于有限理性和必然无知的状态之中。这个逻辑预设对于研究疑难案件的成因极为重要,"现代人已经变得极不愿意承认这样一个事实,即他们在知识上的构成性局限实是他们不可能经由理性而建构社会整体的一个永恒的障碍"[①]。也就是说,我们生活在一个以人而非神为主体的世界,我们无法以"全知全能"的无限理性去型构未来和预测一切。哈特在论及法律的开放性结构时也表达了大致相同的意思,他说抛开语言的开放性不谈,我们考虑一下还有何种事实阻碍我们去选择这一关于立法理想主义的观点,究其原因在于我们对于事实的无知和对于目标的相对不确定。有两点情况与此相关:其一,建构唯理主义的立法理想所面临的两难困境。一方面,它期望通过理性的立法来规范生活的方方面面,甚至试图想为将来形形色色的各类案件提供明确的法律依据。在这种美好的立法理想图景中,不仅不会出现前述的法律边缘区域或法律空白区域,而且人们对于法律的具体内容也不存在根本性的争议。另一方面,这种理论本身就过于理想化,并且它构成了对人类理性之有限这一根本事实的反动。这种理论的进路在于:"它立基于每个个人都倾向于理性行动和个人生而具有智识与善的假设,认为理性具有至上的地位,因此凭借个人理性,个人足以知道并能根据社会成员的偏好而考虑到型构社会制度所需的境况的所有细节。"[②]在立法理想主义的进路之下,立法者在社会行动中面临的必然无知和有限理性,都使得法治现实图景中必然会出现关于法律本身及其适用的疑难,疑难案件的产生也就

[①] 〔英〕弗里德利希·冯·哈耶克著:《法律、立法与自由》(第一卷),邓正来等译,中国大百科全书出版社2000年版,第12页。

[②] 〔英〕弗里德利希·冯·哈耶克著:《自由秩序原理》(上),邓正来译,生活·读书·新知三联书店1997年版,第13页。

第五章　疑难案件的成因及裁判进路

在所难免了。

与立法的无知状态相对应的是在实践层面的审判方法论成因,亦即法官在案件裁判中所使用的法律推理方法,这种方法是否能够有效地对司法判决的正当性进行证成。法律推理是法官据以裁判最经常使用的方法,一般是指在法律论辩中通过运用法律理由证立裁判结果的方法。[①]首先应当承认的是,时至今日,这一方法依然在法官的思维中占据主导性的地位,但同时也招致了诸多不愉快的批评。其中最有力的攻击来自怀疑主义者,他们强调逻辑功用的有限性,卡多佐一针见血地指出了这一点:"逻辑的力量并不总是沿着独一无二且毫无障碍的道路发挥作用。一个原则或先例,当推到其逻辑极端,也许会指向某个结论。而另一个原则或先例,当推到其逻辑极端,遵循类似的逻辑,就可能会指向另一结论且具有同样的确定性。"[②]霍姆斯强调法律的生命在于经验而非逻辑,实际上说的是同一个道理。现实世界中的案件是丰富多彩的,形式推理本身所暴露出的逻辑有限性,使得我们仅仅依靠从规则出发的推理并不能解决所有的案件,尤其是当出现法律漏洞、法律冲突、法律语义模糊、法律内容滞后以及对法律根据的根本性怀疑时,逻辑的力量似乎走到了它生命的尽头。此外,法律解释作为一种司法方法也非万能,诚如哈特所讲:"'解释'规则虽然能够减少这些不确定性,却无法完全加以消除;因为这些规则本身就是指导我们使用语言的一般化规则,而其所利用之一般化语汇本身也有解释的必要。它们和其他规则一样,并不能够提供对它们自己的解释。"[③]这就是与诠释学相生相随的一个难题,亦即任何解释都会陷入一种解释学循环的怪圈之中。

[①] 广义的法律推理包含两种形式:"在第一种情况下,作为解决问题理由的法律规定比较明确,所以法律推理的一般方式是形式逻辑的推理,例如演绎推理。在第二种情况下,作为解决问题理由的法律规定不甚明确,'无法可依'或'有法难依',而又要求法官依法办事,在这种情况下的推理方式一般为辩证推理,就是对法律命题的实质内容进行判断和确定的推理。"参见张骐著:《法律推理与法律制度》,山东人民出版社2003年版,第18页。

[②] 〔美〕本杰明·卡多佐著:《司法过程的性质》,苏力译,商务印书馆2000年版,第22页。

[③] 〔英〕哈特著:《法律的概念》(第二版),许家馨、李冠宜译,法律出版社2006年版,第121—122页。

3. 法律的开放性

导致疑难案件出现的另一重要成因在于法律的开放性,这也是在当代法理学中占主导地位的法学实证主义理论所提出和坚持的。哈特将语言分析的方法引入了法理学,并开创了作为法学实证主义理论脉络之一的新分析法学。哈特认为:"无论我们到底选择判决先例或立法来传达行为标准,不管它们在大量的日常个案上,运作得如何顺利,在碰到其适用会成为问题的方面来看,这些方式仍会显示出不确定性;它们有着所谓的'开放性结构'(open texture)。"①在语词的中心意义之外,还存在着边缘意义或暗区问题,所谓的暗区问题用哈特的话来说就是"产生于标准情形和确定意义以外的问题"②。他认为暗区问题在所有的法律规则中都是客观存在的,围绕这些问题所生发的案件,就不能再像简单案件那样仅仅依靠规则的推理来裁断,而必须通过寻求其他形式的资源和方法,"如果关于'暗区问题'的法律辩论及法律判决是理性的,那么,它的理性一定不是仅仅源自它与法律前提的逻辑关系",而是来自法官造法这样一种实践理性。他在别处也表达了类似的想法,他说:"法律的空缺结构意味着,存在着某些行为领域,这些领域如何规范必须由法院或官员去发展……法院则发挥着创造性的功能。"③上述哈特关于法律开放性结构的论断,直接引出了疑难案件的问题,或者将司法实践中的疑难案件现象编织进他的一般法理论之中。实际上,从语言学的视角提出法律的开放性结构是对疑难案件的一种解读方式;另外一种可能的解读在于,凭借人之有限理性无法建构一个"放之四海而皆准"的普遍完美的法律体系,立法者是人而不是神,因此无法预见未来的一切,同样也无法型构未来,法律作为一个无所不包的完美体系不过是一个乌托邦。

---

① 〔英〕哈特著:《法律的概念》(第二版),许家馨、李冠宜译,法律出版社2006年版,第123页。语言的开放性结构早在魏斯曼与维特根斯坦的著作中就有所讨论,哈特只是把这种讨论带进了法学领域。通过指出语言在本质上所固有的有限指引性,从而引出了法律的不确定性理论,并最终得出了法律体系之不完美的结论。关于维特根斯坦、魏斯曼对开放性结构的阐述,可以进一步参见〔美〕布赖恩·比克斯著:《法律、语言与法律的确定性》,邱昭继译,法律出版社2007年版,第10—15页。
② 〔英〕哈特:《实证主义和法律与道德的分离》,翟小波译,载《环球法律评论》2001年第2期。
③ 〔英〕哈特著:《法律的概念》(第二版),许家馨、李冠宜译,法律出版社2006年版,第130页。

第五章　疑难案件的成因及裁判进路

　　无论是形式主义还是规则怀疑论,在哈特看来都无法正确描述真实的司法实践,形式主义只会把我们引入一个机械的"概念天堂",而规则怀疑论则会让我们为盲目预测未来个案之判决付出惨痛的代价。那么,哈特所提出的"开放性结构"理论能否站得住脚?确定性是法律所具有的一个重要特质,既然形式主义的"决定论"与规则怀疑主义的"非决定论"分别导向了绝对确定和绝对不确定两个极端,那么"开放性结构"这条"中庸之道"是否解决了法律的不确定性问题?为此,有必要对哈特的开放性结构理论进行检讨。在哈特的理论预设中,正是由于初级社会或惯习式社会中的初级规则具有不确定性等弊病,才需要集承认规则、裁判规则及变更规则于一体的次级规则来补充。其中,作为谱系性法律判断标准的承认规则是一个"帝王规则",虽然它可以在一定程度上消除不确定性,但是它自身所具有的不确定性特点又会不可避免地带来新的不确定性。问题的关键在于,以规则支撑的法治究竟能在多大程度上容许这种不确定性。正如某些学者所指出的那样:"其实,一个成熟的法律体系与一个拥有一组规则的社会中,均存在着太多的不确定性,彼此相差无几。"[①]实际上,哈特是把开放性结构作为一个优点而非缺点来看待的,"当规则适用于它们的制定者没有预见或不可能预见的情境和问题时,规则的'开放结构'特征允许它们得到合理的解释"[②]。也就是说,开放性结构一方面在力求法律确定性的过程中承认不确定性的存在,另一方面又试图通过在开放性结构之内允许法官自由裁量权的行使(包括法律解释、司法造法等)来尽可能地降低或减少这种不确定性,因此它具有形式主义和规则怀疑论所无法企及的"美德"。换言之,"哈特之所以主张形式主义与现实主义的做法均为错误,其根本原因就是开放结构这个概念本身同时存在着决定性与非决定性,而原来的两种主张均只抓住了其中的单一部分,因此犯了以偏概全的错误"[③]。但是,无论是哈特的承认规

[①] 〔英〕丹尼斯·劳埃德著:《法理学》,许章润译,法律出版社2007年版,第171—172页。

[②] 〔美〕布赖恩·比克斯著:《法律、语言与法律的确定性》,邱昭继译,法律出版社2007年版,第8页。

[③] 陈景辉:《"开放结构"的诸层次:反省哈特的法律推理理论》,载《中外法学》2011年第4期,第673页。

则还是开放性结构都无法完全消除法律的不确定性因素,而所有这些都成为疑难案件出现的一个客观原因。

(二) 案件疑难的社会成因

疑难案件的产生还有着深刻的社会根源。关于这一点,其实笔者在本章开头已经或多或少地提及了。与常规案件不同,在疑难案件中无法通过单线的逻辑演绎出裁判结论,争讼当事人出于不同的立场往往会作出不同甚至截然相反的价值判断,这部分根源于他们彼此利益的不同,同时也由于整个社会很难有一个价值共识存在——我们生活在一个道德、文化和法律多元化的社会,因而总会出现由于"各自的经历、学识、思维方式等文化背景有所不同,便使其价值观念难免出现相异乃至相互冲突的情况"①。然而,笔者在此绝无否认价值共识之意,事实上愈是一个多元的社会就愈加呼唤和需要价值共识。② 如果将整个社会视为一个大的系统,那么法律正是其中的一套价值和规范系统,道德同样可以被视为另一套价值和控制系统。在一定时期内,我们纵然可以达成关于法律价值的共识,或者达成关于道德价值的共识,但面对同一个案件时,会不可避免地发生法律与道德相互"打架"的现象,或者可以称为两个系统发生了"碰撞",从而会面临两种不同价值标准之间的冲突。此时如果依照"不道德的法律"裁判,很可能会得出一个合法但不合理的裁判结果,比如贾国宇案就是一个很好的例证③,法官严格依法裁判将产生一个合法但不足够合理的判决。此外,无穷变化、复杂多样的社会关系与社会事实和调整范围有限的法律规则之间存在永恒张力,也是疑难案件层出不

---

① 刘星著:《法律是什么》,中国政法大学出版社1998年版,第61页。

② 张骐教授认为,在一个多元的社会中达成法的价值的共识是可能的。他将法的价值共识,看成是人们对法律问题的意见一致,其中首先就是对于正义、自由、平等、秩序、利益、安全、效用、公共福利等价值项目的具体内容达成一致意见。法的价值共识可欲且可能的原因在于,社会是诸独立个体或主体之间相互作用、相互联系之网,他人是与我一样的独立主体,所以,人们可以根据主体间性的思想,通过主体间的平等交往、对话来达成法的价值的共识。事实上,法律制定与发展的过程是不断形成法的价值共识的过程。参见张骐著:《法律推理与法律制度》,山东人民出版社2003年版,第169—170页。

③ 参见沈德咏主编:《最高人民法院公报案例大全》(上、下卷),人民法院出版社2009年版。

穷的一个重要原因。

疑难案件的产生与社会环境有着难以割裂的关系。在不同的历史时期,疑难案件的表现形态也不一致,古代社会的疑难案件与现代社会的疑难案件必然有着不同的样貌,而现代社会的疑难案件又与未来社会的疑难案件必然不尽相同。与此同时,不同地域的社会环境千差万别,疑难案件也会呈现出不同的样态。例如,我国东部沿海发达地区频发的金融犯罪或网络犯罪,可能在西部边远地区就很罕见。另外,随着社会的进步,科技得到了极速的发展,社会中涌现出了很多新型的争议,这些争议在以前从未发生或出现过,新的行为事实使得争议成为一种新型争议,如网络遗产继承、计算机犯罪、无人驾驶致人损害等问题,都给裁判者带来了不少的困难。这类案件被称为新型复杂疑难案件,在某种程度上这些案件是社会变迁和发展的产物,从另一个侧面也反映出疑难案件的产生有着深刻的社会成因。

(三) 案件疑难的历史成因

准确地说,历史成因可以从英美普通法中的疑难案件谈起。事实上,英国衡平法和衡平法院的出现与疑难案件是分不开的。如沈宗灵先生所指出的,衡平的含义之一就在于"对机械地遵守法律的一种例外,即在特定情况下,遵守法律反会导致不合理、不公正的结果,因而要适用另一种合理的、公正的标准"[①]。通常所说的衡平法则是13世纪产生于英国并与普通法并行不悖的法律,它的出现有多方面的原因,但最根本的原因在于对普通法的机械性适用进行改造和漏洞之填补。对于社会发展所积累的诸多历史问题以及预见的一些新问题,尤其是那些"初现案件"(无论在事实上还是在法律上,都是一个前所未有的案件),既有的法律由于滞后性等因素无法回应,疑难案件也就产生了,由此也就需要法律上进行变革以适应多变的现实生活。

众所周知,英美等国的疑难案件是与侵权法、宪法案件联系在一起

[①] 沈宗灵:《论普通法和衡平法的历史发展和现状》,载《北京大学学报(哲学社会科学版)》1986年第3期。

的，从整个侵权法或宪法的发展历史中可以清晰地看出疑难案件产生与发展的轨迹。在美国，联邦最高法院就是一个公共政策的制定者，事实上一切重大复杂的疑难案件往往最后都会被诉至最高法院，这些案件的判决背后则是政治、道德、法律、文化、信仰等诸多因素合力的结果。从1892年"普莱西诉弗格森案"中"隔离但平等"的判决到1954年"布朗诉教育委员会案"中"隔离但不平等"的判决，美国联邦最高法院推翻了自己60多年前的判决。由此可见，有些案件之所以会成为疑难案件，还可能与种族、宗教、政治、文化等有关联，在美国尤是如此。① 同样，美国侵权法经历从过错责任原则到严格责任原则的转变，也是由一些累积的疑难个案所推动的，其中促成这一转变的决定性案件有两个，"艾思克拉诉富来斯诺可口可乐装瓶公司案"和"格林曼诉尤霸动力品公司案"。② 因此在探究疑难案件如何形成时，不能遗漏纵向的历史维度的成因，疑难案件的出现是一个历史的必然，也是无法避免的一个客观现象，还是各国司法普遍面临的一个难题。正确地把握这一点，对于如何看待疑难案件就会有一个科学的方法论，疑难案件绝非一成不变而是处于不断的变

---

① 德沃金就曾做过这一工作，他通过解读美国宪政史上的疑难案件，来揭示这些宪法案件判决背后的法理意义，使之服务于自己的建构性阐释法思想。See Ronald Dworkin, *Freedom's Law: The Moral Reading of the American Constitution*, Oxford University Press, 1996.

② "艾思克拉诉富来斯诺可口可乐装瓶公司案"的基本案情是：原告是一个餐馆服务员，在将可口可乐放进餐馆的冰箱里时，一个可口可乐瓶子发生了爆炸，致使她受到严重伤害。随后她以被告存在疏忽为由提起诉讼，但由于她不能说明被告存在任何具体的疏忽行为，所以只能依靠"事实自证"来完成这一任务。美国加利福尼亚州最高法院根据"事实自证"维持了原告胜诉的判决。而在"格林曼诉尤霸动力品公司案"中，特雷诺以严格责任确定了被告的赔偿基础。该案中的原告向一种锯、钻及木料车床多功能电动工具的零售商和制造商索赔，他的妻子为他买了一件这种电动工具作为圣诞节礼物。1957年，他买来能使该工具作为车床用的必要附件，当他正在处理一根大木料时，电动工具突然飞起击中了他的前额，使他受到了严重的伤害。他以零售商和制造商违反担保和疏忽为由起诉索赔。在审理中，原告证明了他的伤害是由有缺陷的设计和构造造成的。陪审团因此认为，制造商存在疏忽。陪审团还认为，制造商在说明书中陈述的内容不真实，属于违反明示担保。制造商辩称：原告没有在合理的时间内告之违反担保的事实，根据加利福尼亚州《民法典》第1796条的规定，原告的诉讼理由不能成立。此案上诉至加利福尼亚州最高法院，特雷诺在判决中指出，《民法典》第1796条的告知适用于人身伤害的案件，在此要求通知一个遥远的卖主，变成了一个易欺骗者的陷阱。当制造商将一件产品投入市场并知道该产品在使用前不会再被检查其缺陷时，只要证明该产品有造成人身伤害的缺陷，则该制造商就应承担侵权法上的严格责任。以上对事实梗概的描述参见张骐：《中美产品责任的规则原则比较》，载《中外法学》1998年第4期。

第五章　疑难案件的成因及裁判进路

化之中。

　　总的来讲,疑难案件的产生有着极为复杂的内在成因和外在成因,此处所重点关注的乃是疑难案件的法律成因,而这又最终指向了法律本身。尽管在司法实践中,疑难案件纷繁复杂和层出不穷,但归纳起来包括语义模糊型、理由冲突型、规范缺失型三大类别,通过类型化的思维同样可以清楚地揭示疑难案件的成因。诚然,笔者想努力解释和说明疑难案件在司法实践中为何会出现,从而帮助法官以此为基础来甄选疑难案件,并寻找裁判疑难案件的有效方法。同时也必须指出的是,任何旨在试图消除或避免疑难案件的努力都注定会失败,疑难案件的存在是一种历史和现实的必然,唯一能够做的就是面对和接受它,除此之外要思考如何更好地应对它,而非做那些徒劳无益的规避工作。

二、法官如何面对公共视野中的疑难案件？

　　先看一个案例：一位富有的贝都因人老酋长弥留之际,给三个儿子立下遗嘱以分割一大群骆驼。根据遗嘱要求,老大阿希穆将继承这群骆驼的第一个一半,老二阿里将得到四分之一,老三本杰明继承六分之一。然而这时难题出现了,父亲去世时只留下了十一只骆驼,使得严格按照遗嘱分割无法有效地进行下去。阿希穆要求自己得到其中的六只,但遭到其余两位兄弟的反对,为此兄弟三人争得不可开交。他们只好求助于卡迪,即伊斯兰宗教法院的法官。卡迪说："我把我的一只骆驼借给你们,安拉旨意,尽可能早地还我。"从卡迪处借来的骆驼使得遗产的分配成为可能,并很快结束了三兄弟之间的争议。阿希穆得到了他的一半,六只；阿里得到了他的四分之一,三只；本杰明分得了六分之一,两只。最后竟然真的仅剩下了卡迪借给他们的第十二只骆驼,于是他们便遵照安拉旨意很快地还给了卡迪。①"第十二只骆驼"的寓言不仅向我们展示了人类丰富的生活经验和智慧,而且在笔者看来,其所彰显的道理对当

---

① 参见张骐著:《法律推理与法律制度》,山东人民出版社2003年版,第154页。

下中国法治建设和司法改革亦有不菲的价值。具体而言，一方面，我国司法机关一直严格坚持"以事实为根据、以法律为准绳"的司法合法原则；另一方面，在司法实践中又不可避免地会遇到无法可依或有法难依的案件，我国法官似乎陷入了这种进退两难的困境之中。那么，应对疑难案件的"第十二只骆驼"究竟在哪里呢？

司法作为维护社会公平正义的最后一道防线，其最基本、最重要的职能乃在于裁判案件和运送正义。那么，在法律阙如的情况下法官能不能对案件说"不"？这是长久以来困扰世界各国法官的一个实践难题。众所周知，"不得拒绝裁判"原则已成为世界多国普遍坚持的司法原则。《法国民法典》第4条规定："审判员借口没有法律或法律不明确不完备而拒绝受理者，得依拒绝审判罪追诉之。"[①]《瑞士民法典》第1条第2款规定："如本法无相应规定时，法官应依据惯例；如无惯例时，依据自己作为立法者所提出的规则裁判。"[②]由此可见，即使摆在法官面前的是无法可依的棘手案件，其亦不得拒绝裁判之，否则就违反了作为裁判者最为基本的职责（duty），而要承担相应的法律责任（responsibility）。[③] 在当代中国，虽然无类似的成文规定，但法院（法官）不得拒绝裁判也成为一个普遍的司法原则。正如张骐教授所言："中国正在迈向法治社会，新的社会秩序类型要求法律和法院在社会生活中发挥更为积极、更为广泛的作用，扮演更为重要的角色……在法律没有或者缺乏明确规定的情况下，中国法院已经积极地介入了纠纷的解决过程中，只是有时做得好些，令当事人心悦诚服，有时做得不尽如人意，给当事人留下疑团重重。"[④]因此不难看出，我国法官事实上也已通过各种方式积极解决而非回避疑难案件。那么问题就在于，什么是我们经常所说的疑难案件？法律人眼中的疑难案件和群众眼中的疑难案件是否是同一回事？疑难案件的产生是否必然？它包括哪些类型？如何将简单案件与疑难案件区分开来？既

---

① 《拿破仑法典（法国民法典）》，李浩培、吴传颐、孙鸣岗译，商务印书馆1979年版，第1页。
② 《瑞士民法典》，殷生根译，法律出版社1987年版，第1页。
③ 关于"司法义务"概念的探讨，参见孙海波：《司法义务理论之构造》，载《清华法学》2017年第3期。
④ 张骐著：《法律推理与法律制度》，山东人民出版社2003年版，第55页。

第五章 疑难案件的成因及裁判进路

然法官不得不面对他眼前的疑难案件,那么他能够通过何种方法裁决疑难案件?囿于研究旨趣,笔者将问题意识集中于疑难案件的语义界定和裁判方法方面。

首先需要对疑难案件本身作一个限定和说明。如前所述,本书所讨论的疑难案件是指由法律规定本身所引发的裁判困难的案件,单纯由案件事实复杂或调查取证困难所导致的疑难案件并不是法理学意义上的真正疑难案件,因而也不在本书的讨论范围之内。① 从法律自身的角度看,疑难案件主要有三大类别:第一类是未被现行法律规则所覆盖到的案件,也就是说,案件落入"法律计划圆满性"之外,从而无法提供现成的裁判规则,比如无锡冷冻胚胎案就是典型,现有立法对于胚胎的性质及处置规则并未有相关具体规定。第二类是虽被现行法律规则所覆盖但同时又受到其他法律原则调整的案件。这类案件唯有通过目的考量和价值权衡方可裁断,如四川"泸州案"。正是语言的不确定性、法律方法的有限性以及法律的开放性的共同作用,使得疑难案件的出现成为一种必然。第三类是语义模糊型的案件。这类案件中,法律规定的内容模糊不清,比如许霆案适用的法律规定就是如此,有关《刑法》中盗窃罪的规定出现了争议。所有这些因素导致法律呈现出一种不确定的状态,由此便引出了一个十分重要的问题,即"法官是如何在不确定法律状态下裁判这些疑难案件的?"或者说"法官在不确定法律状态下据以裁判疑难案件的经验和方法是什么?"这个问题涉及疑难案件的裁判方法论内容,只有弄清楚法官在疑难案件的裁判过程中如何进行思考和推理,才能更加准确地了解疑难案件的判决是如何制作和形成的,进而才能进一步证立该判决的合法性。如果对于疑难案件背后的司法知识和裁判方法一无所知,那么对于疑难案件的认识依然会毫无增进。

事实上,法官们每天都在以不同方式与疑难案件打交道,无论凭借何种知识和技能,大部分案件最终还是通过司法途径解决了。理论上,不同的学者曾对疑难案件的裁判提出了不同的解决方案。如卡多佐认

---

① 参见孙海波:《疑难案件的语义争议及成因初探》,载《研究生法学》2011年第6期。

为:"法典和制定法的存在并不使法官显得多余,法官的工作也并非草率和机械。会有需要填补的空白,也会有需要澄清的疑问和含混,还会有需要——如果不是回避的话——的难点和错误。"①哈特则坚持认为:"在处于边际地带的规则,以及由判决先例的理论所开创出来的领域,法院则发挥着创造规则的功能。"②麦考密克则把疑难案件的裁决视为二次证明的过程,他说:"在简单案件中,对判决结论的证明可以直接从对既定规则的推理中获得。而在疑难案件中,由于要面对'解释''区分'以及'相关'等问题,所以必须求助于二次证明,只有当确认了该适用哪项法律上的裁判规则时,演绎推理才派上用场。"③伯顿主张:"法官根据法律职业的惯例,而非抽象的政治道德,来协调他们的判决。当由于分歧而使该惯例失败时,法官就必须造法,以解决纠纷。"④与上述论断形成鲜明对照,德沃金提出了一套独具特色的整全法理论,他不仅反对法官在疑难案件中运用强式意义的自由裁量权(这是哈特的观点,即法官造法)⑤,而且主张任何疑难案件都始终存在唯一正确的答案。

即使在简单案件中,法律推理或司法判决从来都不是简单地将案件事实与法律规范进行对照得出的,正如恩迪科特所指出的那样:"一项法律规则的语言表达是否适用于某些案件之事实,是可知的。但是这种世俗的知识并没有告诉法官应该怎样做……语言的确定性不应该误导法官,让他们错误地以为每一个案件都有可能作出公正的判决。"⑥法律推理的真实过程事实上远比我们想象的要复杂得多,逻辑的力量相对来说是有限的,任何一个案件如果仅沿着逻辑的路径而将其推至极限,可能

---

① 〔美〕本杰明·卡多佐著:《司法过程的性质》,苏力译,商务印书馆2000年版,第4页。
② 〔英〕哈特著:《法律的概念》(第二版),许家馨、李冠宜译,法律出版社2006年版,第130页。
③ 〔英〕尼尔·麦考密克著:《法律推理与法律理论》,姜峰译,法律出版社2005年版,第192页。
④ 〔美〕史蒂文·伯顿著:《法律和法律推理导论》,张志铭、解兴权译,中国政法大学出版社1998年版,第159页。
⑤ See Ronald Dworkin, "Judicial Discretion", *The Journal of Philosophy*, Vol.60, No.21, (Oct., 1963), pp.624-638.
⑥ 〔英〕蒂莫西·A.O.恩迪科特著:《法律中的模糊性》,程朝阳译,北京大学出版社2010年版,第39页。

第五章　疑难案件的成因及裁判进路

就会得出一个直白但并无多少说服力的判决,甚至得出一个有悖常理、明显荒唐的判决。因此在法学发展史上,围绕疑难案件的裁判曾出现过两种不同的进路:一种被称为"形式主义的进路",另一种则是"实质主义的进路"。前者坚持后果决定论,认为一切案件只需依据以渊源为取向的法律作为大前提进行演绎推理即可获得裁判结果,这种方法的代表人物是兰德尔,他发明了案例教学法,试图建构一种类似于数学、物理的"科学法学"。[1]后者坚持后果怀疑论或非决定论,他们甚至怀疑法律、权利本身整体上算是一种"向后看"(look backward)的裁判观。法律现实主义者是这一裁判理论的主要支持者,在他们看来,不存在白纸黑字的法律规则,法律不过是法官在司法过程中的一种解释或判决本身。但该理论内部观点仍然不尽一致,比如霍姆斯主张法律不过是法官将要在法庭上作出什么的判决而已[2],弗兰克更加极端地认为"法官早餐吃了什么都会影响到他后来的判决"[3],格雷则主张成文法只是法律的渊源,本身并非法律,只有经过法官的解释和适用方才能成为法律[4]。而在规则怀疑主义者眼中,坚持形式主义进路的法官都在撒谎,因为他们声称作为立法机关的代言人在"依法裁判",他们的所作所为只是将既有的法律径直地适用于现实案件中去,以此演绎出一个确定的逻辑推论。在现实主义者看来,事实恐怕没有比这更为遥远的了。为此,笔者会重点描述裁判疑难案件过程中所必需的司法知识论基础,再就"法官是否是说谎者"问题进行检讨和论证。

---

[1] See Thomas Grey, "Langdell's Orthodoxy", *University of Pittsburgh Law Review*, Vol. 45, No. 1, (1983), pp. 1-54.

[2] See O. W. Holmes, "The Path of Law", *Harvard Law Review*, Vol. 110, No. 5 (Mar., 1997), pp. 991-1009.

[3] See Jerome Frank, "Are Judges Human? Part One: The Effect on Legal Thinking of the Assumption That Judges Behave like Human Beings", *University of Pennsylvania Law Review and American Law Register*, Vol. 80, No. 1 (Nov., 1931), pp. 17-53.

[4] See John Chipman Gray, *The Nature and Sources of the Law*, second edition, Gloucester, Mass. Peter Smith, 1972, p. 96.

（一）裁判疑难案件的司法知识论基础

疑难案件的裁判往往会陷入一个悖论，即一方面我们亟须一套服务于疑难案件裁判的司法方法论和知识论，另一方面法官们总能基于他们自己的一套独特的裁判方法使得疑难案件得以解决，就此意义而言，他们似乎又并不需要理论家所提出的所谓专业方法论和知识论。再次仔细观察和思考这一问题就会发现，法官既然已经能够通过各种方式解决疑难案件，那么就证明他们实际上已经拥有了一套裁判方法；这套方法既可能是一种形式主义的方法也可能是一种实质主义的方法，只不过与法学理论者所提供的裁判方法论不完全一致甚至根本不同，当然在中国的司法语境下，这种方法有时无法通过言语进行理论化的表达。如詹姆斯所言，"事实上我们每个人，即使是我们当中那些没有听说过甚至是痛恨哲学名词和概念的人，都有一种支撑生活的哲学"[①]。法官在长期的司法裁判过程中或多或少都会发展出自己的一套司法哲学，具体表现为：对案件事实的分类、提炼和归纳，对法律规则的认识和评价，对法律价值的认同、选择和尊重，对法律推理和法律解释等法律方法的领会和运用，对证据的审查和判断以及对案件判决的制作和说理方法等。所有这些知识均可纳入实践理性（practical reason）的范畴，它们共同导向了对善和真理的追求，以及满足司法裁判的知识需求。也有学者强调要从法学知识的特性入手来体察司法知识的意义，司法知识显然属于一种广义的社会科学知识，此外应当看到它还具有地方性，是一种地方性的法律知识。[②] 这意味着在疑难案件中，成文法有时是无法满足现实之需的，必须

[①] 〔美〕本杰明·卡多佐著：《司法过程的性质》，苏力译，商务印书馆2000年版，第3页。

[②] 杨建军著：《裁判的经验与方法——〈最高人民法院公报〉民事案例研究》，山东人民出版社2010年版，第64页。美国人类学家吉尔兹对地方性知识、地方性法律知识有详细论述，他认为："法学和民族志，一如航行、园艺、政治和诗歌，都是具有地方性意义的技艺，因为它们的运作凭靠的乃是地方性知识。直接个案不仅为法学提供了其欲求把握的对象。而在民族志中，既定惯例、庆宴或父代母育风俗，亦具有相同意义的功用。且不论人类学和法理学所具有的其他共同性，它们在关注技匠所承负的任务即从局部的事实中发现普遍的原则这一点上是很相近的。"参见〔美〕吉尔兹：《地方性知识：事实与法律的比较透视》，邓正来译，载梁治平主编：《法律的文化解释》（增订本），生活·读书·新知三联书店1998年版，第73页。

第五章　疑难案件的成因及裁判进路

还要诉诸作为地方性法律知识的风俗习惯、乡规民约、宗教礼仪等。

笔者认为，司法知识观经历了一个从伦理道德到规则理性，再从规则理性回归到伦理道德的发展过程。众所周知，早期人类社会控制的主要手段是道德、宗教和法律，而到了近代，法律俨然已成为最主要的社会控制方式，用庞德的话说就是"在当前的社会中，我们主要依靠的是政治组织社会的强力。我们力图通过有秩序地和系统地适用强力，来调整关系和安排行为。此刻人们最坚持的就是法律的这一方面，即法律对强力的依赖"①。在一个以道德或宗教为主要社会控制方式的国家，道德伦理或许可以为一般案件的裁决提供理论资源，使人们在情理或常理上理解并接受判决以息事宁人，这种裁判方式的最大弊病就在于会减损或破坏司法裁判的客观性。然而，随着社会的发展，道德和宗教逐渐退出社会控制的场域，而仅仅作为一种辅助性的控制手段存在，法律作为一种正统的主导控制手段便成了必然之势，人们开始通过诉诸规则之治来寻求纠纷解决，因为规则不仅具有权威性，还可以为公民生活提供最大限度的确定性。然而，这种"唯规则知识观"也并非尽善尽美，它存在如下几个弊端：其一，"唯规则知识观"遮蔽了法学知识的多元性和复杂性；其二，"唯规则知识观"割裂了法律知识与其他社会知识之间的有机联系；其三，"唯规则知识观"割裂了司法与社会发展之间的关联。② 一言以蔽之，这种唯规则是从的司法知识观只会把法官禁锢在十分封闭的牢笼之中，而无法以积极的姿态回应生活世界中真实的司法需求，尤其是无法面对疑难案件问题。因为规则在疑难案件裁判中所能发挥的作用是极为有限的，此时法官便要诉诸其他资源才能裁判，由此也就出现了司法知识观从形式规则到实质道德的再次回归。

（二）法官是说谎者吗？

通常来说，法官们总是通过援引制定法或司法先例来形成判决。虽

---

① 〔美〕罗斯科·庞德著：《通过法律的社会控制》，沈宗灵译，商务印书馆2008年版，第9—10页。
② 杨建军著：《裁判的经验与方法——〈最高人民法院公报〉民事案例研究》，山东人民出版社2010年版，第68—70页。

然在具体判决意见中他们的观点可能不尽一致,但也总是试图宣称或表现为在依规则进行裁判,而无任何僭越立法权限之举。事实果真如他们所说的那样吗?卡多佐意识到了这个问题,他说:"人们也许会想,任何法官都会认为可以很容易地描述他沿袭了成千上万次的司法决定的过程。然而,没有比这离事实真相更为遥远的了。如果一些聪明的普通人要求法官解说一下,法官会谈不了多少就找借口说,对于未经法律专业训练的人们来说,这种技艺的语言太难懂了。这种借口也许会掩盖这种否则会很不光彩的退缩,并且还伴随着某种故作高深的姿态。"①以规则推理和裁判固然是司法职业的根本特性,它不仅迅速、及时、确定性高,而且可以更容易地让当事人理解和接受判决。然而事实上,法律规则并非总是一清二楚的,何况法律作为一个完美体系之理想事实上已然破灭。如果法官仅仅像他们所宣称的那样只依据规则进行裁判,那么在法律的未完成性所开放出来的边缘区域或阴影区域,判决又是如何作出的?难道说他们根本就没有依据规则行事,反而是在撒谎吗?这个尖锐的诘难最早是由富有怀疑和批判精神的法律现实主义者及其后裔批判法学家提出来的,如果他们的批判是正确的,那么法官就是公然地在撒谎。

在疑难案件中出现像德沃金所坚持的关于法律命题的"理论争议",也就是对于某一案件存在着既定的规则,人们对于该规则条文的含义没有多大异议,但对于"该条法律规定的内容到底是什么"却产生了分歧。此处不妨仍以 Palmer 案为例加以说明。② 根据当时纽约州的法律,一份遗嘱只要具备法定的几项条件即可生效,比如数名见证人在场、遗嘱人签字、遗嘱人精神状况正常、遗嘱的内容为遗嘱人真实的意思表示等。然而,对于继承人谋杀遗嘱人还能否取得继承权的问题在法律上并没有任何规定——这种法律的"失语"或"沉默"使得人们对于遗嘱法的规定产生了争议,即人们对遗嘱法关于遗嘱生效的规定没有异议,但对于"遗

---

① 〔美〕本杰明·卡多佐著:《司法过程的性质》,苏力译,商务印书馆 2000 年版,第 1 页。
② See Riggs v. Palmer,115 N. Y. 506,22 N. E. (1889). 关于该案的讨论可以参见〔美〕罗纳德·德沃金著:《法律帝国》,李冠宜译,时英出版社 2002 年版,第 16—20 页。

第五章　疑难案件的成因及裁判进路

嘱法的内容到底是什么"却产生了分歧——合法的继承人是否包括杀害遗嘱人的继承者？在这种案件中，法官如果本着形式主义的进路必然会判决 Palmer 胜诉，但法官们表示肯定的同时又会扪心自问，法律怎么会支持一个谋杀者通过极端的不义行为获得继承权呢？这于情于理都说不过去，实际上该案最终是根据以厄尔法官为代表的多数意见，支持了 Riggs 的诉求。他提出了一种"合理阐释论"，坚持认为当法律沉默无语之时，法官实际上应当有所作为。法规的字面含义一般情况下就是立法者的目的，然而立法者的目的并非仅仅局限于法律条文所表达出的字面含义，它有时会超出或限缩这一范围，为此就需要法官根据道德价值和法律信仰，从可能的或者合理的推论中来修正立法者的目的。显然，法官在这一过程中并非仅仅在发现法律，而是在创造法律。

因此笔者认为，在诸如 Palmer 案这类案件中，法官如果"不撒谎"，那么可能只会面临两种选择：要么不作出或者无法作出判决，要么作出一个违法荒谬的判决。这两种结果在现实中恰恰都是不可取的，因此法官总是会想尽一切办法最后作出一个判决，并且往往都是贴上"以规则进行推理"的标签。在规则怀疑主义者看来，不确定性和法律共命运，二者可谓"孪生兄弟"，"司法的过程通常并不仅仅指将既定的权威规则适用于具体的实际情况。相反，案子总是带着许多潜在的适用事实和硬性模式让法官面临选择，这就使得——事实上是要求——司法判决不能仅仅依赖于对'正确的'法律规则的适用"[①]。拉德布鲁赫似乎表达了同样的思想，他说："解释就是结论——它自己的结论。只有在已经得出结论时，才选定解释手段。所谓解释手段的作用事实上只是在于事后从文本当中为已经作出的对文本的创造性补充寻求根据。"[②] 法官为什么要说谎？可能的原因在于，如果开诚布公地依据政治道德或直接造法进行判决，既有染指立法权限之嫌，又可能被指责过于任意、专断和缺乏形式理性。在严格的"三权分立"的框架下，法官只能专职司法，但司法造法已

---

① 〔美〕雅布隆：《法官是说谎者吗？——对德沃金〈法律帝国〉的维特根斯坦式批评》，陈林林、刘诚译，载《法制与社会发展》2005 年第 5 期。

② 〔德〕齐佩利乌斯著：《法学方法论》，金振豹译，法律出版社 2009 年版，第 17 页。

经成为一个不争的事实,他们只是出于心理障碍而不敢直言真实的裁判推理过程。伯顿则恰恰主张法官应诚实裁判,即使他在行使自由裁量权之时,也应谨慎、理智、诚实和忠于法律理想。① 总而言之,在简单案件中,法官似乎不需要说谎,因为事实上他们就在依照规则裁判;而在疑难案件中,说谎有时候实属在所难免,德沃金虽然反对实用主义的内部怀疑论,但是他的整全法理论所试图捍卫的无漏洞的完美法律体系,如今看来已经是个乌托邦式的神话了,再美丽的谎言也终有被揭穿的那天。"撒谎"还是"不撒谎",这是一个涉及司法价值决断的问题,是一个哈姆雷特式的难题,在下文对疑难案件裁判方法的检讨中还能略见一二。

三、裁判疑难案件的方法论迷思

疑难案件的裁判方法主要涉及法律发现、法律推理和法律解释三个方面,不同国家当然存在着不同的司法裁判理论。在法学方法论相对发达的德国,法官最为经常使用的裁判方法就是涵摄技术,它意指"检验得到认定的事实是否满足相关规范的事实构成"。这种方法也因此表现为认定事实、寻找相关的法律规范、以整个法秩序为准进行涵摄和宣布法律后果四个步骤。② 当遇到法律规定无法满足现实裁判之需的疑难案件时,他们往往会使用法律解释和法律续造两种重要方法。齐佩利乌斯认为,法律的概念存在着一个意义空间,在该空间之内可以通过扩张或限制的方法对模糊的条文予以解释。然而,想仅仅通过解释消除法律的这种不确定性几乎是不可能的,"解释不是一种精确的方法,顶多只能在供讨论的多种解释原则和解释可能性之间作出选择"③。由此该语义空间的界限——对某一词语可赋予哪些含义——就成为法律解释与法律续造的界限所在,换言之,超越此一语义空间界限所为的解释即为法律续

---

① See Steven J. Burton, *Judging in Good Faith*, Cambridge University Press, 1994, pp. 90-91.
② 参见〔德〕魏德士著:《法理学》,丁晓春、吴越译,法律出版社2005年版,第288—295页。
③ 〔德〕齐佩利乌斯著:《法学方法论》,金振豹译,法律出版社2009年版,第16页。

第五章 疑难案件的成因及裁判进路

造。然而,正如拉伦茨所认识到的,法律解释与法律续造之间并非我们想象中的那般泾渭分明。"毋宁应将其视为同一思考过程的不同阶段。此意谓:如果是首度,或偏离之前解释的情形,则法院单纯的法律解释已经是一种法的续造,虽然法院多未意识及此;另一方面,超越解释界限之法官的法的续造,广义而言亦运用'解释性'的方法。狭义的解释之界限是可能的字意范围。"①也就是说,在语词的语义空间内所为的行为可以视为一种法律解释,而一旦超出这种语义空间就必然涉及法律续造的问题,此种续造多是基于类比推理完成的。

决疑术(Legal Casuistry)也是应对疑难案件的一种办法,当然它要解决的不仅是本书所研究的存在法律争点的疑难案件,还力图解决一部分事实疑难的争议案件。这种决断方法源自古罗马,甚至可以追溯至古希腊的修辞学和论辩术。决疑术或决疑法更多的是一个伦理学上的概念,它意指"对于那种一般道德原则不能直接应用于其上的个别道德案例的一种研究,旨在决定是否它们能被放进一般规则的范围,它的主要过程包括诉诸直觉、与典型案例类比、对于具体案例的评估"②。众所周知,罗马法可以说是一个"由法学家咨询意见、法律评述和法规、裁判官告示等组成的复杂的法律规则网络。但是他们并不表现为一种智识的体系,而宁可说是由解决具体法律问题的实际方案组成的一份精致的拼嵌物"③。正是罗马法的这些特质使得其所孕育出的决疑术并不仅仅局限于理性和法条,更多的却是依靠经验、直觉和善良的情感来实现个案衡平。由于普通法系国家中的制定法无论是形式还是数量都远远不及民法法系国家,因此这种以"个案到个案"为进路的推理方法在普通法系国家的应用更为广阔一些。换言之,普通法系国家的法官比民法法系国家的同行们更倾向和擅长使用类似于决疑术的法律推理方法。正如波斯纳所说:"律师使用的类比推理与道德和宗教推理中的决疑法很相似,

---

① 〔德〕卡尔·拉伦茨著:《法学方法论》,陈爱娥译,商务印书馆2003年版,第246页。
② 〔英〕尼古拉斯·布宁、余纪元编著:《西方哲学英汉对照辞典》,人民出版社2001年版,第140页。关于决疑术的讨论,参见舒国滢:《决疑术:方法、渊源与盛衰》,载《中国政法大学学报》2012年第2期。
③ 冯文生著:《推理与诠释:民事司法技术范式研究》,法律出版社2005年版,第37页。

或许是完全一致的。在这两种类型的推理中,你都是从一个案子(真实的或假设的)推到另一个案子,而不是从理论推到案子;'决疑术'指的就是这种以个案为基础的推理。"[1]在如今高度发达的现代社会中,仅凭决疑术已不足以应对一切疑难案件,而必须发展出更为科学、精致的法律方法。囿于本文讨论的语境所限,笔者将重点讨论英美法理学中的法律发现、法律解释和法律推理三个方面的内容。

(一)疑难案件中的法律发现机制

事实上,有关司法过程和司法性质的理论一直沉浸于下述争论之中,"法律存在于制度之中抑或规则之中、存在于过程之中抑或概念之中、存在于判决之中抑或法典之中、存在于程序之中抑或形式之中,以及法律究竟是像工作那样的范畴,存在于人类社会的任何地方,还是相反,像差异性因素那样的范畴,并非存在于人类社会的任何地方"[2]。"找法"对于民法法系国家的法官而言从来都不是难事,然而对普通法系国家的法官来说,"找法"却构成其工作的主要内容。即使在简单案件中,作为推理之大前提的法律规范的识别和选择亦非是十分显明的事实,以至于有人说,如果规则都是一清二楚地摆在法官面前,那么法官也就没有存在的必要了。由是观之,"正如法律适用者所要求的那样,准确认识待决事实是切合实际的法律裁决的前提。因此,法律适用者必须准确认识他面临的'案件'及其与社会相关因素的联系。只有在此基础上,他才能发现'合适的'法律规范并正确地适用"[3]。在疑难案件中,某个案件事实无非面临着两种情况:针对某些事项要么根本没有相应的规定("法律漏洞"),要么虽有规定但却与整个法秩序的价值精神相冲突而无法径直适用。因此,法官首要的工作就是寻找和选择能够适用于当前案件的法律规范。为界定与法律适用之间的关系,郑永流教授将法律发现的含义归

---

[1] 〔美〕理查德·波斯纳著:《超越法律》,苏力译,中国政法大学出版社 2001 年版,第 596—597 页。

[2] 〔美〕吉尔兹:《地方性知识:事实与法律的比较透视》,邓正来译,载梁治平主编:《法律的文化解释》(增订本),生活·读书·新知三联书店 1998 年版,第 74 页。

[3] 〔德〕魏德士著:《法理学》,丁晓春、吴越译,法律出版社 2005 年版,第 290 页。

第五章　疑难案件的成因及裁判进路

纳为以下四个方面：一是法律产生的方式，二是法律获取，三是与法律适用有本质区别的一种法律应用的活动，四是与法律适用无本质区别的一种法律应用活动。① 如今愈来愈多的学者赞成将疑难案件的裁判过程视为一个"二次证立"的过程，即"发现某一问题与对这一问题的正当化说明应当区别开来"②。比如英国学者麦考密克就坚持"二次证明"的理论，他认为二次证明所欲直接解决的问题就是法官如何在纷繁复杂的规范面前作出谨慎的选择。

那么在疑难案件中，究竟是否存在着法官裁判可赖以为基础的法律渊源或资源？还是像哈特所宣称的那样，疑难案件中根本就不存在任何当事人的权利或义务，法官只能通过行使自由裁量权来作出裁决？换言之，在疑难案件裁判中，法官究竟是要服从规则还是创造规则？对上述问题的回答仍然无法避开数百年来西方思想史上的争论，哈特与德沃金之争的一个重要主题就是法官要不要忠于法律，亦即面对疑难案件他能否行使"强式意义的自由裁量权"的问题。哈特的法概念观是基于规则构建起来的，而规则不可避免地具有开放性和不确定性的品质，因此在疑难案件中，自由裁量权的行使是必然的选择，这也就意味着法官可以超越现行法律规则而创造新的规则，进而再将其溯及既往地运用到眼下的案件之中。③ 而这一点正是德沃金所坚决反对的，他坚持在一切案件中，法官都可以而且应当发现适用于当下案件的法律。一方面，他认为哈特的法概念观过于封闭和狭隘，其所秉持的承认规则之谱系性法律判断标准无法识别出作为法律的原则；另一方面，他提出了"明确法律"和

---

① 参见郑永流：《法律判断形成的模式》，载《法学研究》2004年第1期。在该文中，郑永流教授还以事实与规范适应与否及适用程度的各种情形为主线，探讨了进行法律发现的几个缘由。具体说来，当出现事实与规范关系相对适应、事实与规范关系不相适应、事实缺乏规范标准以及事实与规范关系形式相适应但实质不适应的情形时，便需要进行法律的发现工作。

② 王宏选、张麦昌：《疑难案件法律发现的渊源、模式和机制》，载《求索》2006年第3期。

③ 目前也有学者提出即使在这种情形下，强式的自由裁量权仍然要受到法教义体系的约束，要坚持和符合"最小损害原则"。参见陈坤：《法学方法论的困境与出路——论最小损害原则》，载《西南政法大学学报》2012年第1期。

"隐含法律"的观点。① 德沃金区分了刚性惯例主义与柔性惯例主义,认为前者是我们所必须加以抛弃的,而后者恰恰是他的整全法理论所未充分开发的一种非常抽象的形式。"正是这些信念——关于解读制定法的最佳技术、关于制定法在宪政结构中的正确地位、关于宪法与法律理念之间的关联,以及关于最完美无瑕的正义概念观——为他(柔性主义法官)决定了'对抽象惯例的哪一个阐释为最佳',从而决定了'法律要求什么'。"② 既然哈特承认规则无法识别出隐含法律,那么德沃金是如何能够做到这一点的呢?有学者认为:"'隐含法律'最为重要的特点在于其内容必须通过推论才能获致,因为,其具体内容的产生,依赖对特定的原则、政策、学说及政治道德观念等一般内容的推论。"③ 此外,笔者认为富勒关于法律渊源之论断与德沃金有异曲同工之妙。富勒认为,所有的制定法都包含默示法,诸如习惯、普通法等,这种区分在当时是极富洞见性的。④ 既然疑难案件根源于事实与规范之间的紧张关系,那么在疑难案件中,法律发现最为根本的方法乃是通过不断调适事实与规范之间的关系,使得二者在"目光来回往返盼顾"的过程中得到基本适应,无论是德沃金推论式之法律发现的方法,还是我国某些学者主张的"法在事中"⑤,所遵循的论辩思路和方法大致都是一样的。

(二) 疑难案件中的法律解释方法

法律解释是普通法系与民法法系法官所共享的一种重要法律方法,它主要是指对法律规范的含义所进行的解说和释明。拉伦茨认为,法律

---

① 刘星教授认为德沃金区分"明确法律"与"隐含法律"是为其理论争议铺平道路,另外还包含两个目的,"第一,表明以往各类法学理论主张'发现法律'方法是单一的不当之处;第二,他们所说的'法律漏洞'的观点是错误的。"参见刘星著:《法律是什么》,中国政法大学出版社1998年版,第159页。
② 〔美〕罗纳德·德沃金著:《法律帝国》,李冠宜译,时英出版社2002年版,第136—137页。
③ 刘星著:《法律是什么》,中国政法大学出版社1998年版,第158页。
④ 参见〔美〕罗伯特·萨默斯著:《大师学述:富勒》,马驰译,法律出版社2010年版,第84—90页;See also Lon L Fuller, *Anatomy of the Law*, Greenwood Press Publishers, 1976, pp.43-84.
⑤ 严存生:《"法在事中"——从疑难案件的法律解释想起的》,载陈金钊、谢晖主编:《法律方法》(第二卷),山东人民出版社2003年版,第384—393页。

第五章 疑难案件的成因及裁判进路

解释之所以必要,是因为"当案件事实适合法律规定时,法官必须将法律适用于案件。如若不然,则法律将不能'贯彻'……因此仍然需要解释法律"①。法律规则的语义模糊是经常发生的事情,而社会事实又是变幻万千、纷繁复杂的,即使是一个内容十分清楚、完整的规范,有时亦无法径直涵摄,这就需要借助于法律解释方法来澄清语义和调适事实与规范间的对照关系。广义的法律解释事实上包含法律发现和法律解释两个方面的内容,本部分仅指狭义上对法律规定所作的解释说明。齐佩利乌斯认为:"解释法律意味着对法律用词的涵义进行探究,也就是说,探究该法律用词所表达的事实、价值和应然观念。"②例如,"杀人者死"这个规范几乎可以出现在各国刑法典的规定之中,从直观感觉上,该规范之内容已然十分清晰,既有行为模式又不乏法律后果,因此在司法适用中应该不会出现太大的问题。然而这似乎仅仅是个假象,设想一下富勒教授所虚构的"洞穴奇案"③,马上就会发现"杀人者死"在特定案件中的适用是何等的困难和复杂。"杀人"这一行为在通常情况下不难理解,比如谋财害命之举显然可以直接涵摄该规范,然而对为维护生命权而去杀人以求自保的行为是否应当判决有罪?这一点恰恰是我们所说的法律争议,杀人充饥以自保的行为已不属于"杀人"一词标准语义的范围了,正因为如此,富勒所设想的5位德高望重、学识渊博的大法官们之间才发生了分歧。如 Truepenny 法官认为应当依据法条规定的含义宣判杀人者有罪,Foster 法官则诉诸自然法和良心支持无罪判决,Tatting 法官认为杀人不是充饥的理由但该案判决本身是一个两难问题,因此建议撤销判决。"洞穴奇案"显然是本章讨论的一个极具代表性的疑难案件,法律规范与案件事实之间发生了"形式上适应"但"实质上不适应"的情况,于此便需要法律解释这种方法对现有法律条文进行解释,说明"杀人"究竟包括哪

---

① 〔德〕卡尔·拉伦茨著:《法学方法论》,陈爱娥译,商务印书馆2003年版,第20页。
② 〔德〕齐佩利乌斯著:《法学方法论》,金振豹译,法律出版社2009年版,第59页。
③ "洞穴奇案"是著名法学家富勒提出的法律虚拟案例,是一宗同类相食案,并牵涉陷入绝境、抽签、公众同情、政治因素、紧急避险抗辩及赦免等事实,他以5位法官的判词反映五种不同的法哲学流派。该案详情可以进一步参见维基百科中文版中的"洞穴奇案"条目。也可以参见〔美〕萨伯著:《洞穴奇案》,陈福勇、张世泰译,生活·读书·新知三联书店2009年版。

些情形,为充饥迫不得已杀人以求自保的行为是否违反了"杀人者死"这一规范。

现代的法律解释理论肇始于萨维尼的古典法解释理论,这也是德国历史法学派在法学方法上的一大贡献。萨维尼认为,法律的目的或法律规范的意图内嵌于一个民族的精神和气质中,为正确理解某一制定法规范,"这就要求他们(解释者)站在立法者的立场之上思考上述意图,并人为地重复立法者的工作,也就是在他们的思考之中重现制定法。这就是解释行为,我们可以将它确定为重建内在于制定法之中的意图"①。他进而将解释方法分为文法解释、逻辑解释、历史解释和体系解释四种,虽然上述四种方法是被萨维尼以制定法解释的要素的名字使用的,但实则是制定法解释的四种不同但又相互联系、相互协调和相互辅助的方法。这些方法如今依然是法解释学最主要和最经常使用的方法,然而法律解释发展到现在出现了一种危险的趋势,那就是"泛解释论"或"普遍解释论"的倾向,最具代表性的人物当属德沃金和费什。他们将对法律的理解视为一种对法律的解释过程,以至于德沃金的中后期理论几乎全部被称之为一种"作为解释之法律"的东西。帕特森认为:"从一开始,德沃金的计划就是被一种核心的哲学思想所驱动的,即要为法律命题确定真值条件。……德沃金的注意力从来没有从他的核心立场——人们是如何确定法律命题的真值条件的——移开,他一直坚信,人们可以通过确定'最好地解释了法律系统的目的和结构'的原则来确定法律命题的真值条件。"②以至于戴维特不耐烦地说,"如果有人再在你面前提'解释',就给他一枪"③。其实这里涉及一个诠释哲学中的经典命题,即"理解与解释是否具有同一性"的问题,这直接关系到解释的概念和范围。④ 笔者的一

---

① 〔德〕萨维尼著:《当代罗马法体系 I》,朱虎译,中国法制出版社 2010 年版,第 166 页。
② 〔美〕丹尼斯·M. 帕特森著:《法律与真理》,陈锐译,中国法制出版社 2007 年版,第 107 页。
③ 〔美〕安德雷·马默主编:《法律与解释:法哲学论文集》,张卓明、徐宗立等译,法律出版社 2006 年版,第 5 页。
④ 对哲学诠释学中"解释与理解"关系的讨论,可以参见洪汉鼎著:《当代西方哲学两大思潮》(下册),商务印书馆 2010 年版,第 460—521 页;也可以参见孙海波:《不存在疑难案件?》,载《法制与社会发展》2017 年第 4 期。

第五章 疑难案件的成因及裁判进路

个基本立场是,解释虽然不可避免地要以理解为基础,但"理解的东西一般无须再解释"或者"并不是一切理解都是解释",只有这样才能拯救岌岌可危的解释的客观性。

法学实证主义者坚持实在论,认为法律是由社会事实决定的,在疑难案件中当事人的权利与义务难以得到有效的证立,最佳的解释办法莫过于法官的立法,这实际上已经超出了解释的范畴。德沃金给这种理论贴上了"语义学之刺"的标签并对其详加批判。相反,在他看来,法律是一种解释性的概念,即使是面对疑难案件,法官仍然可以通过建构性的解释方法或者融贯论来获得对法律争议的最佳解释。德沃金将司法事业视为一项解释性的实践,而"对法律实践所做的以整体性为基础的解释,其最佳的贯彻方式是,在教义性阶段采纳这样一些真值条件,这些真值条件使在任何问题上法律是什么问题本身就成为一个解释性的问题"①。他进一步将法律解释的实践细化为三个阶段:第一个阶段是"前解释阶段",也是他全部建构性解释的起点,这个作为起点的解释基础就是源自过去政治决定的宪法、制定法、判例等权威文本,即使在这一阶段他认为也是有必要采取解释性态度的。② 第二个阶段和第三个阶段分别是"解释阶段"和"后解释阶段",这两个阶段的工作用德沃金的话来概括就是:"在'对社会实践的前解释说明'与'对那个实践的适当证立'之间,建立均衡。"③德沃金所坚持的这种普遍解释进路,必然要求法官对于一切法律文本都采取解释性态度,以寻求对个案裁判的最佳证立。于是问题就出现了,这种普遍的解释主义立场可能会陷入无止境的解释学循环之中,哈特很早就已经意识到了这个问题,所以他基本放弃了疑难案件中的解释进路。帕特森也指出,"把理解归结为解释会产生解释上的无

---

① 〔美〕罗纳德·德沃金著:《身披法袍的正义》,周林刚、翟志勇译,北京大学出版社 2010 年版,第 35 页。
② 这种解释性态度包含着两个组成要素:一是指任何规则或者制度都含有某种价值或原则,德沃金称其为"本旨"(some point);二是涉及依据该本旨对规则的真实意义进行探寻和证立。参见〔美〕罗纳德·德沃金著:《法律帝国》,李冠宜译,时英出版社 2002 年版,第 49—50 页。
③ 同上注,第 71 页。

限后退,因为每一个解释还需要新的解释"[1]。此外,由于不同的法官可能具有不同的文化道德、价值观念和司法信仰,那么何以要求每个法官都能在个案中作出一个公认的最佳解释,这就意味着"法律解释的客观性"被扼杀了。总之,笔者认为,法律解释对于司法裁判实属必要,尤其在疑难案件中更是如此。但解释是有限度的,我们既不能把每一次对法律的理解都视为一种对法律的解释,同时也不能以牺牲客观性为代价而将解释无限循环地进行下去,正如一句古老的法谚所云:"问题清晰之日也即解释终结之时。"

(三)形式推理与实质推理的双重变奏

疑难案件的裁判也是与法律推理方法紧密联系在一起的,这是世界各国法官所普遍适用的一种法律方法。规则就是事实摆在那儿的,它不会自己告诉法官应当怎么适用,也不会自动地投射到具体案件中去,那么,如何将法律规范与案件事实勾连起来,使之发生应有的法律效力?这便离不开法律推理这个基本方法。法律推理就是指在法律争辩中运用法律理由的过程[2],通俗地讲,法律推理就是法官将裁判过程以说理的形式公之于众,以尽可能地让当事人在法情感上理解和接受判决。张骐教授认为:"法律推理既包括根据现行、明确、正式的法律渊源对有关争议、违法的解决,也包括在一定框架内对解决有关争议、违法的法律根据的寻找和确定。"[3]由此可见,广义的法律推理包括形式推理与实质推理两种类型。形式推理也被称为演绎推理或三段论推理,意指从一个已知的大前提(法律规定)和小前提(案件事实),运用逻辑演绎出一个未知的结论(司法决定)的过程。在伯顿看来,这一推理过程包含三个步骤:"(1)识别一个权威性的大前提;(2)明确表述一个真实的小前提;以及

---

[1] 〔美〕丹尼斯·M. 帕特森著:《法律与真理》,陈锐译,中国法制出版社 2007 年版,第 107 页。
[2] 〔美〕史蒂文·J. 伯顿著:《法律和法律推理导论》,张志铭、解兴权译,中国政法大学出版社 1998 年版,第 1 页。
[3] 张骐著:《法律推理与法律制度》,山东人民出版社 2003 年版,第 17—18 页。

第五章　疑难案件的成因及裁判进路

(3) 推出一个可靠的结论。"①这种推理模式大致相当于欧陆法学者所谈的涵摄方法，即通过逻辑演绎的方法将一般法律规范与案件事实进行对照涵摄，从而推导出一个具体的裁判结论。然而，形式推理具有极大的局限性，很大程度上只适用于法律规范明了和案件事实清楚的简单案件；一旦遇到法律规范模糊、法律规定阙如和法律之间冲突的情形，逻辑的力量似乎也就走到了它生命的尽头。为此，需要一种以价值权衡和实质追求的进路来填补法律中的空白或协调法律间的冲突，这种方法就是实质推理。实质推理的特点在于，"不能以一个从前提到结论的单一锁链的思维过程和证明得出结论"②，这种以价值判断和实践理性为鲜明特质的推理方法主要是应对疑难案件的。

形式推理一般又可细化为演绎推理与归纳推理，两种推理方法虽各具特色，但也并非都是尽善尽美的。於兴中教授就指出："演绎推理是一种从一般到个别的自上而下的思维方法，大前提往往被看作绝对真理，用以压制不同意见，因此常被人们攻击为专制主义的思维模式。"③而归纳推理更多地诉诸经验、理性以及规则背后的价值和目的，这样很容易会导致裁判结论的不确定性和任意性。④ 尽管如此，笔者认为，欲求完好地应对司法实践中的疑难案件，需要实现形式推理与实质推理的双重变奏。那么，为什么是形式推理与实质推理的双重变奏，而不仅仅是形式推理或实质推理？主张疑难案件中仅仅运用实质推理的论者不乏其数，笔者反对这种独断的论述，实际上在疑难案件中唯独实质推理才发挥作用只是一个假象而已，下一章笔者将会为形式逻辑的基础性地位进行辩

---

① 〔美〕史蒂文·伯顿著：《法律和法律推理导论》，张志铭、解兴权译，中国政法大学出版社1998年版，第54页。
② 〔英〕尼尔·麦考密克、〔奥地利〕奥塔·魏因贝格尔著：《制度法论》，周叶谦译，中国政法大学出版社1994年版，第202页。
③ 於兴中著：《法理学检读》，海洋出版社2010年版，第4页。
④ 张骐教授提出，避免实质推理这一后果可行的方式之一就是通过一定的制度与规则来加以保证，或者说实现形式规则与实质推理的完美结合。在中国司法实践中，具体需要以下规则与制度的保证："首先是在法律制度中明确推理依据的种类及顺序；其次，遵守推理的逻辑规则；再次，改革判决书制作风格与建立判例（法）制度；最后，提高法官素质。"参见张骐著：《法律推理与法律制度》，山东人民出版社2003年版，第57页。

护。我们必须牢记一点,演绎推理在法律推理中处于最基本和核心的地位,实质推理尤其是类比法律推理只是在规则出现"潜在包含"的情形下才是可欲的,因而决定了它只处于一种辅助或次要的地位,任何将实质推理推向极端的论断都是危险的。同时我们也看到实质推理的运行同样以演绎为基础,类比推理的一般模式首先是提炼成文法律的规范意旨或司法先例的判决理由,然后判断当前争议案件与法律规范的要件事实或先例案件的事实是否具有相似性,最后再将成文规范或判决理由演绎适用于当前的争议案件中。因此,法官裁判案件时通常需要先进行演绎推理,只有当通过演绎推理无法进行下去或无法得出一个合理与合法的裁判结论时,法官们才会回过头来检视自己先前的推理过程。在恩吉施看来,这个过程就是"在大前提与生活事实之间来回顾盼"[①],在此情形下,实质推理才会被重新考虑作为法官思考的逻辑起点。

伯顿曾断言:"规则给人以看似简单的假象,案件则具有复杂丰富的变化。你们迟早会发现,在比案件还要复杂多样的世界中,单从规则出发的推理往往是不可靠的。"[②]这一点和苏力教授的论断颇为相似,他说在法律没有规定的地方,"一个理想的法官可能根据习惯的做法以及有关的政策性规定或原则以及多年的司法经验作出实践理性的决断,补充那些空白;在法律不明确的地方,他/她会以实践的智慧加以补充,使之丰富和细致;在法律有冲突时,选择他/她认为结果会更好或者更言之成理的法律;在法律的语言具有弹性、涵盖性、意义增生性的情况下(而这是不可避免的),追求一种更为合理的过程"[③]。任何案件的司法裁判都是试图通过各种方法寻求一种价值共识,达成一种定分止争的协议。形式推理是首选的推理方法,只有在形式推理不足以作出裁判的情况下,法官才会考虑并诉诸实质推理的方法。实质推理不是"没有规则的推理",相反恰恰是由于它过于重视追求真实的法律规则,才通过类似于决

[①] 〔德〕卡尔·恩吉施著:《法律思维导论》,郑永流译,法律出版社2004年版,第72页脚注。
[②] 〔美〕史蒂文·J.伯顿著:《法律和法律推理导论》,张志铭、解兴权译,中国政法大学出版社1998年版,第23页。
[③] 苏力著:《送法下乡:中国基层司法制度研究》,中国政法大学出版社2000年版,第6页。

第五章　疑难案件的成因及裁判进路

疑论的"类推推理、指导意见、原则、参照不符合规则要求的标准"进行决断。[①] 至此，笔者就疑难案件中法律推理运行得出的一个初步结论就是，形式推理与实质推理共同服务于疑难案件的裁决，甚至在一切案件中形式推理都是起作用的，只不过这种作用有时候很微弱，以至于无法决定裁判结论的产生。也就是说，在疑难案件中，最终起决定作用的主要是实质的法律推理，只有以形式规则为基本保证、以实质的价值权衡为导向，才能真正有力地应对疑难案件。

四、本章小结

疑难案件尽管是各国司法普遍面临的一个难题，但是由于各国政治、经济、文化背景及法理论发展存在差异，使得我们无法等量齐观。相对而言，英美法理学在长期的发展中对疑难案件给予了足够的重视，自疑难案件最初在司法实践中被提出到法理学对其给出回应和争论，迄今已过去数百年，这个难题在当下依然困扰着法律人，甚至目前中国学界对于什么是疑难案件、疑难案件基于何种原因形成、以何种标准来界定疑难案件、疑难案件有哪些类型、法学理论家如何描述与阐释法哲学中的疑难案件等诸如此类的问题依然缺乏相应的研究。这种知识上的断裂有很多原因，事实上随着法官职业化水平的提高、法学理论家对实践的参与，这一现象已逐渐有所改观。疑难案件意味着对常规情形和既有解释框架的挑战，由此亟须一套新的解释框架方能减少或消除其产生的不确定性，实践推理（practical reasoning）恰恰可以用来解决这一问题。简言之，原有的"以规则为依据"的推理模式显然已无法满足需要。前文笔者细致梳理了裁判疑难案件过程中所使用的法律发现、法律解释和法律推理的方法，并指出无论是决定论的形式主义还是非决定的怀疑主义进路均不可取，而只有通过法律发现和法律解释的辅助机制与形式推理

[①] 这些决疑手段在孙斯坦那里就表现为"未完全理论化的协议"。参见〔美〕凯斯·R.孙斯坦著：《法律推理与政治冲突》，金朝武、胡爱平、高建勋译，法律出版社2004年版，第39—72、145—163页。

和实质推理双重变奏的同步进行才能最终有效地应对疑难案件。这或许也类似于哈特以"法律的开放性结构"在形式主义的决定论与规则怀疑主义的非决定论之间所走出的中间道路。

详言之,案件发生疑难的最根本的原因在于行为理由冲突与规范依据缺失,那么我们需要引入何种方法才能裁判疑难案件?恰如陈景辉教授所言:"由于法律推理的中心任务是以公共判断的方式来解决行为分歧,而行为分歧的背后体现的必然是理由的重叠和交错,故此法律推理也就一定是在明确理由的类型的基础上作出的恰当的公共判断,这种以实践理由而展开的法律推理也就是实践推理。"① 实践理性作为应对疑难案件的主要方法,是指通过理性反思的方式来决定什么是应当做的思维过程。它有两个一般性特点:"其一,它的主题是应该做什么,其目的是要引起一个行动;其二,实践推理涉及各种理由,实践推理过程必然表现为对各种理由的平衡或选择,而不同的行为理由对于实践推理也会产生重要影响。"② 可以说,实践推理贯穿于一切案件的裁判中,但在疑难案件中它的角色最为重要。正是由于理由的冲突,使得人们在合作和行动上产生了争议,此时便需要在各种冲突的理由中进行权衡、选择,从而得以消除分歧并达成认识与行动上的共识。③ 总之,形式推理的断然性、排他性与实质推理的非决断性、权衡性的完美结合,就是实践推理的应有之义与内在要求。

---

① 陈景辉著:《实践理由与法律推理》,北京大学出版社 2012 年版,第 71 页。
② 徐显明主编:《法理学原理》,中国政法大学出版社 2009 年版,第 176 页。
③ "理由"是道德哲学和法哲学上的一个重要概念,拉兹区分了"一阶理由"(first-order reason)与"二阶理由"(second-order reason)。一阶理由具有非决断性,它涉及各种不同理由之间的竞争、冲突,因此行动者需要在其间做权衡选择;二阶理由则是针对一阶理由的理由,具有排他性,它本身就是排他性理由。对于一、二阶理由之间的冲突与协调,See Joseph Raz, *Practical Reason and Norms*, Oxford University Press, 1999.

第六章　重思形式逻辑的功用与限度

逻辑是人类正确思维的原则和条件①,在传统的法哲学家看来,逻辑是法律稳定的主要保障②。追求逻辑上的一致性和精密性曾一度是概念法学的最高目标,然而随着形式主义所预设的"完美法律体系"的迷信被破除以后,人们开始将法律的不确定性视为一个普遍的真理,逻辑在法律实践和生活中的作用也受到越来越多的质疑、藐视甚至拒绝,更有"一页历史抵得上一卷逻辑"的说法。③ 同这一背景如影相随,在法律方法领域也发生了一个明显的转变,亦即人们从对司法三段论的笃信不移到对这一方法的严厉批判,进而也使得以价值判断为核心的实质推理和法律论证等非形式逻辑方法主导了法律方法的讨论。这里存在一个悖论:一方面,法学理论家急于为法官们打造一种有别于司法三段论的全新法律方法;另一方面,在司法实践中出于职业安全的考虑和对判决确定性的渴求,中国法官对于司法三段论又有一种天然的依赖。事实上,他们至今尚未完全正确地领悟这一方法的真谛,更遑论娴熟地使用了。盲目地告别司法三段论,只会带来本末倒置的危险后果。

既有的法律推理理论存在一个普遍的预设,即认为司法三段论只是一种功用极为有限的法律方法,它只注重大、小前提之间的逻辑关系,而对于推理结论之正当性缺乏相应的检验和论证。另外,由于司法实践中

---

① See Nicholas F. Lucas, "Logic and Law", *Marquette Law Review*, Vol. 3, Issue 4, (1919), pp. 203-210.
② 这种保障体现在两个方面:一是能够发现或演绎地使用不证自明的或先验的原则以将法律规则公式化;二是这种被良好地予以公式化的法律规则没有给法官在适用法律方面留下裁量的空间。See, Edwin W. Patterson, "Logic in the Law", *University of Pennsylvania Law Review and American Law Register*, Vol. 90, No. 8 (Jun., 1942), pp. 875-909.
③ *New York Trust Co. v. Eisner*, 256 U. S. 345, 349, 1921.

疑难案件的频繁出现,法教义学也面临着崩溃的危险,所有这些因素使得司法三段论陷入了一种被任意批判的尴尬局面,对判决结论的任何质疑都可以归咎于司法三段论的使用之上。司法三段论是否如批评者所说的那样已经走到了尽头?司法三段论在法律推理或法学理论中是否还有一席之地?这正是本章要讨论的主要问题。尽管在法律论证等非形式逻辑方法日益崛起和后现代法学群起围攻的背景下,司法三段论走向没落了,但是,笔者认为司法三段论依然是法律推理的基石和核心。正如麦考密克所言:"需要理解的是,三段论在法律推理中发挥着一种基础性的作用,形式逻辑和演绎推理在法律中的确十分重要。"①

为此,本章的基本思路如下:第一部分着手梳理中外学界对司法三段论的批判,归结起来无非有根本否定论、有限存在论及完全存在论三种立场,在重新界定司法三段论的基础上对以上三种批评予以回应。第二部分指出形形色色的批判论者所存在的误解甚至错误,正本清源以还原司法三段论的真实面目。第三部分将彻底检讨批评者所提出的几种替代理论,无论是类比推理、等置理论还是法律论证,离开了演绎三段论的基本模式都难以自足,因此它们都部分地失败了。而将推理过程回归到三段论的框架之下,才是法律方法的必然选择。最后,通过提出法律推理的双重结构,重新还原法律推理理论的真实面貌,并以此捍卫形式逻辑和司法三段论在司法过程中的根本性作用。

一、对司法三段论的种种诘难

近年来,司法三段论日益成为人们批判的靶标,主要是由概念法学的流弊所致,尤其是自由法学运动的蓬勃发展、利益法学的异军突起以及评价法学的应运而生,更使得"逻辑"成为了一种"机械"的代名词,司法三段论在人们心目中颜面尽失。归纳起来,学者们主要从以下四个方面攻击司法三段论:第一,这种推理只能解决简单案件,一旦遭遇疑难案

---

① See Neil MacCormick, *Rhetoric and the Rule of Law: A Theory of Legal Reasoning*, Oxford University Press, 2005, p.33.

第六章 重思形式逻辑的功用与限度

件便束手无策;第二,法律文本的不周延性、相互矛盾及缺漏使得推理无法进行下去,因而需要实质推理加以补充;第三,三段论式推理的依法判案,不过是一种包装,真正的推理实际上从来没有发生过;第四,三段论推理模式使法律出现了机械性和僵化模式。① 从以上诘难不难看出,要求三段论"包治百病"实在有些强人所难。其中也不乏错误的论断,比如三段论不能应对疑难案件的观点本身就是一种谬论。我国台湾学者颜厥安认为,目前法学界已经充斥着一种反逻辑与反概念的心态,然而这两种批评似乎有些矫枉过正,以为逻辑在法学思维中完全不重要,其实逻辑是思考的基本法则,只要是思考推论或论证主张,就必定运用了某种逻辑。② 如果不正确地理解批判者的立场就妄加回应,这与批评者的盲目姿态并无二样,由此对各种各样的批评理论加以理论化和类型化,便成为一种必要。

(一) 几种既有的批判立场

1. 根本否定论

荷兰学者哈格认为,三段论是一种基于逻辑效力概念的推理形式,对于规则来说并不合适,即使在简单案件中,三段论式的规则适用模式也是错误的。对此,他提出了一个关于论证的"容器比喻"③。容器背后的核心旨意在于,论证的每一个前提都将信息置于一个容器之内,结论所包含的信息同样被包含于容器之内,因此三段论的命运也就和容器的适足性联系在一起。具体而言:(1) 容器比喻并不适合以规则进行的推理;(2) 如果将规则考虑进来的话,逻辑效力的语义观念并不是充分的逻

---

① 参见谢晖、陈金钊著:《法理学》,高等教育出版社 2005 年版,第 477—481 页。
② 颜厥安:《法、理性与论证——Robert Alexy 的法论证理论》,载《政大法学评论》1994 年第 52 期。
③ "容器比喻"十分类似于波斯纳所提出的"箱子隐喻",是以"所有的人都会死,苏格拉底是人,因此苏格拉底会死"这一经典的三段论为例,大前提告诉我们这里有一个贴了标签"人"的箱子,箱子里有一些东西,其中每一个都会死;小前提则告诉我们,箱子里的东西都有个名字牌,其中有一个牌子上写的是"苏格拉底"。当我们把苏格拉底拿出箱子时,我们就知道他是会死的。因此,我们拿出来的不过是我们预先放进去的东西。参见〔美〕理查德·波斯纳著:《法理学问题》,苏力译,中国政法大学出版社 2002 年版,第 49 页。

辑效力观念;(3)三段论并不是正确的规则适用模式。① 与此相关的另一种批评认为,事实而非规则才是人类思维的起点,人们经由对复杂的个案事实的发现以进一步检索和修正可供适用的法律规则,无论是事实的认定还是法律规则的选择,都远比我们想象的要复杂得多。② 佩雷尔曼主张,形式逻辑与法律推理仅具有一种十分有限的相关性,法律推理是否有效取决于听众是否接受。③ 以上观点是法律逻辑学家提出的,他们从根本上否定了三段论在法律推理中的地位和作用。现实主义法学在这一点上走得更远,该理论安身立命之基就在于对三段论推理之大、小前提的前后夹击,由此在其内部又衍生出了法律怀疑论和事实怀疑论两个分支。在该理论看来,裁判从来都不是严格地按照三段论的模式作出的,相反"它们是基于不确定的事实、模糊的法律规则或者不充分的逻辑作出的"④。

2. 有限存在论

有限存在论的核心主张之一在于,三段论推理遮蔽了司法过程的复杂性。图尔敏呼吁将论证从形式逻辑学中解放出来,在他看来,三段论法所使用的论证图式,其实隐蔽了潜藏于其中的复杂性。作为三段论大前提的普遍性陈述,将导致语言的贫瘠化。实际上,"凡 A 是 B"这种陈述,除了逻辑学教科书之外,在日常语言表现上几无擅长余地,但形式逻辑学无视此种事实,其结果是带来了种种无谓的担忧。⑤ 考夫曼也指出,法律发现过程的科学性不在于把这个过程化约为涵摄的逻辑推论,而毋宁在于澄清这个过程的复杂性,而且合理地反思所有在该过程中不是以

---

① See Jaap Hage, *Reasoning with Rules: An Essay on Legal Reasoning and Its Underlying Logic*, Kluwer Academic Publishers, 1997, pp. 2-3.

② See John Dewey, "Logical Method and Law", *The Philosophical Review*, Vol. 33, No. 6 (Nov., 1924), pp. 560-572.

③ See Chaïm Perelman, *Justice, Law, and Argument: Essays on Moral and Legal Reasoning*, D. Reidel Publishing Company, 1980, pp. 120-135.

④ 〔美〕史蒂文·J. 伯顿著:《法律和法律推理导论》,张志铭、解兴权译,中国政法大学出版社1998年版,第4页。

⑤ 参见张钰光:《"法律论证"构造与程序之研究》,台湾辅仁大学法律学研究所2001年博士学位论文。

第六章　重思形式逻辑的功用与限度

形式逻辑得出的一切事物。① 一言以蔽之,三段论把法律推理的过程简单化了,从而难以反映法律推理的全貌。另一些学者认为,三段论在法律推理中仅扮演着一种次要的角色,一旦遭遇疑难案件便需要退场②,三段论的功用范围被仅仅局限于对简单案件的裁判中。波斯纳虽然承认逻辑在疑难案件中的有限作用,但对三段论在法律推理中的地位仍持一种怀疑的态度,它的功能只是表明某个推理过程无误,而不是确立这一过程的结果的真值。逻辑如同数学那样探讨的是概念间的关系而不是概念与事实的对应关系,而法律制度则不能不关心经验真理问题。③ 国内不少学者也相继批评了三段论,有的学者指出要从三段论向法律论证进行转型,有的学者认为对传统的三段论加以改造,还有的学者指出法律方法从传统推理向诠释的过渡等。④ 有限存在论相对于只破不立的根本否定论具有一定的科学性,但这种主张背后仍然存在一些认识上的误区,而且有限存在论者所提出的种种替代方案并不成功。

3. 完全存在论

与根本否定论不同,完全存在论走向了另一个极端。它的核心主张是,三段论是一种完全自足的裁判方法,法官的任务在于将现有的法律适用到眼前的案件事实中去,通过"如果 T,那么 R"的公式便可获致正确的判决,而无须诉诸法外理由或其他法律方法。法律形式主义以及概念法学就是这一理论主张的典型。这种主张展现出一种完全肯定司法三段论的姿态,它的理论基础在于法律是一种确定的和完美的规范体

---

① 参见〔德〕阿图尔·考夫曼著:《法律哲学》,刘幸义等译,法律出版社 2004 年版,第 132 页。
② See Otto Christian Jensen, *The Nature of Legal Argument*, Basil Blackwell, 1957, pp.1-15.
③ 参见〔美〕理查德·波斯纳著:《法理学问题》,苏力译,中国政法大学出版社 2002 年版,第 69 页。
④ 国内这方面的批评文献主要有郑永流:《法律判断形成的模式》,载《法学研究》2004 年第 1 期;焦宝乾:《当代法律方法论的转型——从司法三段论到法律论证》,载《法制与社会发展》2004 年第 1 期;林来梵、林伟:《在法律思维中超越三段论》,载梁庆寅主编:《法律逻辑研究》(第 1 卷),法律出版社 2005 年版,第 52—65 页;周舜﨟:《司法三段论在法律适用中的局限性》,载《比较法研究》2007 年第 6 期;朱庆育:《司法推理的典型思维:从司法三段论到意思表示解释理论》,载郑永流主编:《法哲学与法社会论丛》(总第 6 卷),中国政法大学出版社 2003 年版。

系,也即三段论推理的有效性要建立在"法律公理体系之梦"的基础上,而由于法律语言的多义性、开放性和可争议性等特征,使得即使想要建立一个法律概念的逻辑演绎体系也是十分困难的。① 这种主张固然要比"投掷硬币"或"诉诸神明"更为明智和科学,但它过度夸大了三段论在司法过程中的作用,而几乎没有给其他方法留下余地。从这个意义上来讲,它依然不足为取。批评者认为这是一种"神话",如果法官果真的像他们所宣称的那样充当着"自动售货机"的角色,那么法官还有什么用呢?

(二) 简要回应及对司法三段论的再界定

笔者认为以上三种立场都或多或少地存在问题,它们的缺陷就在于过度夸大或不适当地贬低了三段论的作用,这都与三段论的内涵不一致,同时亦不符合司法推理过程的真实面目。在对待三段论的存在论态度上,笔者持一种介乎于完全存在论和有限存在论的中间立场,试图为其在司法裁判过程中确立一个适当的地位。值得注意的是,不少批评者是在不同意义上使用"法律逻辑"概念的,甚至还存在概念的混用和误用。塔麦洛指出,所有贬低法律逻辑价值的批评意见,错就错在它们缺乏一种对当代逻辑的适当认识和了解。② 批评者的普遍谬误在于对逻辑抱有过高的期望,指望通过逻辑来解决法律领域出现的种种问题。需要注意的是,逻辑并不是一个单一的、放之四海而皆准的适用体系。事实上,目前正在进行的工作便是发展逻辑以处理一些棘手的问题和矛盾。当法律推理面临逻辑上的困难时,我们所能做的就是不要放弃逻辑。③ "即使我们或许决定放弃逻辑和哲学而寻求其他指导方法,我们也必须了解逻辑和哲学会导向什么地方。很多时候,我们只能遵循它们所指出

---

① 参见舒国滢:《法学的立场之辨》,载颜厥安、罗昌发主编:《理性、思想继受与法解释》,元照出版公司 2009 年版,第 211—218 页。

② See Ilmar Tammelo, "Logic as An Instrument of Legal Reasoning", *Jurimetrics Journal*, Vol. 10, No. 3, (Mar., 1970), pp. 89-94.

③ See Kevin W. Saunders, "What Logic can and cannot Tell Us about Law", *The Notre Dame Law Review*, Vol. 73, No. 3, (Mar., 1998), pp. 667-688.

第六章 重思形式逻辑的功用与限度

的道路,而不会有更好的选择。"①

出于对结果确定性和必然性的追求,三段论的推理方法成为人们惯常思维的起点。"不管是出于理智分析还是人的意愿,法似乎是由制定出的全部规则构成的,其适用就是简单的演绎。从构成法律制度的基本原则中可以推演出法律规则。从法律规则中又可以通过一系列的三段论得出司法决定。"②所谓"司法三段论",是指从两个相互联系的大前提出发,推出某种具有必然性的结论③,其推理的有效性在于是从真的前提推出真的结论。由于它是一种"必然得出"的推理模式,对于稳固法律思维、统一法律适用和实现形式正义具有重大的意义。拉伦茨将具有构成要件 T 和法效果 R 的法规范与案件事实 S 之间的涵摄称为"确定法效果的三段论法",并以逻辑符号的形式将其表述如下:

T→R(对 T 的每个事例均赋予法效果 R)
S=T(S 为 T 的一个事例)
S→R(对于 S 应赋予法效果 R)

在这种三段论法的模式中,一个完全的法条构成大前提;将某具体的案件事实视为一个"事例",归属法条构成要件之下的过程,则是小前提;结论则意指对此案件事实应赋予该法条所规定的法效果。④ 此外值得注意的是,司法三段论发展到今天已不同于传统的经典三段论,它不再是一种完全封闭和机械的演绎系统,而是愈发地展现出一定程度的开放性,具体表现为作为推理之大前提的法律规定相对于活生生的个案事

---

① 〔美〕本杰明·卡多佐著:《司法过程的性质》,苏力译,商务印书馆 1998 年版,第 21 页。
② 〔法〕盖斯旦、古博著:《法国民法总论》,陈鹏等译,法律出版社 2004 年版,第 29 页。
③ 严格来讲,形式逻辑与演绎逻辑并不全然等同,前者主要是指采用符号语言进行形式化研究的逻辑,而后者是指基于特定前提必然推出结论的逻辑。现代逻辑通常采用了形式化的方法,同时又以演绎推理作为其主要研究对象,所以在不做严格区分的情况下,二者通常被视为同一个概念使用。人们对于形式逻辑的指责通常包括了演绎逻辑必然得出的推理机制和形式化方法两个方面。参见张传新著:《自适应道义逻辑与法律推理研究》,山东人民出版社 2011 年版,第 274 页。在此意义上,如无特别交代,本书并不严格区分形式逻辑与三段论的演绎逻辑,它们所对应的都是非形式逻辑。
④ 参见〔德〕卡尔·拉伦茨著:《法学方法论》,陈爱娥译,商务印书馆 2003 年版,第 150 页。

实,具有一定程度的伸缩空间。恩吉施关于"目光在法律规定与案件事实之间交错往返"的观点,并不像有些论者所宣称的那样是对三段论的颠覆①,这仍然是一种彰显了实践和时代特质的改头换面的三段论,认识到这一点便也不难看出,许多批评是建立在错误认识之上的。

二、误解产生的根源

荷兰法学家菲特丽斯指出,对于法律逻辑的批判通常是建立在对逻辑的性质和作用的误解的基础之上的。② 人们对于形式逻辑的普遍不信任源于以下五种典型的情形,而在这些情形中,裁判却又是直接或间接地以逻辑的名义作出的:第一,法院根据语词的字面含义这一捷径获致判决;第二,法院纵情于通过曲解而非解释这一不诚实的方式,使判决披裹上了三段论和精密推理的外衣;第三,在面临法律规则之间的冲突时,"必然得出"的三段论模式不得不转化为一种"可能得出",后者并不具有十分严密的逻辑性,相反是还不够逻辑;第四,法院有时故意采取一种矛盾的做法,而同时又宣称自己关注逻辑一致性;第五,神谕传统要求法官充当自动售货机的角色,判决是规则机械和僵化适用的结果。③ 这些误解必须要对司法三段论背负上臭名昭著的骂名负责,它不仅改变了司法三段论在法官、律师及法律学者心目中的印象,而且也人为地扭曲了它的真实性质和功用。由此导致的一个危险后果是,谁都可以像当年对待概念法学那样对司法三段论嘲弄一番,但法官内心对于确定性和一致性

---

① 诠释学法律理论作为司法三段论的敌手,坚持法官解释法律的造法特征,恰好认为不是法律的字面含义,而是依据事实行为来理解和具体化的法律,是法律规范。显然,恩吉施的法律适用理论也被归入了上述诠释学法理论。参见〔德〕阿图尔·考夫曼、〔德〕温弗里德·哈斯默尔主编:《当代法哲学和法律理论导论》,郑永流译,法律出版社 2002 年版,第 287 页。国内学者冯文生也持大致相同的观点,认为源于西方科学主义范式之下的司法推理范式具有自身难以打开的死结,必将为诠释范式所取代。参见冯文生著:《推理与诠释:民事司法技术范式研究》,法律出版社 2005 年版,第 59—74、164—184 页。

② 参见〔荷〕伊芙琳·T. 菲特丽斯著:《法律论证原理》,张其山等译,商务印书馆 2005 年版,第 32—36 页。

③ See Thomas Halper, "Logic in Judicial Reasoning", *Indiana Law Journal*, Vol. 44, Issue 1, Article 2, (1968), pp. 34-48.

第六章　重思形式逻辑的功用与限度

的渴求最终又必须以逻辑以依归。在检讨批评者们所提出的替代性理论之前，集中清理对待形式逻辑的认识误区就显得十分重要了。

（一）经验与逻辑的错误对立

形式逻辑存在这样一种怀疑论，即认为尽管表面上演绎推理在司法裁决过程中起着重要作用，但实际上它仅起着次要作用，司法裁判过程的特点表现为逻辑方法和逻辑形式，但这种过程的真正特点表现为"经验""形式主义"或"合理的直觉"。① 这还要从霍姆斯的那句至理名言说起。"法律的生命不在于逻辑，而一直在于经验。时代的迫切需要、流行的道德理论和政治理论、公共政策的直觉，甚至法官与其同事们所共享的偏见，无论是公然地还是下意识地，在决定人们所服从的规则方面所起的作用远远超过了'三段论式推理'。"② 一百多年以来，三段论的敌人们几乎都毫无例外地以此为批判武器。然而问题在于，霍姆斯对兰德尔的"逻辑神学"的批评是否依然合理？在现代逻辑方法变得更加有效的条件下，加上之后兰德尔主义所作的理论修正，上述批评是否依然成立？③ 对此，需要把握霍姆斯发表上述论断的时代背景。霍姆斯的论断针对的是以兰德尔为代表的法律形式主义，而当时实用主义思潮已经风靡美国法学界，霍姆斯反对的并不是逻辑本身，而是那种极端的将逻辑推向极致的做法，连他自己也承认"法律的确如任何其他事物一般，是一个合乎逻辑的发展结果"④。因此，法律与逻辑的关系应当是像布鲁尔所捍卫的那样，"逻辑中充满着经验，而经验又要接受逻辑的检验"。⑤ 逻辑与经验构成了人类知识的两个维度，二者不是截然对立而是相互关联

---

① 参见〔英〕哈特：《法律推理问题》，刘星译，载《环球法律评论》1991年第5期。
② See O. W. Holmes, *The Common Law*, Little, Brown, and Co., 1881, p. 1.
③ See Susan Haack, "On Logic in the Law: 'Something, but not All'", *Ratio Juris*, Vol. 20, No. 1, (Mar., 2007), pp. 1-31.
④ See O. W. Holmes, "The Path of Law", *Harvard Law Review*, Vol. 110, No. 5, (Mar., 1997), pp. 991-1009.
⑤ 〔美〕布鲁尔：《从霍姆斯的道路通往逻辑形式的法理学》，载〔美〕斯蒂文·J.伯顿主编：《法律的道路及其影响——小奥利弗·温德尔·霍姆斯的遗产》，张芝梅、陈绪刚译，北京大学出版社2005年版，第123页。

的,逻辑对经验保持着一定的开放性,一个完整的司法裁判过程应该是经验与逻辑的有机统一。

(二) 形式逻辑的简单化认识

早些年法律逻辑的确是一个颇具争议性的主题,争论的核心在于是否存在一种特殊的逻辑即法律逻辑,逻辑学家如开利诺维斯基等对此大多持否定态度,认为在一般逻辑之外并不存在一种所谓的法律逻辑,而列维和恩吉施等法学家则坚定捍卫法律逻辑的存在。[①] 在他们看来,法律逻辑就是一种将法律规则适用于司法裁判中的形式逻辑,而且如今承认它在法律推理中具有的重要作用已成为一个不争的事实。然而不幸的是,由于论者们对形式逻辑采取了一种简单化处理的方式,从而导致大多对形式逻辑的形式性及三段论推理的逻辑有限性的批评本身就是含混不清的。英国逻辑学家苏珊·哈克虽然站在反对者的立场上为霍姆斯辩护,但同样无法回避或无视现代逻辑的发展所带来的可能挑战。当年兰德尔和霍姆斯在谈论逻辑时,他们所指的仅仅是"三段论"。1880年兰德尔的著作再版,次年霍姆斯的《普通法》问世,然而它们都未意识到逻辑领域的革命已悄然发生,弗格雷和皮尔士所做出的智识性努力使得其超越了亚里士多德式的三段论逻辑,而且还为我们带来了"现代逻辑"。[②] 在现代逻辑蓬勃发展的背景之下,那种将形式逻辑仅仅简单地局限于亚里士多德式经典三段论的认识显然已经变得十分狭隘。现代形式逻辑具有两面性:一是它的外在工具性,逻辑为理性推理提供一个工具,因此要求逻辑为制定法或法律判决的缺陷负责是无理的。声名狼藉的法律形式主义并不是在法律领域过度运用逻辑的结果,而是对于(不符合公认逻辑标准的)伪逻辑的推理模式之误用的产物。[③] 二是它的内

---

① See Chaïm Perelman, "What's Legal Logic?" *Israel Law Review*, Vol. 3, No. 1, (Mar., 1968), pp. 1-6.

② See Susan Haack, "On Logic in the Law: 'Something, but not All'", *Ratio Juris*, Vol. 20, No. 1, (Mar., 2007), pp. 1-31.

③ See Ilmar Tammelo, "Logic as An Instrument of Legal Reasoning", *Jurimetrics Journal*, Vol. 10, No. 3, (Mar., 1970), pp. 89-94.

在精神性，逻辑所能提供的并不仅仅是一些无关痛痒的雕虫小技，隐藏于这些技术背后的乃是理性精神。① 另外，光是那些复杂的逻辑符号和公式，就足以让许多门外汉望而却步。因此，笔者认为三段论推理绝不是大小前提之间简单的逻辑关系，而是一种理性指引下的形式逻辑推理。

（三）对非形式逻辑的过度信奉

在形式逻辑之外还存在另一类非形式逻辑，二者之间存在质的差异。形式逻辑致力于研究"推理的有效性"问题，即研究如何从前提为真的命题中推导出结论也为真的新命题，它具有较高的形式性，而正是这种形式性遭到各方的诸多批评；非形式逻辑的关注点在于"什么是一个好的推理"，它强调推理过程的论辩性，以及运用修辞学的理论和标准来检讨推理结论的可接受性。此处所研究的司法三段论就是形式逻辑的主要范畴，而接下来将要检讨的类比推理、法律论证以及等置理论均已超出了形式逻辑的边界而落入了非形式逻辑的范围了。② 在佩雷尔曼看来，司法三段论并不是一种适格的推理模式，法律推理实质上是一种复杂的实践推理，是一种旨在说服或使言说对象信服的论证，并且能够成为令人信服的裁判结论的理由可以是道德的、政治的、社会的、经济的或宗教等多方面的。③ 索特曼并不赞同佩雷尔曼的上述看法，他认为非形式逻辑并不是形式逻辑的替代品，所有的论证均要向形式逻辑和非形式逻辑同时开放，前者研究论证的效力问题，而后者主要关注论证前提的可接受性。④ 基于非形式逻辑得出的结论是或然的，它所提供的是增加

---

① 这些理性精神体现为"逻辑的基本规律"，包括同一律、矛盾律、排中律以及莱布尼茨提出的充足理由律，共同构成了理性思维的基本前提与预设，是理性的对话、交谈能够顺利进行下去的最起码前提，它们分别确保理性思维具有确定性、一致性、明确性和论证性。参见陈波著：《逻辑学导论》（第二版），中国人民大学出版社 2006 年版，第 24—33 页。

② 关于非形式逻辑的基本情况，请参见熊明辉：《非形式逻辑的对象及其发展趋势》，载《中山大学学报（社会科学版）》2006 年第 2 期。

③ See Chaïm Perelman, *Justice, Law, and Argument: Essays on Moral and Legal Reasoning*, D. Reidel Publishing Company, 1980, p.129.

④ See Arend Soeteman, *Logic in Law: Remarks on Logic and Rationality in Normative Reasoning, Especially in Law*, Kluwer Academic Publishers, 1989, p.10.

说服力或者前提对结论文持度的方法,这种方法无法像演绎推理那样提供一套严格的可判定标准,而对前提的发现和选择虽然体现着经验与智慧之光,但对于一般的人来说显得神秘而不可琢磨,并且由于其不确定性的特点,似乎也无法为法学的刚性提供可靠的基础。① 所以,无论非形式逻辑具有多么大的吸引力,都不能完全取代形式逻辑在法律推理中的地位和作用,它与形式逻辑之间实际上是一种相互协作和补充的关系。因此,对非形式逻辑的过度信奉必然会荒谬地导向放弃司法三段论的结果。

三、对几种替代性理论的检讨

在消除了"将逻辑与经验绝对分离""对形式逻辑的简单化处理"以及"将非形式逻辑推往极致"这些误解的基础上,至少有一部分批评观点已经不攻自破了。要想彻底驳倒另一批强劲的批评者,仍然需要做系统性的检讨工作。正如我们将要看到的那样,这些批评者们在拒斥司法三段论的同时,为我们提供了别样的替代方案,那么这些替代方案是否像它们的倡导者所宣称的那样,是完美的和自足的?从方法论上而言,如果能够证明这些理论在脱离了三段论的框架之下依然能够自足地服务于司法裁判,那么他们"告别司法三段论"的倡导就是正确的;反之,假若这些替代性方案的实际运作依然要或多或少地以三段论为基础,那么笔者所要捍卫的"司法三段论在法律推理中的基础性地位"的观点也就得以证立了。另外值得注意的是,替代方案出现或成功的前提之一是要证明三段论推理行不通或者无法满足现实裁判之需,然而事实远非如此,中国的大多数法官并没有成功地掌握这个方法。如果在此情形下就推行其他替代方案,那么无异于邯郸学步,其弊害之深不言自明。

(一)类比推理

司法三段论的基本结构表现为法律规定与案件事实之间的涵摄,然

---

① 参见张传新著:《自适应道义逻辑与法律推理研究》,山东人民出版社2011年版,第290页。

第六章　重思形式逻辑的功用与限度

而当法律规定不完备时,法官当如何处理?当面对诸如"诚实信用""公序良俗"等抽象原则条款时,法官又应如何裁判?在上述情形中,司法三段论似乎显得无能为力,由此不少学者提出了类比推理或类型归属这一替代方案。拉伦茨认为,在法律适用中严格逻辑意义的涵摄占比远少于大家起初所想象的,那些经常被法学家名之为"逻辑涵摄者",被证实大多是基于社会经验或须填补的评价标准所作的判断,或是类型的归属,或是解释人类行止在法律上的标准意涵。[①] 类比推理或类型理论的倡导者尽管并未完全否定司法三段论的作用,但仅仅将其视为一种三段论之外的独立推理模式。尽管如此,笔者仍要证明这种替代方案作用的发挥依然是以司法三段论为基础的。换句话说,它是一种经过改良或改造后的三段论模式。类比推理是普通法系国家法官经常使用的方法,它是和普通法背景下遵循先例的原则联系在一起的,类型理论则为民法法系国家的法学家们所倡导,并构成了法律之续造的最为重要的方法之一。[②] 需要说明的是,本部分所检讨的类比推理主要是普通法中以遵循先例原则为基础的推理,以及民法法系中基于法规范的类比推理。

目前学界对于类比推理的性质尚存争议,要么将其归为法律推理的核心方法,要么认为其并不重要、可有可无,这些认识由于忽略了对类比推理产生之原因的研究而失之于片面。规则同时具有普遍性和开放性,普遍性内在地决定了司法三段论的普遍适用限度,由于操作方便且易于保证法律的统一适用,故能够成为法官适用法律的一种基础性方法;开放性又包括规则的"过度包含"与"潜在包含"两种具体的情形,前者可以通过限缩解释的方法得以解决,后者才是类比推理产生的真正原因。例如,我国《合同法》第 155 条规定,出卖人交付的标的物不符合质量要求的,买受人可以依照本法的规定要求出卖人承担违约责任。如果出卖人

[①] 〔德〕卡尔·拉伦茨著:《法学方法论》,陈爱娥译,商务印书馆 2003 年版,第 330 页。
[②] 拉伦茨主张,如果法规范之构成要件并非概念而是所谓的"类型",则该条法规范即不能以涵摄的方式被适用。进行涵摄的前提在于,构成要件是以概念而非类型来加以表述。由于类型不能被定义,所以不能以涵摄的方式加以适用。然而,拉伦茨的这一看法是错误的,因为它对概念的定义采取了一种偏狭甚至是错误的看法。对于"类型无法被涵摄"这一命题的批判,请详见王鹏翔:《论涵摄的逻辑结构——兼评 Larenz 的类型理论》,载《成大法学》2005 年第 9 期。

假称标的物具有事实上并不存在的优良品质而致善意买受人受损,那么该案是否可以径直涵摄第155条的瑕疵担保规定?这就出现了我们前面所称的规则的"潜在包含"。第155条的规范意旨在于"出卖人为了获得利益而有意地利用买受人对标的物品质的错误认识",显然出卖人为了获利向买受人提供了标的物并不具有的优良品质的错误信息,符合或包含在该规范意旨内,由此经由评价可以得出眼前争议个案与法规范所指示的标准案件是相似的,从而也就可以将第155条关于买卖瑕疵担保的规定类推适用至眼前的特殊情形中去。

笔者更倾向于将类比推理称为"基于类比的演绎推理",反对者可能批评这种指称会带给我们混乱,何况演绎推理与类比推理是两种相互独立的推理已经成为学界共识。只要深入检讨一下类比推理的结构,便会发现笔者的主张并不是没有道理的。伯顿将类比推理的结构归纳为三步:第一步,识别一个权威的基点或判例;第二步,在判例和一个问题间识别事实上的相同点或不同点;第三步,判断是事实上的相同点更为重要,还是它们之间的不同点更为重要,并以此决定是区别先例还是依照先例。①布鲁尔在既有研究的基础上提出了"A-W-R"(Analogy-Warranting Rule,由类比所保证的规则)模式,首先从所选择的先例中溯因推理出一个规则,其次通过反思均衡(reflective equilibrium)来确证或否证由类比保证的规则,最后将由类比保证的规则通过演绎适用到目标案件中去。②无论类比推理的结构何其多样,总地来讲包括两大部分:第一部分就是通过区分技术证立两个案件之间的相关相似性,这实质上就是确立法律推理之大前提的过程;第二部分是通过三段论的模式将已经得到确证的法律规范或先例规则演绎地适用于眼前的案件。本书第九章中将会专门讨论类比推理的一般结构与运行方法。从这个意义上而言,类比推理实际上是"法官通过一个本身并不是三段论或其他演绎的过程,从

---

① 〔美〕史蒂文·J.伯顿著:《法律和法律推理导论》,张志铭、解兴权译,中国政法大学出版社1998年版,第49页。

② See Scott Brewer, "Exemplary Reasoning: Semantics, Pragmatics, and The Rational Force of Legal Argument by Analogy", *Harvard Law Review*, Vol.109, No.5 (Mar., 1996), pp.923-1028.

第六章　重思形式逻辑的功用与限度

制定法以及先前的决定中抽象出一些规则,然后以它们作为前提,三段论式地决定案件"①。离开了三段论的基本模式,类比推理要么无法进行下去,要么会沦为一种恣意的推理。

(二) 等置理论

司法三段论发挥作用的前提在于法律规范与案件事实之间的相互适应,能够通过直接的逻辑涵摄得出判决结论。郑永流教授将法律应用归纳为推论模式和等置模式,前者把自己限定在对制定法预设的单纯照搬方面,限定在法律应用的大小前提之间推论的形式过程上,其基本形式就是司法三段论。然而,总是存在规范与事实并不完全适用的情形,那么如何巧妙地衔接二者呢?为此需要一种将事实与规范对应起来的等置模式。② 等置理论的核心在于,将眼前待决案件与规范所指示的标准案件进行事实上的比较,并判断它们是否具有意义上的同一性,通过等置这一"推理前提准备"的活动,以将案件事实与法律规范对应起来。在德国曾出现过这样的案件,一名男性将所携带的盐酸泼在了女收银员的脸上,并抢走了收银台里的财物。当时《联邦德国刑法》第250条规定,当行为人携带武器实施抢劫行为,并以武力或武力相威胁,防止或压制他人的反抗时,便构成抢劫罪的加重情形。问题"难"就难在"盐酸"是不是上述条文中所规定的"武器"?③ 如果按照字面含义来解释"武器",自然会将盐酸排除在外,此时便出现了法律规范与案件事实之间的不相适应。在适用三段论进行演绎推论之前,需要进行一个重构大、小前提

---

① 〔美〕理查德·A. 波斯纳著:《法理学问题》,苏力译,中国政法大学出版社2002年版,第54页。
② 郑永流教授将法律规范与事实之间的对应关系分为五种情况,分别是事实与规范关系相适应、事实与规范关系相对适应、事实与规范关系不相适应、事实缺乏规范标准以及事实与规范关系形式相适应而实质不适应。演绎推论模式只有在事实与规范相适应的前提下才能发挥作用,而在后四种情形中必须发展出一种全新的理论来为法律推理重塑大、小前提。推论模式的难题在于推论的根据不清,即倘若在应然与实然之上不存在一个共同的上位概念,它难以解释如何能够有效地打通应然与实然之间的推导关系。请参见郑永流:《法律判断形成的模式》,载《法学研究》2004年第1期。
③ 关于本案的讨论,可以参见〔德〕阿图尔·考夫曼著:《法律哲学》,刘幸义等译,法律出版社2004年版,第107—109、126—129页。也可以见〔德〕阿图尔·考夫曼、〔德〕温弗里德·哈斯默尔主编:《当代法哲学和法律理论导论》,郑永流译,法律出版社2002年版,第183—184页。

的活动,而这个过程用一个概念来指称就是"等置"。

传统法学方法论建立在规范与事实、应然与实然二元论的基础之上,由于法律实践所处理的问题主要是"好或坏""应当或不应当",因此,规范与事实之间不能相互推导就成了法学方法论难以克服的一个难题,因为"案件与规范是方法过程的'原材料',未经加工,它们根本不可以相互归类,因为它们处在不同层面的范畴中。规范属于抽象性——普遍性上定义之应然,具有未终了的诸多事实的案件,则属于杂乱无章的无定形之实然"①。一种全新的等置理论打破了传统二元论的观点,转而倡导规范与事实之同一性的一元论,也就是在进行三段论推理之前,"必须使以概念方式规定在法定'构成要件'中的规范事实与现实具体的生活事实进入一种关系"②。等置理论的内容包括两个方面:一方面是规范向事实靠近,实现规范的事实化;另一方面是事实向规范开放,实现事实的规范化。还是回到前文的盐酸抢劫案,首先必须对"加重抢劫"有一个预先理解,否则就难以将携带并利用盐酸抢劫归入加重抢劫的情形中去,自然也就不会产生"盐酸"是不是属于第250条规定的"武器"的难题。其次,通过解释规范文本和比较规范所指示的标准案件事实与携带并使用盐酸抢劫的事实,剔除不符合案件中规范事实的要素,使规范与事实处于同一关系之中,最终确定使用盐酸抢劫和使用武器(刀具、枪支等)抢劫一样也可以带来危险,甚至可能带来更大的危险。最后,以等置过程所重塑的大、小前提为基础,演绎推论出案件的判决。

等置理论并不像司法三段论那样为大多数人所熟知,很重要的一个原因在于这一理论没有得到系统的阐述,或者说它的理论化程度还不是很高,目前我国学界对此也缺乏有代表性的研究。然而,在了解了等置理论的大致内容和运作方法之后,仍然有一个困惑:等置理论在法律方法论体系中究竟地位如何?是一种和三段论相并列的全新推理方法,还

---

① 〔德〕阿图尔·考夫曼、〔德〕温弗里德·哈斯默尔主编:《当代法哲学和法律理论导论》,郑永流译,法律出版社2002年版,第184页。

② 〔德〕亚图·考夫曼著:《类推与"事物本质"——兼论类型理论》,吴从周译,学林文化事业有限公司1999年版,第85页。

第六章　重思形式逻辑的功用与限度

是旨在批判和否弃三段论而成为一种独立的新方法？对此，笔者将再次强调等置理论产生的原因，正是由于事实与规范之间并不是一直按照两相对应的完美形态存在着，加之三段论始终面临着难以有效打破规范与事实、应然与实在相互对立的难题，等置理论立基于应然与实然的一元观，通过在事实与规范之间的来回往返，旨在推进"事实的规范化"和"规范的事实化"，最终创造性地重塑裁判规范与案件事实，为法律推理提供一个相互适应的"作为大前提的规范"与"作为小前提的事实"。至此已不难看出，等置理论并不是一个完整推理过程的全部，而仍然只是一个准备推理之大、小前提的活动，如果说三段论推理是一种"解释＋演绎"的形式，那么等置理论之下的推理则是"等置（解释/设证/类比/归纳）＋演绎"的结构。当然也有学者质疑等置理论，如菲肯齐尔就曾拒绝等置理论，认为这一理论有逻辑上不可描述性、不可能进行三段论推理、只能提供或然性判断等结论。对此考夫曼的辩护理由是，他并未否定三段论推理，只有在进行推论之前，案件与规范必须变得有推论力，为此就需要等置。① 由此不难看出，无论是菲肯齐尔还是考夫曼的观点都有其正确性，等置理论只是演绎推理之前所为的准备大、小前提的法律发现，它最终还是要依托演绎推理来获得裁判结论。在这个意义上讲，等置理论并不是一种自足自洽的推理方法。

（三）法律论证

法律论证理论近年来在法学方法论的研究中方兴未艾，成为一种新型法律方法的代表，其内部也是学派林立、纷繁复杂，如维威格的非演绎性的问题思考方式论、佩雷尔曼的新修辞论、图尔敏的适当理由探索法、麦考密克的特殊实例命题、阿列克西的程序性法律论证观以及哈贝马斯的实践性论证思想等。这些不同的流派之间虽有差异，但仍可以归纳出以下共同点：其一，法律可以左右司法判决但不能完全决定之；其二，法律论证不仅仅是演绎性的推论还要根据命题进行合情合理的讨论；其

---

① 参见郑永流：《法律判断形成的模式》，载《法学研究》2004 年第 1 期。

三，法律论证除了符合法律之外还要符合正义；其四，法律论证中正当程序和理由论证具有重要的意义；其五，承认制度与实践之间存在互动关系。① 所谓论证，简单点说就是要对某个命题或结论的得出提供一个证立的理由，它的关注点在于什么是一个好的结论，以及这个好的结论是如何而来的。具体到司法裁判的场域，它要求某个判决结论同时要做到论证前提的真实性、论证过程的合乎逻辑性以及论证结论的合理性。如果将司法三段论作为一种决定主义的推理模式，那么强调论辩、沟通的法律论证则是与之相对的非决定主义的推理模式，它更多地强调合理性的价值在整个论证过程中的作用。

国内有学者在检讨了传统三段论的能与不能之后，提出传统法律方法论所预设的一元化的法律决定主体与法律论证理论的内在精神相悖，如果想要在合理的对话中形成可接受的判决，就必须要走出单一的法律决定主体的理论局面，也就是要实现从司法三段论到法律论证理论的转型。② 佩雷尔曼在法律论证中加入了"听众"的概念，并运用修辞学的理论来支撑其法律论证理论，强调法外理由对于形成一个合理的司法判决的重要性。③ 阿列克西提出了法律论证的双重结构，内部证立旨在解决论证的逻辑有效性问题，外部证立聚焦于论证之前提的真实性问题。④ 此外，图尔敏等人都提出了不同于传统司法三段论的法律论证理论，然而无论其种类何其繁多，内容何其多样，我们在其中或多或少地都能看到三段论的影子。正如季卫东教授所指出的："虽然有一些学者站在反对决定论的立场上否认法律议论也具有三段论的结构，但是一般认为，既然合乎逻辑是合理性的最低标准，合理性的法律议论很难也没有必要拒绝法律三段论的帮助。实际上，在有关法律议论的新近文献中，人们

---

① 季卫东教授将法律论证理论内部不同主张的共性对应地归结为：非决定论、超三段论、非实证主义、过程指向以及相互主观的思维模式五个方面。参见季卫东：《法律解释的真谛（上）——探索实用法学的第三条道路》，载《中外法学》1998年第6期。

② 参见焦宝乾著：《法律论证导论》，山东人民出版社2006年版，第113—114页。

③ See Chaïm Perelman, *Justice, Law, and Argument: Essays on Moral and Legal Reasoning*, D. Reidel Publishing Company, 1980, pp.148-161.

④ 参见〔德〕罗伯特·阿列克西著：《法律论证理论——作为法律证立理论的理性论辩理论》，舒国滢译，中国法制出版社2002年版，第274—286页。

第六章　重思形式逻辑的功用与限度

看到的却是三段论的复兴。当然那都是按照法律议论的要求改头换面了的三段论。"①一个裁判结论的生命力在于："它需要一种完整的辩护,并且此种辩护内在地需要一种演绎的有效论证。"②就此而言,无论是何种法律论证理论,其命运必然要面对两种抉择:要么是靠捏造一些幻想对象来伪装其推论符合形式逻辑的要求以避免受到指责,要么是将司法三段论内嵌于其法律论证理论模型中(如阿列克西的内部证立)。因此通过上述反思和检讨,笔者认为法律论证理论和类比推理、等置理论一样,并不具有完全的自足性,其生命力的延续仍然需要依托司法三段论。

(四) 基本立场重申

通过以上对类比推理、等置理论及法律论证三种法律方法的检讨,虽然相较于那些对司法三段论持只破不立的否定论已经进步了许多,但作为一种三段论的替代性理论并不是非常成功。离开了三段论"必然得出"的逻辑框架,它们只会沦为一种"或然得出"的推理模式,亦即推理结论并不具有唯一性。在此意义上,如果将三段论作为一种"保真的"推理方法,那么离开了三段论的支撑,类比推理、等置理论以及法律论证都只是一种"试错的"推理方法,在寻求统一性和确定性的目标中它们显然稍显逊色一些。至此,必须重申笔者的基本主张,即逻辑是法律推理的核心,司法三段论式法律推理的基础,无论出于何种立场对司法三段论所为的批评,要么是由于没有正确地认识到司法三段论在当下面对案件事实所展现出的开放性和实践性品质,要么是由于完全拒绝形式逻辑在法律推理中的作用。麦考密克也从另外的角度坚定地捍卫了司法三段论的立场,他说:"有些人士否认法律推理素来是严格的演绎性活动,如果这种否定试图走向极端,亦即暗示法律推理从来不是或者根本不可能是以演绎推理的形式存在的话,那么这种否认就是一个明显和无可置疑的

---

① 季卫东:《法律解释的真谛(上)——探索实用法学的第三条道路》,载《中外法学》1998年第6期。

② See Arend Soeteman, "Legal Logic? Or can We Do Without?", *Artificial Intelligence and Law*, Vol. 11, Issue 2—3, (Jun., 2003), pp. 197-210.

错误了。"①尤其是对于法律职业化水平较低、法律案件纷繁复杂和法治事业刚刚起步的中国法官来说,不能指望每个法官都能像宋鱼水法官那样"辨法析理",而毋宁要求他们能够亦步亦趋地运用司法三段论来"依法裁判"。

当然,司法三段论的地位和作用仍存在一个限度,若将其推向极致就会犯和批评者一样的错误。换言之,三段论的功能不能被绝对化,三段论不能取代法律直觉、经验或是判断力,而且不能替代疑难案件中的价值判断,也不能为对各种解释方法的取舍提供现成的答案。但三段论作为方法上的监督,可以检验借助直觉对案件形成的初步判断是否正确,不至于漏掉相关的法律问题以及过快直奔(可能是错误)结论,从而保证司法判决理论的逻辑性和严密性。② 令人倍感欣慰的是,在甚嚣尘上的批评声中,一些学者开始重新审视逻辑在法律推理中的作用,比如认为三段论的推理是逻辑固法的基本方式之一,是法制得以实现的基本保证。③ 另外,由于科层制及审级制度的存在,中国的法官们往往会基于自身职业安全角度考虑,倾向于"依法裁判",尽可能地使得判决能够披上法律的外衣,同时又要符合逻辑合理性的最低要求,以减少当事人或社会公众对案件判决的质疑和挑战。

四、本章小结

既然上文所检讨的三种替代性理论并不成功,那么司法三段论在法律推理中的地位和作用也就得到了相应的维护。无论今天对于形式逻辑还存在何其多样的争论甚至批评,逻辑合理性都是法律推理所必须追求的一个基本目标。正像布列金所说:"逻辑并不能解决所有问题(如法

---

① 〔英〕尼尔·麦考密克著:《法律推理与法律理论》,姜峰译,法律出版社2005年版,第17页。
② 参见卜元石:《法教义学:建立司法、学术与法学教育良性互动的途径》,载《中德私法研究》2010年第6卷。
③ 参见陈金钊:《逻辑固法:对法律逻辑作用的感悟》,载《重庆工学院学报(社会科学版)》2007年第7期。

第六章　重思形式逻辑的功用与限度

律漏洞），但是有些问题还是必须要通过逻辑来解决。"[①]问题在于,我们的时代应当如何对待逻辑？对此,笔者初步得出以下几点基本判断：

第一,重构法律推理的双重结构。传统法律推理理论往往倾向于将形式推理与实质推理对立起来,认为二者是两种性质截然不同的推理方法。前者主张大、小前提之间的逻辑关系,而对于内容则给予较少的关注；后者是一种实质主义的推理进路,推理过程中注重法律的内在精神,主张利用价值判断来得出结果上公正合理的结论。我国台湾学者苏俊雄认为,每一种法律案件之判决,无外乎都是法律逻辑推理的结果。法官如何确认具有定型性的生活行为事实,而对此寻找出具体妥当的标准法则,从而确定其所应产生的法效果。所有这些课题也即是法律逻辑在审判实务应用上的问题,在方法论上的表现便是司法三段论。[②] 逻辑的确在法律推理中发挥着一种十分重要但有限的作用,过度扩大或完全贬低司法三段论的价值均是不明智的观点。法律推理应当回归演绎模式[③],这就引出了法律推理的双重结构,即形式推理与实质推理的双重变奏,形式推理是实质推理的根本基础,实质推理是形式推理的重要补充,一个完整的法律推理过程应当是二者统一的结果。

第二,形式逻辑与非形式逻辑的完美结合。对于非形式逻辑的倡导者而言,一个可能的反驳在于必须要正确地认识形式逻辑的性质,它的有限功用性源于该事物自身的本质,从这个意义上讲它并不完全是一个缺点。我们无法指望依凭形式逻辑来处理方方面面尤其是那些它本身并不能应对的问题。正如哈克所说："形式逻辑工具在法律理论中的应用非常有限,不过这并不意味着,无法得出理性的、合理的或者有意义的结论,或者仅仅能够从社会和经济原因做出解释。我们不能从一个极端

---

① See Eugenio Bulygin, "What Can One Expect from Logic in the Law? (Not Everything, but More than Something: A Reply to Susan Haack)", *Ratio Juris*, Vol. 21, Issue 1, (Feb., 2008), pp. 150-156.

② 参见苏俊雄著：《刑事法学的方法与理论——如何从事法律思考?》,环宇出版社 1974 年版,第 148 页。

③ See Ilmar Tammelo, "Logic as An Instrument of Legal Reasoning", Jurimetrics Journal, Vol. 10, No. 3, (Mar., 1970), pp. 89-94.

走到另一个极端。法律的生命不在于逻辑,不过这并不等于法官的裁判只能是专断的和反复无常的。"①我们也无法仅仅通过使用逻辑来理解"这是为何以及如何发生的",但这并非逻辑自身的缺陷使然,问题的症结在于,我们对逻辑能做什么以及不能做什么尚缺乏真正透彻的理解。逻辑无法解释某些事实为何以及是如何发生的,但是它确实能够解决许多问题。逻辑虽然不能解决所有问题,但是它比仅能解决一些问题还要多得多。② 因此,事实上前文也有所提及,形式逻辑与非形式逻辑之间不是一种完全对立的关系,二者应当是彼此开放、相互统一的关系,也是"你中有我、我中有你"、彼此相容共生的关系。形式逻辑可以保证司法推理的确定性与客观性,离开了形式逻辑,司法推理无疑会沦为一种"甲判乙判随便判"的恣意化裁判。

第三,在司法推理中加强法律逻辑的学习以及三段论的训练。美国的法律教育中一直强调逻辑学习的重要性,在新入学时就教育学生要"像法律人一样思考",逻辑是法律推理所必不可少的技能之一。只有认真对待逻辑,学生们才能更加轻松和准确地理解法律推理,同时他们在法律工作中也才会更加注重一致性和批判性思维。③ 即便如此,可能有人对法律使用规则的专门训练还有所怀疑,也会质问:没有自觉运用法律适用的方法是不是必然导致结果错误?可能从事司法实践的法官会反驳说,在大多数情况下,审判案件更多凭借的是一种用言语难以表达的、在司法实践中形成的法律直觉,而不是机械的三段论方法。④ 其实这只是一种假象,法官每天都要处理大量的案件,它们所运用的主要方法就是逻辑的三段论方法,只不过有时候它们很难以理论化的形式展现出

---

① See Susan Haack, "On Logic in the Law: 'Something, but not All'", *Ratio Juris*, Vol. 20, No. 1, (Mar., 2007), pp. 1-31.

② See Eugenio Bulygin, "What Can One Expect from Logic in the Law? (Not Everything, but More than Something: A Reply to Susan Haack)", *Ratio Juris*, Vol. 21, Issue 1, (Feb., 2008), pp. 150-156.

③ See Jack L. Landau, "Logic for Lawyers", *Pacific Law Journal*, Vol. 13, (1981), pp. 13-58.

④ 参见卜元石:《法教义学:建立司法、学术与法学教育良性互动的途径》,载《中德私法研究》2010 年第 6 卷。

第六章　重思形式逻辑的功用与限度

来。正如哈特所言,在判决中有没有逻辑存在或许是个事实问题,不管作出判决是靠深思熟虑,还是靠直觉顿悟。① 目前,中国的法官事实上还并未学会如何娴熟地运用司法三段论,之所以有大量的判决难以执行,很大程度上是因为判决书的制作过于简单,简化掉了司法推理的过程,如果是这样的话,那么"法律推理这门说理的艺术"又怎能以理服人?

第四,在经过了对各种批评所作的理性反思和检讨以后,我们发现司法三段论的真实面目并不是批评者心目中的那幅图像。伴随着现代多元逻辑的发展,三段论也不断地彰显其与时俱进的开放性和实践性品质,它不是一个"完全机械的""仅凭逻辑关系的"推理模式。考夫曼曾断言:"精确的法律认识,法律的可计算性,根本不曾有过并且将来也不会有。它永远只是一种乌托邦。或然性,是我们人类实际活动的广大范围。如果我们到处都期待确定性,我们的生活将停滞不前。"② 虽然这段话意在抨击那种将法律推理过度逻辑化甚至数字化的方法,但同时也可以反过来质问:如果因为我们的生活到处都充满着不确定性而就此放弃对确定性的寻求,那么我们的生活还能够继续吗?如果放弃了司法三段论,我们又将走向何方呢?

---

① 参见〔英〕哈特:《法律推理问题》,刘星译,载《法学译丛》1991年第5期。
② 〔德〕亚图·考夫曼著:《类推与"事物本质"——兼论类型理论》,吴从周译,学林文化事业有限公司1999年版,第135页。

第七章　司法裁判中的价值判断

对于学界关于法教义学与价值判断的论争,本书第一、二两章已经就主要的观点和思想脉络进行了梳理。法教义学所具有的相对保守性及封闭性,加之社会科学等外部学科的研究方法对法学主题的介入,使其在实践中面临一种岌岌可危的紧张局面。加上它在面对疑难案件时的无力状态,让人们踌躇于"弃教义学而从其他方法"的十字路口。正如某些学者所质问的:"法学在中国应该更多地学习美国的,引入其他社会科学及经济学方法,注重研究'活法',或是法律制度背后的经济学原理,而不是停留在纸面上的法律规范?还是延续一直以来效仿以德国为代表的欧陆式'正统的'法教义学方法?"[①]从实践的视角来审视,笔者认为法教义学与社科法学争论的一个重要分歧在于,如何看待司法中的价值判断及其行使的问题。在疑难案件的裁判中,法官是要在接受法教义学规则的约束下行使价值判断,还是可以自由地超越既有法律而为法外裁判。为此,本章将从法律方法论的视角重新审视司法裁判中的价值判断难题。

一、法教义学与价值判断

(一)法教义学的概念源流

法教义学确实是一个地域性很强的概念,更多地生长于以立法为传统的民法法系国家。在德国,法教义学无须作过多解释而被法律学人所

[①] 卜元石:《法教义学:建立司法、学术与法学教育良性互动的途径》,载《中德私法研究》2010年第6卷。

第七章　司法裁判中的价值判断

普遍接受,然而在中国却是一个晚近以来才出现的陌生概念,关于这方面的研究也只是近些年才蓬勃发展起来。佩岑尼克说,在专业法律著作之中,法教义学占据了中心地位,它将私法、刑法、公法等法律实体系统化并进行分析性的评价阐述,其核心便是对有效法律的解释和系统化,不仅对法条、先例等的字面含义进行描述,有时还伴随着许多道德和其他的实质理由。[①] 法教义学是一个形式与实质高度统一的概念,从形式主义的角度来看,所谓的"教义性"是指"从某种未加检验就被当作真实的、先予的前提出发,法教义学者不问究竟是什么,法律认识在何种情况下、在何种范围中、以何种方式存在"[②]。

在形式上,法教义学为法体系和法秩序预设了一个不容置疑的权威,法教义学者的任务仅仅是在此权威之下解释法律和适用法律,这体现了法秩序的最高性和安定性。然而,从实质意义上来看,法教义学反对概念法学的价值无涉,它仍然为价值判断的产生开放出了一定的空间,只不过在它进行反思批判时,比如检验某条法律规范的合宪性,仍然要在体系范围内进行论证,也就是说现行有效的体系并未被触碰。[③] 因此,可以再次归纳一下法教义学概念的几个基本要点:第一,法教义学研究是一国实际存在的法,它不探讨应然的法和失去效力的法,同时要肯定实在法的基本效力,不会一上来就打破实在法秩序,这是其教义性和保守性所在;第二,法教义学的对象内容很广泛,各个部门法基本上都可以拉进来,比如民法、刑法、行政法等,由此产生了民法教义学、刑法教义学、行政法教义学[④]等;第三,法教义学绝不故步自封,它并不坚决排斥价值判断,甚至价值判断会构成法教义学的精髓,如何去提炼、发展和运用法律教义,是无法离开价值判断而完成的。

---

① See Aleksander Peczenik, "Can Philosophy Help Legal Doctrine?" *Ratio Juris*, Vol. 17 No. 1, (Mar., 2004), pp. 106-117.

② 〔德〕阿图尔·考夫曼:《法哲学、法律理论和法律教义学》,郑永流译,载《外国法评议》2000年第3期。

③ 参见〔德〕阿图尔·考夫曼著:《法律哲学》,刘幸义等译,法律出版社2004年版,第15页。

④ 参见林来梵、郑磊:《基于法教义学概念的质疑——评〈中国法学向何处去?〉》,载《河北法学》2007年第10期。

本书讨论的法教义学大致等同于狭义上的法学，在这个意义上，法教义学实际上也可以用来指称部门法学，也可以说部门法学就是法教义学。拉伦茨实际上也是在此意义上界定法教义学的，他将法学界定为"以处理规范性角度下的法规范为主要任务的法学，质言之，其主要探讨规范的'意义'。它关切的是实证法的规范效力、规范的意义内容，以及法院判决中包含的裁判准则"①。从语义上讲，传统法教义学与宗教神学共享着某种东西。从诠释学的早期发展来看，在古代和中世纪，诠释学更多的是以一种"独断性的诠释学"的姿态立足于世，其前提就是文献中的意义是早已固定和清楚明了的，无须我们重新加以研究，我们的任务不过是把这种意义内容应用于我们当前的现实问题中。② 当时这种诠释学以"神学诠释学"和"法学诠释学"为典型，前者探究圣经的教义，以回应宗教信仰的一些基本问题，后者则致力于揭示法律条文的内容和意义，从而明确法律适用的依据。经历了数个世纪的漫长发展之后，法教义学实现了从"独断型教义学"到"实践型教义学"的演变，认识到这一点对本书讨论价值判断将有重大的帮助。

"独断型法教义学"主要是和德国的概念法学联系在一起的。19世纪受到自然科学和实证之风的影响，法学家们试图将法学作为一门科学来研究，"概念法学"的提法就是一个典型的例子。他们认为，只要通过抽象的概念操作就可以完成对法的科学创造，以至于温德沙伊德主张法教义学有三项主要任务：其一，法律概念的逻辑分析；其二，将此一分析综合而成一体系；其三，运用此一分析结果于司法裁判之论证。③ 这种理念在法律解释学上的基本立场就是，主张对文本之规范意旨的探究应仅仅围绕立法原意，在解释中尽可能地避免法官的主观价值判断，这仍然是一种独断型的解释学。④ 随着施莱尔马赫建立了普遍诠释学之后，哲学诠释学实现了从特殊诠释学到一般诠释学的转变，而到了伽达默尔则

---

① 〔德〕卡尔·拉伦茨著：《法学方法论》，陈爱娥译，商务印书馆2003年版，第77页。
② 参见洪汉鼎著：《诠释学：它的历史和当代发展》，人民出版社2001年版，第16页。
③ 参见颜厥安著：《法与实践理性》，中国政法大学出版社2003年版，第151页。
④ 参见焦宝乾：《法教义学的观念及其演变》，载《法商研究》2006年第4期。

第七章 司法裁判中的价值判断

再次实现了其第二次转向,即从本体论哲学的诠释学发展为一种实践哲学的诠释学。这种诠释学既不是一种单纯理论的一般知识,也不是一种光是应用的技术方法,而是一门综合理论与实践双重任务的哲学。① 自耶林的目的法学以及赫克的目的法学破除了概念法学的迷信之后,法教义学也经历了从封闭的独断型法教义学到开放的实践型法教义学的转变。一方面,它不再固守一个封闭的概念体系,也不断然地拒斥一切形而上的价值判断,而是主张建构一个包容的和开放的法教义体系,这一体系是由法概念、规范和原则的砖瓦堆砌而成,并公开承认自身"未完成性"的高尚品格。另一方面,它更加注重教义学方法,这种方法既包括常规的法律发现、法律解释、法律推理与法律论证,还包括价值衡量与试错,在疑难案件中,教义学方法通过寻求一个妥当的判决来进一步明确、修正、更新和完善教义学体系。② 近年来,法律论证作为一种新兴的法学方法也不断主张要在"开放的/敞开的"教义体系中论证,法教义学越来越具有开放性和反思品格,今天的法教义学不再局限于纯粹形式逻辑化的思维,而越来越注重价值判断和利益衡量。

(二)价值判断

我国台湾学者王立达指出,法教义学"未来应挥别概念法学的魅影,不再自限于法律效力之偏袒面向,并且明白承认法效力与法规范论述的多样性,致力于发展足以统合道德的、伦理的、政治和政策的、实用的等多层面规范论述的研究架构"③。由此可见,法教义学必然展现出两个不同但又彼此关联的维度:一是描述性的维度。这是由实在法本身的"实在性"所决定的,法教义学学者的任务在于通过概念分析的方法厘清实在法的含义并探寻立法者的实际意图,分析实在法的规范结构及逻辑体系,协调各种冲突规范间的关系,并为司法裁判提供体系化和妥当化的裁判规则,概念法学曾在这方面做过杰出的工作。二是更为重要的规范

---

① 参见洪汉鼎著:《当代西方哲学两大思潮(下)》,商务印书馆2010年版,第451页。
② 参见陈坤:《法律教义学:要旨、作用与发展》,载《甘肃政法学院学报》2012年第3期。
③ 王立达:《法释义学研究取向初探:一个方法论的反省》,载《法令月刊》2000年第9期。

性的维度。实在法本身也是一个"价值负担者"(value-burdened)的存在,教义学者需要对某个规范的解释、某个新的规范或新的制度提出建议并加以证立,或者对法院裁判就其在实践上的缺陷进行批评,提出某个相反的建议。① 这是与作为法教义学核心品质的实践性而非超理性联系在一起的,"即以理性的、可理解的方式解决人与人之间的冲突,法教义学的前提并非不可动摇,而是如已承认的那样,是可变化的:法律甚或法庭习惯是可以并且得被改变的"②。概念法学所提供的完美教义学体系由于并不承认法律存在漏洞,所以自然无法协调"规范拘束"与"个案正义"间的紧张关系。换言之,对于疑难案件,它要么无法提供答案,要么提供一个无法得到有效证立的答案。

相比之下,利益法学以及拉伦茨在此基础上发展起来的评价法学开辟出了一条新的道路。它们试图以法教义学体系来包容判断,通过寻求法秩序中所存在的"正确之法"来为争议个案提供"唯一正确答案",以此化解"规范拘束"与"个案正义"间的紧张关系。③ 价值判断进入法律解释、法律推理和法律论证领域已成为一个不争的事实,唯一存在争议的则是法教义学与价值判断的关系问题。换言之,究竟如何运用价值判断才是妥当的?卜元石认为,二者上升到哲学层面实际上就是"忠于法律"与"结果公正"的关系,一个基本判断是法官在一目了然的案件中只适用法律规定即可,无须过问法律规定背后价值判断的合理性,只有出现了法律规定不明确或法律漏洞时,价值判断才必要。总而言之,司法过程中进行价值判断只是一种例外而非常态。④ 许德风则对此提出了质疑,

---

① 参见〔德〕罗伯特·阿列克西著:《法律论证理论——作为法律证立理论的理性论辩理论》,舒国滢译,中国法制出版社 2002 年版,第 312 页。

② 〔德〕维亚克尔:《法律教义的实践功效》,王洪亮译,载《中德私法研究》2010 年第 6 卷。

③ 在我国台湾学者黄舒芃看来,所谓"正确之法"是一种"其意志内容保有正确性特质的实证法";拉伦茨的作品将这个概念的意义导向一种更加实质化、更加注重价值诉求的超实证法界定,从而借此强调实证法背后所立基之价值标准而非实证法本身,才是"正确之法"的真正来源,也才是法官必须致力探寻并绝对遵循的对象。参见黄舒芃:《正确之法或框架秩序——一个对"法官受法拘束"意义的方法论反省》,载王鹏翔主编:《法律思想与社会变迁》2008 年第 7 期,第 313—316 页。

④ 参见卜元石:《法教义学:建立司法、学术与法学教育良性互动的途径》,载《中德私法研究》2010 年第 6 卷。

第七章　司法裁判中的价值判断

他认为法律规则的适用无法与价值判断割裂开来,即使三段论下单纯的找法活动以及区分简单案件与疑难案件的本身都会涉及价值判断。因此在他看来,价值判断是一项贯穿裁判始终的工作,在进行司法裁判时,法教义学的分析可以减轻裁判者价值衡量的负担,而直接得出契合法律背后基本价值选择的结论。① 对此,笔者基本同意后一观点,但同时认为有必要进一步区分简单案件裁判中的"弱价值判断"与疑难案件裁判中的"强价值判断"。法教义学分析固然存在价值判断,但如不作上述区分仍然无法明确价值判断发挥作用的具体方式。"弱价值判断"是以法教义学体系内的规则适用为基础和核心的,它的作用的发挥一般情况下丝毫无损于既定的法教义学体系;而"强价值判断"试图通过反思和批判来修正或否弃既定规则,甚至诉诸规则背后的实质理由或一般原则来实现个案正义,它通常会对当下法教义学体系构成损害,因此实践运用须慎之又慎,在这个意义上引入融贯性和最小损害原则成为必要。这种被学者们所普遍漠视的区分,可能会给我们带来一些真正重要的真理性知识。

二、超越法律?

当今法学方法论的讨论预设了一个基本的前提,更准确地说是存在一个普遍性的共识,那就是法律体系必然存在漏洞,无缝之法网只是概念法学曾经的美梦。也正是基于这个前提,才会出现前文所提及的"规范拘束"与"个案正义"的紧张关系。当然,这并不意味着简单案件不重要,事实上简单案件的裁判同样离不开价值判断,但是这种价值判断的基础和目的在于服务既有规则的正确适用,因而通常无损于法教义体系。只有疑难案件中的强价值判断才能推动法教义学体系的不断更新和完善,突显和化解"规范拘束"与"个案正义"间的矛盾。

---

① 参见许德风:《论法教义学与价值判断——以民法方法为重点》,载《中外法学》2008 年第 2 期;许德风:《论基于法教义学的案例解析规则——评卜元石:〈法教义学:建立司法、学术与法学教育良性互动的途径〉》,载《中德私法研究》2010 年第 6 卷。

（一）疑难案件裁判的基本立场

早在 1842 年温特波顿诉怀特（*Winterbottom v. Wright*）一案中，Baron Rolfe 法官提出了一个著名的法律箴言，亦即"正如我们经常所看到的一样，疑难案件出坏法"。[1] 后来美国联邦最高法院首席大法官哈兰于 1877 年在美国诉克拉克（*United States v. Clark*）一案中引用了前面的这句判词。而美国联邦法院首席大法官霍姆斯在北方证券公司诉美国（*Northern Securities Co. v. United States*）一案中也有类似陈述，即"热点案件，就像疑难案件一样，制造坏的法律"。[2] 与简单案件不同，在疑难案件中，司法裁判的证立过程是非常复杂的，在"穷尽了规则"仍然无法解决问题时，便需要对做选择所依据的理由进行论证，也就是要论证如何在相互对立的裁判可能之间作出选择。[3] 这似乎再次回到了"规范拘束"与"个案正义"的难题，接下来便检讨目前学界对待疑难案件的两种裁判立场，每一种裁判立场本质上属于方法论的内容，它们无疑都对应甚至决定于论者对待疑难案件所秉持的认识论态度。Ralf Poscher 认为，疑难案件虽为偶发现象，但它却是裁判的核心，也是作为职业和学科的法律实践的核心。[4] 的确如此，相较于简单案件，疑难案件的裁判更能显示法律人在法教义学与价值判断之间作的精细选择，同时也再一次宣示了法教义学对于疑难案件裁判的必要意义及价值判断的客观限度。

1. 依法裁判论

依法裁判论，笔者也愿意称为体系决定论，在对待疑难案件存在论的态度上坚持"否定论"，认为既有法律体系是完美的，可以覆盖到社会生活中的方方面面，因此一切案件都是简单案件，法教义学体系都可以

---

[1] See William L. Reynolds, *Judicial Process*, 3rd Edition, Thomson West, 1988, p.65.
[2] *Northern Securities Co. v. United States*, 193 U.S. 197, 1904.
[3] 参见〔英〕尼尔·麦考密克著：《法律推理与法律理论》，姜峰译，法律出版社 2005 年版，第 96 页。
[4] 参见〔德〕Ralf Poscher：《裁判理论的普遍谬误：为法教义学辩护》，隋愿译，载《清华法学》2012 年第 4 期。

第七章　司法裁判中的价值判断

为其提供"唯一正确答案"。19世纪在德国兴起的概念法学以及在美国盛行的法律形式主义,是这一裁判理论的典型代表。概念法学过度强调司法裁判中的法律属性而断然否定疑难案件的事实存在,遭到了其后利益法学和评价法学的猛烈抨击。[①] 耶林认为,概念法学只是一场天国幻梦,并呼吁法学要返回尘世生活的彼岸。[②] 法律形式主义由于其机械性和僵化性也被讥讽为"机械法学",法律现实主义者的批判终结了法律形式主义主导美国法律界的时代。在传统的概念法学和法律形式主义之外,我们发现了另一位"新形式主义"(new waves of legal formalism)思想的代表者德沃金,他本人对待疑难案件的态度是复杂的,早期曾极力主张区分简单案件与疑难案件[③],后期又认为疑难案件的区分在根本上是不必要的,或者说区分简单案件与疑难案件本身是一个假问题[④]。

德沃金本人拒绝法律漏洞这一说法,因为在他看来,"在现今高度发达的法制中,就算不被'规则'覆盖到的案件,也一定还是被抽象、概括性的'法律原则'所规范到"[⑤],进而主张对于任何一个案件均存在一个"唯一正确的答案"。笔者并不支持这一观点,对于疑难案件事实上的确存

[①] 当然,概念法学也并非完全一无是处。格罗斯菲尔德曾赞誉概念主义,认为其有助于阐明法律体系内在的各构成要素之间的关系,同时也是法律工作者从不同时代习得的全部知识的一个概括与缩影,使得各种判决获得理性化的手段。参见〔德〕伯恩哈德·格罗斯菲尔德著:《比较法的力量与弱点》,孙世彦、姚建宗译,清华大学出版社2002年版,第17页。

[②] 哈特曾将耶林对概念法学的批判总结为五点:一是过度关注抽象的法律概念,而不考虑它们在现实生活中适用的条件;二是在利用和发展法律概念时,无视必须要考虑的个人利益和社会利益;三是确信能够区分某一法律规则或概念的本质法律后果;四是无视法律的目标和目的,并拒绝追问"法律为什么这样"的问题;五是法律科学在概念和方法上对数学进行了错误的模仿,以至于所有的法律推理都变成了纯粹的数学计算。参见〔德〕鲁道夫·冯·耶林著:《法学的概念天国》,柯伟才、于庆生译,中国法制出版社2009年版;参见〔英〕哈特:《耶林的概念天国与现代分析法学》,陈林林译,载邓正来主编:《西方法律哲学家研究年刊》(第1卷),北京大学出版社2006年版,第3—12页。

[③] 德沃金所处理的疑难案件有两种:第一种是不被现有法律规则所覆盖但仍有法律原则可以对其加以调整的案件;第二种则是法律规则与法律原则对同一事项指示结果不一致的案件。See Ronald Dworkin, "Hard Cases", *Harvard Law Review*, Vol. 88, No. 6 (Apr., 1975), pp. 1057-1109.

[④] See Ronald Dworkin, *Law's Empire*, Harvard University Press, 1986, pp. 353-354.

[⑤] 林立著:《法学方法论与德沃金》,中国政法大学出版社2002年版,第13页。

在着答案,但并非一定是"唯一的"和"正确的"答案。一方面,德沃金犯了同概念法学和法律形式主义一样的错误,天真地将法律体系奉为一个无缝天衣;另一方面,德沃金将诠释主义彻底化的努力必然呈现出规范性裂缝的结果,同时又违背他关于法体系和疑难案件的认识论观点。[①] 就此而言,体系决定论者过于信奉法教义学体系的完美性,在疑难案件的存在论上普遍持消极态度,加之其过分地强调司法裁判中的法律因素,因而走向了"依法裁判"的极端。对待所谓的"疑难案件"通过投掷硬币的方式依然可以寻求到所谓的"正确答案",但这种裁判方式严重背离了法教义学的真正要求,同时也不恰当地回避了"规范拘束"与"个案正义"的难题。

2. 自由裁量论

自由裁量论内部的第一种理论形态是法官立法论,该理论在疑难案件是否存在的问题上坚持"有限存在论",承认由于语言之不确定性、法律之开放性以及法律方法的有限性,疑难案件的产生实属难以避免。用哈特的话来说,"处于边际地带的规则,以及由判决先例的理论所开放出来的领域中,法院则发挥着创造规则的功能"[②]。民法法系视野下的"法律续造"理论,也同样被用来服务于疑难案件的裁判。但是,这种法官立法论难以解决和回答以下三个问题:第一,疑难案件中偏离法教义学体系的裁判必须给出足够充分的理由,也就是必须解释说明裁判"为何不受规范拘束"。由于它默示或根本否定了疑难案件裁判中的法律因素,允许法官通过司法立法的方式解决个案争议,已经构成了对法教义学体系的极大损害,必须对其加以严格的限制。第二,在"三权分立"的政治体制之下,立法权、行政权和司法权各司其职,如果法官可以通过司法立法实现个案正义,那么这必然会背上"司法权染指立法权"的骂名,而无法获得正当性证明。第三,法官通过回溯立法而进行的创制性裁判,如何解释"法不溯及既往"这一普遍的法治原则。因而在面对疑难案件的

[①] 参见颜厥安:《德沃金之诠释主义及其彻底化》,载《"中研院"法学期刊》2008年第3期。
[②] 〔英〕哈特著:《法律的概念》(第二版),许家馨、李冠宜译,法律出版社2006年版,第130页。

诸多裁判理论当中，该理论由于缺乏竞争力而必须被抛弃。在法官立法论之外还存在另一种自由裁量论，它并不否认疑难案件的存在，这一点不同于体系决定论，而是认为在疑难案件的裁判中可以诉诸社科法学的方法，亦即引入经济分析、公共选择理论、道德推理等方法，否认疑难案件中存在"唯一正确的答案"，不仅在疑难案件中法律是不确定的，而且在简单案件中法律规则通常也是不确定的。法律的自由发现运动、经济分析法学、现实主义法学以及批判法学均是这种理论主张的代表，法外裁判论有两个核心主张：一是规则怀疑论，二是后果主义取向。例如，经济分析法学是一种最为典型的后果主义模式，有时它会通过各种数据进行一个"成本—收益"的效益最大化计算，以此来导控裁判制作的方向和方式。① 惠廷顿走得更远，他主张将疑难案件交由法院之外的行政机关根据其政治职能来进行处理，并主张有时这可以带来制度性的后果。② 法外裁判论完全背离了"规范拘束"的基本要求，同时通过道德推理、经济分析等方法对疑难案件的裁判有时也很难说能够实现"个案正义"，它有可能将我们引向一种司法裁判的法律虚无主义，因而同样难以成为一种适格的裁判理论。

（二）困境与出路

1. 简要的批评

体系决定论相信案件的答案就存在于法教义学体系中，只要法官通过"依法裁判"总能发现每一个案件的正确答案。这种"依法裁判"的立场要求法官固守封闭的法教义学体系，法官虽说理论上不太愿意区分简单案件与疑难案件，但在那些无法运用演绎推理而径直获得裁判结论的案件中，仍然会认识到这种裁判艰难的存在。为了忠于"依法裁判"的基

---

① 当然我并非有意诘难经济分析的方法，毋庸置疑经济分析有其特殊的功用和地位，但就裁判方法论而言它不宜过度使用，它真正的用武之地在于制度分析，它对于立法和行政的价值远远大于司法裁判。

② 参见〔美〕惠廷顿著：《宪法解释：文本含义、原初意图与司法审查》，杜强强等译，中国人民大学出版社 2006 年版，第 34—42 页。

木信条,首先通过法感觉或裁判经验获得一个大体的结论,然后再回溯性地去"找法"以证立这个判决。尽管在后一种情形中,法官也进行了教义学论证,但只不过是为了掩盖其进行价值和自由裁量的事实,也难怪一些法律现实主义者将这些法官嘲讽为"说谎者"。这可能导致的后果是,体系决定论很难在争议个案中落实正义。比如在前文提及的许霆案中①,先定后审的裁判方式在该案判决中就表现得淋漓尽致。一审法院以盗窃罪判处许霆无期徒刑,然而,利用ATM机故障反复取款的行为本身是否构成"盗窃金融机构"的行为,还是一个争议性很大的问题。一审法官在判决书中完全回避了这一点,而径直选择适用了《刑法》第264条"盗窃金融机构"的加重条款(该条款后来经过修正已经被删除)。该判决引起的尖锐批评就在于量刑过重以及表现出来的极端不公正性,法官在法律漏洞存在的前提下,必然在其专断意志的指引下选择适用僵化的法条,最终不免牺牲对个案正义的追求。

法官立法论和法外裁判论在"法律必然存在漏洞"这一点上并无分歧,二者完全站在了依法裁判论的对立面,选择了"自由裁量"的基本立场。这两种裁判理论虽然能够照顾和落实疑难个案中的正义分配,但在某种程度上却违背了"规范拘束"的基本要求,进而也或多或少地否定了疑难案件裁判中的法律属性。具体而言,在"自由裁量论"中,法官活动的本质被还原为一种将抽象规范适用到具体案件中的工作。有鉴于此,就需要在一般性的法律规范与活生生的个案现实之间拉开一定的距离,在这个距离的射程之内,法官得以行使自由裁量权以落实个案正义。这种理论的核心主张便在于,现有法教义学体系或法规范体系不可能为任何案件都提供一个"唯一正确的答案"。自由裁量论试图寻求一种"超越法律"的裁判规则,不再固守"依法裁判论"的决定主义立场,而表现出一种非决定主义的裁判进路,从而自然而然地在疑难案件的裁判中偏离法律标准。在凯尔森看来,法官的裁判要在法律中获得证立,意义无非是指法官裁判遵循法律所提供的框架界限,它并非意味着法官裁判呈现出

---

① 参见广东省广州市中级人民法院(2007)穗中法刑二初字第196号刑事判决书。

第七章 司法裁判中的价值判断

法律这个一般规范所指示的唯一个别规范,毋宁意味着法官裁判符合了在法律这个一般规范的框架范围之内所容许的、众多可能的个别规范之一。① 总之,以上两种对待疑难案件的司法裁判理论,均未能成功地化解"规范拘束"与"个案正义"之间的紧张关系。它们都采纳了"一边倒"的策略,要么是对这一问题采取了过度简单化的处理方式,要么是过度地将这一问题进行不恰当的放大,从而导致了裁判立场上的根本对立。

2. 综合平衡论

在争议案件面前,法官究竟是要坚持"规范拘束"还是追求"个案正义"? 我们所需要的理论不是去遮蔽上述问题,而是要揭示和解决问题,这也是一种合格的司法裁判论所必须具备的实践品质。笔者以为,在最小损害法教义学体系的前提要求下,引入价值判断来裁决疑难案件不失为一种可欲的选择。这种以价值判断为基础的综合平衡论能兼顾过去和未来,由此它需要在法教义学体系内进行权衡,并同时展开两个向度的论证:其一,综合平衡论的逻辑起点是法教义学体系,它要求法官忠实于法律,无论简单案件中所为的演绎推理还是疑难案件中所为的实质推理,都必须以现有的形式规则为基础,以此捍卫"依法裁判"的基本立场。也就是说,即使在疑难案件的裁判中并不否定法律属性的存在,裁判的证立需要在一个开放的法教义学体系内进行,从而驳斥经济分析、道德推理和司法立法的极端裁判理论。其二,综合平衡论致力于落实争议个案中的正义问题,但它否认对于任何案件都存在着"唯一正确的答案",而毋宁通过价值判断的方法诉求一个对争议个案实现最佳化证立的判决,以此驳斥天真的概念法学和法律形式主义的体系决定论。不难看出,综合平衡论既拒绝"依法裁判论"决定主义的绝对论立场,同时又反对"自由裁量论"非决定主义的极端化立场,而试图在坚持简单案件与疑难案件二分的基础上引入价值判断的方法,在决定论与非决定论之间走

---

① See Hans Kelsen, *Introduction to the Problems of Legal Theory*, translated by Bonnie Litschewski Paulson and Stanley L. Paulson, Clarendon Press, 2002, pp. 67-74.

出一条中间道路。

对此一个最直接且常见的批评莫过于"这不过就是一个简单的折中论吗"？简言之，"它不过是既坚持依法裁判，同时又尽可能允许法官在必要时进行自由裁量吗？"事实上远非如此，笔者将论证综合平衡论并不是一种在若干理论之间的折中化拼凑，而是一种具有建构性意义的司法裁判论。其实，综合平衡论主张最为核心的要义在于如何处理好法教义学与价值判断的关系，二者之间并不是非此即彼的关系，而是"像太极球中的阴阳两面，你中有我，我中有你"的关系。[①] 也就是说，在法教义学体系中所运用的诸如法律解释、法律推理和法律论证等法教义学方法离不开价值判断，同时价值判断的使用又不能偏离法教义学体系。在这个意义上讲，综合平衡论既不是简单的依法裁判，也不是恣意的自由裁量，而是一种高度复杂的在法教义学体系与价值判断之间往返穿梭的裁判理论。苏力教授曾在许霆案中对法教义学提出过尖锐的质疑："我质疑以个体法官思考根据的法条主义（主要是法教义学和法律论证推理）在难办案件中的排他有效性。……在难办案件中，法官无论怎样决定都必须首先作出一连串政治性判断。"[②] 这一批评固然意在诘难法教义学的功用有限性，但是从相反的层面却也道出了价值判断在疑难案件裁判中的必要性。

三、放弃司法裁判的确定性？

笔者接下来处理综合平衡论所可能面对的另一个质疑，即价值判断如何保证司法判决的确定性，而不至于使其沦为"甲判乙判随便判"的恣意化裁判。笔者的基本观点是，即使在司法裁判中引入价值判断，并不必然意味着要放弃司法裁判的确定性。此处没有使用"客观性"这一术

[①] 张骐：《形式规则与价值判断的双重变奏——法律推理方法的初步研究》，载《比较法研究》2000 年第 2 期。

[②] 苏力：《法条主义、民意与难办案件》，载《中外法学》2009 年第 1 期。

第七章 司法裁判中的价值判断

语①,原因在于人们对"客观性"的概念尚未达成基本共识,导致这一术语在学术讨论中极易被混乱地使用,以至于论者基本上都是在自己的语义框架下讨论客观性,不免自说自话。有三个比较易混淆的概念需要重点关注,即正确性、确定性和客观性。司法判决的正确性,相对于判决的错误性而言,意指司法裁判违背了某些形式化的规范标准或实质化的价值标准;司法判决的确定性,正是相对于司法裁判的不确定性而言,核心要义在于强调裁判要受到规范的拘束,不能恣意而为;司法判决的客观性,对应于司法判决的主观性 表明司法判决不是裁判者主观意愿的表达,而是依据一套可控的标准做出的。在这个意义上可以看出,司法判决的确定性和客观性有交叉之处,均强调裁判必须基于裁判规则做出,这样对于当事人及其代理律师而言具有一定程度的可预测性。因此,为避免不必要的争执和混乱,此处仍然选择使用确定性这一概念。

价值判断滥觞于赫克所倡导的利益法学,到拉伦茨开创评价法学,其发展达到一种巅峰,再往后一直被视为法学方法论最核心的内容。评价法学以开放的姿态承认法律不可避免地存在漏洞,法教义学体系中还存在所谓的不确定概念或概括条款、尚未被立法者预见的新问题、立法评价的前提要件消失、不同的法律理由间出现冲突等棘手情形,那么在这些情形下引入价值判断,固然可以在争议个案中落实正义问题,但也不免会有如下批评:"法律的内容取决于法官在个案中的裁判,在我们的法律传统中所建立并且规定在宪法中的要求——法官受法律的拘束,根本无法实现,所谓的法律支配,只是一种幻想。"②拉伦茨以新黑格尔主义的立场,试图通过诉诸所谓的"正确之法"来重构法规范的适用,他将法官的活动重新界定为一种在抽象法规范与具体个案现实之间来回辩证的过程,以辩证取代传统的涵摄并打破"应然与实然"之分立,而真正能

---

① 长期以来,"真理""客观性"被视为一种形而上学的概念,在法学界遭到冷落甚至抛弃。事实上,英美法理学界近几十年来已经对法律领域尤其是司法领域中的客观性进行了很多有益的探讨,这方面的代表文献有:Kent Greenawalt, *Law and Objectivity*, Oxford University Press, 1995; Nicos Stavropoulos, *Objectivity in Law*, Oxford University Press, 1996; Brian Leiter eds., *Objectivity in Law and Morals*, Cambridge University Press, 2007.

② 〔德〕卡尔·拉伦茨著:《法学方法论》,陈爱娥译,商务印书馆 2003 年版,第 3 页。

够最终拘束法官的在于法规范和现实所指向的"客观精神"。[①] 拉伦茨的解决方案并不是非常成功,一个主要问题在于,他所谓的法规范的真实意义其实是根据眼前活生生的个案而确定的,这就意味着法规范的真实意义会随着纷繁复杂的个案而不断地发生变化,从而失去法规范最为根本的一般性和确定性,因而难以保证司法判决的确定性。另一个主要问题在于,"客观精神"本身就是一个形而上的带有唯心色彩的概念,究竟到底什么是客观精神、如何寻找客观精神以及它是如何制约和保障司法裁判的,都很难得到明确的回答。因此,以"正确之法"为导向的辩证模式由于无法确保司法判决的确定性,在"规范拘束"与"个案正义"这个两难问题面前失败了。

(一)价值判断的规则保证

为了确证价值判断下司法判决的确定性这个问题,第一个必需的条件是价值判断要受到规则的约束,即价值判断本身需要受到一系列规则的限制。"穷尽规则适用,方能进行价值判断"实质上是一个长久以来被误解的命题,形式规则与价值判断并不是水火不相容的。许德风认为,"成文的法律已是人们最低价值判断的产物"这一论断意义重大[②],也就是说,单纯的法教义学体系内的法律规则的演绎适用本身就包含了第一层次的价值判断在内,即使是法律规定与案件事实之间的涵摄也无法离开价值判断。此问题仍然没有得到解决,价值判断受到何种限制才能最大限度地确保司法判决的确定性?在 2003 年发生的"河南洛阳种子案"中,李慧娟法官"以身试法",公然在判决书中宣布:"《河南省农作物种子管理条例》作为法律阶位较低的地方性法规,其与《种子法》相冲突的条

[①] 在拉伦茨那里,在统合实然与应然、现实与规范的客观精神的基础上,法官的决定既能满足法体系对于"唯一正确决定"的要求,又能落实个案正义。就此意义而言,"法体系性"与"个案正义"之间看似对立的紧张关系,其实恰可以透过法官在每一次个案审判中对于客观精神的一再寻求而得以化解。参见黄舒芃:《正确之法或框架秩序——一个对"法官受法拘束"意义的方法论反省》,载王鹏翔主编:《法律思想与社会变迁》2008 年第 7 期,第 313—321 页。

[②] 参见许德风:《论法教义学与价值判断——以民法方法为重点》,载《中外法学》2008 年第 2 期。

第七章 司法裁判中的价值判断

款自然无效。"① 显然李慧娟法官的这一决定是价值判断之后的结果,然而她超越了现行宪制框架下中国法官的职权范围,因为《立法法》对于审查规范性法律文件是否违宪规定了专门的启动程序,她追求一种"更高品质之法"本来还有别的选择。李慧娟法官的悲剧也警惕我们,价值判断必须遵守形式规则,否则价值判断有可能沦为恣意的主观判断,甚至还有可能为判断者带来某些政治或人身风险。详言之,价值判断的运用必须遵守以下形式规则:

1. 价值判断要以法教义学体系为基础

价值判断本身并不能直接作为裁判规则而使用。例如,"类似的案件要得到类似的处理"这一形式正义原则并不能单独作为某一案件的裁判依据,但可以约束法官通过法规范类推适用的方法来实现个案正义。又如,诚实信用、契约自由、合同正义、公序良俗也同样不能通过单纯的价值判断而成为裁判依据,必须借助案例实现类型化,以落实疑难个案中的正义问题。如果法教义学体系中对某一事项已有明确的规定或明令禁止在该规则之外进行"超越法律"的价值判断,如《立法法》关于"审查规范性法律文件是否违宪的启动程序"的规定,法官就不得越权代专门机关(如全国人大常委会)宣布某一规范性文件因违宪而无效。

2. 形式规则在适用上当然性地优于价值判断

这是由规则和原则在逻辑上的差异所决定的,规则的典型适用方式是涵摄,而原则的典型方式是权衡。② 又由于规则作为一种排他性理由具有断然性,原则作为一种权衡理由具有非决断性,那么规则和原则并存时要优先适用规则。③ 当然这与笔者前述"形式规则与价值判断相容共生"的主张并不矛盾,该主张是就第一层次上价值判断的意义所言,法律规则的存在本身就是人们最低限度价值判断之产物。当论及形式规则的司法适用中的价值判断问题时,实质上我们已经进入了第二个层次

---

① 参见洛阳市中级人民法院(2003)洛民初字第 26 号民事判决书。
② See Robert Alexy, *A Theory of Constitutional Rights*, Oxford University Press, 2002, pp. 47-48.
③ See Joseph Raz, *Practical Reason and Norms*, Oxford University Press, 1999, pp. 35-45.

的价值判断。也就是说，前后两者不在同一个层次上，因而不会涉及不相容的问题。一言以蔽之，形式规则优先适用的原因在于维护法教义体系的确定性，价值判断的补充适用是用于落实教义学开放性区域中的个案正义。二者的双重变奏既符合了"规范拘束"的基本要求，同时又实现了"个案正义"的追求。

3. 价值判断向演绎推理的回归

价值判断并不像学者们所说的那样与演绎推理无涉，甚至彼此之间呈相互排斥的势态；恰恰相反，价值判断不仅贯穿于演绎推理，而且为保证司法判决的确定性，最终还必须要回归到演绎推理之中来。就此而言，需要批判性地重构传统的法律推理理论。法律推理事实上应当包含两个层次：(1) 第一个层次是演绎推理，它应当而且必须首先运用于每一个案件的实际审理过程当中，这是法官思维的自然倾向和推理的逻辑起点，因为只有演绎推理才是一种"保真"的推理形式。(2) 第二个层次是实质推理，只有当演绎推理受阻或是演绎过程中断时，法官才会重新诉诸实质推理，价值判断在实质推理中发挥着主导性作用。由于实质推理并不是一种"保真"的推理，而只是一种"或然性"或"试错"的推理，所以实质推理最终还是要回到演绎的基本结构中来，这一点在类比推理的模式中表现得再清楚不过了。就此而言，价值判断不是恣意的主观判断，它的目的只是要确证成文法规范或先例原则适用的范围和方向。

（二）融贯性的制约

融贯性(coherence)是一个与一致性比较接近的概念，严格来说二者之间仍有差异。比克斯认为："这是一个比纯粹的一致性更强硬的或更原则性的问题"，但"'某些更强硬的问题'是很难清晰地表达出来的"。[①] 它主要表现为法律体系的融贯性和法律论证中的融贯性。但需要指出的是，融贯性只是实现司法判决确定性的一个必要而非充分条件，侯学

[①] 〔美〕布赖恩·比克斯：《牛津法律理论词典》，邱昭继等译，法律出版社2007年版，第37页。

第七章　司法裁判中的价值判断

勇也认识到了这一点,他指出融贯性不是对推理或论证的确定性证立,尤其是在疑难案件中,往往会存在两个或两个以上同样具有融贯性的解决方案,这时很难说哪一个是最为融贯的,而只能选择一个相对而言较为融贯的裁判。① 由此可见,融贯性只能在客观上通过制约价值判断的行使方式来促进司法判决的确定性。

1. 法教义学体系的融贯性

融贯性的第一个要求,即法律体系的融贯性,实质上就是指法教义学体系的融贯性,它要求将某一法律体系视为一个整体来看待,同时将不同的规则在司法适用之前进行全盘地考虑,以尽可能地达到一种协调一致的状态。麦考密克提出了法教义学体系融贯性的两种判准:其一,一组规则能够有助于增进某种相关的价值或多种价值,并且能够减少其他相关价值的冲突;其二,一组规则如果能够满足(satisfy)或符合(fit)某种单一而又更加一般化的原则,或成为某单一而又更加一般化的原则的例证。② 法律原则在实现法教义学体系融贯性方面发挥了极为重要的作用,在疑难案件的裁判中,可能存在着多个彼此不相容的备选裁决。比如在"广西驴友案"③中,一审法院以《侵权责任法》的过错责任条款判决领队梁某承担65%的责任比例(16万元)和其他驴友承担15%的责任比例(4万元),该判决我们权且称作 D1。第二种裁判进路 D2,以"风险自甘原则"驳回原告的诉讼请求可能会来得更直接一些。④ D1 和 D2 构成了"驴友案"的两个极端判决,一个最大限度地支持了原告的诉讼请求,另一个则从根本上否认了原告的诉讼请求。该案主审法官"吃螃蟹"果断地选择了 D1,它最大的弊端在于采纳了侵权法上的过错责任原则,违背了"风险自甘原则",警惕自助旅行者有义务置自己的生命于不顾而挽

---

① 参见侯学勇:《法律论证的融贯性研究》,山东大学出版社2009年版,第57页。
② See Neil MacCormick, "Coherence in Legal Justification", in Scott Brewer eds., *Moral Theory and Legal Reasoning*, Garland Publishing, Inc. 1998, p.268.
③ 该案事实及判决结果请参见南宁市青秀区人民法院(2006)青民一初字第1428号民事判决书。
④ 2011年河南郑州市金水区人民法院就以"风险自甘原则"判决同行驴友不承担任何法律责任,参见河南省郑州市金水区人民法院(2011)金民一初字第20171号民事判决书。

救受害者于水深火热中。D1 和 D2 均无法符合或消除自由与公正价值之间的冲突，从这个意义上讲，这两种裁判进路均无法实现裁判结果与法教义学体系的融贯性。因此，法官比较明智的选择可以采取基于"公平原则"的裁判进路 D3，各方虽都无过错，基于公平原则的考虑判令其进行酌情的补偿。D3 一方面满足了自由和公平原则的基本要求，同时又成功地避免了二者之间的冲突，可以实现法教义学体系的相对融贯。

2. 法律论证的融贯性

坚持融贯论的学者，一般并不会否认融贯性能够证立疑难案件中当事人的权利与义务。融贯性在某种意义上和中国古代道家的"阴阳相济、虚实相生"是相通的，这与本书一以贯之的论证主题紧密关联，规范拘束要求法官严格地依法裁判，而疑难案件的存在又要求法官通过价值判断去实现个案正义，法教义学体系与价值判断分为阳和阴、实和虚，二者彼此交融、相容共生，在这种合力的作用下，疑难案件裁判的法律属性得以捍卫。融贯性落实到法律论证或法律推理中就体现为裁判结论如何在相互支持的论证结构中做出，并实现对案件争议的最佳证立。德沃金整全法理论之下的建构性诠释理论实质上就是法律论证融贯性的一种表现，整全性理论的裁判原则引导法官尽可能地基于以下假定来确认权利与义务，即皆由"人格化的社群"所创设，表达了正义与公平的一个融贯性观念。同时，根据整全法理论，如果法律命题出现于或推导为社群法律实践提供最佳建构性诠释的正义、公平和程序性正当程序诸原则，那么该法律命题为真。[①] 除此之外，法律论证中的融贯性还要求事实以及证据之间的相互兼容和相互推导，尽可能地做到排除一切合理怀疑和矛盾，从而形成一个完美的证据链条。最后，只有将法教义学体系的融贯性和法律论证的融贯性结合起来，才能最大限度地促成司法判决的确定性，以防止法官恣意裁判。

（三）最小损害原则

法教义学体系实质上是由不同层级的规范性命题组合而成，而这些

---

① See Ronald Dworkin, *Law's Empire*, Harvard University Press, 1986, p.225.

第七章　司法裁判中的价值判断

不同层级的规范性命题之间又具有内在的融贯性。前文已经指出,法教义学体系是一个不断自我调整和更新的开放性体系,而疑难案件的出现意味着法教义学体系中存在着规范性命题之间的冲突,那么此时必然要在冲突的规范性命题之间做出非此即彼的选择,这一选择的过程同时也是价值判断发挥作用的过程。为确保司法判决的确定性,价值判断必须受到最小损害原则的制约。换句话说,基于价值判断进行的利益衡量必须对法教义学体系的损害达到最小的幅度。为此,需要遵守以下规则:(1)对处于法教义学体系较为外围层级的规范性的损害,优先于对核心层级的规范性命题的损害;(2)损害结果不确定的损害优先于损害结果确定的损害;(3)判断最小损害还要观察特定的损害所带来的潜在影响,也就是损害的波及度。① 在"广西驴友案"中,D3 相对于 D1 和 D2 对民法教义学体系的损害是最小的,它同时兼顾了自由和公平原则,因此是一个能够为当事人所接受的较佳判决。

四、本章小结

以上通过讨论"规范拘束"与"个案正义"这一法学方法论的核心问题,试图解决法教义学视野下的价值判断难题。司法实践中疑难案件频发,而法教义学对此似乎无能为力。所以,对法教义学的批评声接连不断,甚至一些社科法学阵营的学者主张要抛弃法教义学,而试图引入经济分析、道德推理等法外之"法"来应对疑难案件,并主张法官在此种情形中可以通过行使自由裁量权来造法,进而否定了疑难案件裁判中的法律属性。前文分析已经成功地表明,任何试图否认疑难案件裁判法律属性的理论都是站不住脚的,只有正确地认识和处理好法教义学与价值判断间的关系,才能游刃有余地破解"规范拘束"与"个案正义"的方法论难题。

对此,我们可以初步得出以下几点基本判断:第一,现今并不是一个

---

① 参见陈坤:《法学方法论的困境与出路——论最小损害原则》,载《西南政法大学学报》2012年第1期。

告别教义学的时代,而是需要认识到教义学的不断自我调整、更新和开放的品质,实践需要的是一套更加精密的法教义学。第二,严格的"依法裁判论"和"自由裁量论"都不足以应对司法视野中的疑难案件,在这两种极端裁判立场之外事实上大有作为的是以价值判断为核心的综合平衡论,它能够成功地解决"规范拘束"和"个案正义"的难题。第三,价值判断的引入并不意味着我们放弃了司法判决的确定性。相反,一方面价值判断需要受到一系列形式规则的约束;另一方面融贯性和最小损害原则可以客观地制约裁判者的行为,使得整个裁判能够前后一致而又不至于对法教义学体系造成较大损害,进而也就实现了司法判决的确定性。

第八章 "后果考量"与"法条主义"的较量

每一个案件裁决的背后,都无疑伴随着一种有关法律适用的司法哲学,尽管多数时候它潜藏于法官思考和推理的背后。正如卡多佐大法官所言,司法的背后有着一套支配裁判的哲学,法官们的全部生活一直是在同一些他们未加辨识也无法命名的力量(诸如遗传本能、传统信仰、后天确信)进行较量,而结果便是一种对生活的看法及一种对社会需求的理解,在诸多理由得以精细平衡时,所有这些力量就一定会决定他们的裁判是什么样子的。① 如今中国许多法官每年要处理上百甚至更多的案件,但如果询问他们在面对每一个案件时是怎么入手、怎么推理、怎么得出结论的,他们要么是对此避而不谈,要么会很从容地告诉你"这是依法裁判的自然结果"。显然你并不会满足于这些答案,你可能仍然会困惑:在法律用尽之时或者法律的适用将导致不公正的裁决结果之时,他们仍然还是在适用法律吗?如果不是的话,他们为何还宣称自己是依法裁判呢?他们难不成是在撒谎吗?真实的司法裁决过程到底是怎么样的?

一、法官如何思考?

笔者正是要通过讨论司法背后真实的法律适用理论,来揭开这层神秘的面纱。在简单案件中,案件的裁判基本上根据三段论的形式逻辑推理(说得直接些就是"照着葫芦画瓢"),由于在这种情况下,案件裁决结果具有高度的可预测性,它往往是法律规则所蕴含后果的一种具体呈现或者自然延伸。又由于人们放松了对裁决结果的怀疑,故简单案件的裁

---

① 参见〔美〕本杰明·卡多佐著:《司法过程的性质》,苏力译,商务印书馆1998年版,第3页。

判或者法律适用很少会进入公众纷争和法学理论家讨论的视野。一旦出现了疑难案件,从"法律发现"到"结论证立"的司法过程就变得不再顺理成章,前述那些疑问也就变得更加尖锐起来。疑难案件的产生会引发两种情形:第一,存在着多种裁判可能性。比如在现有的法律体系 S 中同时存在着规则 R1 和 R2;根据 R1,案件 X 可以得出结论 D1,而根据 R2案件 X 可以得出结论 D2,D1 与 D2 恰巧彼此又互不相容,此时案件的裁判无疑将会陷入两难境地。第二,出现了一些所谓的"新型案件"(new cases)或"规则所无法调整的案件"(unregulated cases)。在这种情形下,通常缺乏可以直接适用的法律。疑难案件的存在打破了常规的法律思维活动,案件的疑难因素成为一块"巨石"挡在了"法律发现"与"结论证立"之间。因此,只有在疑难案件的裁判领域,法律适用的争论才变得更尖锐,也更有意义,而疑难案件恰恰能够成为过滤和检验一套司法裁判理论的试金石。

立法者在制定《刑法》时并未预料到日后会出现许霆案的情形,立法者在制定《继承法》的时候也未曾想到有人会以遗嘱的形式将财产遗赠给情妇,但这些案件在实践中却真实地产生了,那么法官应当如何来裁判呢?对此有两种代表性的主张:一种是法条主义的裁判方法,另一种是后果主义导向的裁判方法。两种裁判思维的明显差异在于其出发点不同,法条主义的审判方法是以案件事实和法律规定为出发点,以获得最终结论为落脚点;而后果主义考量则是以法官"作出预设结论为出发点,以庭审阶段排除例外事实为重心环节,接着寻找法律规范验证预设结论的正确性、合理性,最后做出裁判"[①]。为此,不妨通过一个例子来初步描述这两种不同的法律思维。

我国《消费者权益保护法》(以下简称"消法")针对经营者的欺诈行为设定了一个双倍惩罚的赔偿金,目的在于防止经营者的欺诈行为并维护消费者的合法权益。然而,当时立法者难以想到后来会发生专门以获得双倍赔偿为目的的"知假买假"案件。打假斗士王海的出现,将消法推

[①] 郝廷婷:《民事审判思维方法实证研究——"三段论"逻辑在中国基层法院的续造与验算》,载《法律适用》2012 年第 1 期,第 21—22 页。

第八章 "后果考量"与"法条主义"的较量

向了风口浪尖。王海和"王海们"到底是不是"消费者"？一种观点认为，王海和"王海们"并不是消费者，因为消法第 2 条将消费者仅仅限定为"为生活消费需要购买、使用商品或者接受服务的人"，然而从王海和"王海们"所购买的商品的种类、价格及购买频次可以断定，其购买目的显然并不完全（或并不主要）是为了满足生活消费所需，进而法官秉持法条之文义拒绝王海和"王海们"的诉求。与此同时，另一种观点认为王海和"王海们"属于消费者，并可以适用消法的相关规定，其理由在于这种鼓励人们打假的行为对社会有利，同时也可以很好地制裁经营者的欺诈行为。[①]

可以说，这是两种风格迥异的裁判思路，其中第一种裁判依据的是法律条文，尽管也使用了法律解释的方法，但仍未超出法律条文的语义范围，因而这是典型的"法条主义裁判"；而后一种做法归根到底所依靠的并不主要是法条，而是该法条适用所可能产生的社会后果，亦即它"所运用的是社会学解释方法，即以预测所产生的社会后果之是否有利，作为判断解释意见是否正确的根据"[②]。判定王海和"王海们"属于消法所规定的消费者，可以达到鼓励打假、维护消费者权益的目的。这种通过对相关后果进行判断和考量的裁判权且称之为"后果主义裁判"[③]。长期以来，学界对待这两种裁判思路呈现出了"一边倒"的有趣现象，法条主义成为众矢之的，就连刚刚迈入法学院大门的法科学生时不时也会指责法律条文的缺陷、法律适用的僵化，司法中所出现的种种问题似乎都可以归咎于法条主义，而后果主义裁判更是与"案结事了"及"法律效果与社会效果相统一"的司法政策相互呼应，从而获得了巨大的理论市场。

笔者既不赞成那种将法条主义全盘否定的观点，也反对那种过分夸

[①] 针对王海和"王海们""知假买假""买假索赔"的行为，各地法院对他们是否属于消法所规定的"消费者"意见不一，最终的处理结果也截然不同。相关报道和分析请参见杨立新：《"王海现象"的民法思考——论消费者权益保护中的惩罚性赔偿金》，载《河北法学》1997 年第 5 期；孙玉荣：《民法上的欺诈与〈消费者权益保护法〉第 49 条之适用》，载《法律适用》2005 年第 4 期；王进：《王海打假败走津门》，载《南方都市报》1998 年 8 月 27 日。

[②] 梁慧星：《关于消法四十九条的解释适用》，载《人民法院报》2001 年 3 月 29 日。

[③] 为行文方便，如无特别说明，笔者将交替使用"后果主义法律推理""后果主义推理""后果主义裁判""后果主义论证""通过后果论证裁判""后果考量"等术语。

大后果主义推理在司法裁判中作用的主张。长期以来,人们对于法条主义的厌恶和批评,部分地归咎于他们对于法条主义所存在的偏见甚至误解。相应地,后果主义推理作为一种新生事物的确有其独特的吸引力,但是作为一种方法论意义上的后果主义推理有其自身复杂、精细的理论构造,并不简单地等同于"法律效果与社会效果的统一"或者"裁判中以社会效果取代法律效果",也不意味着法官可以随时、任意地考量任何后果,更不是说法条主义必须被抛弃或取代。为了澄清这些误解和难题,笔者首先正本清源,讨论后果主义裁判是如何从"社会效果论"异化而来的,更为严重的是这种异化从根本上说并不成功。在此基础上,笔者通过对"张学英诉蒋伦芳案"的分析,指出后果主义推理所面对的一些基本难题,同时还原被人们误解已久的法条主义的真实面目。后果主义推理使得法律规范在裁判中逐渐隐退,而法条主义的裁判思维才能够帮助我们重新寻回不在场的法律。

二、"社会效果论"到"后果主义裁判"的异化

"法律效果与社会效果相统一"并不是一个新问题,对此学界已有一些讨论且褒贬不一。将这个问题拿出来重新讨论并不是旧曲新唱,而是因为这一司法政策还直接牵连着一种披上法律方法之外衣的后果主义法律推理,二者遥相呼应、试图在司法裁判理论方面掀起一场新的变革。这种暗度陈仓之后的"新的法律方法论"并不具备其倡导者所宣称的种种优点,一旦对其在认识上含混不清或者在适用上拿捏不当,将会带来十分严重的负面后果:轻则为了追求所谓的社会效果而侵犯当事人根据既有法律所应当得到捍卫的权利,重则会危及整个司法裁判的合法性乃至形式法治。重提这个问题的另一个背景是,新近学界关于法教义学与社科法学之间的激烈争论,法教义学捍卫的是现有法律体系在应对法律问题上的自治性(autonomy),而社科法学则极力主张以社会科学知识为基础的后果论证,这一点恰恰内在地支持了后果主义推理。因此,我们不得不认真对待后果主义推理。

第八章 "后果考量"与"法条主义"的较量

"法律效果与社会效果相统一"的司法政策对于后果主义裁判的产生起到了推波助澜的重要作用,它甚至给人们带来这样一种印象:以为司法注重社会效果就是要求司法以社会效果作为推理和论证的起点,就是要求社会效果应当成为评价一个裁判是否可欲的标准,就是要求司法裁判应当采纳一种后果主义的推理路径。其实,这只是社会效果论者人为制造的一个假象,笔者将这一现象称为一种并不成功的从"社会效果论"到"后果主义裁判"的异化。法律效果是指在法律规范射程之内的一种蕴涵后果,而社会效果则指一个判决事实上对于当事人和社会所可能产生的影响,比如对专门盗窃官员的犯罪嫌疑人处以重刑可能会引起民众的抵制和不满情绪,而如果对犯罪嫌疑人网开一面、从轻发落又可能会鼓励这种非法行为甚至让一些不法盗徒找到可乘之机。在大多数情况下,法律效果与社会效果是一致的,也就是说二者可以同时得到实现,但有的时候一个好的法律效果并不意味着能产生一个好的社会效果。

目前在对待二者之间的关系上,学界主要有三种观点:(1)"统一论",即认为法律效果实现的同时应尽可能兼顾社会效果,甚至必要时为了追求社会效果可以牺牲法律效果。支持这种观点的理由主要有:它符合我国的文化传统,是一种理想与现实平衡下的产物[①];在法律适用中反映时代的需求,适应社会条件的变化,甚至要与时俱进地发展法律[②];社会效果的实质在于司法的结果要满足实质正义,满足社会的主流价值观和长远发展利益,获得公众的情感认可和尊重,这有利于判决的接受和执行。(2)"分离论",即主张两个效果是可以并且应当分离的。对司法权力附加过多的目标,会给法院和法官造成了过度的压力,使法官面对有些难以兼顾双重效果的案件时无所适从,恰恰对司法权威带来了较

[①] 参见吕芳:《穿行于理想和现实之间的平衡——从法律文化的视角解读"法律效果和社会效果的统一"》,载《法学论坛》2005年第3期。
[②] 参见孔祥俊:《论法律效果与社会效果的统一:一项基本司法政策的法理分析》,载《法律适用》2005年第1期,第26页。

大的损害，① 此外这一提法有违"依法治国"的精神②，且不符合法治的基本要求，非要贯彻也达不到实现法治的目标。③（3）"折中论"，实际上是在"统一论"与"分离论"之间走了一条中间道路，认为需要对法律效果和社会效果区别对待，基层法官在审判中可以更多地考虑审判的社会效果，而其他更高层级的法官可以考虑对于个别极其特殊的重大疑难案件采取同样的原则，其他案件严格依法审判。④

在笔者看来，统一论勾画了一幅较为高大和完美的法官图像，认为法官不仅要谙熟法律还应精通政治、通晓人情，相应地对于任何案件总是能够做出一个让当事人满意、让社会接受的判决。这不仅非常不现实，而且也与权力分立体制下法院作为"法律适用者"的角色不相吻合。统一论至少存在着以下几个难题：首先，法律效果与社会效果相统一的意思究竟是用法律效果统一社会效果，还是用社会效果统一法律效果？⑤其次，由于社会效果本身是一个极为模糊和宽泛的概念，在实践中缺乏相应的界定标准，至于如何将两个不同的效果统一起来更是缺乏相应的可供操作的方法，以至于实践中法官往往根据自己的偏好和判断恣意为之。再次，既然司法应当考量相应的社会后果，而由于这些后果又是尚未发生的，所以如何准确地将某个判决所可能产生的各种社会后果预测出来本身就是一个难题。退一步说，即使我们能够准确地预测这些后果，那么以何种标准来评价这些后果的可能性呢？最后，统一论的一个根本缺陷在于导致司法裁判可能偏离形式法治，在审判的时候更多地考虑采取社会效果，甚至在必要的情况下为了审判的社会效果部分地牺牲

---

① 参见李旭东：《论司法裁判的法律标准——对社会效果与法律效果统一论的批评》，载《华南理工大学学报（社会科学版）》2010年第5期。
② 参见王发强：《不宜要求"审判的法律效果与社会效果统一"》，载《法商研究》2000年第6期。
③ 陈金钊：《被社会效果所异化的法律效果及其克服——对两个效果统一论的反思》，载《东方法学》2012年第6期。
④ 参见唐延明：《论司法的法律效果与社会效果》，载《东北财经大学学报》2009年第1期。
⑤ 参见陈金钊：《被社会效果所异化的法律效果及其克服——对两个效果统一论的反思》，载《东方法学》2012年第6期。

法律效果。① 如果一个判决仅仅基于某个社会后果而做出,那么该判决的合法性如何得到证成呢?

分离论将法律效果与社会效果完全区隔开来,使之不发生任何联系,这也是不能接受的,因为前文已经提及,在大多数情况下,法律效果和社会效果是内在统一的,表面上法律效果的实现实际上也是社会效果的实现。相比之下,折中论是较为可取的一种态度。一方面需要区分法律效果与社会效果,淡化"法律效果与社会效果相统一"的提法,防止法律效果被社会效果所异化;另一方面,在某些特定的案件中,当严格适用法律标准得出的裁决极端不正义或者在情理上难以接受时,可以以社会效果来检验法律效果,但是社会效果本身不能成为案件裁判的依据。尽管如此,两个效果统一论作为一项司法政策,由于其本身的界定不清给司法带来了很大的负面影响②,"必须从宏大的政治话语转移到微观的技术论证上来,防止其沦为某种肤浅的政治口号"③。相比之下,后果主义裁判是一种构造相对更为精细、科学的方法论,它与社会效果论是两个完全不同的概念,二者在基本原理、运作方法上都有很大的差距,对此笔者会有更加细致的分析。

三、法律适用的噩梦与美梦

关于法官应当如何裁决一个特定的案件,英国法学家哈特观察到美国法律人正在做着两种完全不同的梦。其中,那些认为法律是极端不确定的人在做着噩梦,他们认为法官应当以一种实用主义的态度适用法律,必要的时候可以进行司法造法。与此同时,另外一些人则做着高贵的美梦,他们对法律的确定性深信不疑,认为法律是完美无缺的,它对任

---

① 参见唐延明:《论法律效果与社会效果》,载《东北财经大学学报》2009年第1期。
② 参见江必新:《在法律之内寻求社会效果》,载《中国法学》2009年第3期。
③ 王彬:《司法裁决中的"顺推法"与"逆推法"》,载《法制与社会发展》2014年第1期,第87页。

何案件都能提供一个唯一正确的答案。① 法律人就一直在这样一种噩梦与美梦、确定性与不确定性之间徘徊。在世人面前法律经常会呈现出两张面孔,一张是它清晰的面孔,另一张则是它模糊的形象。正如前文在多数地方所强调的一样,语言在本质上具有一个由核心地带和边缘地带所组成的语义空间,落入核心地带的语词并不存在理解上的困难。比如法律规定"禁止携带犬只进入博物馆",显然宠物狗属于标准意义的"犬只",而语词一旦落入边缘地带就变得不确定了,比如警犬、搜救犬、导盲犬等专业犬只是否属于前述法律所规定的"犬只"?由于长期过度地放大法律的不确定性和模糊性,而忽视了法律的常规状态仍然是其确定性的一面。由此导致在司法裁判领域,法律人也做着噩梦和美梦:在噩梦中,法律的适用是一种后果主义导向的,后果的考量而不是规则的逻辑适用成为法律推理的起点;在美梦中,法律推理主要是一种法条主义导向的,案件的裁决依据应当从既有法律体系中找寻。

(一) 后果主义裁判的操作规程

后果主义裁判认为,案件的裁判应更加着眼于其所可能产生的各种后果,通过对这些社会后果的可欲性进行评价,进而选择那些在整体上是有益的、可欲的后果作为裁判结果的备选方案,最终再回溯性地寻找能够正当化前述裁判结果的法律渊源。其中,比较有代表性的观点主张:"传统的抠字眼、教义学无助于疑难案件的解决,正确的司法裁判需要明智有效地处理各种信息,能够有效预测和掌控后果。"② 实践中能够为法官所考量的后果是多种多样的,这个清单应至少包括:道德的后果(某个裁决结论从道德上来是善的还是恶的,能否增进人们对于某个现象或问题的道德认同)、经济效果(某个判决能否短期地或长期地增进社会的整体福利)、政策后果(某个判决能否激励人们遵守和执行某一特定

---

① See H. L. A. Hart, "American Jurisprudence through English Eyes: The Nightmare and the Noble Dream", in his *Essays in Jurisprudence and Philosophy*, Oxford University Press, 1983, pp. 126-144.

② 参见苏力:《法律人思维?》,载《北大法律评论》2013年第2辑。

第八章 "后果考量"与"法条主义"的较量

政策)、政治后果(谁拥有最大的正当性去决定特定的问题,个人拥有哪种权利来对抗政府,法律体系的目的和价值怎样能够得到最好地促进①)等。

相较于社会效果论的主张,后果主义裁判在方法论的构造上更为成熟一些。四川泸州案就是一个运用后果主义裁判的典型例证。通过对这个案件裁判过程的分析,有助于窥视后果主义裁判的运作方法。基本案情在前文曾反复介绍过,此处不再赘述。一审、二审法院的裁判思路和裁判结果基本上是一致的,考虑到二审法院在判决过程中对于后果的考量更为明显,所以笔者此处主要分析和还原二审判决思路,而暂时并不对其合理性发表评论。

1. 可适用性调查

这是后果主义裁判的第一步,首先是要查明该案是否属于后果主义裁判的适用领域。根据法律拘束原则,法官负有义务适用和执行法律,只有在根据既有法律标准会推导出一个不正义、不合理的裁决时或者案件缺乏相应的法律标准时,方可适用后果主义裁判。很显然本案是一个关于遗嘱继承的案件,根据《继承法》第 16 条第 3 款的规定,公民可以立遗嘱将个人财产赠给国家、集体或者法定继承人以外的人。在法律发现阶段,法官们并未就此止步,在《继承法》之外,他们还发现了《民法通则》第 7 条所规定的公序良俗原则。由于这两种法律标准给出的判断恰好是冲突的,所以可以初步断定本案属于后果主义裁判的适用范围。

2. 后果的预测和评价

这里所谓的"后果"是指"法律效果"以外的其他社会后果,如果适用《继承法》的相关规定,显然法律效果就是该遗嘱能够被确认合法有效,因为立法者并未明确将"情人""二奶"排除在遗嘱继承的被继承人之外。然而,此时主审法官更加重视该案所可能产生的各种社会效果。具体而言:一是道德后果之考量。如果承认该遗嘱的法律效力,无非就是变相地认同"包二奶""养情妇",这有违社会公共道德和善良风气;反之,如果

---

① See Scott J. Shapiro, *Legality*, Harvard University Press, 2011, p. 245.

想要维护社会道德,反对"包二奶"等不良风气,就必须要设法否定该遗嘱的效力。二是社会效果之考量。一个判决直接影响的对象是诉讼当事人,但是它的间接影响却是十分广泛的,如果确认遗嘱有效、支持情妇的诉讼请求,必将遭到社会公众的反对和谴责,这不利于社会的稳定和健康发展,同时也有损司法的公信力。因此综合考量之下,在道德上站得住脚的判决在法官看来才是可接受的裁判后果。

3. 后果的适用与裁判的做出

后果主义裁判的最后一个步骤就是将通过预测和评价所获得的可接受的社会后果运用到裁判中去,从而支持特定裁决结论的做出。在本案中,法官已经有了清晰的裁判方向,亦即"必须想办法否定严重违背道德的遗嘱的效力",并且也已经初步形成了一个大致的初步结论,而至于如何来获得这一结论就是一些技术性的操作了。法官根据《立法法》中"上位法优于下位法"的规定,认为《继承法》中关于遗嘱效力的规定违背了其上位法《民法通则》中的公序良俗原则,因此做出了确认该遗嘱无效的判决,驳回了原告张学英要求蒋伦芳返还财产的诉讼请求。

尽管在这一案件中法官考量了相关的社会后果和道德后果,并且这些后果从根本上决定了案件的裁判结论,但是从形式上看,法院的判决"似乎"仍然是在"适用法律"的名义下做出的。一方面承认本案受到《继承法》的调整,另一方面又根据法律冲突的效力规则排除了下位法适用的可能性,最终选择以《民法通则》中的公序良俗原则作为裁判依据。从结果上来看,这是一个顺应民意的、众望所归的判决。那么,这个判决无可挑剔吗?其实不然。法官在做出后果导向的裁决时,整体的司法裁决过程仍然需要包含一种重要的理性思考。[①] 更为重要的是,司法裁决中对于后果的考量和运用并不是完全任意的,除了要满足"普遍性的要求""可行性的要求"以及"可欲性的要求"之外[②],这些法外的标准(各种社会后果)最终只能影响而不应决定裁判结果。换句话说,这些社会后果

---

① See Jon O. Newman, "Between Legal Realism and Neutral Principles: The Legitimacy of Institutional Values", *California Law Review*, Vol. 72, No. 2 (Mar., 1984), pp. 200-216.

② 参见王彬:《司法裁决中的"顺推法"与"逆推法"》,载《法制与社会发展》2014 年第 1 期。

只能通过法律的形式获得实现,案件的裁决结果在整体上也应当符合既有的法律秩序和法律原则。

"泸州案"在后果主义的运用上并不是十分成功,因为该案其实是一个有法可依的简单案件(routine case),是被法官和社会(主流民意)以道德的名义不恰当地放大,使之在道德上而非在法律上产生疑难的案件。由于"二奶"或者"情人"是在道德上十分尴尬的身份,法官先入为主地认为遗产绝不不能仅凭一纸遗嘱就由原告获得。而至于在判决书中,法官对于案件法律适用所做的一系列说明和解释,其实都不过是为了排除对《继承法》的适用,《民法通则》中的公序良俗原则恰恰成了法官手中的"王牌"。在回答记者的采访时,主审法官引以为豪地说:"如果我们按照《继承法》的规定,支持了原告张学英的诉讼主张,那么也就滋长了'第三者''包二奶'等不良社会风气,而违背了法律要体现公平、公正的精神。"①因此,最终促成这一判决的既不是法律的规定,也不是法律的精神和价值,而是法官个人的道德判断,表面上看是依照法律进行的推理,其实不过是一种"超越法律裁判"掩饰。

(二) 基于法条主义的辩护

我们被噩梦笼罩得太久了,以至于慢慢失去了对于法律清晰性的敏锐洞察,也逐渐习惯了偏爱后果和批判甚至偏离法律,还让我们的美梦变得越来越"奢侈"、越来越"高贵"了。有学者断言,"法院不仅是法律的法院,也是正义的法院"②,这话意在强调后者,但把它反过来说似乎更加重要,我们的法院"不仅是正义的法院,而且也是法律的法院"。追求正义固然是法院的职责所在,但这并不意味着对正义的追求就可以对法律的规定不闻不问。法官要受到法律之拘束,这是现代法治的基本原则之一,只有在既有的法律体系对特定的个案无能为力时,法官才可以诉诸

---

① 参见王甘霖:《"社会公德"首成判案依据"第三者"为何不能继承遗产》,载人民网:http://www.people.com.cn/GB/shehui/46/20011102/596406.html,最后访问时间:2019 年 5 月 5 日。

② Timothy Endicott, "Adjudication and the Law", *Oxford Journal of Legal Studies*, Vol. 27, No. 2 (Sum., 2007), pp. 311-326.

一些类似于正义原则等价值标准来裁决案件。即使在这种情况下,法官所依据的这些较为抽象的伦理价值标准,仍然是整体法秩序的一个组成部分,或者至少是和法律的原则、精神、价值相一致的。这与其说是一种"超越法律"的裁判,倒不如说仍然是一种"法律之下"的裁判。

后果主义裁判存在的合理性,在于现有的法律体系为司法裁判留下了不可避免的裁量空间,它的确在一定程度上能够协助法官应对疑难案件,但是它的适用范围和实践功用并不是放之四海皆准的,不能被任意地放大和推广。如果在任何案件中法官都考量后果,动辄以后果来替代或规避法律,将会导致一种司法裁判中的法律虚无主义,最终会危及裁判的合法性并进而危害法治。正如陈金钊教授所指出的:"法律人思维过程中的法律因素越来越少,这不是说法律的数量在减少,而是讲,在法律思维过程中决定法律人判断的法外因素在增多。在法律因素与其他因素的较量中,法律的地位被矮化,规范作用在减弱。"[1]在这种背景下,重新唤醒和捍卫法条主义就显得弥足珍贵。长期以来,法条主义在中国法学界中的地位是十分尴尬的,"概念主义、机械主义、教条主义、僵化主义、抽象主义等形形色色的'稻草人'形象不断地赋予了'法条主义'"[2],法律中所出现的一切是非似乎都可以归咎于法条主义,法条主义俨然成为一种"机械司法"的代名词,并带有着强烈的贬义色彩。

法条主义对应的英文表达是"legalism",也可以被译为"守法主义",既可以指一种对待法学研究的学术姿态,在这个意义上与法教义学或法解释学的意义比较接近,也可以指法律方法或者法律思维上的一种态度或立场,意在强调法官作为法律适用者必须受到法律之拘束,司法裁判主要是基于对法概念之解释和对法规范之逻辑推理(主要是三段论的演

---

[1] 陈金钊:《法律人思维中的规范隐退》,载《中国法学》2012年第1期。
[2] 王国龙:《捍卫法条主义》,载《法律科学》2011年第4期。

第八章 "后果考量"与"法条主义"的较量

绎推理)而做出的。① 有必要将法条主义与法律形式主义(legal formalism)这一相邻概念区分开来,法律形式主义更多是一种法律学说、法律思想或者法学流派,它的中心思想认为法律是完全确定的和无漏洞的。对于任何一个案件根据现有法律标准总是能够找到一个正确答案,法官的任务仅仅是找到这个法律标准并适用它,而无须求助于任何一种道德考量因素。② 法条主义并不承诺法律是确定的,不同的法条主义者可能对同一个法律条文会有不同的甚至相互冲突的解释。法条主义也不承诺法律体系是一张无缝之网,由于立法者的有限理性和社会事实的纷繁复杂,实践中难免会出现立法者所未曾预料到的事情。因此,那些有意将法条主义与法律形式主义捆绑在一起而进行批评的观点,在打击对象上出现了偏差。

反法条主义者对法条主义提出了形形色色的诘难。例如,有的认为法条主义注重概念和逻辑,容易引向概念法学。又如,法条主义研究的对象是实在法,"坚持'价值'与'事实'相分离的'科学'标准,也是极其虚伪的"③。再如,法律体系不可能是完美无缺的,法律规则之间也并不是完全协调一致的,在出现法律漏洞或者法律冲突的情形下,法条主义必须做出让步,案件的裁决要么是诉诸法律之外的标准,要么是摒弃形式逻辑转而运用实质性的价值判断。这三点批评其实涉及一个中心的问题,就是法条主义是否承诺法律体系的封闭性,以及在疑难案件中法条主义是否承诺拒绝一切法外的价值标准和要素进入司法裁判。众所周知,民商法、刑法等部门法的研究及其运用基本上是在分析、研究和解释

---

① 苏力几乎是将法条主义与法解释学(法教义学)完全等同。参见苏力:《也许正在发生——中国当代法学发展的一个概览》,载《比较法研究》2001 年第 3 期,第 3—5 页。邓正来也基本上是在相同的意义上界定法条主义的,认为法条主义是以对法律规则、概念的解释和逻辑推理为主要内容,散见于各个部门法研究人员所发表的各种著述之中。参见邓正来著:《中国法学向何处去?》,商务印书馆 2008 年版,第 65 页。

② 美国耶鲁大学法学院斯科特·夏皮罗教授提炼出一个法律形式主义的思想框架,认为法律形式主义者认同四个命题:"司法自制"(法官只能适用法律而无立法权限)、"确定性"(法律是确定的并且是无缝隙的)、"概念主义"(法律条文是由于具体的概念和抽象的概念所组成的概念体系)、"裁判的非道德性"(法官只能适用逻辑推理而不能借助于道德推理)。See Scott J. Shapiro, *Legality*, Harvard University Press, 2011, pp.241-243.

③ 邓正来:《中国法学向何处去》,商务印书馆 2008 年版,第 71 页。

法律条文的基础上进行的。因此在一定意义上说,"尊重法律权威的'法条主义'是法律方法论研究的基础性前提"[1]。法条主义擅长于对法律概念进行解释并对法律规则进行体系化,但这并不意味着在法律和逻辑沉默无语之时它就无所作为。法条主义正是意识到了法律体系的封闭性、滞后性等缺陷,所以才努力以开放性的姿态包容司法实践,这正是它不断获得生命力并在法律方法中独占鳌头的缘由所在。

法条主义对法律体系采取开放性的姿态,法条主义及其所对应的法律实践本身是内在地富有弹性的[2],具体表现在两个方面:其一,法条主义者所构成的法学环境的边界是开放的,某个法律条文在法条主义者之间可能产生相互竞争的看法,法律正是在这些不同看法的相互讨论和比较中再次获得更新和发展。其二,法律实践群体所建构的法律制度的边界也是开放的,法律实践者对法律条文的判断也是不断变化发展的。[3]因此,正如本章开篇所列举的关于消法中"消费者"的界定,法条主义对于这些有争议的法律问题并不是采取一种简单化的概念操作、敷衍了事,更不会刻意采取"鸵鸟政策"回避这些难题,而是采纳诸如文义解释、历史解释、体系解释、目的解释、利益衡量、原则论证等方法来分析和澄清难题。如果将法律体系视为一个由法律概念、法律规则和法律原则所型构而成的系统,在应对疑难问题时,法律系统的各个要素之间便会形成一种相互催化、竞争、协调和促进的关系,共同推动法律体系的自我生成、自我调整和自我发展。[4] 以四川泸州案为例,想象司法裁判的另一种可能,设想一个法条主义的法官将会如何面对这个案件,他的裁判真的仅仅只会是一种僵化的概念操作吗?

---

[1] 陈金钊:《被社会效果所异化的法律效果及其克服——对两个效果统一论的反思》,载《东方法学》2012年第6期。
[2] 参见孙海波:《法条主义如何穿越错综复杂》,载《法律科学》2018年第1期。
[3] 参见刘星:《怎样看待中国法学的"法条主义"》,载《现代法学》2007年第2期。
[4] 关于系统论的介绍,可以参见〔德〕贡塔·托依布纳著:《法律:一个自创生系统》,张骐译,北京大学出版社2004年版;又可参见〔德〕哈贝马斯著:《在事实与规范之间:关于法律和民主法治国的商谈理论》,童世骏译,生活·读书·新知三联书店2003年版,第57—98页。

第八章 "后果考量"与"法条主义"的较量

1. 法官首先"找法"

"找法"也可以称为"法律发现"(discovery of law)或者"法律检索",这一点和后果主义裁判几乎没有根本性的差别,法官在本阶段的工作就是检索出所有能够调整本案或可能适用于本案的法律(这是广义的法律,既包括法律规则也包括法律原则)。很显然,由于本案是一个关于遗嘱继承的争议,那么法官的眼光很快便会锁定《继承法》,并能够轻易地找出其中关于遗嘱设定和效力的条文。同时,法官也会检索《民法通则》这一上位法,从中可以发现两个重要的原则,一个是自愿原则,另一个是公序良俗原则。也就是说,这三者都有可能成为该案的裁判依据。

2. 分析案件的法律争点

这一步其实就是在法律规定与案件事实之间建立起联系,使法律规定与案件事实从"不相适应"到"基本适应"再到"完全适应"[①],为下一步裁判结论的做出奠定基础。所谓的"争点"就是大家存在争议、意见不一的问题,具体到本案即是情妇或"二奶"能否成为合法的遗嘱继承人?法条主义式的法官并不会简单地凭借道德直觉认定该遗嘱因为违背社会公德而无效,"对被继承人和其情妇因为生活方式而作出的道德上的谴责,本身并不能对被继承人的遗嘱自由或者其情妇的可继承性产生决定性的影响"[②]。就遗赠这个法律行为来说,一个与被继承人有非法同居关系的情妇与一个普通的继承人(比如被继承人的近亲属、照顾被继承人生活的保姆等)的本质性区别在于,其"道德上"受到非难的尴尬身份。问题的关键在于该遗赠的动机究竟为何,是"为了增进和维护和情人张

---

① 法律判断的形成是一个将大小前提进行等置的过程。在这个过程中,视事实与规范之间的不同关系,要运用各种方法去建构大小前提,即使事实一般化、使规范具体化。参见郑永流:《法律判断形成的模式》,载《法学研究》2004年第1期。

② 邵建东编著:《德国民法总则编典型判例17则评析》,南京大学出版社2005年版,第225页。

学英的性关系",还是"为了感恩蒋伦芳对自己生前生活的照顾"?① 根据中央电视台法律栏目的采访,黄永彬因与蒋伦芳的婚姻关系不合才离家出走的,结识张学英后两人同居还生下一个女儿,并且在黄永彬住院期间,张学英不但一直在身边照顾,还拿出了自己一万多元的积蓄支付医药费。② 一审、二审法院对这一事实却只字不提,可以推断一个将死之人立下遗嘱将其财产遗赠给与其同居的第三者,并不是(也无法)为了增进和维护二者的关系,而是出于感谢后者对其生活上的照顾以及对两人私生女未来生活的考虑才有此行为。无论怎样进行评价,都难以构成违背社会公德或善良风俗。

3. 通过说理证成裁判结论

在澄清案件的法律争点之后,就进入案件裁判的最后一个阶段了,这时案件的裁判方向已经十分明了了,法官要做的就是通过法律推理得出裁判结论。泸州案中,对黄永彬的遗赠行为进行法律评价,并没有致使遗嘱违背公序良俗原则,因此可以初步排除对《民法通则》中公序良俗原则的适用,而径直适用《继承法》的相关规定判决遗嘱有效,支持张学英主张获得黄永彬有处分权部分之财产的诉讼请求。

本案的一审、二审法院在法律适用的选择上也存在着问题,它们是以《立法法》中"上位法优于下位法"的规定排除《继承法》的适用,以遗嘱违背公序良俗原则为理由拒绝其效力。这种做法存在三个问题:其一,穷尽规则方能适用原则,这是适用法律原则的一个基本前提。两审法院对于公序良俗原则的选择适用均未能给出充分的理由。其二,退一步来说,即使法院有理由在该案中适用法律原则,那么为何不适用自愿原则呢? 如果适用了自愿原则,遗嘱理所当然也能获得法律上的认可。其

---

① 德国联邦法院在裁判类似的案件时指出,使作为法律行为的终意处分违反善良风俗的决定性原因,在于被继承人所反映在法律行为本身之中并且企图获得实现的不诚实的想法(比如为了向女方的通奸关系表示酬谢或为了促使女方继续保持这种关系)。所以,判断一赠行为是否违反善良风俗,仅仅取决于该法律行为的内容、动机和宗旨所表明的法律行为的整体性质,这一整体性质才是道德秩序衡量的对象。参见邵建东编著:《德国民法总则编典型判例17则评析》,南京大学出版社2005年版,第225页。

② 参见《多事的遗嘱》,载中央电视台网站:http://www.cctv.com/lm/240/22/38812.html,最后访问时间:2019年5月5日。

三,《继承法》相对于《民法通则》来说是特别法,《立法法》中不仅有"上位法优于下位法"的规定,还有"特别法优于一般法"的规定,一审、二审法院对此并未做出回应。故无论是一审判决还是二审判决,在推理过程中都存在一定缺陷。

以上便是笔者对某个特定个案中法条主义者思维轨迹的还原,这与批评者眼中的法条主义图像有很大的差异。法条主义偏爱对概念的分析,但并不自我沉迷于法律条文所编制的概念天堂里;法条主义关注的对象主要是实在法,但并不自绝于价值判断和法条批判;法条主义注重对法律条文的解释,但并不自我束缚于条文的文义所限定的边界;法条主义追求法律最大限度的确定性和完整性,但并不天真地承诺法律的绝对确定性和完整性。这就是笔者在前文所提到的法律适用中的"美梦",它的"高贵"之处在于,尽可能根据法律的标准做出并捍卫司法裁决,这也是法官应受法律约束以及形式法治的应有之义。

四、本章小结

在短暂的篇幅内,我们穿行于法律适用的两种方法之间,管窥了二者在案件裁判过程中的思维结构和具体操作方法。尽管笔者所分析的参照主要是疑难案件,也就存在一个有意义的问题:"如果我们真的'用尽了规则'仍不能解决问题,那应如何行事?"[①]应当承认的是,后果主义与法条主义这两种性质不同的裁判思维,对疑难案件的处理方面都能够展现自己的特色和发挥各自的功用。但是,从性质上来说,任何一种法律方法的主要目的都在于协助法律规范的适用,以保证案件最终的裁决是基于法律的因素或以法律的名义而做出的。后果主义裁判在这方面稍逊一筹:一方面,它错误地将自身与法条主义对立起来,并意图排斥、抵制甚至取代后者;另一方面,后果主义裁判由于过分依赖法律之外的各种后果导致裁判中的法律因素遭到排挤、排斥甚至隐退,最终使得案件裁判所根据的并不是法律而是法律之外的其他因素。相应地,"疑难

[①] 〔英〕尼尔·麦考密克著:《法律推理与法律理论》,姜峰译,法律出版社 2005 年版,第 94 页。

案件裁判不被视为法律实践,而是被视作非法律的、政治的、经济的、道德的或者其他性质的自由裁量"①。这并不是说后果主义裁判是一种有害的法律理论,而是想强调它只能在一种极其有限的范围内发挥作用,并且后果主义裁判如果想要获得合法性,最终所采取的是一种隐藏在法条背后的后果考量,从表面上看它所采纳的仍然是一种法条主义的推理形式。

以法律规范的适用为核心内容的形式法治是整个法治的基础,也是在法治建设初级阶段特别需要坚持和捍卫的,相比之下追求结果之正义的实质法治则是一种更高的追求。② 但是,形式法治并不意味着不追求正义、不关注价值,只不过追求正义和其他价值目标必须以法律的名义、在法律的拘束下实现,后果主义裁判在一定程度上将法律规范推出了司法裁判的舞台。为此,需要将那些不在场的法律重新找回,而法条主义便不失为一种良策。在大多数情形下,法律条文是确定的,根据法条所推导出的裁判结论也是无争议的。只有在一些特别的场合,法条主义的适用才面临着困境。即便如此,法条主义内部的竞争性观点之间也可以"不断纠缠,不断推进,不断'出新'"。易言之,法条主义仍然可以通过这些法条式的内部争论来"促进这些概念、规则及原则的法律适用过程中的解释,使法律制度仍然以'法律本身'的名义而非其他'政治需要''道德期待''情理要求''自由裁量'的名义,去适应社会现实"③。法条主义不是机械司法,也不是概念法学,中国法学界对于法条主义的轻视和抵制,根源于对法条主义的误解,也根源于法条主义研究的"贫困",还根源于对法律体系的不自信。因此,从理论上唤醒法条主义、重新寻回不在场的法律,将具有十分重要的意义。

---

① 〔德〕Ralf Poscher:《裁判理论的普遍谬误:为法教义学辩护》,隋愿译,载《清华法学》2012年第4期,第103页。
② 关于形式法治与实质法治的讨论,可以参见陈金钊:《对"法治思维和法治方式"的诠释》,载《国家检察官学院学报》2013年第2期;陈金钊:《魅力法治所衍生的苦恋——对形式法治和实质法治思维方向的反思》,载《河南大学学报(社会科学版)》2012年第5期;陈金钊:《对形式法治的辩解与坚守》,载《哈尔滨工业大学学报(社会科学版)》2013年第2期;张翔:《形式法治与法教义学》,载《法学研究》2012年第6期;陈林林:《法治的三度:形式、实质与程序》,载《法学研究》2012年第6期。
③ 刘星:《怎样看待中国法学的"法条主义"》,载《现代法学》2007年第2期,第56页。

第九章 类比推理的一般结构与运行方法

类比是一种重要的推理形式,它在日常生活中被广泛地使用,并发挥着不可替代的作用。同样在"类似案件应获得类似处理"的要求下,类比在法律领域中便成为一种重要的裁判方法。就方法论的意义而言,此处并不有意区分类比推理和类比论证,尽管学界对这两个术语的使用不尽统一,但它们都意指一种通过案例所进行的推理。[①] 然而,由于"形式正义"或"同等对待"原则过于抽象而无法直接适用于具体个案的裁判中,那么就必然需要借助一种方法,而这种方法就是类比推理。目前关于类比推理的研究主要集中于理念层面,包括类比推理的词源学研究、功能作用和理性化等问题,而对于在司法实践中如何具体运用或操作这一方法不甚明了,论者们要么是有意无意地对其进行含糊其词的简单化处理,要么就干脆直接放弃对这一问题的研究。实际上这是不明智的,一种法律方法无论在理论上多么博大精深,如果无法转化适用于现实司法实践中,那么无疑相当于一纸空文,华而不实。为此,笔者在本章将集中讨论类比推理在实践中是如何具体展开的。

2010年最高人民法院开始推行案例指导制度,期望通过将案例予以制度化、规范化,来引导各级法院在审理类似案件时援引指导性案例,以统一裁判尺度和实现形式正义。最高人民法院出台的《关于案例指导工

[①] 类比推理(analogical reasoning)与类比论证(analogical argumentation)均是指一种司法裁判的方法,由于案件之间所具有的某种相似性,人们可以将前一案件所依据的法律规则或原则,同样也适用到后一个案件当中去,这是一种从案例到案例(from case to case)的推理形式,它不同于从规则到案例的演绎推理形式。此外,还有学者使用"exemplary reasoning",中文可以译为"范例推理",实际上就是类比推理的另一个指称而已。See Scott Brewer, "Exemplary Reasoning: Semantics, Pragmatics, and The Rational Force of Legal Argument by Analogy", *Harvard Law Review*, Vol. 109, No. 5 (Mar., 1996), pp. 923-1028.

作的规定》(以下简称《规定》)第7条规定,"最高人民法院发布的指导性案例,各级人民法院审判类似案例时应当参照"。该条中的"应当参照"究竟意味着什么?即指导性案例的效力是什么?在此不论。这一制度既已确立,那么接下来要做的就是在实践中向前推进它,问题实际上就回到了"如何参照"(方法论)的问题。迄今为止,最高人民法院已经先后发布了一百余个指导性案例,那么具体"怎么用"就成为一个亟须解决的问题。也就是说,在实践中律师如何援引指导性案例进行代理和辩护活动,法官如何援引指导性案例据以推理和裁判,而类比推理恰好可以有效地解决和应对这一难题。由于类比推理更多是在普通法系国家中被广泛适用的法律方法,它生长于"从案例到案例"的法律思维当中,以至于忽略了对民法法系国家中有关类比推理的研究,而后者可能对于我国有更大的启发和借鉴意义。

  正是基于这一点理由,本章选择对普通法系和民法法系国家中的类比推理进行比较研究,以这一推理模式的"理论基础和操作方法"为中心问题导向,试图揭示类比推理背后的成因,并构造类比推理的具体操作方法,以服务于中国指导性案例的发展实践。本章将主要讨论以下问题:第一,类比推理为什么会产生?其产生一定是形式推理出了某种问题,那么到底出了什么问题?这一问题被大多数学者忽视了,由此导致的一个可能后果是相关研究成"一盘散沙",无法针对这一问题进行有针对性的研究。第二,民法法系国家中有没有类比推理?它和我们所熟悉的普通法中的类比推理存在哪些不同之处?类比推理的结构是什么样的?第三,类比推理如何操作?这也是核心问题。为此,笔者将重点解决"区分技术"和"寻找相似性"这两种方法,在某种程度上它们又是紧密地联系在一起的,由此构造类比推理方法的一般模型。最后,笔者将以上述一般方法来反观中国案例指导制度的运作难题,以期将其转化为中国的司法实践中发挥作用。

一、为什么需要类比推理?

  正如本章开头所提出的,现有关于类比推理的出发点存在着明显的

第九章 类比推理的一般结构与运行方法

模糊和疏漏,论者们似乎将类比推理视为一种当然之物,这不免会带来一个危险的后果,亦即由于无法洞悉"被遮蔽在这一事物背后的真理之光",就极易不适当地评价这一法律方法的地位,由此呈现出两种极端倾向:一种倾向是过分夸大类比推理的地位和作用,甚至将其作为一种近似于形式推理的核心推理方法;另一种倾向是仅仅将类比推理视为一种形式推理的例外,或者仅仅是作为一种补充方式而存在的,甚至会认为这种推理形式可有可无。以上两种倾向都是非常危险的,都在一定程度上误解了类比推理的真实性质,问题就在于并没有认真地对待类比推理产生的深层原因。换个角度来看,类比推理产生的原因同时也可以证立该推理方法的合理性。

首先,具体检视一下学者们对待类比推理的四种态度:(1)"有限存在论",代表人物是列维,主张应依赖金字塔式的规则模式,但由于其存在逻辑上的缺陷,故要为类比推理留下一定的空间,但也只是在疑难案件中发挥用武之地。(2)"怀疑主义论",代表人物有波斯纳,认为类比推理在司法过程中被过多使用了。(3)"完全否定论",代表人物有亚历山大,认为类比推理只是某些人的一厢情愿,是一种不顾事实的幻想,事实上并不存在着从案例到案例的推理。(4)"完全承认论",代表人物有魏因勒伯和孙斯坦,在他们看来,类比推理植根于法律人的实践、经验与智慧中,离开了类比推理的话,法律规则与法治本身就将是形同虚设的。[1]我们大可不必过度消极和悲观,类比推理不仅存在而且对于民主和法治意义甚大,怀疑论或否定论者之所以主张类比推理不存在,很重要的一个原因在于法官和律师很多时候并不知道自己是在使用类比推理。事实上,也只有解决"类比推理为何会出现"这个问题,才能推进对类比推理具体技术和方法的研究,也才能更加具有针对性地进行沟通和辩论。

(一) 规则的开放性与普遍性

语言就像朦胧之月,法律规定的语词如果落在光亮的中心区域便是

---

[1] See Lloyd Weinreb, *Legal Reason: The Use of Analogy in Legal Argument*, Cambridge University Press, 2005, pp. 8-13.

清晰可辨和明确无误的,或者说它落在该语词的常规语义空间之内,此时可以通过涵摄方法将法律规范与事实进行完美的对应起来,这是法律规则普遍性的内在使然。然而,一旦语词落入朦胧的边缘区域,便会出现语义的模糊和争议,那么就有可能出现通常所说的疑难案件或边缘案件(疑难案件的界定在前文中已有较多讨论,不再细述)。在这种情形下,规则仍然是存在的,只不过它偏离了常规含义而在语义方面出现了争议,通过法律解释的方法一般仍然可以解决。此时还不会涉及类推的问题,因为争议仍然停留于该语词的语义空间之内。[①] 法律解释并不等同于类比推理,"解释是就法律条文的文义所允许的范围内,来寻求准确判决的大前提,乃以文义解释为基础。类推是在法律条文之解释皆无法得到判决的大前提时,方可应用之"[②]。同理,即使是目的性扩张的扩大解释仍属于法律解释的范畴,而依然与类比推理无关。[③] 由此可见,只有在规则的开放性结构之外,才会涉及类比推理的问题。例如,法律规定"公园内禁止车辆通行",在一般意义上,"车辆"具有车轮、能够凭借助力前进、会发出声音等特点,而公共汽车、小汽车显然都属于上述规定中的"车辆",但是自行车、轮式溜冰鞋和电动玩具车是否属于车辆呢? 那飞机又算不算呢?[④]

与前述规则的开放性结构紧密关联的是法律的普遍性特征,它要求对于符合规则构成要件描述之案件或事实具有一体适用的效果。大量

[①] 德国著名法学家齐佩利乌斯提出了"语义空间"的概念,认为语词都存在着一个包括各种可能语义的空间,具体是指对某一语词可能赋予哪些涵义。语义空间构成了法律解释的范围和界限,法律解释只能是在特定法律语词的语义空间内进行,选择那些可能最恰当地赋予该法律语词的涵义。那么,一旦超出此语义空间之界限进行法律解释,就不再是一种法律解释行为而是一种法律续造。参见〔德〕齐佩利乌斯著:《法学方法论》,金振豹译,法律出版社 2009 年版,第 65—67 页。拉伦茨也曾具体区分过"法律之内的法律续造"和"超越法律的法律续造",前者仍在法律解释的范围之内,后者可能已经划入了立法或造法的范畴。参见〔德〕卡尔·拉伦茨著:《法学方法论》,陈爱娥译,商务印书馆 2005 年版,第 246—299 页。

[②] 杨日然著:《法理学》,台湾三民书局 2005 年版,第 120 页。

[③] 关于类推与当然解释、类推与拟制、类推与准用、类推与目的性扩张、类推与目的性限缩之间的区别,可详见黄建辉著:《以案例和民法为中心探讨:法律漏洞和类推适用》,台湾蔚理法律出版社 1988 年版,第 138—143 页。

[④] See H. L. A. Hart, "*Positivism and the Separation of Law and Morals*", *Harvard Law Review*, Vol. 71, No. 4 (Feb., 1958), pp. 593-629.

第九章　类比推理的一般结构与运行方法

的社会事实证明,这种普遍性是存在例外的。也就是说,规则自身存在着问题,一般会展现出"过度包含"(over-inclusiveness)和"潜在包含"(under-inclusiveness)两种情形[1],它们导致规则所指示的结果与规则背后的正当化理由所指示的结果产生了冲突。前者是指一般情况下规则的直接适用会带来其背后正当化理由所支持或反对的结果,但在某些情形中不会出现这种结果。比如"禁止携带狗进入咖啡店",由于这一规定中的适用对象——"狗"的范围过大,导致警犬、导盲犬、搜救犬也被不适当地排除在外,这种过度包含可以通过限缩解释来解决。后者是指规则背后的正当化理由所支持或反对的结果无法通过规则的直接适用得出。比如"四脚动物致人伤害,饲养者要承担侵权责任",那么两只脚的鸵鸟在符合上述事实构成的条件下,该规则背后的理由在于它要保护人们免于动物的攻击或侵袭,而饲养者显然负有保障这一目的实现的义务。因此,鸵鸟也理应包含在上述规则之内。也有学者称其为"规范性裂缝"[2],只有潜在包含才有可能出现类比推理,鸵鸟与四脚动物的根本区别在于鸵鸟是两脚动物,但它们之间在具有攻击性、伤害性等特征方面是更为重要的,鸵鸟也符合"四脚动物致人伤害,饲养者要承担侵权责任"这一规范的意旨,故可以将其法律后果类推适用于鸵鸟。但由此并不必然要抛弃规则的普遍性观念,对规则的最恰当运用乃是参照规则的普遍性与规则目的的综合考量来进行。[3] 因此,从规则的开放性与普遍性这一视角可以看出,开放性结构和潜在包含构成了类比推理的第一个理由。

(二)形式推理的逻辑有限性

形式推理主要是指演绎推理,表现为通过一个已知的法律大前提,结合另一个已知的法律小前提,推导出一个结论的过程。这种推理强调逻辑的重要作用,一般而言前提为真,推理过程正确的话,结论就必定为

---

[1] See Frederick Schauer, *Playing by the Rules: A Philosophical Examination of Rule-based Decision-making in Law and in Life*, Oxford University Press, 2002, pp.31-34.
[2] 参见范立波:《规范裂缝的判定与解决》,载《法学家》2010年第1期。
[3] 参见陈景辉:《规则的普遍性与类比推理》,载《求是学刊》2008年第1期。

真。然而,由于人之有限理性、形式逻辑的有限性和社会生活事实的不断变化,使得这一推理在特定情形或案件中无法奏效。形式推理最大的问题在于,有可能会导致推理结论的不确定或不公正。所谓的不确定是指法律规定的未完成性品格或开放性结构的存在,使得通过一个法律规定有时会推出复数的结论;所谓的不公正性是指形式推理过度依赖条文式的法律规则,有时会推出一个合乎法律规定但明显有悖常识、经验和情理的结论,或者说这一推论在某种意义上说是合法但不合理的。这里实际上涉及一个问题,亦即"类比推理到底是属于形式推理或归纳推理,还是一种独立的实质推理?"目前关于这一问题的回答十分混乱,多数学者将类比推理视为归纳推理的一种,或者放在归纳推理的范畴下进行研究①,也有部分学者认为类比不同于归纳,类比的重点是强调案件核心要素的相似性质的数量,而归纳则强调案件性质的共同性。② 笔者基本同意第二种观点,类比推理既不同于从一般到特殊的演绎推理,也不同于从特殊到一般的归纳推理,而是一种融合了归纳和演绎色彩在内的独立的实质推理形式。正如前文所揭示的那样,由于规则普遍存在"潜在包含"的例外,那么类比推理的存在才成为必要。也就是说,类比推理就其在法律方法中的地位而言,并不具有形式推理那样的普遍性,而只是一种特殊的、辅助的和补强的方法。

(三)"类似案件应获得类似处理"的同等正义原则

法谚有云:"在同一理由应适用于同一法律下,类似的事项要得到类似的判决。"(Ubi eadem ratio ibi idem jus, et de similibus idem est judicium.)③这也是法律安定性的必然要求,如果一项法律规定不能够为当

---

① 参见〔美〕鲁格罗·亚狄瑟著:《法律的逻辑——法官写给法律人的逻辑指引》,唐欣伟译,法律出版社2007年版,第110—117页。此外,波斯纳法官也曾主张类比实际上是一种归纳,并指出了类比推理的若干局限。参见〔美〕理查德·波斯纳著:《法理学问题》,苏力译,中国政法大学出版社2002年版,第109—124页。

② 参见郑永流著:《法律方法论阶梯》,北京大学出版社2012年版,第66—67页。

③ 将这句拉丁法法谚翻译成英文,即是"Where there is the same reason, there is the same law; and the same judgment should be rendered on comparable facts",大意是:"同一理由应适用同一法律,或者,类似情况应当类似处理。"

第九章 类比推理的一般结构与运行方法

事人带来任何稳定的预期,那么人们必将无法以此来安排自己的行为,其权利义务一旦发生争议也必将处于一种不确定的状态之中。这一"同等对待"或"形式正义"原则深深植根于人们的法感情中,某项判决做出之后,人们往往不难依据自己的法感情和生活经验判断该判决是否公正,是否畸轻畸重,是否和先前的某个已决案件在结果上偏离甚远?例如,在许霆案发生之前,与许霆"共同作案"的同乡郭安山,被广州市某区法院以盗窃罪另案处理,最后被判处有期徒刑一年,并处罚金1000元。一年后,许霆被广州市中级人民法院以盗窃罪判处无期徒刑。[①] 两人或两案最大的区别在于,许霆利用ATM机的故障盗取了17.5万元,而郭安山只盗取了1.8万元,判决结果如此悬殊,社会公众能不对法院施加舆论影响吗?事实上,近年来民众开始越来越多地关注司法,同时越来越多的复杂疑难案件频繁进入公众的视线,其中一个很重要的原因在于,这些案件的裁判都或多或少地存在着"裁判结果的不可接受性",或者说存在着一种"不公正性",这又回到了"同案应当同判"的形式正义原则。这一原则要求法院和法官一方面要严格遵守法律的规定,另一方面要通过案例这一法治的细胞来实现形式正义,使得裁判结论能够最大限度地与既往类似案件相融贯。

(四)"事物的性质"与"法律作为应然与实然之联结"

在当代法哲学有关类推的研究中,有一种观点认为类推是和事物的本质联系在一起的,离开了类推就无法认识事物,更遑论通过案件裁判实现形式正义。这种观点的代表人物是德国法学家考夫曼,他将法律的现实化区分为三个阶段:第一个阶段为法律理念的阶段,是指普遍的、超

[①] 许霆利用ATM取款机的错误,用余额仅176.97元的银行卡先后操作多次,取款共计17.5万元。一审法院认定被告人许霆犯盗窃罪,判处无期徒刑,剥夺政治权利终身,并处没收个人全部财产。一审判决做出后,网络媒体上一片哗然,公众普遍认为判得过重,而且法学家们也公开发表自己的"专家意见"。一时"挺许派"与"倒许派"展开了激烈的争论。许霆上诉后,二审法院以"事实不清、证据不足"发回重审,迫于公众舆论和专家意见的压力,广州市中级人民法院判许霆犯盗窃罪,改判有期徒刑5年。相关讨论请参见苏力:《法条主义、民意与难办案件——从许霆案切入》,载《中外法学》2009年第1期。

实证的以及超历史的法律原则;第二个阶段为法律规范的阶段,是指具体化的、实证的、非超历史的、有效的制定法;第三个阶段则为法律判决的阶段,是指具体的、实质的和有历史的法。① 从三阶段的划分理论中可以提炼出以下命题:无法律规范则无法律判决,但有法律规范也未必一定有判决。前半句比较好理解,因为法律规范构成了演绎推理的大前提,法律规定一旦阙如,那么推理必将无法进行。后半句意味着规范与判决之间并不存在必然的单线决定关系,既有规范有时会出现无法包摄案件事实的情形,那么,以此形式逻辑便无法径直得出结论,而恰恰此时法律作为一种连接应然(法律理念、法律规范)与实然(案件事实)的存在,可以解决上述难题。正如考夫曼所言:"在法之中,当为与存在既非同一亦非相异,而是类似地联系在一起,也可以说,法的现实性本身是根基于一种类推,因此法律认识一直是类推性的认识,法原本即带有类推的性质。"② 类型化思维似乎是人之天然倾向:"从诗的分节、戏剧的分幕、交响乐分为乐章,以及文章分成段落等,都可以看到这种分类的意向。"③ 同样具体到法律领域,我们时常会看到对法系的划分、对法形式的划分、对法历史类型的划分等,这只能在某种程度上强化事物的性质与类推之间的关系。事实上,"事物的性质论"由于多少带有点形而上学的色彩,何谓事物的本质尚无统一的标准④,在客观上亦难以发现。⑤ 尽管将事物的本质等同于类推,理论上不一定站得住脚,但在认识事物时的确需要类推,并且事实上也经常诉诸类推,由此也构成了类比推理在法律领域适用的一个基础。

---

① 参见〔德〕阿图尔·考夫曼著:《类推与"事物本质"——兼论类型理论》,吴从周译,台湾学林文化事业有限公司1999年版,第29页。

② 同上注,第43—45页。

③ 〔日〕大木雅夫著:《比较法》,范愉译,法律出版社1999年版,第105页。

④ 对于事物本质亦有不同的评价。例如,我国台湾学者黄建辉认为,"事物本质"相当于台湾地区"民法"第1条所规定的"法理",其在法源地位上系属终极性质,具有监督各制定法之规定、解释及其补充是否妥适的功能;而且,由于法律适用类推考虑到推论结果是否合乎正义的要求,因此,事物的本质也可以说是法律适用的基础。参见黄建辉:《以案例和民法为中心探讨:法律漏洞和类推适用》,台湾蔚理法律出版社1988年版,第107页,注释14。

⑤ 杨日然著:《法理学》,台湾三民书局2005年版,第131页。

二、两大法系中的类比推理

从概念上来看,类比推理往往更多地表现为一种从案件到案件的思维活动,所以通常将类比推理同普通法系中的"遵循先例原则"联系在一起。事实上这是一种误解,以成文法为主导的民法法系国家同样存在类比推理,而且其推理模式也十分近似于普通法系中基于案例的类比推理。不明确这一点,就无法清晰地认识类比推理的真实面貌。更为重要的一点是,民法法系国家基于法律规则的类比推理,对中国指导性案例的实践运作意义甚大,而且在具体操作技术上可借鉴性也很高,不像遵循先例原则之下的类比推理生长于英美的普通法传统之中。"这使包括中国在内的其他国家难以简单效仿普通法系国家判例法的主要障碍,因为这是一套历史形成的方法,而且需要诸多制度条件和非制度的社会条件做依托,而这些条件都不是能轻易照搬、建构的。"[①]正是在这种背景下,笔者将介绍民法法系国家基于规则的类比推理和普通法系国家基于判决理由的类比推理,并将二者在关键要素上进行对照比较,以期对类比推理的基本构造有一个清楚的认识。

(一) 民法法系国家基于规则的类比推理

在民法法系国家中,类比推理的一个重要功能被认为可以填补法律漏洞。而何谓法律漏洞?学界基本上将其界定为"法律体系上之违反计划的不圆满状态"[②]。按照德国法学家齐佩利乌斯的解释,法律漏洞可以分为"条文表述型漏洞"和"评价欠缺型漏洞":前者是指通过对法律条文的观察便能发现的漏洞,往往表现为不完整的行为指引,亦即法律条文在具体内容方面出现了漏洞;后者是指法律条文的规定宽严失禁,以至于本应加以规范的事物没有被考虑进来,而本应予以排除的事物却被包含进法条之中。第一种漏洞可以通过法律解释的方法得以填补,而困难

[①] 张骐著:《法律推理与法律制度》,山东人民出版社 2003 年版,第 91 页。
[②] 黄茂荣著:《法学方法与现代民法》,法律出版社 2007 年版,第 377 页。

就在于如何来解决评价欠缺型法律漏洞。由于评价欠缺型法律漏洞违背了"类似的情形应予类似对待"的形式正义原则,因此应引入类比推理这个以内容评价为基础的一般化命题,在法律已规定的情形与未规定的情形之间进行权衡和比较,以做出是平等对待还是区别对待的决定。①尽管在民法法系国家中进行类比推理存在着种种限制,但是它的正当性却在于:"民法法系传统并不认为对制定法条文进行类推是过度活跃的司法对'立法权'的篡夺,恰恰相反,它是对公共意志特别忠诚的坚持。"同时,"假如两个相似的案件要被相同对待,并且立法者已经制定了一条规则来决定如何对待其中的一个案件,那么另一个案件也必须得到相应的对待"②。一方面,"不得拒绝裁判"已经成为世界上许多国家公认的司法原则,同时法典之规定无论多么完美又难免是存在漏洞的;另一方面,许多法典之规定的确为类比推理的使用留下了空间。③因此,类比推理在民法法系国家的出现不仅是必要的,而且在某种程度上也是必然的和正当的。

由于类比推理已经构成了对法律的续造,那么其适用必然要满足一些基本前提。具体而言:(1) 司法者首先需要证明法典或法律规定存在着漏洞,这是进行类比推理的基本前提,否则如若只是法律规定存在语义上的模糊或争议,尚不涉及类比推理的问题,法律解释足以澄清之。这涉及法律方法适用的序位,在类推之前原则上先为法律解释,试着从宽解释法条的文义且宽到足以让待决案件被包摄进来,只有这一尝试失败了才考虑类推。④ (2) 权力分立的理论抑制或反对通过法律类比进行司法造法,因此类比推理的前提必须证明立法者并不否定他们如此行

---

① 参见〔德〕齐佩利乌斯著:《法学方法论》,金振豹译,法律出版社 2009 年版,第 92—99 页。
② 〔德〕朗恩布赫:《欧洲法中的类比推理》,雷磊译,载郑永流主编:《法哲学与法社会学论丛》(总第 15 卷),北京大学出版社 2010 年版,第 25—26 页。
③ 如《意大利民法典》第 12 条第 1 款规定:"在适用法律时,只能根据上下文的关系,按照词句的原意和立法者的意图进行解释,而不能赋予法律另外的含义。"该条第 2 款紧接着规定:"在立法根据一次明确的规则解决歧义的情况下,应当根据调整类似情况或者类似领域的规则进行确定;如果仍然存在疑问,则应当根据国家法制的一般原则加以确定。"
④ 参见〔德〕英格博格·普珀著:《法学思维小学堂》,蔡圣伟译,北京大学出版社 2011 年版,第 89 页。

为。通过对立法者立法目的的探求,只要立法者没有明确禁止将某规范推论适用至类似情形的案件中,那么类比推理的适用便可证立。如拉伦茨所言:"法治国原则所包含的权力分立原则要求,司法裁判应尊重立法者的规范制定特权。然而,假使立法者未发挥其功能,而司法权如果不自己发现规则,将产生完全不能符合最低的法安定性及正义的要求之状态时,则前述要求亦不完全禁止司法权自己去寻求规则。"①事实上,这是从司法补充立法的方式来同时说明类比推理的限制及正当性两个面向的问题。(3)还须证明法律所规定的要件事实 T 与案件 A 的事实 t 具有"质的相似性",因此出于同等对待的形式正义原则,法律后果 R 也应适用到 A 中去。故用公式表述就是:

因为 T→R(如果 T 则 R)
且 TSt(T 与 t 在事实构成上就质的相似性)
所以,t→R(R 也应当适用于案件 A)

(二) 普通法系国家基于先例原则的类比推理

普通法系国家的法律渊源主要有两种:一是司法机关所创制的判例,二是立法机关所制定的成文法。后者往往被忽视,并由此误以为普通法系国家起主导作用的完全是判例法,以至于有学者认为,将美国称为普通法系国家实际上是一种误导②,今日美国之成文法无论在数量上还是速度上,都可以与欧陆国家相比肩。因此在研究类推时,必须同时注意到成文法与判例法这两个面向。就制定法层面而言,多数学者认为与民法法系国家殊异,普通法系国家的制定法不能作为类推适用的基础。③ 如果说普通法系法官将法规类推至其并未包含的案件情形中去,

---

① 〔德〕卡尔·拉伦茨著:《法学方法论》,陈爱娥译,商务印书馆 2003 年版,第 254 页。
② 参见〔美〕伯纳姆著:《英美法导论》,林利芝译,中国政法大学出版社 2003 年版,第 41—42 页。
③ See Arthur T. von Mehren, *The U. S. Legal System: Between the Common Law and Civil Law Legal Traditions*, Centro di studi e ricerche di diritto comparator e straniero, Roma, 2000.

导致了司法权对于立法权的僭越,那么为何这个道理(做法)可以在民法法系的同行们那里行得通呢?伯纳姆教授提供了几点全新的理由:首先,由于普通法无所不包,故缺乏扩展法规诠释的需要;其次,普通法的支持者认为无须延展法规以弥补制定法之不足,因为普通法早已弥补了法规制定上的不足;最后,长期以来所形成的司法敌意,使得扩展法规诠释也十分困难。[①]尽管今天这种司法敌意已经不复存在了,但普通法系法官仍尽量避免从事制定法的类推,他们所辛勤耕耘的领域仍是流淌着"高贵血液"的判例法。因此,当我们谈及普通法系法官所使用的类比推理方法时,通常指的就是"遵循先例"原则下的类比推理制度。

在普通法系国家中,判例是一种正式的法律渊源,它不同于民法法系国家的判决,判例一般是指:"高级法院的判决,确切地说,是指一个判决中所包含的法律原则或规则,对其他法院(甚至对本院)以后的审判,具有约束力或说服力。"[②]所谓的"拘束力"是指必须要遵守,而"说服力"只是某种影响力,仅供参考,法官可以遵守也可以不遵守。遵循先例原则背后的理论基础就在于"类似案件应予类似处理"的形式正义原则,它要求"法官们按照类推的方式进行推理,同案必须同判要求对前一个判例中的判决进行类推扩展。也必须要注意相反的规则,即不同的案件必须有不同的判决"[③]。这种从案例到案例的推理思维要求法官们要像古罗马门神杰纳斯一样,一面要向后回顾过去的先例判决和政治决定,另一面要向前展望新的案件事实与情况,以最大限度地发展和融贯判例法体系。由于事实上很难或几乎不可能存在两个完全一致的案件,因此也就给类比推理留下了巨大的空间。李桂林教授认为在普通法系国家中类比推理只占很小一部分的观点值得商榷。[④]

---

① 参见〔美〕伯纳姆著:《英美法导论》,林利芝译,中国政法大学出版社 2003 年版,第 43—45 页。

② 张骐:《判例法的比较研究——兼论中国建立判例法的意义》,载《比较法研究》2002 年第 4 期。

③ 〔英〕鲁伯特·克罗斯、〔英〕J. W. 哈里斯著:《英国法中的先例》,苗文龙译,北京大学出版社 2011 年版,第 32 页。

④ 参见李桂林:《论普通法的类比推理》,载陈金钊、谢晖主编:《法律方法》(第 8 卷),山东人民出版社 2009 年版,第 48—55 页。

第九章 类比推理的一般结构与运行方法

三、"区分技术"和"寻找相似性"

民法法系国家中基于规则的类比推理,重在强调规范要件之下的事实构成与例外案件的事实构成具有相似性。例如,将"四脚动物伤人,主人则承担侵权责任"类推适用于"鸵鸟伤人"的案件事实中,并不会违反"饲养动物的主人负有安全管理的义务,如果在这方面存在过失而导致他人受到伤害,那么应承担侵权损害的责任"这一规范意旨或立法理由。因此,基于规则的类推在不违反前述限制性条件的前提下,像恩吉施所说的那样,通过规范意旨或立法理由将目光来回往返于"规范要件事实"与"例外案件事实"之间,并得出一种公正的价值评价,以确定是否进行类推。而在普通法的框架内,类比推理的情形则更为复杂。遵循先例原则可以说是普通法的一块瑰宝,这一原则的具体运行机制和操作办法恰恰也构成了普通法的神秘所在。一方面,门外汉未经系统的学习无法掌握这套精密高深的司法技艺,从而也保证了司法的高贵品质;另一方面,由于其所生长的特殊背景和土壤,普通法系之外的其他国家很难有效地移植或借鉴这一制度。因此,不搞清楚遵循先例原则之下的类比推理到底是怎么回事,不弄明白法官和律师在日常司法实践中是如何使用这一方法的,就难以对类比推理有一个清晰的认识,更谈何借鉴过来为我所用?笔者就将尝试解决这个问题。

(一) 判例的双重结构

在普通法系国家,一个完整的判例是由判例标题、案件事实、判决理由和附带意见所组成的。以"亚当斯诉新泽西州轮船公司案"为例[①],该案基本事实是:亚当斯所携带的个人财物在新泽西轮船公司所经营的轮船包舱中被窃,而恰巧轮船门窗当时都是紧闭的,因此无法证明轮船公司对此存在过失,原告亚当斯一纸诉状将被告新泽西轮船公司诉至法

---

① Adams v. New Jersey Steamboat Co., 151 N. Y. 163(1896).

院，要求被告承担赔偿责任。① 法院的判决理由是：轮船公司的责任类似于普通法中旅店经营者的责任，因此无须证明轮船公司*存在过失*，被告应对原告在轮船包舱中所丢失的财物承担责任。本案的推理过程下文还会专门探讨，此处借助这个案例先来剖析判例的双重结构。

1. 判例的内部结构

先来看判例的内部结构，它主要是由案件事实和判决理由两部分构成。其中，案件事实是对判决案件事实的一个摘要性说明，是一种对案件发生的背景、经过及争议的描述，这类似于我国判决书中的案件事实部分。案件事实的意义在于揭示案件的核心争点和属性，对其归纳是否准确将直接影响先例原则的适用范围。判例内部结构的第二部分是判决理由（ratio decidendi），它是相对于附带意见（obiter dictum）而言的，是指构成判例规范的那一部分，今后的法官在审判时应予以遵守。② 在有的判例中也被称为判决理由概要（syllabus），"但它们只是作为对下面所载判决的大概内容的初步提示以供法官使用，而绝不是作为对判决内容详细探讨的替代物"③。通过这样一种内部结构的划分可以看出，判例在内部构造上存在两个层次：第一个层次是案件事实，第二个层次是判决理由。案件事实部分将会成为争议案件或待决案件据以比较的基点，由此才能展开"区分技术"和"判断相似性"；判决理由将成为类比推理的起点和核心，以后的法官首先需要从先例的判决理由中抽出一条规则或原则，然后通过比较做出是否将其适用到争议案件中的决定。了解这一点之后，也就不难读懂亚当斯诉新泽西州的判例了。

---

① See Lloyd Weinreb, *Legal Reason: The Use of Analogy in Legal Argument*, Cambridge University Press, 2005, pp. 41-46; See also Martin P. Golding, *Legal Reasoning*, Broadview Press, 2001, pp. 46-49; Scott Brewer, "Exemplary Reasoning: Semantics, Pragmatics, and The Rational Force of Legal Argument by Analogy", *Harvard Law Review*, Vol. 109, No. 5 (Mar., 1996), pp. 923-1028.

② 参见〔法〕勒内·达维德著：《当代主要法律体系》，漆竹生译，上海译文出版社1984年版，第356页。

③ 刘风景著：《判例的法理》，法律出版社2009年版，第124页。

第九章　类比推理的一般结构与运行方法

2. 判例的外部结构

从外部视角来看，由于当今英美法律体系并非判例法独大，而是由判例法和制定法共同组成的，并且制定法日益成为一种重要的正式法律渊源，根据"等级形式性"的规则，制定法不仅可以修改和废止判例法，而且当判例法和制定法发生冲突时优先选择适用制定法。① 在这样一个融贯的法律体系内，不可忽视判例与制定法和其他先例原则的关系，尤其是在它们之间发生冲突时如何处理，便直接关系和影响到类比推理的结构模式和效果。② 按照拉兹的法律理由理论，规则作为二阶理由是一种排他性理由，原则作为一阶理由是一种权衡性理由，一阶理由之间的冲突可以通过冲突性理由的强弱得到解决，而当一阶理由与二阶理由间发生冲突时，排他理由总是处于优先的地位。③ 由此可以从两个具体方面来探讨：其一，先例原则有可能会与制定法规则发生冲突。先例原则是一种权衡性理由，所以作为排他性理由的制定法规则总是处于优先的适用位置，假如新泽西州有一条成文法规定"只有证明运输公司的经营者存在过失的情形下才能要求其对顾客财物的损失承担赔偿责任"，那么显然与"公共服务的提供者基于有偿合同关系应对其顾客的财物和人身安全尽高度的注意和保护义务，否则将承担损害赔偿的严格责任"的先例原则相抵牾，在这种情形下制定法规则可以排除先例原则的适用。其二，先例原则可能会与其他先例原则或另一更高的正义原则存在冲突。先例原则和正义原则均为一种权衡性理由，与规则不同，原则具有规则所没有的分量和重要性。当两个原则相互交叉时，要解决这一冲突，就必须衡量（weighing）有关原则分量的强弱。④ 这种处事原则同样符合拉

---

① 参见〔英〕阿蒂亚、〔美〕萨默斯著：《英美法中的形式与实质——法律推理、法律理论和法律制度的比较研究》，金敏等译，中国政法大学出版社 2005 年版，第 81—84 页。
② 本部分关于判例外部结构的讨论得益于雷磊教授，在此予以致谢。更加细致的讨论，参见雷磊著：《规范理论与法律论证》，中国政法大学出版社 2012 年版，第 283—301 页。
③ 参见〔英〕约瑟夫·拉兹著：《实践理性与规范》，朱学平译，中国法制出版社 2011 年版，第 27—34 页。
④ 参见〔美〕罗纳德·德沃金著：《认真对待权利》，信春鹰、吴玉章译，上海三联书店 2008 年版，第 47 页。

兹的理由论指示,"在对所有的事情进行考虑之后,一个人应当总是按照理由的权衡去做他应当做的事情"。①

(二) 两种"区分技术"

找到了一个先例案件或基点案件只是完成了类比推理的第一步,接下来法官便需要从先例中归纳或抽象出一个规则或原则,也就是通常所说的判决理由或先例理由,这涉及第一种区分技术,即区分判决理由和附带意见。一旦判决理由从附带意见中被区分出来,为了决定是否将其适用于眼前的争议案件,那么也就涉及了第二种区分技术,即区分先例案件与争议案件之间的相似点与不同点。这两种区分技术的使用共同服务于类比推理,甚至在某种程度上构成了类比推理成败与否的关键,因此不可小觑。

1. 区分判决理由与附带意见

对判决理由和附带意见的区分,在英国有着非常古老的传统。判决理由被认为是先例中那一块必要的部分,当然没有理由的判决只是少数例外;相反,附带意见仅仅是一种说明性的或陈述性的司法意见,它对判决来说是可有可无的。之所以要区分先例中判决理由与附带意见,是因为判决理由具有约束力,以后的法官在审理同类案件时不得对其重新考虑,除非有证据证明对该先例原则的偏离是正当的。与此不同,附带意见作为一种判决说明,仅仅具有说服力,"说服力的大小则取决于发表意见的法官本身的声望、分析的正确性及大量的因每个案件而不同的情况"。②因而后来的法官既可以遵守也可以不遵守,但是一旦在后来的案件中成为裁判的依据,它就可以发展成为一个新的判决理由。这种区分技术也构成了英国和欧陆法律方法的根本差异。温伯在19世纪提出了判定某一给出的法律争点是否是判决理由的倒置检验标准,古德哈特则在20世纪提出了通过查明法官认为属于实质的事实来确定判决理由的

---

① 〔英〕约瑟夫·拉兹著:《实践理性与规范》,朱学平译,中国法制出版社2011年版,第29页。
② 〔法〕勒内·达维德著:《当代主要法律体系》,漆竹生译,上海译文出版社1984年版,第356页。

第九章 类比推理的一般结构与运行方法

方法。①

通常来说,法官并不在判决中明确指出"决定的理由"是什么,这将留待以后由另一名法官在研究这个判决对他所面临的争议案件是否适用的先例时加以确定。② 在决定一个先例的判决理由时,必须根据对重要事实的分析、对这一判决以及对这一意见书的理解等才能做出决定。③ 在卷帙浩繁的案例海洋中确定出适合当下案件的判决理由显然是十分困难的,用柯克大法官的话说这是一项"高超的技艺理性"(需要后天经过专业的训练才能习得)。因此研究判例法的学者指出,在先前判例被认为是潜在的判决理由之前,必须依据当下案件是否相似来加以寻找。法律家们所据以构建的论证是以相似性与差异性为基础的,故他们要在对各种情形进行比较、对照和特殊化这些工作上花费大量的时间,以此循着从规则的一般性向具体情形的特殊性方向展开推理。④ 至此不难看出,区分判决理由和附带意见是一项十分复杂的工作,试图为确定判决理由创造一个公式化的标准不仅是困难的而且也是不可能的,因而在具体的实践操作中,目光要毫不留神地停驻于案件事实之上,同样运用价值判断来判断某条规则或原则对于先例案件的主要事实及法律争点的裁判是否绝对必要,以此来决定其是否可以构成先例的判决理由。

2. 区分相似点与不同点

类比推理最为核心的步骤在于区分先例与当前争议案件之间的相似点与不同点,这里需要注意,大多数学者只是对案件事实进行一个相似点与不同点的简单的二元划分,实际上他们忽略了一个更为细致的划

---

① 温伯主张搜寻出一条法律规则,然后通过反证的方式来确证或证伪该条规则,以决定其最终是否是先例的判决理由。古德哈特则诉诸原则,强调基于案件事实的比较来发现判决理由。关于这两种确定判决理由的具体方法及各自优劣性的讨论,请参见〔英〕鲁伯特·克罗斯、〔英〕J. W. 哈里斯著:《英国法中的先例》,苗文龙译,北京大学出版社 2011 年版,第 59—65,72—80 页。
② 参见〔法〕勒内·达维德著:《当代主要法律体系》,漆竹生译,上海译文出版社 1984 年版,第 356 页。
③ 参见〔美〕阿伦·法恩兹沃思著:《美国法律制度概论》,马清文译,群众出版社 1986 年版,第 72 页。
④ 参见〔英〕沙龙·汉森著:《法律方法与法律推理》,李桂林译,武汉大学出版社 2010 年版,第 75—76 页。

分,亦即"相似点"还需进一步细分为"相关相似点"与"非相关相似点",注意到这一点是有意义的。由于非相关相似点对于判断两个案件在实质上是否相似并无助益,故它并不阻碍类比推理的运用,就此而言在类比推理的过程中可以过滤掉这部分事实要素,从而减轻案件比较产生的负担,以便将大量的精力投入对相关相似性的检索和比较中去(下文如未特别注明,相似点就是指相关相似点)。[①] 所谓不同点,是指两个案件彼此不为对方所共享的那些属性。对于不同点同样可以再细分为"正面不同点"和"负面不同点",其中后者在对案件的实质区分上同样无太大意义,因此在类比推理过程中,只需重点甄选正面不同点。例如,母亲要求大儿子待到晚上九点,那么对于小儿子是否有同样的要求呢?这里能否将适用于大儿子的规则类推适用于小儿子,关键就是区分哥哥和弟弟之间的相关相似点及不同点。就相关相似点而言,哥哥和弟弟都是母亲的儿子,两人在母亲心目中的地位是一样的;就不同点而言,哥哥的年龄大于弟弟,弟弟需要更多的睡眠。因而类比推理的过程就可以变成以下情况:(1)识别出进行推理的一个基点情况(如哥哥的上床时间);(2)描述基点情况与问题情况(弟弟的上床时间)的相似点(儿子的地位)和不同点(年龄、睡眠需要);(3)判断这些事实上的相似点或不同点何者更为重要。[②] 对类比推理来说,是否能够准确地区分出先例案件与争议案件在事实上的相关相似点与不同点,在很大程度上决定了类比推理的方向,也关系到推理结论的妥当性。

(三)寻找相似点的方法

1. 类比推理的一般模式

由于世界上并不存在任何两个完全一致的事物,所以区分相似点就

[①] 相关相似点也可以称为"正面相似点""积极相似点"或"相干相似点"。See Scott Brewer, "Exemplary Reasoning: Semantics, Pragmatics, and The Rational Force of Legal Argument by Analogy", *Harvard Law Review*, Vol. 109, No. 5 (Mar., 1996), pp. 923-1028.

[②] 参见〔美〕史蒂文·伯顿著:《法律和法律推理导论》,张志铭、解兴权译,中国政法大学出版社1998年版,第31—32页。

第九章 类比推理的一般结构与运行方法

显得不仅必要而且更加有意义了。关于类比推理的模式有多种：

（1）孙斯坦的五段论

其一，某种事实模式 A（来源案件）有特征 X、Y 和 Z；

其二，事实模式 B（目标案件）有特征 X、Y 和 M，或者 X、Y、Z 和 M；

其三，A 在法律中是以某种方式处理的；

其四，在思考 A、B 及其相互关系的过程中建立或发现了一些能解释为何对 A 进行处理的原则；

其五，因为 B 与 A 相似，所以 B 也应得到同样的处理。①

（2）伯顿的三步法

其一，识别一个权威的基点或判例；

其二，在判例和一个问题案件间识别事实上的相同点或不同点；

其三，判断是事实上的相同点还是不同点更为重要，并以此决定是区别先例还是依照判例。②

（3）布鲁尔"A-W-R"模式

其一，从所选择的先例中溯因推理出一个规则；

其二，通过反思均衡来确证或否证由类比保证的规则；

其三，将由类比保证的规则通过演绎适用到目标案件中去。③

仔细观察不难看出，在上述三种类比推理的模式中，至关重要的一步就是判断先例案件与当前争议案件之间存在相似点，离开了这一步整个推理就无法继续进行下去。

通过比较研究可以提出类比推理的一般模式，大致包括三个步骤：（1）寻找一个合适的基点案件并从中提炼出一个规则或原则，一般而言对该规则或原则的表述愈是具体，能够类推适用的盖然性也就愈高，反

---

① 参见〔美〕凯斯·孙斯坦著：《法律推理与政治冲突》，金朝武等译，法律出版社 2004 年版，第 77 页。

② 参见〔美〕史蒂文·伯顿著：《法律和法律推理导论》，张志铭、解兴权译，中国政法大学出版社 1998 年版，第 49 页。

③ See Scott Brewer, "Exemplary Reasoning: Semantics, Pragmatics, and The Rational Force of Legal Argument by Analogy", *Harvard Law Review*, Vol. 109, No. 5 (Mar., 1996), pp. 923-1028; See also Lloyd Weinreb, *Legal Reason: The Use of Analogy in Legal Argument*, Cambridge University Press, 2005, pp. 20-29.

之亦然;(2)通过区分技术寻找先例案件与当前争议案件之间的相关相似点与不同点,并通过比较来判断前述相似点与不同点何者更为重要,这是类比推理的核心;(3)根据同等对待的原则,将(1)中的规则或原则类推适用到当前争议案件中。笔者以"亚当斯诉新泽西州轮船公司案"为例,着力讨论寻找相似点及判断重要程度的问题。首先需要指出在判断相似点时,要考虑案件的时空背景、社会变迁等因素,笔者至此始终未给相似性下一个定义,原因就在于没有任何"相似"的定义能够适用于先例原则,这也正是法官可以把自己的主观价值判断引入推理过程中的主要原因。①

2. 寻找相似点

如何才能找到两个案件在实质方面的相似点,一直是困扰学者们的一个难题,对法官们而言同样也不例外。正如卡多佐大法官所言:"运用我们的逻辑、我们的类推、我们的哲学,我们向前走,直到我们到达某个特定的点。开始时,我们对这些路径并没有感到有问题;它们也遵循同样的路线。然后它们开始分岔了,而我们就必须在它们之间作出选择。历史或者习惯、社会效用或某些逼人的正义情感,有时甚或是对渗透在我们法律中的精神的半直觉性领悟,必定要来援救焦虑不安的法官,并告诉他向何方前进。"②类比推理绝不是简单的逻辑演绎,而是一种实践理性指引下的思维活动,逻辑、经验与想象在其中发挥了重要的作用。③寻找相似点实际上是一种"去粗取精、去伪存真、由此及彼、由表及里"的过程,需要将两个案件进行层层剥离,首先将案件要素在相似点与不同点两个维度上进行区分,紧接着再将不相关相似点与负面不同点从比较的范围内过滤掉,剩下的也就是相关相似点和正面不同点了。正如在日常生活中,任何两个事物在某些方面是相似的,但在其他方面又是不同

---

① 在判断相似性的过程中,必须注意以下问题:现在的法律肯定与那时相似吗?如果存在一些事实差异情况将会怎么样?如果存在一系列的事实差异又将会怎么样?等等。参见〔英〕沙龙·汉森著:《法律方法与法律推理》,李桂林译,武汉大学出版社 2010 年版,第 71 页。
② 〔美〕本杰明·卡多佐著:《司法过程的性质》,苏力译,商务印书馆 1998 年版,第 24—25 页。
③ 参见於兴中:《法律中的类比推理》,载葛洪义主编:《法律方法与法律思维》(第 1 辑),中国政法大学出版社 2002 年版,第 97—106 页。

第九章 类比推理的一般结构与运行方法

的。肖尔认为,一个好的主张乃是基于相关相似性,而不好的论证则并非以法律上的相关相似性为依据。① 那么,到底如何来界定相似点与不同点呢?

相似性是一个很不确定、模糊和宽泛的概念,很难提供一个相对精确的定义,但这并不代表对此无能为力。事实上,仍然可以借助一定的标准或影响因素来确定何者相似、何者不同。我国台湾学者黄建辉介绍了几种判断"相似性"的学说:(1)构成要件类似说,这是目前学界的通说,系以构成要件之比较作为相似性之架构基础;(2)实质一致说,该说主张相似性之认定应考虑系争法律规定之法定案型与待决案件事实间是否具有实质一致性;(3)同一思想基础说,该说基于系争案件事实与法定案型事实间之思想基础而认定,如果二者具有"同一利益状态",即可认定二者间具有相似性。② 以上三种学说各有优劣、不一而足,笔者认为判断先例案件与争议案件之间是否相似,要深入到判例的内部结构去挖掘。

首先,需要在事实层面上进行比较。以前述"亚当斯诉新泽西州轮船公司案"为例,可以找到两个与之类似的先例:一个是火车卧铺车厢案,另一个是旅馆案。考虑到当前争议案件的焦点是"在无法证明轮船公司存在过失的情况下,是否需要对顾客的财物损失承担责任",故与此相关的相似点有:(1)顾客的财物在享受服务的过程中受到损失;(2)轮船包厢、旅店以及火车卧铺车厢均是为旅客提供服务,而且此种服务是有偿的;(3)公共服务的经营者基于契约和信任关系需要对顾客负担安全保障的义务。对比和区分之下,案件不同点在于:(1)服务的提供主体不尽相同;(2)提供的具体服务有明显差异;(3)服务的价格有较大悬殊。

其次,要紧紧围绕判决理由,这样可以避免一些不必要的不相关相

---

① See Frederick Schauer,*Thinking Like A Lawyer: A New Introduction to Legal Reasoning*,Harvard University Press,2009,p.94.

② 参见黄建辉著:《以案例和民法为中心探讨:法律漏洞和类推适用》,台湾蔚理法律出版社1988年版,第110—112页。

似点和负面不同点讲入区分和比较视野,肖尔也认为所谓的相似点和不同点要视判决理由而定。① 尽管如此,判断相似点依然是一个开放的问题,很难找到一个"放之四海皆准"的判断方法,有必要将目光来回往返于事实与判决理由两个层面来综合比较和考量,以最终确定两个案件是不是实质相似的。

3. 判断重要程度

陈景辉教授认为,一个好的类比推理应当同时具备两个条件:一是要尽可能多地列举符合条件的相关相似点特征,二是在比较的过程中能够以绝对的优势有效地压倒不同点。② 这里的"压倒性优势"实质上就是判断重要程度的问题。如果经过比较和分析后认为相似点对于两个案件在实质上更为重要,那么就做出将先例规则类推适用于争议案件的决定;相反,如果认为不同点对于两个案件在实质上更为重要,就要做出放弃将先例规则类推适用于争议案件的决定。马默区分了"强的类比"(strong analogy)和"弱的类比"(weak analogy):前者由于案件 D1 和 D2 事实方面的高度相似性甚至一致性,可以直接将先例原则 P1 类推适用于 D2,这近于一种先例原则的演绎推理适用;后者是指 D1 和 D2 在实质方面的相似性相对于差异性而言不具有绝对的压倒性优势,基于一种相似的原则,如果能够证明 P2 的适用比 P1 更能带来法律上的融贯性和裁判结论的妥当性,那么可以适用 P2。③ 由此可见,两种不同的类比需要强弱不同的"压倒性优势"。然而,判断重要程度仍然是一项十分棘手的工作,在"亚当斯诉新泽西州轮船公司案"中,业已区分了相关相似点和正面不同点,接下来的工作便是判断何者更为重要。由于火车卧铺案的判决理由是"火车经营者只对开放式卧铺车厢乘客的财物损失承担过错赔偿责任",旅馆案的判决理由是"旅馆经营者要对顾客的财物损失承担

---

① See Frederick Schauer, *Thinking Like A Lawyer: A New Introduction to Legal Reasoning*, Harvard University Press, 2009, pp. 95-96.
② 参见陈景辉:《规则的扩张:类比推理的结构与正当化》,载郑永流主编:《法哲学与法社会学论丛》(总第 15 卷),北京大学出版社 2010 年版,第 172 页。
③ Andrei Marmor, "Should Like Cases Be Treated Alike?" *Legal Theory*, Vol. 11, (2005), pp. 27-38.

第九章　类比推理的一般结构与运行方法

严格赔偿责任",两个先例判决理由的最大区别在于是否需要以经营者存在过失为必要要件,因此案件的关键就是轮船包舱更像是旅馆包房还是火车开放式卧铺车厢。

从提供的服务来看,轮船和火车更加接近,因为它们都是一种交通运输工具,都是将顾客从一个地点运送到另一个地点,但是这并不构成使用类比推理的理由,不要忘记"亚当斯诉新泽西州轮船公司案"的核心争议在于,在无法证明轮船公司存在过失的情况下,是否判令其承担赔偿义务。以此再次检讨争议案件与两个先例案件的相似点和不同点,法官们发现亚当斯案和旅馆案更加相似,因为轮船包舱和旅馆包房不仅在构造上类似,还都是一种不同于一般服务的高档服务,基于特殊的信任关系,经营者负有一种高度注意义务,因此要对顾客损失承担一种严格的责任。基于这种判断和考量,法院认为:"应当依据旅馆案的判决理由来类推裁决本案,唯独一个受损的事实足以判令被告对原告承担赔偿责任。"[①]通过上述分析,笔者认为在判断重要程度时,需要遵循"判决理由和案件事实",这与张骐教授所指出的"类比推理中形式规则与价值判断的双重变奏"实有异曲同工之妙。[②] 此外,和伯顿在判断重要程度时所主张的"规则与目的的综合考量"亦是相通的。[③] 总而言之,判断重要程度就是挑选出那些足以将该案置于某一法律类别下的事实,同时要以判决理由来检讨先例案件与争议案件在事实上的相似点与不同点,最终通过价值判断和目的考量得出是事实上的相似点更为重要还是不同点更为重要,以决定遵循先例还是区分先例。

四、本章小结

形式正义原则要求对类似的案件进行类似的处理,这不仅可以有效

---

① Adams v. New Jersey Steamboat Co., 151 N. Y. 163(1896).
② 参见张骐:《形式规则与价值判断的双重变奏:法律推理方法的初步研究》,载《比较法研究》2000 年第 2 期。
③ 参见〔美〕史蒂文·伯顿著:《法律和法律推理导论》,张志铭、解兴权译,中国政法大学出版社 1998 年版,第 117—122 页。

地应对疑难案件和简单案件,而且还有利于融贯法律体系和弥补法律漏洞。类比推理与形式推理的不同之处在于,它的出发点是案件,是一种"特殊到特殊"的推理,具体而言:首先,从案件事实到案件事实;其次,从事实到范例规则或先例原则;最后,将前述提炼或确证的规则或原则类推适用于当前争议案件,有点类似于决疑术(尤其对疑难个案意义甚大)。① 由于类比推理是一种或然性或盖然性的推理,故推理结果不一定妥当,但最终是否妥当要根据判决理由或规范理由进行综合判断和考量。此外,从前文关于类比推理成因的研究中可以看出,只有在规则出现"潜在包含"情形才会涉及类比推理的问题,因此,如果超越这一限度而将其推向极致,则会对司法裁判带来危险。如伯顿所说:"过分地适用类比推理,会把司法者抬高到一种强有力的地位,这种地位超出了我们大多数人认为在我们的政府体制中所能接受的程度,从而使司法实践的合法性问题成为疑问。"②类比推理自身也面对某些局限,如相似性判断上的困难、推理理性化的证成等。③ 尽管如此,类比推理仍然是一种十分重要的法律方法,对于法治、民主和正义价值的实现都有重要的意义。

  中国案例指导制度经历了从"判例法"到"司法先例"再到"指导性案例"的艰难探索,反对的声音事实上似乎从未停止过。在他们看来,从司法实践发展起来的判例法与作为立法之产物的成文法水火不相容,非但解决不了司法实践中的难题,反而还会带来新的混乱。案例指导制度建立之后,司法方面的探索有了初步的收效,但仍然面临以下两个基本问题:一是指导性案例的效力问题,所谓"应当参照"究竟是何意?二是指导性案例该如何在实践中操作?即涉及"如何参照"的问题。实际上,目前争论较大的是第一个问题,大家将焦点集中于探讨指导性案例与普通法系国家中的判例、某些民法法系国家中的司法先例之间的关系,以此来增强中国指导性案例的拘束力或说服力。事实上,陷入指导性案例效

---

① 参见舒国滢:《决疑术:方法、渊源与盛衰》,载《中国政法大学学报》2012年第2期。
② 〔美〕史蒂文·伯顿著:《法律和法律推理导论》,张志铭、解兴权译,中国政法大学出版社1998年版,第90页。
③ See Jefferson White, "Analogical Reasoning", in Dennis M. Patterson eds., *A Companion to Philosophy of Law and Legal Theory*, John Wiley & Sons, 1999, pp. 572-574.

第九章 类比推理的一般结构与运行方法

力的争论中似乎并不能从根本上解决问题,直接在司法实践中摸索指导性案例如何使用的问题不失为一个明智的选择,用张骐教授的话说这实际上是一种功能主义的进路,即思考指导性案例有什么作用、怎么去用,它与概念主义的进路截然相对。[①] 指导性案例只有被法官和律师在司法裁判中援引,才能真正激活案例指导制度的生命力,从这个角度上讲,效力和方法问题并非承前启后而是相容相生的。激活案例指导制度的方法实质上就是要依靠类比推理,至于如何具体操作,笔者将在下一章中专门予以讨论。此处需要指出的是,民法法系国家基于规则的类比推理和普通法系国家基于先例原则的类比推理对我国的司法实践同样有益。其中,推理的基础、推理的模式、推理中的区分技术、寻找相似点和判断重要程度的方法,都可以作为我国指导性案例实践操作的参考。

---

① 参见张骐:《发展案例指导制度需要处理好的三个关系》,载《中国审判》2011年第10期。

第十章 基于案例的司法推理

就司法推理的基本形式来看,除了基于成文法规则的推理之外,还有基于案例的推理(reasoning with precedent)。这种推理形式在普通法系中较为常见,是一种"从案例到规则再到案例"的推理过程。其背后所依赖的是一种归纳思维,先从相关案例中抽取或归纳出一条裁判规则,再将该规则演绎性地适用到相似的案件之中。质言之,它的运作需要同时依靠归纳和演绎的双重思维,在本书第六章中就已经明确地指出了这一点,而判例法的精髓恰恰体现于此。中国法官在司法实践中偶尔也会学习和运用案例推理的思维,通过对相关相似案例的搜寻与比较,借鉴先前案件中的裁判规则或思路来辅助解决眼前的待决案件。伴随着案例指导制度的推进,这种裁判思维方式会慢慢从习惯发展成一种制度化的运作方式。本章并不深究案例推理在普通法中的具体情况,而将聚焦讨论在我国构建特色案例指导制度的背景下,法官如何使用案例进行推理和论证,以及在这一过程中所展现出来的一些特点和难点问题。

2010年11月,最高人民法院《关于案例指导工作的规定》(以下简称《规定》)颁布实施,标志着争论已久的案例指导制度在我国落地生根。无论从案例发布的时间间隔还是数量上来看,"提速"是案例指导制度发展的一种必然之势。相应地,学界关注的重点也应从"是否需要建立案例指导制度转到怎样充分发挥指导性案例在法制实践中的重要作用、使案例指导制度健康顺利发展上来"[1]。案例指导制度为我们开启了一个研究和应用案例的新时代,法律界的案例意识逐步增强,越来

---

[1] 张骐:《发展案例指导制度需要处理好的三个关系》,载《中国审判》2011年第10期。

第十章　基于案例的司法推理

越多的法官开始重视案例的参考作用,越来越多的律师在法庭上使用案例[①],法律教学和研究也逐渐将更多的精力从法条转移到案例。指导性案例作为一种"活着的法典""法治的细胞""法教义学与司法互动的桥梁",如何在司法实践中用活、用好案例是当下一项迫切需要研究的课题。

案例指导制度当下面临的一个尴尬处境是"知易行难",虽然指导性案例在数量上已初具规模,但其在实践中的使用情况却并不乐观。《规定》第7条赋予指导性案例以"应当参照"的效力,学界对于如何理解"应当参照"的效力虽有争议,但也基本达成了共识:指导性案例只是一种非正式的或辅助性的法律渊源,它并不具有法律上的约束力,而只具有一种"事实上的约束力"或"软指导力"。[②] 既然指导性案例具有指导性,那么这种效力如何在实际审判中得到落实呢?换句话说,在审判中指导性案例是否可以被提出[③]或参照?参照是否意味着一定要在判决书中明确引用指导性案例?参照指导性案例中的裁判要点、判决理由还是判决结论呢?在案例指导制度初创阶段应提倡"明示参照"还是"隐性参照"?法官是否需要以及如何判定待决案件与指导性案例之间的相似性?在何种情形下、基于何种理由法官可以背离(或规避)指导性案例?以上这些问题都可以归入如何使用指导性案例的范畴,但大多数问题尚无法从

[①] 参见蒋惠岭:《认真对待作为"动态法典"的案例》,载《人民法院报》2008年5月14日。

[②] 胡云腾法官和于同志法官认为指导性案例没有法律上的强制约束力,而仅具有一种事实上的约束力,将其定位于一种"软指导",以区别于普通法系国家中先例的"硬指导"效力。参见胡云腾、于同志:《案例指导制度若干重大疑难争议问题研究》,载《法学研究》2008年第6期;张骐教授做了更进一步的界定,他认为指导性案例的事实上的约束力是一种双重意义的说服力,更准确地说是由理性权威与制度权威所共同保证的。参见张骐:《再论指导性案例效力的性质与保证》,载《法制与社会发展》2013年第1期。

[③] "援引"这个词的基本意思是"引用",但同时也包含"提出"的意思。参见《现代汉语词典》,商务印书馆2012年版,第1603页。需要说明的是,为了区分指导性案例的提出与指导性案例的参照,笔者尽量不使用"援引"。

官方的规范性文件中找到明确的答案①,并且学界对于这些问题的讨论也不够深入。

案例指导制度从本质上来说属于司法制度与法律方法的范畴,是对司法机关关于法律的解释与适用方面的经验的总结,因而它来自司法实践又必然要回到司法实践中去,只有这样才能激发其内在的生命力。目前学界对案例指导制度的讨论展现出两种不同的研究进路:一种是"概念主义"或"本质主义"的进路,它关注的是指导性案例的基本概念、性质和效力问题;另一种是"功能主义"或"实用主义"的进路,它思考如何用这一制度指导司法实践。正如张骐教授所言:"有时,'研究是什么'可能并不急需;而且在条件不具备时,也说不清楚。"②笔者赞同张骐教授的观点,在既已确立的案例指导制度发展的大方向下,暂且先避开一些冗繁、乏味的概念之争,着力于研究指导性案例在实践中有什么功用、如何规范化地发挥这些作用,通过不断地实践摸索、试错与经验的累积,许多先前令我们困惑的概念问题或许可以慢慢地得到化解。因此,功能主义的研究进路不失为一个讨论指导性案例使用的可靠起点。

法官对于案例有着一种天然的依赖,尤其是"遇到新的法律问题时,他不禁会查一查其他法官或者上级法院是否遇到过类似案件,是如何处理的,其效果如何等"③。四川省高级人民法院和四川大学联合课题组在四川省10个试点法院的相关调研报告中也有所体现,该调研报告显示:"93.7%的法官表示自己在办理案件时习惯查找、判断是否有类似的案例",另外,"74.75%的法官、人民陪审员、律师曾在办案过程中参照适用《公报》案例或四川高院案例,85.47%的社会公众也愿意查阅法院案例

---

① 最高人民法院研究室负责人就指导性案例制度答记者问时指出,《规定》之所以没有对如何参照指导性案例作明确要求,主要是考虑到指导性案例的指导方式是示范性、规范性和引导性的,不宜强行规定某种指导方式,但同时也透露相关方面正在起草具体的操作规范。参见《用好用活指导性案例 努力实现司法公正——最高人民法院研究室负责人就案例指导制度答记者问》,载《人民法院报》2011年12月21日。
② 张骐:《发展案例指导制度需要处理好的三个关系》,载《中国审判》2011年第10期。
③ 蒋惠岭:《认真对待作为"动态法典"的案例》,载《人民法院报》2008年5月14日。

以支持诉辩意见"①。那么,指导性案例在司法实践中的运行情况又是如何?由于最高人民法院并未对指导性案例的实际运行情况进行专门的追踪报道,而且,使用指导性案例的法院或法官往往并不会主动向社会披露,从而使得研究者很难获得这方面的准确讯息。追踪指导性案例的使用情况,需要做细致化的实证研究。

根据北大法宝团队的研究,截至 2018 年 12 月 31 日,最高人民法院已发布 20 批共计 106 例指导性案例,实践中法官已经通过各种方式在不同程度上援用了这些指导性案例。北大法宝所提供的数据显示:"已被应用于司法实践的指导性案例共有 78 例,尚未被应用的有 28 例。与 2017 年同期(60 例)相比,被应用的指导性案例数量增加了 18 例。援引指导性案例的案例,即应用案例累计 3098 例,比 2017 年同期(1571 例)新增了 1527 例,增长近一倍。其中,民商事指导性案例有 33 例被应用于 2171 例案例,刑事类指导性案例有 13 例被应用于 55 例案例,行政类指导性案例有 14 例被应用于 768 例案例,执行类指导性案例有 3 例被应用于 63 例案例,知识产权类指导性案例有 14 例被应用于 32 例案例,国家赔偿类指导性案例首次有 1 例被应用于 17 例案例。应用频率最高的是指导案例 24 号,高达 671 次。应用案例主要集中在广东省、河南省、浙江省、北京市、山东省等地区,以中级人民法院和终审程序为主。"②整体来看,中国法官使用指导性案例的基本格局已经铺开,运用案例推理进行裁判所暴露出来的问题也越来越多,而这些问题或难题有待从理论上予以回应。

一、一个基本概念的追问

在正式展开对指导性案例的讨论之前,必须先厘清一些容易混淆

---

① 四川省高级人民法院、四川大学联合课题组:《中国特色案例指导制度的发展与完善》,载《中国法学》2013 年第 3 期。

② 郭叶、孙妹:《最高人民法院指导性案例 2018 年度司法应用报告》,载《中国应用法学》2019 年第 3 期。

的概念。通常谈及指导性案例的"司法适用"时，意指法院、法官、当事人或代理律师在特定个案的审判中运用了相关的指导性案例。但是，对于何种情况才算是对指导性案例的适用，仍然不是十分清楚。例如，如果法官只是在庭审前或合议过程中提前了解某个指导性案例，但在判决中很难看出任何参照该指导性案例的蛛丝马迹，这算不算是对指导性案例的适用呢？又如，如果法官只是间接地借鉴了指导性案例对于某个争议问题的分析思路，这又算不算是对指导性案例的适用呢？再如，如果当事人在庭审中提出了某个指导性案例，而法官对此却置若罔闻，其既不参照也不回应，这是否也属于对指导性案例的适用呢？

严格来讲，采纳指导性案例的"使用"这个概念更为准确、科学一些。因为"适用"（apply）主要是针对法院来说的，"适用"的对象主要是法律，而"使用"（use）所指向的主体则更广一些，它同时包括法院、法官、检察官、当事人和代理律师等。如果仅仅站在法院的角度来谈论指导性案例的司法适用，则势必会遗漏掉实践中一大部分由当事人主动使用指导性案例的情形，这不仅会让我们的眼光变得狭隘，而且也会错失司法实践中指导性案例使用的真实图景，对此在下文中将会有所体现。正因为如此，笔者更倾向于采纳指导性案例的"使用"这个提法。在此意义上，"使用"近乎等同于"援引"或"参照"，笔者会根据需要交替使用这几个概念。这不仅仅是一个单纯的概念选择问题，而且在很大程度上也关乎着整个研究的科学性。

然而，问题并未因此完全得到解决。对指导性案例的真正使用还应包含两个要素：一是相关主体所使用的一定是指导性案例，即必须是经过最高人民法院审判委员会讨论通过并且经最高人民法院正式发布的案例。实践中，不少当事人将《最高人民法院公报》案例或其他一般案例作为指导性案例提出，并请求法院予以参照[①]，这属于对指导性案例的滥

---

① 据了解，在许多上诉案件中，当事人提交相关案例的做法在实践中非常普遍。

用表现之一。① 二是相关主体必须在审判过程中提出或参照某个指导性案例。这个要素又可以将指导性案例的使用分为"隐性使用"和"明示使用"。也就是说,对指导性案例的使用不一定会反映在判决书中,而这是"庭审参与者"之外的第三者无法从外部查知的。由于当下以判决书作为研究基点既是一种无奈的举措,同时又不失为一种最佳的选择,所以笔者将第二个要素限定为在判决书中以文字形式明示地引用或参照的指导性案例。坦诚地讲,这种进路必然会将那些"隐性使用"②指导性案例的案件遮挡在我们的视野之外,但从另一个侧面也反映出当下指导性案例的司法使用现状要远远比我们看到的更广阔和繁荣。

最后,指导性案例的使用其实包含着"提出"和"参照"。从指导性案例在司法剧场中"出场"的时间来看,往往提出在前而参照在后,并且前文已经指出,提出指导性案例的主体更加广泛,而参照主要是针对法律适用者而言的;从逻辑上看,提出是参照的前提,参照是提出的自然发展,没有提出就很难有参照,而提出并不必然引起参照;从二者的功能和作用来看,"提出"具有更强的利益驱动色彩(为了支持己方的某个主张、为了解决某个疑难问题等),而参照则更多是提高判决的形式合法性和实质合理性,推进法律的统一适用。

二、制约指导性案例使用的潜在因素

在案例指导制度确立之前,案件要么只能作为司法裁判的结果,要么作为学术讨论和教学的资料来使用;而在案例指导制度建立之后,案例在司法实践和法学研究中的地位大大提升。顾名思义,指导性案例具

---

① 正如最高人民法院在面对这种情形时所指出的:"经查,黄某某援引的本院公报案例并非是本院根据《关于案例指导工作的规定》发布的指导性案例,其主张应当参照该案例处理没有依据。"参见最高人民法院(2014)民申字第441号民事裁定书。在另一个案件中,提出"指导性案例"的一方当事人也提出了类似的反驳:"我国非判例法国家,法院审理案件,做出判决的依据应为成文法,而非判例。而且,该案例仅为最高院公报所选登的案例,而非最高院公布的指导性案例,不应作为法院审判的依据。"参见广东省潮州市中级人民法院(2014)潮中法民二终字第74号民事判决书。

② 参见孙海波:《指导性案例的隐性适用及其矫正》,载《环球法律评论》2018年第2期。

有"指导性",这主要是针对司法裁判而言的,当事人或代理律师可以根据指导性案例中所确立的对某一典型问题的解决方法来强化己方的主张和诉求,或者用来反驳对方的主张和诉求。同样它也可以指导后案法官对于类似案件的裁判。此处笔者并不是特别关心"指导性案例是什么",感兴趣的是"指导性案例在实践中有何功用"。换句话说,有哪些因素制约或激励相关主体在实践中开启对指导性案例的使用。

学者们对指导性案例的功用提出了各种各样的观点,如落实司法公开原则,进而促使当事人息诉服判、保障法律的统一适用、增强裁判的说理性以及提高司法的公信力①,又如填补法律漏洞和限制法官的自由裁量权②,再如还可以补充和发展既有的法律等③。这和普通法系中先例的存在理由有相似之处,法官之所以遵循先例是考虑到"确定性""信赖""平等""效率""实践经验的运用""对法官个性的限制""特定诉讼的终结"④等因素。以上这些因素或多或少地都会对指导性案例的作用产生一些影响,但实践中相关主体对指导性案例的使用主要受制于三个要素,分别是类似案件应当类似审判、司法体系的科层制结构以及直接或间接的利益驱动。

(一)类似案件应类似审判

《规定》第 7 条关于指导性案例效力性质的内容,实际上是"等者等之,不等者不等之"的形式正义原则在司法工作中的具体要求和体现。用拉伦茨的话来说,法律的性质之一就是要"平等处理"或"平等对待",即对于本质上相同的事物或现象,法律应给予相同的法律评价。⑤ 某个案例如果想要取得指导性案例的身份,首先它必须具有较强的典型性或

---

① 参见于同志:《论指导性案例的参照适用》,载《人民司法》2013 年第 7 期。
② 参见王利明:《我国案例指导制度若干问题研究》,载《法学》2012 年第 1 期。
③ 参见汪世荣:《补强效力与补充规则:中国案例制度的目标定位》,载《华东政法大学学报》2007 年第 2 期。
④ See Richard A. Wasserstrom, *The Judicial Decision: Toward a Theory of Legal Justification*, Stanford University Press, 1961, pp.60-79.
⑤ 参见〔德〕卡尔·拉伦茨著:《法学方法论》,陈爱娥译,商务印书馆 2003 版,第 39—42 页。

代表性。比如1号指导性案例直接针对房屋买卖合同中的"跳单"现象，它所确立的解决思路或裁判要点是"同一房源信息经多个中介公司发布，买方通过正当途径获取该房源信息的，有权在多个中介公司中选择报价低、服务好的中介公司交易，此行为不属于'跳单'违约"。对于此后出现的类似案件（实质意义上的相似案件），法官可以参照指导性案例中已确立的裁判要点和思路来裁决。

每一个判决都有一种繁殖力，按照它自己的面目进行再生产，对未来同类或类似性质的案件产生某种指导力量。[①] 指导性案例这种"指导性"力量，受到了理性权威与制度权威的共同保证。所谓理性权威，是指指导性案例借由其判决说理而产生了一种理性的说服力；而所谓制度权威，指的是指导性案例的选编、发布经过了严格的法定程序安排。[②] 在这个背景和意义下，"类似案件应类似审判"就不仅仅停留于抽象的道德观念或精神层面，而已经上升为了一种法律原则，这意味着法院对于决定使用还是拒绝使用指导性案例都必须给出充分的理由，不得恣意为之。除此之外，在法院应当参照而没有参照、不应参照却实际参照了指导性案例的情况下，"法官要承受一定的后果责任，即其判决要被上级法院撤销"[③]。以上主要是从法官或者法院的角度展开，实践中当事人或代理律师对指导性案例也十分敏感，"总是把活动重点放在对大量判例的研究上，并在论辩中加以引证"[④]，对此在本章第三部分会有更加细致的讨论。

（二）司法体系的科层制结构

相关主体在实践中积极使用指导性案例，还和中国科层制的司法结构紧密相关。"科层理想型"（hierarchical ideals）这个概念最早是由美国耶鲁大学法学院达玛什卡教授提出来的，与其对应的概念是"协作理想

[①] 参见〔美〕本杰明·卡多佐著：《司法过程的性质》，苏力译，商务印书馆1998年版，第9页。
[②] 参见张骐：《再论指导性案例效力的性质与保证》，载《法制与社会发展》2013年第1期。
[③] 张骐：《论类似案件应当类似审判》，载《环球法律评论》2014年第3期。
[④] 〔美〕约翰·亨利·梅利曼著：《大陆法系》，顾培东、禄正平译，法律出版社2004年版，第47页。

型"(coordinate ideals)。根据达玛什卡教授的描述,科层型的司法组织表现为一种金字塔结构,处于上层的人权力越来越大,级别相同的官员则是平等的,但是当他们之间产生争议或遇到疑难问题时,往往会将争议事项提交给共同的上级去处理,下级的决策、裁决必须接受上级的全面检查和监督。① 中国上下级法院之间的监督与被监督关系也呈现出了一种鲜明的科层制色彩,法官审判的自主性在一定程度上会受到本级法院审判委员会、庭长、院长甚至上级法院的制约或影响。法官(尤其是基层法院的法官)在裁判中对于指导性案例的使用,同样也无法逃脱这张巨大的、隐形的"权力—关系"网络的限制。

张骐教授注意到了这一点,他在调研中也发现,上级法院、本级法院的院长和审判委员会在包括对指导性案例的使用等诸多方面都拥有很大的权威。② 从理论上讲,对于是否使用指导性案例、如何使用指导性案例这些问题,法官个人拥有着决定权,因为它是待决案件的裁判者,最清楚对于某个指导性案例的使用是否必要、妥当。但由于前述权力网络所催生的潜在制约性因素,迫使法官在很多时候持一种被动的"观望"态度,如果当事人在庭审过程中提出了某个指导性案例而法官不参照使用,当事人可能会以此为由提起上诉。而对于一些热点、疑难案件,本级法院审判委员会、庭长、院长或上级法院可能会直接或间接地要求法官参照相关的指导性案例。梅利曼教授也指出,实践中法官断案也会经常参照判例,这主要是因为:"第一,法官深受先前法院判例的权威的影响;第二,法官不愿独立思考问题;第三,不愿冒自己所作判决被上诉审撤销的风险。"③ 此外,有的法院也可能会将"是否使用指导性案例或使用指导

---

① 达玛什卡教授认为科层制司法包括三个要素,分别是官员的职业化、严格的等级秩序和决策的技术性标准。相应地科层制下的法律层序呈现出按部就班的递进式程序、卷宗管理、渐进式的审判、官方程序的排他性逻辑法条主义与程序规制等特征。参见〔美〕米尔伊安·R.达玛什卡著:《司法和国家权力的多种面孔——比较视野中的法律程序》,郑戈译,中国政法大学出版社 2004 年版,第 28—29、76—83 页。

② 参见张骐:《指导性案例中具有指导性部分的确定与适用》,载《法学》2008 年第 10 期。

③ 〔美〕约翰·亨利·梅利曼著:《大陆法系》,顾培东、禄正平译,法律出版社 2004 年版,第 47 页。此外,对于民法法系国家判例(先例)制度存在之合理性的论证,请参见张骐著:《法律推理与法律制度》,山东人民出版社 2003 年版,第 91—104 页。

性案例的数量等"作为绩效评判的一个重要标准。

（三）直接或间接的利益驱动

前文已经稍有提及,指导性案例所解决的问题必须是一种较为普遍、典型的问题,它所确立的问题解决思路和阐明的判决理由本身是具有很强的权威性和说服力的。在司法实践中,相关主体对指导性案例的使用受到了直接或间接的利益驱动。也就是说,相关主体之所以会在司法过程中援用或参照某个指导性案例,是因为这能够为他带来直接或间接的利益和好处。例如,最高人民法院24号指导性案例确立了"交通事故的受害人没有过错,其体质状况对损害后果的影响不属于可以减轻侵权人责任的法定情形"的裁判要旨,在以后发生的交通事故案件中,受害人如果自身也存在体质性因素,那么他就极有可能援用24号指导性案例所确立的裁判要旨,来反对将体质性因素作为减轻侵权人之责任的主张,从而确保自己的损害能够得到充分、有效的赔偿。同理,如果当事人不谙熟法律和司法案例,他的代理律师也会设法找到有助于己方的指导性案例,很明显其直接目的就是为了获得胜诉。此外,法院为了解决疑难法律问题、避免做出同指导性案例相互矛盾的判决并提高判决的可接受性,事实上也会积极寻找有助于解决待决案件的指导性案例。总而言之,一些功利性的因素在很大程度上也决定着相关主体在实践中对指导性案例的使用。

三、滥用指导性案例的诸种表现形式

中国法院和法官在指导性案例的使用上已经迈出了关键的一步,案例指导制度在司法实践中真正发挥了一定的作用。然而,相关主体在使用指导性案例的过程中也出现一些不规范或随意的做法,其中较为突出和紧迫的就是滥用(abuse)指导性案例。"用好、用活指导性案例"是案例指导制度的较高追求,其前提首先应当规范化地使用指导性案例。"滥用"所对应的概念是"合理地使用"或"规范化地使用",大体上说违背事物的性质、超越其必要限度就属于滥用。① 此处笔者是在一种广义的意义上使用"滥用"的概念，既包括一般性的滥用，也包括误用和不当使用。从使用主体来看，既包括当事人或代理人（律师）对指导性案例的滥用，也包括法官或公诉人对指导性案例的滥用。对指导性案例之滥用予以禁止的道理是很明显的，因为它会给司法过程带来不必要的论证负担，甚至也极有可能会导致一个不合法、不公正的判决。因此，为保证案例制度的健康发展，对于滥用指导性案例的问题不得小觑。

（一）对指导性案例性质认识的不足

指导性案例与其他一般性案例的区别在于，其发布主体的特定性、遴选与发布程序的严格性以及效力地位的特殊性。具体而言，指导性案例是通过最高人民法院审判委员会讨论并最终由最高人民法院以专门的形式予以发布的，对于以后类似案件的审判具有指导性效力。一般案例的效力主要是针对诉讼当事人的，并不对其他案件发生直接的指导或参照效力，但这并不妨碍法官借鉴其判决思路与说理方法。目前，只有指导性案例才有资格进入司法裁判的过程，也就是说，法官不得在判决书中引用指导性案例以外的其他任何案例。实践中混淆指导性案例与一般性案例的现象仍然十分普遍，这属于滥用指导性案例的一种表现形式。但需要承认的是，当事人而非法官往往会在这方面"有意无意"地犯错误，容易被误用为指导性案例的案例主要有：《最高人民法院公报》发布的案例②、最高人民法院各庭室编撰和出版的典型案例、个别高级人民

---

① 在普通法领域中，对判例滥用的现象也是存在的。对此请参见 Theodore J. St. Antoine, "The Use and Abuse of Precedent in Labor and Employment Arbitration", *University of Louisville Law Review*, Vol. 52, (2014), pp. 431-583. 也可以参见 Mason, Sir Anthony, "The Use and Abuse of Precedent", *Australian Bar Review*, Vol. 4, (1988), pp. 93-10.

② 据统计，1985 年至 2008 年间发布的《最高人民法院公报》案例已多达 600 余个，显然这个数字目前会更大。公报案例虽然不是指导性案例，但在案例指导制度的发展过程中具有十分重要的意义，将其视为指导性案例的前身一点都不夸张。事实上，个别指导性案例就来自于公报案例。这些案例对各级人民法院的审判工作有重要的指导意义，其中一些经典案例甚至产生非常深远的影响，如"贾国宇案""五月花案"。参见沈德咏主编：《最高人民法院公报案例大全》（上、下卷），人民法院出版社 2009 年版。

第十章 基于案例的司法推理

法院发布的代表性案例、其他法官或学者所撰写的典型案例或疑难案例评析、本院或上级法院曾经裁判过的类似案件等。一厢情愿地给这些案例扣上"指导性案例"的帽子，实际上并不能使之发挥指导性案例所拥有的效力或功能。

由于我国所奉行的是成文法传统，指导性案例虽然是最高人民法院经过专门程序讨论后发布的，但是毕竟不等同于司法解释，并不属于正式的法律渊源，而只是一种非正式的、辅助性的法律渊源。指导性案例的性质决定了其在司法裁判中不能作为司法裁判的根据，而只能作为一种对于特定裁决结论之形成（法律适用）与证明（判决说理）可供参考的说服性理由。最高人民法院研究室负责人在接受记者采访时也指出，参照与法律、司法解释的适用是不同的，后者是司法裁判的根据，而对指导性案例的参照只能作为司法说理的根据而非司法裁判的根据。① 然而，由于相关主体对指导性案例上述性质的认识错误，导致了实践中将指导性案例作为裁判根据并写进判决书中的现象时有发生。例如，在一个出租汽车运输合同纠纷案中，一审法院直接根据 24 号指导性案例做出裁判，二审法院则对这一做法进行了否定："原审法院直接引用最高人民法院 2010 年第 24 号荣宝英诉王阳、永诚财产保险股份有限公司江阴支公司机动车交通事故责任纠纷案指导案例，确有不妥，应予纠正。"② 因此，准确地辨明指导性案例的性质和地位，对于防止指导性案例的滥用、误用具有至关重要的意义。

（二）只关注指导性案例的形式而疏忽其实质内容

中国法官长期坚持的法条主义思维使得他们下意识地特别偏爱或青睐"规则"或"具有规则之形式的东西"，因为这些东西不仅看起来直观、简练、易懂，而且操作起来也十分便捷。而在一个指导性案例中，唯有裁判要点最具有一般法律规则的特点与形式，裁判要点"是通常被置

---

① 参见周斌：《审案应参照指导性案例不得借题发挥》，载《法制日报》2011 年 12 月 21 日。
② 参见浙江省宁波市海曙区人民法院（2013）甬海西商初字第 262 号民事判决书，以及浙江省宁波市中级人民法院（2014）浙甬商终字第 474 号民事判决书。

于案例之前,以简洁的文字表现出的人们对指导性案例中所蕴含的裁判规则的概括、归纳和总结"①,而裁判规则主要表现为"对案件争议焦点涉及的法律问题进行评析后形成的'裁判要旨'"②。总的来说,裁判要点可以被视为裁判规则的表现形式,而裁判规则是裁判要点的核心内容。披上规则外衣的裁判要点在实践中备受青睐,从前文的讨论中也可以看到这一点,相关主体在裁判过程中最频繁使用的就是裁判要点,法官在审判中也较高频次地引用或参照裁判要点。正如张骐教授所言:"人们通常所看到是裁判要旨,但所希望得到的是通过裁判要旨所表现出的裁判规则。"③对于除此之外的判决理由、重要事实则缺乏足够的重视,而这些内容同样也具有十分重要的意义。④

裁判要点是裁判内容精华部分的浓缩,是结合案件事实从判决理由中所提炼出来的,是指导性案例的一个重要组成部分,这就决定了法官不能将其孤立地视为一个"规则",不能将其硬生生地从指导性案例的整体中剥离出来。也就是说,裁判要点作用的发挥离不开其赖以生成的案件事实与判决理由。还是以 24 号指导性案例为例,如果眼前待决案件在重要事实上稍微有所变动,如交通事故案件中受害者也是机动车驾驶人或作为侵权人的机动车一方没有过错,那么 24 号指导性案例的裁判要点还能够发挥指导性作用吗?有意思的是,实践中甚至出现过当事人提出一个事实上对自己不利的指导性案例的现象,这就是只粗浅地关注指导性案例之形式而忽略其内容的一个表现。另外,裁判要点是最高人民法院审判委员会提炼和归纳的,由于最高人民法院审判委员会通常并不是那个指导性案例来源案件的实际裁判者,难免会存在疏漏甚至错误,因此法官仍然有必要将裁判要点重新放回指导性案例的事实和判决

---

① 张骐:《指导性案例中具有指导性部分的确定与适用》,载《法学》2008 年第 10 期。
② 于同志:《谈裁判规则的归纳与生成》,载《人民法院报》2008 年 5 月 14 日。
③ 张骐:《指导性案例中具有指导性部分的确定与适用》,载《法学》2008 年第 10 期。
④ 于同志法官通过调研指出,实践中法官也愿意关注案例裁判要旨或裁判规则以外的要素,比如作为指导性案例的判决书原文,特别是这些判决书原文中的法律论证或推理部分,他们期望从中找到可以适用于当下待决案件的裁判思路、推理方法等。参见于同志:《论指导性案例的参照适用》,载《人民司法》2013 年第 7 期。

理由中去检验和修正。但是,这种活动除了纠正裁判要点的明显错误之外,不得超越既有裁判要点所确立的要点和范围。

(三) 任意启动指导性案例的使用

目前似乎一直在鼓励、提倡在司法过程中积极地使用指导性案例,但忽略了一个基本的前提:在什么情况下可以启动指导性案例的使用?换句话说,是不是在任何案件的裁判中都可以引入指导性案例?对这个问题的回答,仍然取决于对指导性案例基本性质与地位的认识。实践中,滥用指导性案例的形式之一就在于任意启动对指导性案例的使用。这种做法将指导性案例视为"万能钥匙",过分地夸大了指导性案例的功能与作用。目前指导性案例在我国只是一种非正式的法律渊源,它只是发挥一种辅助性的或补充性的作用。从指导性案例的类型上来看,以案释法型案例占绝对优势,此外还有一小部分案件属于新类型案例和填补法律空白型案例[①],所以,绝大多数指导性案例旨在解释或具体化特定的法律规范,如24号指导性案例就是对《侵权责任法》第26条、《道路交通安全法》第76条第1款第2项中的"受害人的过错"进行要点分析。但是,当调整某个待决案件的法律规范是清晰、确定的时候,是否还允许相关主体使用指导性案例呢?

概言之,只有在疑难案件中才有必要引入指导性案例。具体而言为:(1)法律的规定不明确或模糊,需要进一步的实质性法律解释才能发现个案的裁判规范[②],或者人们对于调整某个法律问题的法律规定的理解不一、存在争议[③];(2)在诸如网络遗产等新型案件或者其他特别疑难

---

① 参见四川省高级人民法院、四川大学联合课题组:《中国特色案例指导制度的发展与完善》,载《中国法学》2013年第3期。
② 参见于同志著:《刑法案例指导:理论·制度·实践》,中国人民公安大学出版社2011年版,第358页。
③ 参见刘星:《多元法条主义》,载《法制与社会发展》2015年第1期。另外,笔者谈及的法条冲突是一个笼统的概念,它同时包括法律规则与法律规则的冲突、法律规则与法律原则的冲突以及法律原则与法律原则之间的冲突。

的案件中,相关规定出现了法律漏洞,结果"无法可依"。① 既然没有可供使用的法律规范,那么法官对相关指导性案例的寻求才有必要。这一点和普通法系中判例的使用情形不一样,因为在普通法系中,判例本身就是正式的法律渊源,法律规则或法律原则寄生于判例之中,后案法官只能从卷帙浩繁的判例中去筛选、提取和归纳法律规则或原则。因此,判例进入司法过程是必然的,也是必要的。然而,实践中多数时候对于是否使用或引用指导性案例几乎完全由法官个人决定的。② 为了限制或防止实践中对于指导性案例的任意启用,相关主体在使用指导性案例的同时,必须证明待决案件至少属于以上两种情形之一,亦即必须完成指导性案例的可使用性证明。

(四)漠视或参照指导性案例的随意性

由于指导性案例的效力仅仅是一种事实上的约束力、一种软指导性,所以法官并没有义务必须在待决案件的裁判中参照某个已被提出的指导性案例。也就是说,在正当的条件下或者拥有充分的理由时,后案法官可以偏离或者拒绝参照指导性案例。这一点可以从普通法系遵循先例原则的理论与方法中汲取营养。尽管英国法院在遵守先例方面相较于美国更加严格、规范、保守,但也并不主张先例是不可偏离或推翻的。③ 萨尔蒙德说,"当先例出错而且是清晰而又严重的错误时就可能会被推翻或搁置"④;与此类似,布莱克主张先例可以被推翻的条件是存在"例外情形"或"拥有充分理由"。⑤ 但是共同问题在于,他们都没有解释

---

① 也有学者将此称为"待决案件缺乏具体的制定法规范"。参见刘作翔、徐景和:《案例指导制度中案例的适用问题》,载《湘潭大学学报(哲学社会科学版)》2008 年第 2 期。
② 参见张骐:《指导性案例中具有指导性部分的确定与适用》,载《法学》2008 年第 10 期。
③ 关于英国和美国在遵循先例原则方面差异的细致分析,可以参见〔英〕阿蒂亚、〔美〕萨默斯著:《英美法中的形式与实质——法律推理、法律理论和法律制度的比较研究》,金敏等译,中国政法大学出版社 2005 年版,第 98—110 页。
④ John Salmond, "Theory of Judicial Precedents", *Law Quarterly Review*, Vol. 16, (1900), p. 378.
⑤ See Henry Campbell Black, *Handbook on the Law of Judicial Precedents; or The Science of Case Law*, St. Paul, West Publishing Co., 1912, pp. 2-3.

第十章 基于案例的司法推理

清楚什么是"清晰而又严重的错误",存在着哪些"例外情形",以及法官拥有"何种充分的理由"。阿蒂亚和萨默斯对此则例举了一些具体的情形。例如,某个先例已过时,或者先前判例的推理过程中存在缺陷,或者先前的法庭对先例的理解有误,或者先例眼下已不再符合新的道德观和社会意识。① 同理,指导性案例的退出机制也是案例指导制度的一块重要内容,只不过目前鲜有人论及这一问题。

细心的读者会发现,笔者并没有使用"推翻",而是使用"偏离"(departure)或"漠视"(disregard),因为"推翻"往往是指拥有更高的正式权威的主体或机关对本级或下级之决定给予否定性的处理。显然除了最高人民法院有可能推翻自己发布的指导性案例之外,其他机关或主体并不具有这种权力。② 在指导性案例的使用过程中,后案法官如果有充分理由认为不应参照某个(些)已经公布的指导性案例,只有权漠视或偏离该指导性案例,而无权推翻或否定其效力。但是,后案法官在做出漠视或偏离指导性案例的决定之前,必须要进行相应的调查、论证并明确地说明理由。结合前述普通法系中的遵循先例原则,漠视或偏离指导性案例的情形包括但不限于以下情形:(1)待决案件与指导性案例在实质上并不相似,亦即两个案件并不是类似案件;(2)指导性案例所确立的裁判要点或裁判规则已经为制定法所确立或明确推翻;(3)指导性案例本身存在着缺陷,如与既有的法律规则或法律原则冲突,又如其所确立的裁判要点模糊不明;(4)指导性案例已过时,不适宜继续存在;(5)数个指导性案例之间存在冲突,而又无法确定各自的优先效力性。③

实践中,当事人或代理律师在裁判过程中提出了一个指导性案例,但法院对此并不理会。也就是说,法院对当事人所提出的指导性案例并不进行回应,不仅没有参照该指导性案例进行裁判,而且对于为何拒绝参照该指导性案例也并不会给出任何理由,这明显属于随意偏离或漠视

---

① 参见〔英〕阿蒂亚、〔美〕萨默斯著:《英美法中的形式与实质——法律推理、法律理论和法律制度的比较研究》,金敏等译,中国政法大学出版社2005年版,第102页。
② 参见孙海波:《指导性案例退出机制初探》,载《中国法律评论》2019年第4期。
③ 参见胡云腾、于同志:《案例指导制度若干重大疑难争议问题研究》,载《法学研究》2008年第6期。

指导性案例的表现。与此相对应的是另一个极端,即在不该参照指导性案例的情形下,法院参照了却不给出为何予以参照的理由,也就是说,并没有证明待决案件与指导性案例之间存在实质的相似性,也并未推翻不宜适用指导性案例的其他情形,比如上述第(2)(3)(4)(5)项情形等。此外,还有一种现象是对指导性案例的隐性参照或默示参照,即法官只是间接地参照了指导性案例所表达的原则或精神,而究竟参照了指导性案例的哪一部分内容以及如何参照的均不在判决书中明示,如此一来对法院使用指导性案例的活动就难以进行有效的监督,因此也为其滥用指导性案例创造了一定的空间。

四、指导性案例"指导性效力"发挥的难点

为何在司法实践中会呈现出滥用指导性案例的做法,使得指导性案例的效用难以通过规范化的方式得以最大限度的发挥?归根结底与案例制度所呈现的一些理论难点有关。本部分所要重点讨论的问题就是指导性案例的指导效力如何在实践中恰当地发挥其作用。进一步而言,指导性案例中的哪一部分或哪几部分具有指导性效力?裁判要旨和裁判规则之间是什么关系?后案法官是否可以以及如何归纳与提炼裁判规则?这些问题目前还存在比较大的争议。

(一)指导性案例中具有指导性部分的理论争议

即便是在普通法系国家,判例的约束力范围也是一个十分具有争议性的问题。[①] 从目前指导性案例的编写体例来看,"列出标题和关键词,有利于检索和查询,而列出裁判要点和相关法条,有利于参照适用"[②]。但法官可以参照的指导性案例是仅限于裁判要点和相关法条,还是同时

[①] See Larry Alexander, "Precedent", in Dennis Patterson eds., *A Companion to Philosophy of Law and Legal Theory*, Second edition, Blackwell Publishing Ltd., 2010, p.493.

[②] 胡云腾、吴光侠:《〈关于编写报送指导性案例体例的意见〉的理解与适用》,载《人民司法》2012年第9期。

第十章 基于案例的司法推理

也包括判决理由和判决？或者只是其中之一才具有约束力？对此，学者们存在争议。张骐教授认为，对此大概有三种选择："一是针对相应案件事实所作出的判决的具体内容；二是案例中说明判决赖以建立的法律主张的理由；三是案例对有关法律问题或观点的类似于规则的表述。"[①] 为讨论方便，笔者将这三种进路分别称之为"结果模式""理由模式"和"规则模式"。

1. 结果模式

"结果模式"强调的是判决的具体结果对于后来案件的约束力。这种模式存在的一个问题是，一个特定的裁决结论是抽象的法律规则与具体的案件事实相互调适、不断适应的结果，从某种意义上说，是深深地"嵌"在案件事实中的；一旦将其从案件事实中剥离出去，便很难产生什么普遍性的约束力。这种模式存在的另一个问题是忽视了裁判的根据和理由。如果后案的法官只关注这些具体、明确的裁决结果，而对支撑该结果的判决理由不闻不问，那么不仅错失了指导性案例中真正能够发挥指导作用的内容，而且这种"照葫芦画瓢"的裁判很有可能最终被证明是错误的。因为两个案件在某些细小方面的差异有时足以能够导致它们在实质上的不同。即便承认指导性案例的判决结果具有一定意义的指导性，这种指导性也是一种间接的、有条件的、有限的指导性，否则最高人民法院对指导性案例编写体例的精心设计、学者们对指导性案例实践操作机制的争论还有多大意义呢？因此从这个意义上讲，结果模式非但很难实现指导性案例的目的，反而还有可能会大大限制指导性案例能够发挥作用的范围。

2. 理由模式

相比之下，另外两种模式更加具有说服力。"理由模式"主张后案法官并不受先前案件裁决规则的约束，而是受到其推理或说理的约束。法

[①] 张骐：《试论指导性案例的"指导性"》，载《法制与社会发展》2007年第6期。

官所参照的并非指导性案例的全部内容,而主要是判决说理部分。① 一般来说,"借其说理的内容,法院的裁判常能超越其所判断的个案,对其他事件产生间接的影响"。② 判决理由集中体现了法官对于系争案件中法律争点的提取、分类和阐明,是对裁决结论是否合法、正当的推理和论证,是一个判决中真正具有实质性内容的部分。在普通法系国家,如果说先例的形式约束力受制于确立这一判决的法院的地位、法官的名望以及该先例本身的表述,那么其实质约束性在很大程度上则取决于"先前法院的推理的说服力"③。由于在多数情况下,法院实际上所适用的准则并不直接体现在判决书中,加上"那些事实也许说得太简短,以致无法说清事实的真相,或者说得过分细致,以致无法说清事实的真相,或者说得过分细致,以致很难确定究竟法院认为哪一点是重要的"④,此时法官就必须深入到判决理由中,结合案件事实从中抽象、归纳和发掘出先例规则或先例原则。就此而言,判决理由是案件裁判规则赖以生成的母体、源头。

判决理由是指导性案例中非常重要的一部分内容,是"裁判要点的来源和基础,是联系基本案情和裁判结果的纽带"⑤,是"指导性案例中具有指导性、一般性的部分"。⑥ 毫不夸张地说,无论是分析指导性案例的事实争点,还是参照指导性案例的裁判要点或裁判结果,都不可能绕过判决理由。这一方面是因为判决理由所指向的是对争议问题的分析,是对法律选择与法律适用的说明,是对为何做出某种裁决结论的背后理由的揭示;另一方面是因为指导性案例的性质决定了其自身不能充当案件裁判的根据或依据,并且它在后案判决书中的最佳出场位置是裁判说理

---

① 王利明教授认为,虽然指导性案例不能作为法官裁判的依据,但是可以在判决书说理部分直接加以引用,由此指导性案例可以成为说理的理由。参见王利明:《我国案例指导制度若干问题研究》,载《法学》2012 年第 1 期。
② 〔德〕卡尔·拉伦茨著:《法学方法论》,陈爱娥译,商务印书馆 2003 年版,第 300 页。
③ 〔英〕阿蒂亚、〔美〕萨默斯著:《英美法中的形式与实质——法律推理、法律理论和法律制度的比较研究》,金敏等译,中国政法大学出版社 2005 年版,第 90 页。
④ 〔美〕阿伦·法恩兹沃斯著:《英美法律制度概论》,马清文译,群众出版社 1986 年版,第 72 页。
⑤ 胡云腾、吴光侠:《〈关于编写报送指导性案例体例的意见〉的理解与适用》,载《人民司法》2012 年第 9 期。
⑥ 张骐:《试论指导性案例的"指导性"》,载《法制与社会发展》2007 年第 6 期。

第十章 基于案例的司法推理

部分,只有在裁判说理部分引用指导性案例的内容才能最恰当地、最大限度地发挥指导性案例的作用。但是有两点需要说明:首先,是指导性案例中的裁判理由并不是原判决中"原汁原味"的裁判理由,而是一种经过最高人民法院审判委员会补充、强化、细化过的理由,这一点与普通法系先例的判决理由有所不同。其次,判决理由模式也无法避开一些难题。例如,如果指导性案例中的判决理由过于抽象化、一般化,诸如"平等对待""正当程序"等原则就过于宽泛以至于很难产生实际的约束力[①]。又如,不能完全排除某个指导性案例本身在判决理由方面的瑕疵[②],甚至某个指导性案例本身可能就是个错判案件,在这种情形下指导性案例的说理价值就会大打折扣。

3. 规则模式

这种模式主张指导性案例中具有指导性或约束力的部分应当是其中所蕴含的规则,或者采取规则形式所表述的内容。这种模式是普通法中的主流模式,遵循先例原则要求法官必须区分"判决根据"(ratio decidendi)[③]和"附带意见"(obiter dicta),只有前者对于本级法院以及下级法院未来类似案件的审判才具有约束力,后者只是法官对法律适用中的一般问题所做出的说明,仅仅具有说服力。后案法官为什么要遵循先例中的规则或原则呢?一些比较常见的理由包括有助于实现平等(类似案件可以做到类似处理)、确定性(使得法律连贯、一致)、尊重(尊重前辈法

---

① See Larry Alexander, "Precedent", in Dennis Patterson eds., *A Companion to Philosophy of Law and Legal Theory*, Second edition, Blackwell Publishing Ltd., 2010, p.499.

② 如英国法学家汉森指出,如果出现了一个没有阐述理由的判决,解释者该怎么办?他可以推论出判决理由吗?相关讨论请参见〔英〕沙龙·汉森著:《法律方法与法律推理》,李桂林译,武汉大学出版社 2010 年版,第 73 页。

③ 这里有一个很有意思的现象,"ratio decidendi"其本意是"遵从先例,切勿破坏已有定论"(stare decisis et non quieta movere),目前主流的译法是"判决理由"。但严格说来,翻译为"判决根据"更为合适(ratio decidendi 与 holding 同义)。因为前一种译法会带给人们这样一种印象,判决理由和先例所确立的规则是一回事。甚至连英国的学者都说"判决理由是一种一般规则"(参见〔英〕鲁伯特·克罗斯、〔英〕J. W. 哈里斯著:《英国法中的先例》,苗文龙译,北京大学出版社 2011 年版,第 59 页)。二者虽有紧密联系,但实质上并不完全相同。

官的经验和智慧)、经济高效(减少案件诉讼量和提高司法效率)[1]以及信赖(不遵守先例将会挫败人们的信任并进而导致一种不正义)[2]。如此看来,法官的任务就是从先例裁决中归纳和抽取具有一般性的规则或原则,并将此规则或原则适用于相似的待判案件中。

那么在案例指导制度中,规则模式是否同样也具有说服力?在指导性案例中采取规则形式所表述的内容是裁判要点以及紧随其后列出的相关法条。总的来说,裁判要点是对判决理由的一种提炼和浓缩,所表达的内容是对争议问题的分析以及对法律适用的解释与说明。但是,裁判要点、裁判规则、裁判依据的法条之间是什么关系?它们是不是一回事?首先,裁判所依据的法条是法律推理的前提和裁决的根据,这一点可以将其与裁判要点和裁判规则区分开来,后两者本身并不具有正式法律渊源的地位。其次,裁判规则(rule of decision)是对"通常意义上什么能够被算作是以某种方式裁决案件的充分理由"[3]的解释,是对裁判根据的细化和具体化,而裁判要点恰恰是对裁判规则的归纳和提炼,在这个意义上,"裁判规则是裁判要旨的内容,裁判要旨是裁判规则的形式"[4]。需要注意的是,裁判要点虽然大多数时候采取了规则的表现形式,但它本身毕竟不是法律规则,这就决定了后案法官不能将其作为裁决根据而直接引用。那种主张运用类比推理的方法直接类推适用裁判要点的观点是对裁判要点本身性质的严重误解,因为作为类比推理之基准的事物一定是法律规则或法律原则。所以,后案法官对裁判要点的参照只能出现和反映在判决说理部分。

---

[1] See James Hardisty, "Reflections on Stare Decisis", *Indiana Law Journal*, Vol. 55, (1979), p.55. 也可以参见〔美〕阿伦·法恩兹沃斯著:《美国法律制度概论》,马清文译,群众出版社1986年版,第68—69页。

[2] See Richard A. Wasserstrom, *The Judicial Decision: Toward a Theory of Legal Justification*, Stanford University Press, 1961, pp.67-69.

[3] Richard A. Wasserstrom, *The Judicial Decision: Toward a Theory of Legal Justification*, Stanford University Press, 1961, p.6.

[4] 张骐:《指导性案例中具有指导性部分的确定与适用》,载《法学》2008年第10期,第90页。

（二）裁判要点的性质与裁判规则的提炼

综合以上三种模式来看，笔者倾向于支持一种折中模式，即法官应当将指导性案例看作是一个整体，不能机械地将之拆成单个部分，并仅仅只参照其中的一部分内容。"结果模式"自然不足为取，但是"理由模式"或"规则模式"也尚不足以充分发挥指导性案例的作用。判决理由和裁判要点存在相互交融的关系，各自谁也离不开谁。脱离了判决理由的裁判要点不过是一条干瘪的条文式表述，而离开了裁判要点的判决理由则会让指导性案例的指导方向变得分散而丧失确定性。此外，虽然千案千面，指导性案例中的案件事实并不具有直接的指导效力，但无论是裁判要点还是判决理由，均难以与案件事实脱离关系。因此，只有裁判要点、判决理由与案件事实交融在一起的模式才最能够确保指导性案例指导效力的充分发挥。

1. 参照内容的现实写照

由于最高人民法院最初并未就指导性案例中哪一部分内容具有指导性做出规定或说明，导致实践中的做法不统一。尽管之后最高人民法院颁布了《关于案例指导工作的规定实施细则》，情况仍然未能有较大改观。在笔者研究过程中所搜集的一些参照了指导性案例的案件中，其中超过一半的案件虽然在裁判过程中涉及某个指导性案例，但是法官最终并没有参照这些指导性案例做出裁判。在其余一部分案件中，有的案件参照了裁判要点，有的参照了裁判说理，有的参照了法律适用。此外，还有个别案件虽然参照了指导性案例，但是具体参照了指导性案例中哪一部分内容，通过判决书尚无法确定。例如，在一份民事判决书中，法院这样写道："根据最高人民法院的指导性案例精神……"[①]参照不明的类似情况还有很多。由此可见，指导性案例被参照的内容大致主要是三部分：裁判要点、裁判说理以及法律适用，这也基本符合前文讨论所得出的结论。但同时也必须注意的是，目前法官所参照的主导模式仍然是规则

[①] 参见浙江省高级人民法院（2011）浙民终字第345号民事判决书。

模式,对于判决说理、案件事实以及指导性案例的整体性的关注仍然很欠缺。即便是对裁判要点的参照,也并不是完全没有问题的。例如,现成的裁判要点是等待后案法官去发现,还是有待后案法官从案件事实中提取和归纳?如果是后者,那么法官如何提炼和归纳裁判要点?这种提炼和归纳是否受到限制?

2. 裁判要点的性质

裁判要点之所以在实践中备受法官的青睐,主要在于它是指导性案例中一般性、简练性的内容,甚至有的已经达到了普通的法律规则所具有的抽象程度。例如,24号指导性案例的裁判要旨是"交通事故的受害人没有过错,其体质状况对损害后果的影响不属于可以减轻侵权人责任的法定情形",内容既简短又精炼,形式也具有规则要求的"行为模式+后果模式"的一般结构,甚至不少法院直接将裁判要点作为法律规则或法律原则来使用,这迎合了民法法系国家法官所固有的法条式的、条文式的法律思维习惯。[①] 内容上与案件事实分离、形式上接近规则的裁判要点比较接近德国和法国裁判特征,而与普通法系的判例摘要形成鲜明对比;判例摘要的篇幅相对较长[②],注重对于事实的摘引,作用在于引导法官和律师进一步探求判决书的整体内容。[③] 在判决之前附加类似于法条的要旨固然可以突出争议的核心问题及解决办法,帮助法官了解指导性案例的核心内容。但是在拉伦茨看来,这种做法却是极其危险的。首先,"这些要旨不过是从裁判理由中蒸馏出来的结晶,与案件事实密切相关,在很大的程度上本身也需要解释";其次,它可能会给人们带来一种危险的印象,即"裁判要旨本身可以独立于被裁判的案件事实之外"。[④]

---

① 参见张骐:《指导性案例中具有指导性部分的确定与适用》,载《法学》2008年第10期。

② 判例摘要的篇幅有时候长达数页,内容主要包括但不限于"庭审时间和正式的引用方法""法院的级别和审理法官""案件事实""初审法院面对的争点""可适用的法律规则的确认""上诉法院面对的争点(如果有不同争点的话)""该案件的程序历史"以及"司法推理的过程和内容"等。参见〔英〕沙龙·汉森著:《法律方法与法律推理》,李桂林译,武汉大学出版社2010年版,第106—109页。

③ 参见宋晓:《裁判摘要的性质追问》,载《法学》2010年第2期。

④ 〔德〕卡尔·拉伦茨著:《法学方法论》,陈爱娥译,商务印书馆2003年版,第233页。

第十章 基于案例的司法推理

拉伦茨的这一评价至少表明了两个问题:其一,裁判要点是指导性案例浓缩的精华,有些学者也将其称为"微缩判例"①,需要肯定其积极的价值;其二,裁判要点来源于案件事实,这使其不可与案件事实过度分离,对它的解释和参照适用必须回到案件事实中去。第二个问题显然与本书的主题讨论关联更大,裁判要点与裁判规则之间虽然是一种内容与形式的关系,但是裁判要点与裁判规则毕竟不是一回事,正如普通法系中的判决理由与先例规则也不相同。因此,到底谁有权来归纳和确定指导性案例中的裁判要点?从目前的情形看,似乎并未给后案法官在这方面的作为留下空间,"'两高'将本该由法官做的功课提前做掉,为法官提供快餐式判决指南"②。这种抛开案件事实、舍本逐末的做法,"与其说是概括和抽取判例规则,不如说是从事老调的立法,最终是不能吸取判例法方法的营养的"③。这最终可能会导向一种机械或被动司法的局面。

最高人民法院审判委员会通常既不是指导性案例的裁判者,也不太可能成为指导性案例的未来使用者,由其概括和确定裁判要点可能会受到正当性的质疑。王晨光教授也注意到了这一点。他认为,这一工作无论是由最高人民法院审判委员会还是案例指导工作办公室来承担都不合适。④ 在笔者看来,在承认最高人民法院审判委员会有权制作裁判要点文书的前提下,化解这一难题的办法在于重新认识裁判要点与裁判规则的关系。裁判要点的作用在于让后案法官对于某类典型问题的解决和应对形成认识,而作为裁判要点表现形式的裁判规则所发挥的功能"类似于"司法解释的功能,但需要注意裁判规则虽然同样也是对指导性案例适用的法律规则予以解释,但是在性质、产生方式、表现形式、法律

---

① 刘风景:《裁判摘要的原理与制作——以〈最高人民法院公报〉公布案例为素材》,载《法律方法》2008年第1期。
② 吴英姿:《案例指导制度能走多远》,载《苏州大学学报(哲学社会科学版)》2011年第4期。
③ 宋晓:《裁判摘要的性质追问》,载《法学》2010年第2期。
④ 参见王晨光:《制度建构与技术创新——我国案例指导制度面临的挑战》,载《国家检察官学院学报》2012年第1期。

效力以及适用方式上与司法解释均有很大的差异,不可等同视之。实践中,法官"通常所看到的是裁判要旨,但所希望得到的是通过裁判要旨所表现出来的裁判规则"①。在这个意义上,法官作为指导性案例的最终使用者,对法律适用有着最切身的体会,对类似的争议事实和问题能够把握得当,因而它们在尊重现有裁判要点的内容和范围的基础上,结合案件事实和判决理由进一步提炼出裁判规则。如此一来,不仅能够解决前述难题,也可以让指导性案例中具有指导性的部分的作用真正发挥到实处。

3. 裁判规则的归纳与提炼

如此一来,后案法官能否准确、妥当地归纳出裁判规则,便成为指导性案例被正确使用的关键环节之一。如何提炼裁判规则是一项十分复杂的技术活,我国法官长期使用的方式主要是一种演绎性的、法条主义的推理思维,而对于归纳性的法律思维尚缺乏足够的训练。因此在裁判规则的归纳与提炼问题上,可以从普通法中先例规则的提炼方法和理论中汲取营养。在一些案件中先例规则得到了明确的阐述,法官可以很容易地发现并适用它;但在绝大多数情形下,先例原则是隐含在判决书中的,此时对先例的寻找可能颇费周章。具体而言,先例原则的归纳要牢牢把握以下两个要点:其一,先例来源于判决理由,但又不能超出判决理由的内容和范围,正如一句古老的法谚所说:"判决理由消失之处,法律亦随之终止。"(*Cessante ratione legis cessat et ipsa lex*)②例外的情况是,虽然附带意见仅仅只具有说服力,但是如果附带意见中所阐述的规则得到了后来法院的遵守,则相当于是确立了一个新的先例,那个判决意见

---

① 张骐:《指导性案例中具有指导性部分的确定与适用》,载《法学》2008 年第 10 期。
② 布莱克法律词典的英译是:"When the reason of the law ceases, the law itself also ceases." See Bryan A. Garner eds., *Black's Law Dictionary*, ninth edition, West Publishing Company, 2009, p. 1821.

第十章 基于案例的司法推理

也因此具有了约束力。① 其二,有时候一个案件可能存在一个或多个判决理由,有时候一个案件可能并没有判决理由。但无论属于哪种情形,先例的寻找也不能脱离案件事实。② 总之,普通法中先例的提取方法既是高深、复杂的,同时又是十分灵活的。

在案例指导制度中,后案法官对于裁判规则的提炼和归纳同样也必须以判决理由和案件事实为基础。由于裁判要点本身是从判决理由中归纳和提取出来的,所以后案法官对于裁判规则的归纳首先必须尊重裁判要点所划定的基本范围,在有多个裁判要点的情形下应注重各个要点在内容和逻辑上的承启关系(如最高人民法院 3 号指导性案例就有多达 4 个裁判要点),并揭示它们所直接针对的或者所欲解释的法律条文。但是,法官对于裁判规则的提炼应达到何种程度呢?是不是裁判规则的内容提炼得越抽象越好?众所周知,在普通法系中,后案法官对于先例规则的提炼和表述有相当大的能动性,他几乎"能够从一个特定先例案件中抽取出具有任何程度之一般性的判决根据"③,用张骐教授的话来说,这是一种"边走边唱式"的、根据需要可以扩展或限缩先例规则之内容的技术④,由此可知,先例规则的表达获得了一个伸缩空间。显然在案例指导制度下,后案法官并不能随意地扩展裁判规则的内容,否则就是明目张胆地"造法"了。在这个意义上,裁判规则需要具有一定程度的概括性、一般性和抽象性,因为这样可以使其获得类似于规则的表述形式,从而能够对一定范围内的类似案件提供指导。

裁判规则必须保持一定的抽象程度,但必须避免将裁判规则过度抽

---

① 这样的案例枚不胜举,典型案例如哈德利诉巴克森代尔案(Hadley v. Baxendale)。在该案中,法院在判决意见中确立了违约损害赔偿的"合理可预见规则",但是这一规则却得到了后来法院的一致遵守,因此变成了一个先例规则而具有约束力。See *Hadley v. Baxendale* (1854) 9 EXCH. 341.

② 古德哈特教授就十分强调案件事实对于先例规则之确定的重要性。See Arthur L. Goodhart, "Determining the Ratio Decidendi of a Case", *The Yale Law Journal*, Vol. 40, No. 2 (1930), pp. 161-183.

③ Richard A. Wasserstrom, *The Judicial Decision: Toward a Theory of Legal Justification*, Stanford University Press, 1961, p. 35.

④ 参见张骐著:《法律推理与法律制度》,山东人民出版社 2003 年版,第 88 页。

象化的做法。常见的对裁判规则过度抽象化的表现形式多种多样,如剥离甚至抽空案件事实,又如漠视或遮蔽判决理由。这些舍本逐末、过分追求抽象规则的做法,有可能会遗漏案例本身具有指导性的法律点。①因此,裁判规则应当既有规则的形式,同时又有来自案件事实、判决理由和裁判要点的内容,其抽象程度不应高于它背后所依据或指向的法律规则。以最高人民法院24号指导性案例为例,本案所争议的核心问题是"交通事故案件中能否依据受害人体质状况对损害后果的影响作相应扣减,这就涉及对《侵权责任法》第二十六条、《道路交通安全法》第七十六条第一款第二项的理解与解释"。②也就是说,"受害人的体质因素"是否构成法律意义上的"过错"。根据相关司法解释的规定,过错包括故意和过失两种形态,其中过错是指行为人有意致人损害或者明知其行为会造成损害仍实施加害行为,过失指的是行为人由于疏忽或者懈怠而未能尽到合理注意义务。因此,无论是故意还是过失,其本质在于具有"违法性或可归责性"③。这样一来,受害人的体质因素是否属于侵权法意义上的过错就相对比较清楚了。在24号指导性案例中,法院的判决理由认为:

> 虽然荣宝英年事已高,但其年老骨质疏松仅是事故造成后果的客观因素,并无法律上的因果联系。加上所涉事故发生在人行横道上,正常行走的荣宝英对被机动车碰撞这一事件也无法预见。因此,受害人对于损害的发生或扩大没有过错,不存在减轻或免除加害人赔偿责任的法定情形。④

从判决理由可以看出法院的基本思路是:(1)受害人的体质因素并

---

① 参见张骐:《指导性案例中具有指导性部分的确定与适用》,载《法学》2008年第10期。
② 为方便讨论,笔者将这两个条文引述如下:《侵权责任法》第26条规定,"被侵权人对损害的发生也有过错的,可以减轻侵权人的责任";《道路交通安全法》第76条第1款第2项规定:"机动车与非机动车驾驶人、行人之间发生交通事故,非机动车驾驶人、行人没有过错的,由机动车一方承担赔偿责任;有证据证明非机动车驾驶人、行人有过错的,根据过错程度适当减轻机动车一方的赔偿责任;机动车一方没有过错的,承担不超过百分之十的赔偿责任。"
③ 参见王泽鉴著:《侵权行为》,北京大学出版社2009年版,第237—238页。
④ 参见最高人民法院指导性案例24号"荣宝英诉王阳、永诚财产保险股份有限公司江阴支公司机动车交通事故责任纠纷案"。

不构成过错;(2)可以适用《道路交通安全法》第76条第1款第2项的规定,亦即侵权人承担全部赔偿责任。最高人民法院所确定的裁判要点是"交通事故的受害人没有过错,其体质状况对损害后果的影响不属于可以减轻侵权人责任的法定情形"。或许有人认为,该裁判要点已经十分简练并且基本具备了一条普通法律规则的表现形式,再允许法官另行归纳和提炼裁判规则岂非多此一举?其实不然,仔细分析不难发现,该裁判要点与案件事实、判决理由有出入,主要表现在以下方面:首先在判决理由中,受害人的体质因素是认定其是否有过错的前提要件,而裁判要点却将受害人的体质因素作为侵权人责任承担的后果要件;其次,裁判要点几乎没有谈及任何案件事实,特别是侵权人存在过错、受害人是非机动车驾驶人或行人等关键性事实。有鉴于此,笔者根据前文有关裁判规则提取的分析,站在一个后案法官的角度,结合24号指导性案例的案件事实和判决理由将裁判规则提炼和归纳如下:

在交通事故案件中,在机动车一方存在过错的情形下,作为受害者的非机动车驾驶人或行人的体质状况并不构成其过错,从而不能作为可以减轻侵权人责任的法定情形,因此由侵权人对事故的损害后果承担全部的赔偿责任。

通过这种形式被提炼出来的裁判规则,相较于最高人民法院所确立的裁判要点要更为具体、饱满,即它除了将指导性案例中的关键性事实或必要性事实予以罗列,还包含判决理由中的精华性内容。与此同时,该裁判规则尽管在抽象程度上比已确立的裁判要点以及《侵权责任法》《道路交通安全法》的相关规定要低一些,但仍然具有一定程度的抽象性。在这个意义上,它更像是通过具体个案对《道路交通安全法》第76条第1款第2项之规定做出的一个"司法解释"。但是,裁判规则并不具备司法解释的性质、地位和效力,其作用是解释、细化甚至补充法律规则,但是后案法官并不能直接将其作为裁判根据来使用,法官裁判最终根据的仍然是裁判规则所指向的相应法律规则,裁判规则的价值和意义在于澄清规则的模糊、提供疑难问题的解决思路,帮助法官论证判决。

最后需要强调的一点是,法官对于裁判规则的提炼和规则应当以裁判要点为基础,并且原则上不应超出裁判要点既已划定的范围,但是对于裁判要点所疏漏的关键性事实,甚至在归纳判决理由方面出现的错误,后案法官是有权进行补充和纠正的,这一点在对 24 号指导性案例裁判规则的提炼和归纳中表现得十分明显。

五、被遗忘和遮蔽的"相似性判断"

内容再完备、表述再精确的裁判规则也不能保证一定能够被后案法官所参照,因为指导性案例的司法哲学基础在于形式正义,即类似案件应当获得类似处理。在司法实践中,一个案件的所有事实不可能重现,而那些在法律上具有重要意义的实质性事实在未来的案件中则是可能重复出现的。[①] 也就是说,我们所要寻找的并不是完全一模一样的"同案"(the same case),而只可能是类似的案件(the similar case)。卡多佐大法官曾经将这样一种相似性判断的过程形象地描述为色彩比对,法官"将自己手上的案件的色彩与摊在他们桌上的许多样品案件的色彩加以对比,色彩最接近的样品案件提供了可以适用的规则"[②]。因此,只有证明待决案件与指导性案例在实质上是相似的,才能够参照指导性案例中的裁判要点、裁判规则、判决理由以及法律适用等方面的内容。在这个意义上讲,对案件的相似性判断是参照指导性案例的决定性因素。

(一)相似性判断缘何成为一个问题?

根据前述 24 号指导性案例的裁判规则,在交通事故中,作为受害人的非机动车驾驶人或行人的体质并不构成侵权法上的过错,因此也并不能减轻侵权人的赔偿责任。24 号案例就是该裁判规则之下的一个"标准事例"(standard instance),但现实的情形是,在这一"标准事例"的周围

[①] See Adam Gearey, Wayne Morrison and Robert Jago, *The Common Law: Perspectives, Rights, Processes, Institutions*, Second edition, Routledge, 2013, p.117.

[②] 〔美〕本杰明·卡多佐著:《司法过程的性质》,苏力译,商务印书馆 1998 年版,第 8—9 页。

第十章 基于案例的司法推理

往往会发生一些边缘案件(borderline cases),这些边缘案件是否属于某一裁判规则的标准事例并不十分清楚。对此,笔者将首先重构一下24号指导性案例,并设想六个与之"表面上"相似的案件,最后再来剖析这六个案件各自的特点。

指导性案例:机动车驾驶者 A 违规驾驶,致使在人行道正常行走的 B 受到伤害。法院认定 B 的个人体质状况(年老骨质疏松)并不构成过错,因此由 A 承担全部赔偿责任。

案件1:机动车驾驶者 A 违规驾驶,致使在人行道正常行走的 B 受到伤害。B 的个人体质状况(疾病)是否可以构成侵权法意义上的过错呢?①

案件2:机动车驾驶者 A 正常驾驶,致使违规的非机动车一方 B 受到伤害,A 能否主张法院将 B 的体质状况(年老体衰、疾病等)作为伤害参与度的衡量因素而对损害责任做相应减轻呢?

案件3:机动车驾驶者 A 违规驾驶,致使违规的非机动车一方 B 受到伤害,A 能否主张法院将 B 的体质状况(年老体衰、疾病等)作为伤害参与度的衡量因素而对损害责任做相应减轻呢?

案件4:机动车驾驶者 A 违规驾驶,致使乘坐该机动车的 B 受到伤害,A 能否主张法院将 B 的体质状况(年老体衰、疾病等)作为伤害参与度的衡量因素而对损害责任做相应减轻呢?

案件5:机动车驾驶者 A 违规驾驶,致使正常驾驶的机动车驾驶者 B 受到伤害,A 能否主张法院将 B 的体质状况(年老体衰、疾病等)作为伤害参与度的衡量因素而对损害责任做相应减轻呢?

案件6:因邻里纠纷,A 向 B 施以拳脚,导致 B 胸椎受到骨折伤害。

---

① 很有意思的是,在笔者研究过程中找到一个与正文所虚构的案件2十分相似的案件。在该案中当事人十分细致地指出该案与指导性案例24号在两个方面所表现出的不同:首先,24号案例中当事人的体质状况为"年老体弱、骨质疏松",而本案中的当事人的体质主要是一种"疾病等病理性因素";其次,24号案例中的伤害后果是当即发生的,而本案的伤害后果是在事后两个月才发生的。就此,主张本案与24号案例在实质上不同。笔者在此暂且先不对两个案例是否相似做分析。请参见:山东省东营市中级人民法院(2014)东民一终字第147号民事判决书。

B体质方面的病理性因素能否作为减轻A之侵权责任的依据呢?①

以上六个案件与24号指导性案例都存在一些差异,案件1的特色在于,交通事故中受害人的体质状况不是年老体衰(一种自然的生理现象)而是患有疾病(一种病理性的症状)。案件2与24号指导性案例的区别在于机动车驾驶者并没有过错,而作为非机动车一方的驾驶者或行人存在着过错。在案件3中,机动车驾驶者与非机动车驾驶者或行人双方均存在过错。案件4的情形稍微更加复杂一点,因为该案中的受害人恰恰是乘坐违规行驶的机动车的乘客,该乘客能否获得同24号指导性案例中荣宝英一样的法律评价? 案件5的受害者并不是非机动车驾驶者或行人而是机动车驾驶者,在这个法律关系主体的性质上与24号指导性案例存在明显差异。最有意思的是案件6,该案并不是交通事故侵权,而是普通的侵犯身体权和健康权的案件,该案的受害人与24号指导性案例受害人的情况基本相同,除了身体方面存在着一些体质性的因素之外,自身并无过错。虽然以上六个案件在某些方面与24号指导性案例存在着差异,但在又存在着不同程度的相似性,那么,法官在这六个案件的审理中能够参照24号指导性案例吗?

是否应当参照某个指导性案例,取决于待决案件与指导性案例在本质上是不是相似的。弗兰克曾指出:"在一种更加深刻的意义上,几乎任何一个案件的独特特性都足以使其自身成为一个'不受既有规则调整的新案件'。"②弗兰克虽然意在强调案件事实、案件细节的重要性,但从另一个侧面他也指出了案件之间相似性判断的重要性。因此,相似性判断是指导性案例是否应当获得参照的关键性环节,任何对于相似性判断进行回避、漠视或简单化处理的做法都是有问题的,这很有可能会带来一些危害性的后果,如法院本不该参照指导性案例却实际上参照了,又如法院本该参照指导性案例实际上却并未参照,再如法院本该参照这个指

---

① 本案的原型可以参见:安徽省芜湖市中级人民法院(2014)芜中民一终字第00652号民事判决书。

② Jerome Frank, *Law and the Modern Mind*, with a new introduction by Brian H. Bix, Transaction Publishers, 2009, p. 162.

导性案例而实际上却参照了另一个指导性案例。

(二) 审判实践中相似性判断的缺席

相似性判断是司法审判的一把利器,谁能够充分运用这把利器,谁就能占有裁判的主动权。法官通过判定待决案件与某个指导性案例是否相似,决定是否参照某个指导性案例,这样可以在个案中落实形式正义;对当事人通过相似性的判断能够寻找到一个对己方有利的指导性案例或者有力地规避一个对己方不利的指导性案例。然而,法官对于相似性判断的态度和做法,实践中与理论上所要求的相差甚远。在审判的过程中,无论是否参照已被提出的指导性案例,都必须在相似性判断的基础上才能够确定。但是,很少有法官会在裁判过程中进行严密的相似性判断,也很少会对待决案件的事实与指导性案例的事实进行任何的比较和区分。结果在绝大多数案件中,本应在场的相似性判断不恰当地缺席了。

为什么会出现这种情形?换句话说,既然某个指导性案例已经被当事人及其代理律师、法官等提出来了,法官为什么不经相似性判断就决定是否参照该指导性案例呢?笔者以为,要从两个具体的角度来解释这种现象:首先,法官下意识地"遗忘"了案件相似性的判断。长期以来,中国法官的思维主要是法条式的、演绎式的,并不会经常在案件事实之间进行相似性的比对,这就导致案件的相似性并不十分重要,甚至可有可无。法官只要通过直觉或经验觉得待决案件与指导性案例(不)相似或(不)相关,就可以决定(不)参照指导性案例来裁决案件。其次,与"下意识的遗忘"相比,法院可能有意识地回避或遮蔽案件的相似性判断。一方面,法官不知道该依何种标准进行相似性判断;另一方面,即便法官在裁判结论的形成和证明过程中对待决案件与指导性案例做了相似性的判断,但以文字的形式合乎逻辑地表述出来不仅困难,还十分容易出错。正是在这些矛盾心理的纠结下,法官最终还是选择了回避待决案件与指导性案例之间的相似性判断。

(三)相似性如何判断?

"类似案件类似审判"是司法正义的内在要求,但对于"类似案件类似审判"究竟是一个法律原则还是道德要求,学者们持有不同的观点。陈景辉教授认为,"类似案件类似审判"仅仅只是一项与司法裁判相关的道德要求,随时有可能被其他的法律义务或道德要求所凌驾。[①] 而张骐教授则认为,"类似案件类似审判"不仅拥有坚实的道德基础,同时还有深厚的法律制度和权威支持,因此它不仅是一项道德要求,同时还更是法官所必须应予以遵守的法律原则。[②] 对此,笔者倾向于将"类似案件类似审判"作为一项法律原则来看待,法官如果没有充足的理由(如待决案件与指导性案例在实质上并不相似),则不得随意背离这一原则。[③] 这一原则既然如此重要,但除了为实现司法公正指明了方向之外,似乎再也没有提供什么实质性的内容,正如哈特教授所指出的:

> "等者等之,不等者不等之"(即相同情况同样对待,不同情况不同对待)是正义观念的核心元素,它自身还是不够完备,在没有补充原则的情况下,它无法为行为提供决定性的指示。……在我们明定哪些相似性和差异性与个案"相关"之前,"等者等之"就只能是个空洞的形式。如果我们要使它更具体一些,就必须知道,在什么时候,哪些情况被认为是相同的,哪些差异和该案相关联。[④]

也就是说,"类似案件类似审判"作为一种应然性原则或理念,如果想要在个案审判中得到落实,就必须像哈特教授所说的那样对之进行补充,而对案件之间相同点与不同点的比较不失为一种落实这一原则的具体操作方案。

在普通法中,待决案件与先例案件之间的相似判断是遵循先例原则

---

① 参见陈景辉:《同案同判:法律义务还是道德要求》,载《中国法学》2013年第3期。
② 参见张骐:《论类似案件应当类似审判》,载《环球法律评论》2014年第3期。
③ 参见孙海波:《类似案件应类似处理吗?》,载《法制与社会发展》2019年第3期。
④ 〔英〕哈特著:《法律的概念》(第二版),许家馨、李冠宜译,法律出版社2006年版,第153页。

的核心,正如列维所指出的,普通法中法律推理的"第一步就是要发现和确证先例案件与待决案件之间的相似性"[①]。离开了案件相似性的比较,遵循先例原则将被彻底架空。然而,如何进行相似性的判断是一个十分棘手的问题,对此并不存在一种定型的、放之四海皆准的方法。为了尽可能准确、客观地把握待决案件与指导性案例之间是否相似,笔者认为,整个相似性判断的过程必须牢牢把握住三个要点:以具体法律关系是否具有同一性为前提、以案件事实作为比较的基础以及以争议问题作为比较的主线。

1. 法律关系的同一性

法律关系是指案件的当事人围绕某个争议问题所形成的权利和义务关系,它具有很强的指向性。某些案件属于"同一类"[②]案件,此处"同一类"从分类上来说,要么都是民事案件,要么都是刑事案件,要么都是行政案件。也就是说,在基本的法律关系方面它们是一致的。再细化一些,如它们都是民事案件中的侵权案件或合同案件,或者它们都是侵权案件中的产品责任侵权案件。在这个意义上,王利明教授指出,在待决案件与指导性案例相似性的判断过程中,"我们所说的法律关系类似,不是说基本法律关系相似,而是指具体的法律关系相类似"[③]。法律关系具有层次性的特征,就像一个同心圆,越靠近圆心,法律关系就越具体,案件之间的相似性程度也就越高。如果想要证明待决案件与指导性案例之间存在相似性,首先必须证明它们属于同一种具体的法律关系,或者证明它们的具体案由是相同的。对具体的法律关系具有同一性的确证,只是完成了相似性判断的第一步。

[①] Edward H. Levi, *An Introduction to Legal Reasoning*, University of Chicago Press, 1949, p.1.

[②] 有时候法律人也会使用"案由"这个术语,如果两个案件案由相同,那么大体上可以将它们归为同一类案件。正如张骐教授所指出的,确定案由就能确定案件所涉及的具体的法律关系。在案由的引导之下,就可以相对容易地对案件事实、法律关系进行对比,并在此基础上具体确定案件的构成要件,从而判断案件之间的相似性。参见张骐:《论寻找指导性案例的方法——以审判经验为基础》,载《中外法学》2009年第3期。

[③] 王利明:《我国案例指导制度若干问题研究》,载《法学》2012年第1期。

2. 围绕法律争点提取和比对重要事实

在相似性判断的过程中,案件事实具有无可替代的重要地位,离开了案件事实,相似性的判断将无法进行下去。一个案件可能会包含许多事实,如案件发生的时间、地点、相关人物、事件、产生的后果等,但无须对所有的事实都予以同等程度的重视。为此,需要在众多事实中提炼、挑选或描述那些具有关键性意义的事实,但如何对案件事实进行提炼或特征描述是非常困难的,以至于学者们称其为"案件事实的分类难题"①。对于案件事实的提取可以有许多种方式,既可以提炼得很简要,也可以提炼得很细致;既可以按照不同程度提取,也可以按照详略不等的细节来描述。② 在案件事实的分类与挑选中,要注重把握重要事实(material facts)与非重要事实(immaterial facts)的区分,因为这两类事实具有不同的性质和意义。

那么,什么是重要事实?如何寻找和发现重要事实?英国学者霍兰德和韦伯认为,寻找重要事实的活动并不能依靠直觉,而是靠长期阅读案例来积累经验。因此,在处理一个案件时,需要考虑这个案件的主要事实是什么,这个案件的争议问题是什么。③ 如果某个事实体现了相关法律规则的特定内容,那么该事实就是一种重要事实④,它对于争议问题的解决是必要的。也就是说,对于重要事实的发现和提取,必须结合案件的争议问题来进行。⑤ 例如,在 24 号指导性案例中,"交通事故的发生""机动车驾驶者无过错""受害人是非机动车驾驶者或行人""受害人

---

① See Martin P. Golding, *Legal Reasoning*, Alfred A. Knopf, Inc, 1984, pp. 102-111. See also Richard A. Wasserstrom, *The Judicial Decision: Toward a Theory of Legal Justification*, Stanford University Press, 1961, pp. 31-36.

② See Geoffrey Marshall, "What is Binding in a Precedent", in D. Neil MacCormic and Robert S. Summers eds., *Interpreting Precedents: A Comparative Study*, Dartmouth Publishing Company, 1997, p. 504.

③ See James Holland and Julian Webb, *Learning Legal Rules: A Students' Guide to Legal Method and Reasoning*, Eighth edition, Oxford University Press, 2013, p. 208.

④ See Richard B. Cappalli, *The American Common Law Method*, Transnational Publishers Inc, 1997, p. 24.

⑤ 胡云腾认为,类似案件不仅要案情相似,更重要的是争议焦点要相似。参见胡云腾:《关于案例指导制度的几个问题》,载《光明日报》2014 年 1 月 29 日。

第十章 基于案例的司法推理

存在着年老体衰的体质性状况"都是重要事实,因为这些事实与该案所争议的核心问题"交通事故案件的受害人的体质因素是否构成侵权法意义上的过错"直接相关,对以上任一事实的歪曲或疏漏都有可能影响争议问题的解决。相比之下,受害人是年轻人还是老年人,是中国人还是外国人,是男性还是女性,是步行还是骑自行车等都是非重要事实,因为它们对争议问题的解决并不会产生实质性的影响。

只有重要事实方面存在差异,才有可能导致两个案件在本质上的不同。因此,如果不深入了解法院为何认为特定案件的某个事实是重要的,就难以十分准确地对案件事实进行特征描述,也就不能有效地在案件之间进行相似性的判断和区分。[1] 找准案件的争议焦点并结合争议焦点对重要事实的范围有一个基本的把握之后,接下来就要比较重要事实之间的相同点和不同点,但是"并非所有的相同点都是相关的,也并非所有的不同点都是相关的"[2]。是否相关主要取决于他们是否直接指向争议问题以及是否有助于争议问题的解决。假设在 X 号指导性案例中,重要的事实是 A 和 B,待决案件 Y 具有 A、B 以及 C 三个重要事实,显然 X 与 Y 案件的相同点是事实 A 和 B,它们的不同点在于 Y 案件还拥有 C 这样一个重要事实,此时法官需要判断:究竟是 X 和 Y 案件之间的相同点(A 和 B)更为重要,还是它们之间的不同点(C)更为重要?如果说它们之间的相同点更为重要,则可以判定 Y 与 X 在实质上相似,反之就不是相似案件。

以马文久诉何旭梅等机动车交通事故责任案为例,该案的基本事实是:被告何旭梅驾驶轿车与原告马文久驾驶的电动自行车发生碰撞,造成马文久受伤及其车辆损坏。诸暨市公安局交通警察大队认定何旭梅负事故全部责任,马文久无责任。经司法鉴定机构鉴定,马文久构成四

---

[1] See Richard B. Cappalli, *The American Common Law Method*, Transnational Publishers Inc, 1997, p.25.

[2] Frederick Schauer, *Thinking Like a Lawyer: A New Introduction to Legal Reasoning*, Harvard University Press, 2009, p.94.

级伤残,本次外伤参与度为50%。① 对比24号指导性案例的裁判要点或裁判规则,会直观地感觉该案与24号指导性案例十分相似。但是它们在本质上是否属于相似案件,还要更进一步的分析。然而,主审法院认为该案与24号指导性案例在性质上是两个不同的案件,具体分析如下:

> 本院认为,最高人民法院发布的第24号指导性案例中,被侵权人因左桡骨远端骨折而致伤残,而左桡骨远端骨折是交通事故直接造成的,即交通事故与伤残之间有直接的因果关系。本案中,结合原告的病历记载及医院诊断等,可以确定原告自身存在潜在性的脑梗死及高血压病等因素,属于发生脑梗死的高危人群,而本次交通事故仅造成原告左胫骨平台骨折、颈椎损伤和左小腿挫裂伤,与导致原告四级伤残的脑梗死之间并没有直接的因果关系,即交通事故外伤只是伤残的一个诱因,与第24号案例中侵权人对事故发生具有过错并直接导致被侵权人伤残的情形不同,本案中被告何旭梅虽对事故发生负全部过错责任,但原告的伤残却不是被告何旭梅的过错行为直接导致的,故两者不具有参照性。

法院的以上判断正确吗?该案与24号指导性案例是否真的在本质上并不相似?根据本书有关相似性的判断方法,可以来验证法院的判断。首先,从法律关系上看,二者的具体法律关系具有同一性,均是交通事故侵权案件,因此它们大体上属于同一类案件。其次,两案的争议焦点十分相似,争议的焦点都是"交通事故受害人自身的疾病是否构成过错?应否按照损伤参与度减轻侵权人的责任?"。围绕争议焦点需要进一步归纳、提取和对比两个案件的相关相同点和相关不同点。

两案的相关相同点大致体现在以下方面:(1)两案均是交通事故中对公民身体健康权的侵犯,二者的具体法律关系或案由是相同的;(2)两案所争议的焦点问题如上所述也是相同的;(3)侵权人都是机动车一方,

---

① 案件事实是笔者从判决书描述的事实中提炼出来的。另外,如无特别说明,下文所引的原告主张、被告的抗辩以及法院的判决理由和判决结论均出自该案的判决书。具体内容请参见浙江省诸暨市人民法院(2013)绍诸民初字第1905号民事判决书。

第十章　基于案例的司法推理

且侵权人都存在过错；(4) 受害人均是非机动车一方，除了身体患有疾病症状之外，受害人并无任何过错；(5) 受害人所受到的人身伤害都存在多因一果的情形，损害后果是在侵权人的侵权行为与受害人自身体质因素的共同作用下形成的。以上五个方面的事实由于直接与争议问题相关，因而都可以视为24号指导性案例与待决案件所共同具有的重要事实。

不过，仅仅指出待决案件与指导性案例具有五个方面相同的重要事实并不足以确证它们一定就是相似案件，因为案件之间的不同点也是十分重要的，沿着大致相同的思路和方法，需要将两个案件之间的不同点提取出来。在24号指导性案例中，侵权行为导致的后果是"受害人左桡骨远端骨折十级伤残，左下肢九级伤残的损伤"，受害人自身的骨质疏松对以上损害结果的产生有一定的客观影响。在马文久案中，受害人所遭受的损害后果是"左侧肢体偏瘫，且被评定为四级伤残"，交通事故直接引起了当事人的外伤，外伤的诱因与受害人自身的病理性因素（潜在的脑梗死与高血压等症状）共同导致了受害人的四级伤残。这个不同点与五个相同点到底何者更为重要呢？

此时，这种比较不再单纯地是一种描述性（descriptive）或演绎性（deductive）的活动，而必须借助于法律评价①，这种评价会"涉及目的之考量，必须由法律目的及社会目的的角度加以判断"②。既有法律对机动车与非机动车之间所发生的交通事故采取过错责任原则，如果当事人对于交通事故的发生并无过错，则不应承担责任，也不应减轻侵权人的责任。相较于机动车驾驶人，非机动车一方处于弱势地位，法律规定的目的在于保护非机动车一方的利益，合理地配置公共风险。24号指导性案例所确立的"当事人的体质性因素并不属于侵权法意义上的过错"，符合侵权法的立法目的和立法精神。因为如果将当事人潜在的体质性因素归结为过错，那么老年人、体弱多病者谁还敢外出呢？这无疑给年老多

---

① 拉伦茨认为，要回答这个问题就必须回归该法律所调整的目的、基本思想上来，即要借助法律理由来进行评价。参见〔德〕卡尔·拉伦茨著：《法学方法论》，陈爱娥译，商务印书馆2003年版，第258页。
② 杨日然著：《法理学》，台湾三民书局2005年版，第139页。

病者强加了公共风险的负担。

结合侵权法的立法目的以及指导性案例裁判要旨所确立的精神,虽然两案损害后果的具体形态有差异,但是如果没有侵权人的侵权行为,受害者自身的体质性因素尚不足以引发或导致最终的损害后果。在马文久案中,尽管马文久在事故发生之前患有高血压、潜在的脑梗死等疾病,但正是因为交通事故中的侵权行为才诱发或加重了这些体质性因素对身体的损伤,故侵权行为与损害后果之间存在法律上直接的因果关系,而不是像主审法院所判定的那样仅仅存在间接的因果联系。当事人的体质因素对于后果的产生虽然有一定的影响,但也只是一种客观的影响而非造成损害后果的直接原因或首要原因。因此,这并不构成侵权法意义上的过错。如此一来,两案之间的不同点结合法律目的来评价,在重要性上并不足以超过两案之间的相同点,因此马文久案与24号指导性案例在实质上是相似的。

从前述所引用的判决内容来看,法院注意到了待决案件与指导性案例之间在损害后果及其形态方面的差异,是值得肯定的。法院紧接着认为受害人马文久左侧肢体四级偏瘫并不是由侵权行为直接导致的,侵权行为所引起的外伤只是一个诱因,因而与四级偏瘫只存在一种间接的因果联系。这无疑是等于变相地认定受害人自身存在的高血压、潜在的脑梗死等体质性因素构成了损害结果产生的法律原因,这显然是对指导性案例所确立的原则和精神的一种误解,同时也有违《侵权责任法》和《道路交通安全法》的立法目的。故法院在有关不同点的评价和分析上存在错误,没有正当地运用法律精神和规范目的对相同点和不同点的重要性进行评价,从而简单地得出了一个两案不存在相似性的错误结论。[①] 另外,法院在相似性的分析方面,主要集中在指导性案例的事实对比上,而忽略了指导性案例中裁判理由部分的分析和解释。

[①] 在一个与马文久案十分类似的案件中,一审法院认定按照损害参与度确定侵权人和受害人的责任分担,而二审法院否定了一审法院的判决,认为交通事故不仅引起了损害后果的产生,同时作为一种诱因也加重了受害人的原有疾病,因此对于医疗费用等责任的分担上不能简单地依照参与度来计算。对此请参见乌鲁木齐市新市区人民法院(2012)新民一初字第1907号民事判决书,以及乌鲁木齐市中级人民法院(2012)乌中民一终字第1030号民事判决书。

第十章 基于案例的司法推理

六、本章小结

指导性案例的使用是法律理论界和实务界都十分关注的问题，但限于某些技术和方法上的原因，学者们一时难以掌握和追踪实践中指导性案例的使用状况，因此就难以对指导性案例的使用做出有深度的、有价值的理论阐释。在缺乏一手资料的情况下，对指导性案例的使用方法所做的理论探讨固然有其无可替代的价值，但是这种应然性的讨论仍然有其不可避免的局限。因为案例指导制度无论设计得多么完美和理想，指导性案例无论编织得多么精妙和完备，一旦将其运用于实践中，就必然会呈现出一些前所未有的难题和障碍。在这个意义上，无论是理论界和实务界都需要对指导性案例之使用进行实然性和描述性研究。以案例指导制度的运作实践为基础，揭示指导性案例使用的实践现状，结合具体的个案分析和解释指导性案例使用的难点，应该成为今后指导性案例研究的一个重要方向。

中国的法院和法官已经在指导性案例的使用上迈出了重要的一步，并且实践中直接和间接使用指导性案例的数量已经十分可观，仅24号指导性案例的引用次数就已高达数百次。在指导性案例的使用中，不仅涉及指导性案例使用所面临的难题，还包括不规范使用指导性案例的现象，如隐性参照普遍盛行、法院偏离指导性案例但拒不说明理由以及当事人或法院滥用指导性案例等。当然这些问题都需要进行更加深入的、更加全面的分析，但这已经远远超出本章的讨论范围。

总之，要接受并正视目前案例指导制度发展中所面临的诸多问题。普通法系遵循先例制度也不是靠几篇文章、几本著作甚至几个案例就能够阐释清楚的，而是靠卷帙浩繁的司法判例、数百年的司法实践经验累积形成的。诚然，"制度的成功在很大程度上依赖其现实可操作性，依赖完善、科学、可行的程序安排和技术保障体系的存在"[①]。但是这种技术

[①] 王晨光：《制度建构与技术创新——我国案例指导制度面临的挑战》，载《国家检察官学院学报》2012年第1期。

或方法需要遵从"从实践中来再到实践中去"的辩证法原则,更要重视对审判实践经验的归纳和总结。此外,无论是学者、律师还是法官,都不要将自己的眼光仅仅停留在对裁判要旨或裁判规则等规则性要素的关注上,正如张骐教授在实践调研后所指出的:"许多中国法官对指导性案例的期待,主要不是期待寻找指导性案例中的规则性因素,即不是指望在指导性案例中会出现有关某一争议问题的规则或规定;他们更重视案例中的论理性的因素,即期待从案例中得到关于适用法律的理由、对法律的解释、法律说理及判决思路方面的启发。"[①]简言之,不要因此忽略了判决书之中的事实部分、判决说理部分乃至判决书之外的案例评析等同样具有价值和意义的内容。

---

① 张骐:《指导性案例中具有指导性部分的确定与适用》,载《法学》2008 年第 10 期。

参 考 文 献

一、中文文献

（一）专著类

1. 〔德〕阿图尔·考夫曼、〔德〕温弗里德·哈斯默尔主编：《当代法哲学与法律理论导论》，郑永流译，法律出版社2002年版。

2. 〔德〕贡塔·托依布纳著：《法律：一个自创生系统》，张骐译，北京大学出版社2004年版。

3. 〔德〕哈贝马斯著：《在事实与规范之间：关于法律和民主法治国的商谈理论》，童世骏译，三联书店2003年版。

4. 〔德〕卡尔·恩吉施著：《法律思维导论》，郑永流译，法律出版社2004年版。

5. 〔德〕卡尔·曼海姆著：《思维的结构》，霍桂桓译，中国人民大学出版社2013年版。

6. 〔德〕伯恩哈德·格罗斯菲尔德著：《比较法的力量与弱点》，孙世彦、姚建宗译，清华大学出版社2002年版。

7. 〔德〕卡尔·拉伦茨著：《法学方法论》，陈爱娥译，商务印书馆2003年版。

8. 〔德〕古斯塔夫·拉德布鲁赫著：《法哲学》，王朴译，法律出版社2013年版。

9. 〔德〕罗伯特·阿列克西著：《法律论证理论》，舒国滢译，中国法制出版社2002年版。

10. 〔德〕阿图尔·考夫曼著：《法律哲学》，刘幸义等译，法律出版社2004年版。

11. 〔德〕阿图尔·考夫曼著：《类推与"事物本质"——兼论类型理论》，吴从周译,台湾学林文化事业有限公司1999年版。

12. 〔德〕齐佩利乌斯著:《法学方法论》,金振豹译,法律出版社2009年版。

13. 〔德〕英格博格·普珀著:《法学思维小学堂》,蔡圣伟译,北京大学出版社2011年版。

14. 〔德〕萨维尼著:《当代罗马法体系Ⅰ》,朱虎译,中国法制出版社2010年版。

15. 〔德〕托马斯·莱赛尔著:《法社会学基本问题》,王亚飞译,法律出版社2014年版。

16. 〔德〕魏德士著:《法理学》,丁晓春、吴越译,法律出版社2013年版。

17. 〔德〕鲁道夫·冯·耶林著:《法学的概念天国》,柯伟才、于庆生译,中国法制出版社2009年版;

18. 〔法〕勒内·达维德著:《当代主要法律体系》,漆竹生译,上海译文出版社1984年版。

19. 〔古希腊〕亚里士多德著:《尼各马可伦理学》,廖申白译注,商务印书馆2003年版。

20. 〔荷〕伊芙琳·菲特丽斯著:《法律论证原理》,张其山等译,商务印书馆2005年版。

21. 〔美〕布赖恩·比克斯著:《法律、语言与法律的确定性》,邱昭继译,法律出版社2007年版。

22. 〔美〕布赖恩·比克斯著:《牛津法律理论词典》,邱昭继等译,法律出版社2007年版。

23. 〔美〕博登海默著:《法理学:法律哲学与法律方法》,邓正来译,中国政法大学出版社2004年版。

24. 〔美〕伯纳姆著:《英美法导论》,林利芝译,中国政法大学出版社2003年版。

25. 〔美〕史蒂文·伯顿著:《法律和法律推理导论》,张志铭、解兴权译,中国政法大学出版社1998年版。

26. 〔美〕史蒂文·伯顿主编:《法律的道路及其影响》,张芝梅、陈绪刚译,北京大学出版社 2005 年版。

27. 〔美〕理查德·波斯纳著:《超越法律》,苏力译,中国政法大学出版社 2001 年版。

28. 〔美〕理查德·波斯纳著:《英国和美国的法律及法学理论》,郝倩译,北京大学出版社 2010 年版。

29. 〔美〕罗纳德·德沃金著:《法律帝国》,李冠宜译,时英出版社 2002 年版。

30. 〔美〕罗纳德·德沃金著:《认真对待权利》,信春鹰、吴玉章译,上海三联书店 2008 年版。

31. 〔美〕罗纳德·德沃金著:《至上的美德——平等的理论与实践》,冯克利译,江苏人民出版社 2007 年版。

32. 〔美〕阿伦·法恩兹沃思著:《美国法律制度概论》,马清文译,群众出版社 1986 年版。

33. 〔美〕乔尔·范伯格著:《自由、权利和社会正义——现代社会哲学》,王守昌、戴栩译,贵州人民出版社 1998 年版。

34. 〔美〕朗·富勒著:《法律的道德性》,郑戈译,商务印书馆 2005 年版。

35. 〔美〕戈尔丁著:《法律哲学》,齐海滨译,生活·读书·新知三联书店 1987 年版。

36. 〔美〕惠廷顿著:《宪法解释:文本含义、原初意图与司法审查》,杜强强等译,中国人民大学出版社 2006 年版。

37. 〔美〕本杰明·卡多佐著:《司法过程的性质》,苏力译,商务印书馆 1998 年版。

38. 〔美〕安德瑞·马默主编:《法律与解释:法哲学论文集》,张卓明、徐宗立等译,法律出版社 2006 年版。

39. 〔美〕约翰·罗尔斯著:《正义论》(修订版),何怀宏等译,中国社会科学出版社 2009 年版。

40. 〔美〕丹尼斯·帕特森著:《法律与真理》,陈锐译,中国法制出版社 2007 年版。

41. 〔美〕庞德著:《通过法律的社会控制》,沈宗灵译,商务印书馆 2008

年版。

42. 〔美〕萨伯著：《洞穴奇案》，陈福勇、张世泰译，生活·读书·新知三联书店2009年版。

43. 〔美〕罗伯特·萨默斯著：《富勒》，马驰译，法律出版社2010年版。

44. 〔美〕凯斯·孙斯坦著：《法律推理与政治冲突》，金朝武、胡爱平、高建勋译，法律出版社2004年版。

45. 〔美〕米尔伊安·R. 达玛什卡著：《司法和国家权力的多种面孔——比较视野中的法律程序》，郑戈译，中国政法大学出版社2004年版。

46. 〔美〕鲁格罗·亚狄瑟著：《法律的逻辑——法官写给法律人的逻辑指引》，唐欣伟译，法律出版社2007年版。

47. 〔英〕哈特著：《法律的概念》（第二版），许家馨、李冠宜译，法律出版社2006年版。

48. 〔美〕约翰·亨利·梅利曼著：《大陆法系》，顾培东、禄正平译，法律出版社2004年版。

49. 〔英〕阿蒂亚、〔美〕萨默斯著：《英美法中的形式与实质——法律推理、法律理论和法律制度的比较研究》，金敏等译，中国政法大学出版社2005年版。

50. 〔英〕蒂莫西·恩迪科特著：《法律中的模糊性》，程朝阳译，北京大学出版社2010年版。

51. 〔英〕哈特著：《法理学与哲学论文集》，支振锋译，法律出版社2005年版。

52. 〔英〕弗里德里希·冯·哈耶克著：《法律、立法与自由》（第一卷），邓正来等译，中国大百科全书出版社2000年版。

53. 〔英〕弗里德里希·冯·哈耶克著：《自由秩序原理》（上），邓正来译，生活·读书·新知三联书店1997年版。

54. 〔英〕汉森著：《法律方法与法律推理》，李桂林译，武汉大学出版社2010年版。

55. 〔英〕鲁伯特·克罗斯、〔英〕J. W. 哈里斯著：《英国法中的先例》，苗文龙译，北京大学出版社2011年版。

56. 〔英〕丹尼斯·劳埃德著:《法理学》,许章润译,法律出版社 2007 年版。
57. 〔英〕尼尔·麦考密克著:《修辞与法治——一种法律推理理论》,程朝阳、孙光宁译,北京大学出版社 2014 年版。
58. 〔英〕尼尔·麦考密克著:《法律推理与法律理论》,姜峰译,法律出版社 2005 年版。
59. 〔英〕约翰·穆勒著:《论自由》,孟凡礼译,广西师范大学出版社 2011 年版。
60. 〔英〕韦恩·莫里森著:《法理学——从古希腊到后现代》,李桂林等译,武汉大学出版社 2003 年版。
61. 〔英〕尼尔·麦考密克、〔奥〕奥塔·魏因贝格尔著:《制度法论》,周叶谦译,中国政法大学出版社 1994 年版。
62. 〔英〕詹姆斯·斯蒂芬著:《自由、平等、博爱——一位法学家对约翰·密尔的批判》,冯克利、杨日鹏译,广西师范大学出版社 2007 年版。
63. 〔英〕约翰·伊特韦尔等编:《新帕尔格雷夫经济学大辞典》(第三卷),陈岱孙等译,经济科学出版社 1996 年版。
64. 〔法〕雅克·盖斯旦、〔法〕吉勒·古博著:《法国民法总论》,陈鹏等译,法律出版社 2004 年版。
65. 《拿破仑法典(法国民法典)》,李浩培、吴传颐、孙鸣岗译,商务印书馆 1979 年版。
66. 《瑞士民法典》,殷生根译,法律出版社 1987 年版。
67. 陈景辉著:《实践理由与法律推理》,北京大学出版社 2012 年版。
68. 陈兴良著:《规范刑法学》,中国人民大学出版社 2013 年版。
69. 陈兴良著:《判例刑法学》,中国人民大学出版社 2009 年版。
70. 陈兴良著:《教义刑法学》,中国人民大学出版社 2010 年版。
71. 曹刚著:《法律的道德批判》,江西人民出版社 2001 年版。
72. 陈波著:《逻辑学导论》,中国人民大学出版社 2006 年版。
73. 梁治平主编:《法律的文化解释》(增订本),生活·读书·新知三联书店 1998 年版。

74. 冯文生著:《推理与诠释:民事司法技术范式研究》,法律出版社 2005 年版。

75. 顾祝轩著:《民法系统论思维:从民法体系转向法律系统》,法律出版社 2012 年版。

76. 黄茂荣著:《法学方法与现代民法》(第五版),法律出版社 2007 年版。

77. 洪汉鼎著:《当代西方哲学两大思潮》(下册),商务印书馆 2010 年版。

78. 侯学勇著:《法律论证的融贯性研究》,山东大学出版社 2009 年版。

79. 强世功著:《法律的现代性剧场:哈特与富勒论战》,法律出版社 2006 年版。

80. 焦宝乾著:《法律论证导论》,山东人民出版社 2006 年版。

81. 孔祥俊著:《知识产权法律适用的基本问题——司法哲学、司法政策与裁判方法》,中国法制出版社 2013 年版。

82. 雷磊著:《规范理论与法律论证》,中国政法大学出版社 2012 年版。

83. 李银河、马忆南主编:《婚姻法修改论争》,光明日报出版社 1999 年版。

84. 梁慧星著:《民法解释学》(第四版),法律出版社 2015 年版。

85. 林立著:《法学方法论与德沃金》,中国政法大学出版社 2002 年版。

86. 刘风景著:《判例的法理》,法律出版社 2009 年版。

87. 刘星著:《法律是什么》,中国政法大学出版社 1998 年版。

88. 罗秉祥著:《自由社会的道德底线》,基道出版社 1997 年版。

89. 邵建东编著:《德国民法总则编典型判例 17 则评析》,南京大学出版社 2005 年版。

90. 沈宗灵主编:《法理学》(第 3 版),北京大学出版社 2009 年版。

91. 沈德咏主编:《最高人民法院公报案例大全》(上、下卷),人民法院出版社 2009 年版。

92. 苏俊雄著:《刑事法学的方法与理论——如何从事法律思考?》,台湾环宇出版社 1974 年版。

93. 苏力著:《也许正在发生——转型中国的法学》,法律出版社 2004 年版。

94. 王泽鉴著:《人格权法》,北京大学出版社2013年版。

95. 王泽鉴著:《侵权行为》,北京大学出版社2009年版。

96. 徐显明主编:《法理学原理》,中国政法大学出版社2009年版,第15页。

97. 薛波主编:《元照英美法词典》(缩印版),北京大学出版社2013年版。

98. 颜厥安著:《规范、论证与行动——法认识论论文集》,台湾元照出版公司2004年版。

99. 颜厥安、罗昌发主编:《理性、思想继受与法解释》,台湾元照出版公司2009年版。

100. 杨建军著:《裁判的经验与方法——〈最高人民法院公报〉民事案例研究》,山东人民出版社2010年版。

101. 杨日然著:《法理学》,台湾三民书局2005年版。

102. 於兴中著:《法理学检读》,海洋出版社2010年版。

103. 于同志著:《刑法案例指导:理论·制度·实践》,中国人民公安大学出版社2011年版。

104. 张嘉尹著:《宪法学的新视野(一):宪法理论与法学方法》,台湾五南出版公司2012年版。

105. 张文显、徐显明主编:《全球化背景下东亚的法治与和谐》(下册),山东人民出版社2009年版。

106. 张骐著:《法律推理与法律制度》,山东人民出版社2003年版。

107. 张超著:《法概念与合法性价值》,中国政法大学出版社2012年版。

108. 张传新著:《自适应道义逻辑与法律推理研究》,山东人民出版社2011年版。

109. 郑永流著:《法律方法阶梯》,北京大学出版社2012年版。

(二)论文类

1. 〔英〕哈特:《法律推理问题》,刘星译,载《环球法律评论》1991年第5期。

2. 〔德〕阿图尔·考夫曼:《法哲学、法律理论和法律教义学》,郑永流译,载《外国法评议》2000年第3期。

3. 〔德〕Ralf Poscher:《裁判理论的普遍谬误:为法教义学辩护》,隋愿译,载《清华法学》2012年第4期。
4. 〔德〕沃尔福冈·弗里希:《法教义学对刑法发展的意义》,赵书鸿译,载《比较法研究》2012年第1期。
5. 〔英〕哈特:《实证主义和法律与道德的分离》,翟小波译,载《环球法律评论》2001年第2期。
6. 〔美〕查尔斯·雅布隆:《法官是说谎者吗?——对德沃金〈法律帝国〉的维特根斯坦式批评"》,陈林林、刘诚译,载《法制与社会发展》2005年第5期。
7. 白斌:《论法教义学:源流、特征及其功能》,载《环球法律评论》2010年第3期。
8. 蔡桂生:《学术与实务之间——法教义学视野下的司法考试(刑法篇)》,载《北大法律评论》2009年第1辑。
9. 陈兴良:《刑法教义学方法论》,载《法学研究》2005年第2期。
10. 陈兴良:《刑法教义学与刑事政策的关系:从李斯特鸿沟到罗克辛贯通》,载《中外法学》2013年第5期。
11. 陈兴良:《刑法知识的教义学化》,载《法学研究》2011年第6期。
12. 陈景辉:《"开放结构"的诸层次:反省哈特的法律推理理论》,载《中外法学》2011年第4期。
13. 陈景辉:《规则的普遍性与类比推理》,载《求是学刊》2008年第1期。
14. 陈景辉:《法律与社会科学研究的方法论批判》,载《政法论坛》2013年第1期。
15. 陈景辉:《同案同判:法律义务还是道德要求》,载《中国法学》2013年第3期。
16. 陈坤:《法律教义学:要旨、作用与发展》,载《甘肃政法学院学报》2012年第3期。
17. 陈坤:《法学方法论的困境与出路——论最小损害原则》,载《西南政法大学学报》2012年第1期。
18. 陈坤:《疑难案件、司法判决与实质权衡》,载《法律科学》2012年第

1 期。

19. 陈金钊:《被社会效果所异化的法律效果及其克服——对两个效果统一论的反思》,载《东方法学》2012 年第 6 期。

20. 陈金钊:《法律人思维中的规范隐退》,载《中国法学》2012 年第 1 期。

21. 陈金钊:《逻辑固法:对法律逻辑作用的感悟》,载《重庆工学院学报(社会科学版)》2007 年第 7 期。

22. 陈金钊:《对"法治思维和法治方式"的诠释》,载《国家检察官学院学报》2013 年第 2 期。

23. 陈金钊:《魅力法治所衍生的苦恋——对形式法治和实质法治思维方向的反思》,载《河南大学学报(社会科学版)》2012 年第 5 期。

24. 陈金钊:《对形式法治的辩解与坚守》,载《哈尔滨工业大学学报(社会科学版)》2013 年第 2 期。

25. 陈妙芬:《Rechtsdogmatik——法律释义学,还是法律信条论?》,载《月旦法学杂志》2000 年第 3 期。

26. 陈妙芬:《Rechtswissenschaft——法学可能纯粹吗?》,载《月旦法学杂志》2000 年第 2 期。

27. 陈瑞华:《社会科学方法对法学的影响》,载《北大法律评论》2007 年第 1 辑。

28. 丁胜明:《刑法教义学研究的中国主体性》,载《法学研究》2015 年第 2 期。

29. 范立波:《原则、规则与法律推理》,载《法制与社会发展》2008 年第 4 期。

30. 范立波:《规范裂缝的判定与解决》,载《法学家》2010 年第 1 期。

31. 冯军:《刑法教义学的立场和方法》,载《中外法学》2014 年第 1 期。

32. 葛云松:《法学教育的理想》,载《中外法学》2014 年第 2 期。

33. 郭叶、孙妹:《最高人民法院指导性案例 2018 年度司法应用报告》,载《中国应用法学》2019 年第 3 期。

34. 韩世远:《民法的解释论与立法论》,载《人民法院报》2005 年 5 月 18 日,B1 版。

35. 郝廷婷:《民事审判思维方法实证研究——"三段论"逻辑在中国基层法院的续造与验算》,载《法律适用》2012 年第 1 期。

36. 何海波:《何以合法? 对"二奶继承案"的追问》,载《中外法学》2009 年第 3 期。

37. 黄利红:《民事判决书不说理之原因及其对策》,载《广西社会科学》2004 年第 3 期。

38. 侯猛:《社科法学的跨界格局与实证前景》,载《法学》2013 年第 4 期。

39. 侯猛:《社科法学的传统与挑战》,载《法商研究》2014 年第 5 期。

40. 胡云腾、于同志:《案例指导制度若干重大疑难争议问题研究》,载《法学研究》2008 年第 6 期。

41. 胡云腾、吴光侠:《〈关于编写报送指导性案例体例的意见〉的理解与适用》,载《人民司法》2012 年第 9 期。

42. 黄卉:《论法学通说——又名法条主义宣言》,载《北大法律评论》2011 年第 2 辑。

43. 季卫东:《法律解释的真谛:探索实用法学的第三条道路》,载《中外法学》1998 年第 6 期。

44. 江必新:《在法律之内寻求社会效果》,载《中国法学》2009 年第 3 期。

45. 焦宝乾:《当代法律方法论的转型——从司法三段论到法律论证》,载《法制与社会发展》2004 年第 1 期。

46. 焦宝乾:《法教义学的观念及其演变》,载《法商研究》2006 年第 4 期。

47. 劳东燕:《刑事政策与刑法解释中的价值判断——兼论解释论上的"以刑制罪"现象》,载《政法论坛》2012 年第 4 期。

48. 雷磊:《什么是我们所认同的法教义学》,载《光明日报》2014 年 8 月 13 日,第 16 版。

49. 李晟:《面向社会管理的法律实证》,载《法学》2013 年第 4 期。

50. 李旭东:《论司法裁判的法律标准——对社会效果与法律效果统一论的批评》,载《华南理工大学学报(社会科学版)》2010 年第 5 期。

51. 梁慧星:《关于消法四十九条的解释适用》,载《人民法院报》2001 年 3 月 29 日,第 3 版。

52. 林来梵、郑磊:《基于法教义学概念的质疑——评〈中国法学向何处去〉》,载《河北法学》2007年第10期。
53. 林来梵、郑磊:《法律学方法论辩说》,载《法学》2004年第3期。
54. 凌斌:《什么是法教义学:一个法哲学追问》,载《中外法学》2015年第1期。
55. 刘长秋:《法律介入道德:基础、限度与对策》,载《东方法学》2012年第1期。
56. 刘作翔、徐景和:《案例指导制度中案例的适用问题》,载《湘潭大学学报(哲学社会科学版)》2008年第2期。
57. 刘台强:《法律知识论的建构——以法律释义学的探讨为基础》,台湾辅仁大学2008年法律学研究所博士学位论文。
58. 刘星:《怎样看待中国法学的"法条主义"》,载《现代法学》2007年第2期。
59. 刘星:《多元法条主义》,载《法制与社会发展》2015年第1期。
60. 吕芳:《穿行于理想和现实之间的平衡——从法律文化的视角解读"法律效果和社会效果的统一"》,载《法学论坛》2005年第3期。
61. 孔祥俊:《论法律效果与社会效果的统一:一项基本司法政策的法理分析》,载《法律适用》2005年第1期。
62. 泮伟江:《法学的社会学启蒙——社会系统理论对法学的贡献》,载《读书》2013年第12期。
63. 邵建东:《德国法学教育制度及其对我们的启示》,载《法学论坛》2002年第1期。
64. 沈宗灵:《论普通法和衡平法的历史发展和现状》,载《北京大学学报(哲学社会科学版)》1986年第3期。
65. 四川省高级人民法院、四川大学联合课题组:《中国特色案例指导制度的发展与完善》,载《中国法学》2013年第3期。
66. 舒国滢:《并非一种值得期待的宣言——我们时代的法学为什么需要重视方法》,载《现代法学》2006年第5期。
67. 舒国滢:《决疑术:方法、渊源与盛衰》,载《中国政法大学学报》2012

年第 2 期。

68. 宋晓:《裁判摘要的性质追问》,载《法学》2010 年第 2 期。
69. 苏力:《从药家鑫案看刑罚的殃及效果和罪责自负》,载《法学》2011 年第 6 期。
70. 苏力:《法律人思维?》,载《北大法律评论》2013 年第 2 辑。
71. 苏力:《面对中国的法学》,载《法制与社会发展》2004 年第 3 期。
72. 苏力:《法条主义、民意与难办案件》,载《中外法学》2009 年第 1 期。
73. 苏力:《中国法学研究格局的流变》,载《法商研究》2014 年第 5 期。
74. 苏力:《美国的法学教育和研究》,载《南京大学法律评论》1996 年第 1 期。
75. 苏力:《也许正在发生——中国当代法学发展的一个概览》,载《比较法研究》2001 年第 3 期。
76. 苏力:《当代中国法理的知识谱系及其缺陷———从"黄碟案"透视》,载《中外法学》2003 年第 3 期。
77. 苏力:《判决书的背后》,载《法学研究》2001 年第 3 期。
78. 孙玉荣:《民法上的欺诈与〈消费者权益保护法〉第 49 条之适用》,载《法律适用》2005 年第 4 期。
79. 孙海波:《指导性案例的隐性适用及其矫正》,载《环球法律评论》2018 年第 2 期。
80. 孙海波:《类似案件应类似处理吗?》,载《法制与社会发展》2019 年第 3 期。
81. 孙海波:《指导性案例退出机制初探》,载《中国法律评论》2019 年第 4 期。
82. 孙笑侠:《法律人思维的二元论》,载《中外法学》2013 年第 6 期。
83. 唐延明:《论司法的法律效果与社会效果》,载《东北财经大学学报》2009 年第 1 期。
84. 王彬:《司法裁决中的"顺推法"与"逆推法"》,载《法制与社会发展》2014 年第 1 期。
85. 王世洲:《刑法方法理论的若干基本问题》,载《法学研究》2005 年第

5 期。

86. 王轶:《对中国民法学学术路向的初步思考——过分侧重制度性研究的缺陷及其克服》,载《法制与社会发展》2006 年第 1 期。

87. 王立达:《法释义学研究取向初探:一个方法论的反省》,载《法令月刊》2000 年第 9 期。

88. 王宏选、张麦昌:《疑难案件法律发现的渊源、模式和机制》,载《求索》2006 年第 3 期。

89. 王发强:《不宜要求"审判的法律效果与社会效果统一"》,载《法商研究》2000 年第 6 期。

90. 王亦君、林洁:《小悦悦事件引发全民反思——危难面前,人心如何不冷漠》,载《中国青年报》2011 年 10 月 22 日,第 1 版。

91. 王晨光:《法学教育的宗旨——兼论案例教学模式和实践性法律教学模式在法学教育中的地位、作用和关系》,载《法制与社会发展》2002 年第 6 期。

92. 王晨光:《制度建构与技术创新——我国案例指导制度面临的挑战》,载《国家检察官学院学报》2012 年第 1 期。

93. 王利明:《我国案例指导制度若干问题研究》,载《法学》2012 年第 1 期。

94. 王鹏翔:《论涵摄的逻辑结构——兼评 Larenz 的类型理论》,载《成大法学》2005 年第 9 期。

95. 王国龙:《捍卫法条主义》,载《法律科学》2011 年第 4 期。

96. 汪世荣:《补强效力与补充规则:中国案例制度的目标定位》,载《华东政法大学学报》2007 年第 2 期。

97. 武秀英、焦宝乾:《法教义学基本问题初探》,载《河北法学》2006 年第 10 期。

98. 吴英姿:《案例指导制度能走多远》,载《苏州大学学报(哲学社会科学版)》2011 年第 4 期。

99. 谢晖:《美德的暴政与权利的美德》,载《东方法学》2012 年第 1 期。

100. 熊明辉:《非形式逻辑的对象及其发展趋势》,载《中山大学学报(社会科学版)》2006 年第 2 期。

101. 熊秉元:《论社科法学与教义法学之争》,载《华东政法大学学报》2014 年第 6 期。

102. 许德风:《论法教义学与价值判断——以民法方法为重点》,载《中外法学》2008 年第 2 期。

103. 许德风:《法教义学的应用》,载《中外法学》2013 年第 5 期。

104. 徐振雄:《德沃金论"道德侵犯非罪化"与"自由主义的政治社群"——一个古老的命题:社会可透过刑罚执行道德吗?》,载《月旦法学杂志》2002 年第 91 期。

105. 颜厥安:《法、理性与论证——Robert Alexy 的法论证理论》,载《政大法学评论》1994 年第 52 期。

106. 颜厥安:《德沃金之诠释主义及其彻底化》,载《"中研院"法学期刊》2008 年第 3 期。

107. 尤陈俊:《不在场的在场:社科法学和法教义学之争的背后》,载《光明日报》2014 年 8 月 13 日,第 16 版。

108. 俞飞:《"道德恐慌"阴影下,刑法不能承受之重》,载《东方法学》2012 年第 1 期。

109. 于同志:《论指导性案例的参照适用》,载《人民司法》2013 年第 7 期。

110. 张骐:《形式规则与价值判断的双重变奏:法律推理方法的初步研究》,载《比较法研究》2000 年第 2 期。

111. 张骐:《判例法的比较研究——兼论中国建立判例法的意义》,载《比较法研究》2002 年第 4 期。

112. 张骐:《试论指导性案例的"指导性"》,载《法制与社会发展》2007 年第 6 期。

113. 张骐:《指导性案例中具有指导性部分的确定与适用》,载《法学》2008 年第 10 期。

114. 张骐:《论寻找指导性案例的方法——以审判经验为基础》,载《中外法学》2009 年第 3 期。

115. 张骐:《发展案例指导制度需要处理好的三个关系》,载《中国审判》2011年第10期。
116. 张骐:《再论指导性案例效力的性质与保证》,载《法制与社会发展》2013年第1期。
117. 张翔:《形式法治与法教义学》,载《法学研究》2012年第6期。
118. 张翔:《宪法教义学初阶》,载《中外法学》2013年第5期。
119. 张伯元:《问答式律注考析》,载《法制与社会发展》1999年第5期。
120. 张钰光:《"法律论证"构造与程序之研究》,台湾辅仁大学法律学研究所2001年博士学位论文。
121. 张嘉尹:《宪法之"科际整合"研究的意义与可能性——一个方法论的反思》,载《世新法学》2010年第2期。
122. 张嘉尹:《台湾法学典范的反思——从当代德国法科学理论的兴起谈起》,载《世新法学》2012年第1期。
123. 张明楷:《也论刑法教义学的立场:与冯军教授商榷》,载《中外法学》2014年第2期。
124. 郑玉双:《法律道德主义的立场与辩护》,载《法制与社会发展》2013年第1期。
125. 郑永流:《法律判断形成的模式》,载《法学研究》2004年第1期。
126. 郑永流:《道德立场与法律技术》,载《中国法学》2008年第4期。
127. 种若静:《试论德国司法考试与法学教育的协调统一》,载《中国司法》2007年第10期。
128. 周舜隆:《司法三段论在法律适用中的局限性》,载《比较法研究》2007年第6期。

二、英文文献

(一) 专著类

1. Adam Gearey, Wayne Morrison and Robert Jago, *The Common Law: Perspectives, Rights, Processes, Institutions*, Second Edition, Routledge, 2013.

2. Andrei Marmor, *Interpretation and Legal Theory*, Hart Publishing, 1995.
3. Andrei Marmor, *The Philosophy of Law*, Princeton University Press, 2014.
4. Antonin Scalia, Bryan A. Garner, *Reading Law: The Interpretation of Legal Texts*, Thomson/West, 2012.
5. Arend Soeteman, Logic in Law: Remarks on Logic and Rationality in Normative Reasoning, Especially in Law, Kluwer Academic Publishers, 1989.
6. Aulis Aarnio, *Reason and Authority: A treatise on the dynamic paradigm of legal dogmatics*, Ashgate/Dartmouth, 1997.
7. Aulis Aarnio, *Essays on the Doctrinal Study of Law*, Springer, 2011.
8. Basil Mitchell, *Law, Morality and Religion in a Secular Society*, Oxford University Press, 1967.
9. Bert Van Roermund eds., *Theory of Legal Science: Proceedings of the Conference on Legal Theory and Philosophy of Science*, D. Reidel Publishing Company, 1984.
10. Brian Leiter, *Naturalizing Jurisprudence: Essays on American Legal Realism and Naturalism in Legal Philosophy*, Oxford University Press, 2007.
11. Brian Leiter eds., *Objectivity in Law and Morals*, Cambridge University Press, 2007.
12. Carl Schmitt, *On The Three Types of Juristic Thought*, Translated by Joseph W. Bendersky, Praeger Publishers, 2004.
13. *Committee on Homosexual Offenses and Prostitution: The Wolfenden Report*, 1957.
14. Chaïm Perelman, *Justice, Law, and Argument: Essays on Moral and Legal Reasoning*, D. Reidel Publishing Company, 1980.

15. Dennis Patterson eds., *Wittgenstein and Legal Theory*, Westview Press, 1992.
16. Edward H Levi, *An Introduction to Legal Reasoning*, University of Chicago Press, 2013.
17. Frederick Schauer, *Playing by the Rules: A Philosophical Examination of Rule-based Decision-making in Law and in Life*, Oxford University Press, 2002.
18. Frederick Schauer, *Thinking Like A Lawyer: A New Introduction to Legal Reasoning*, Harvard University Press, 2009.
19. Gerhart, *Tort Law and Social Morality*, Cambridge University Press, 2010.
20. Hans Kelsen, *Introduction to the Problems of Legal Theory*, translated by Bonnie Litschewski Paulson and Stanley L. Paulson, Clarendon Press, 2002.
21. Hans Kelsen, *Pure Theory of Law*, Deuticke, 1934.
22. Hans Kelsen, *Pure Theory of Law*, Translation from the Second (Revised and Enlarged) German Edition by Max Knight, University of California Press, 1978.
23. Henry Campbell Black, *Handbook on the Law of Judicial Precedents; or The Science of Case Law*, West Publishing Co., 1912.
24. H. L. A. Hart, *The Concept of Law*, Clarendon Press, 1961.
25. H. L. A. Hart, *Law, Liberty and Morality*, Stanford University Press, 1963.
26. Ian McLeod, *Legal Theory*, Second Edition, Palgrave Macmillan Limited, 2003.
27. Jaap Hage, *Reasoning with Rules: An Essay on Legal Reasoning and Its Underlying Logic*, Kluwer Academic Publishers, 1997.
28. James Holland and Julian Webb, *Learning Legal Rules: A Students' Guide to Legal Method and Reasoning*, Eighth edition,

Oxford University Press, 2013.

29. Jeremy Bentham, *Of Laws in General*, edited by H. L. A. Hart, University of London, Athlone Press, 1945.

30. John A. Garraty ed., *Quarrels That Have Shaped the Constitution*, Harper & Row, 1987.

31. John Chipman Gray, *The Nature and Sources of the Law*, Second Edition, Gloucester, Mass. Peter Smith, 1972.

32. Joel Feinberg, *Harm to Others* (*The Moral Limits of the Criminal Law*), Oxford University Press, 1984.

33. Joel Feinberg, *Offense to Others* (*The Moral Limits of the Criminal Law*), Oxford University Press, 1985.

34. Joel Feinberg, *Harm to Self* (*The Moral Limits of the Criminal Law*), Oxford University Press, 1986.

35. Joel Feinberg, *Harmless Wrongdoing* (*The Moral Limits of the Criminal Law*), Oxford University Press, 1988.

36. John Austin, *The Province of Jurisprudence Determined*, John Murray, Albemarle Street, 1832.

37. Jerome Frank, *Law and the Modern Mind*, With a new introduction by Brian H. Bix, Transaction Publishers, 2009.

38. Joseph Raz, *Practical Reason and Norms*, Oxford University Press, 1999.

39. Joseph Raz, *Ethics in the Public Domain: Essays in the Morality of Law and Politics*, Revised Edition, Clarendon Press, 1995.

40. Joseph Raz, *Practical Reason and Norms*, Oxford University Press, 1999.

41. Joseph Raz, *The Practice of Value*, Edited and Introduced by R. Jay Wallace, Oxford University Press, 2003.

42. Joseph Raz, *The Authority of Law: Essays on Law and Morality*, Oxford University Press, 1979.

43. Justine Burley, *Dworkin and His Critics*, Blackwell Publishing Ltd, 2004.
44. Kent Greenawalt, *Law and Objectivity*, Oxford University Press, 1995.
45. Lon Fuller, *The Morality of Law*, Yale University, 1964.
46. Lon L Fuller, *Anatomy of the Law*, Greenwood Press Publishers, 1976.
47. Mark Tebbit, *Philosophy of Law: An Introduction*, Second Edition, Routledge, 2005.
48. Martin P. Golding, *Legal Reasoning*, Broadview Press, 2001.
49. Michael Moore, *Placing Blame: A General Theory of The Criminal Law*, Oxford University Press, 1997.
50. Neil MacCormick, *Legal Reasoning and Legal Theory*, Oxford University Press, 1978.
51. Neil MacCormick, *Rhetoric and the Rule of Law: A Theory of Legal Reasoning*, Oxford University Press, 2005.
52. Nicos Stavropoulos, *Objectivity in Law*, Oxford University Press, 1996.
53. Otto Christian Jensen, *The Nature of Legal Argument*, Basil Blackwell, 1957.
54. Holmes, *The Common Law*, Little, Brown, and Co., 1881.
55. Patrick Devlin, *The Enforcement of Morals*, Oxford University Press, 1965.
56. Peter Cane, *Responsibility in Law and Morality*, Hart Publishing, 2002.
57. Richard A. Wasserstrom, *The Judicial Decision: Toward a Theory of Legal Justification*, Stanford University Press, 1961.
58. Richard B. Cappalli, *The American Common Law Method*, Transnational Publishers Inc., 1997.
59. Richard L. Abel eds., *The Law & Society Reader*, New York U-

niversity Press, 1995.

60. Robert Alexy, *A Theory of Constitutional Rights*, Oxford University Press, 2002.

61. Robert George, *Making Men Moral: Civil Liberties and Public Morality*, Oxford University Press, 1993.

62. Robert George, *In Defense of Natural Law*, Oxford University Press, 1999.

63. Robert S. Summers, *Instrumentalism and American Legal Theory*, Cornell University Press, 1982.

64. Ronald Dworkin, *Taking Rights Seriously*, Harvard University Press, 1978.

65. Ronald Dworkin, *A Matter of Principle*, Harvard University Press, 1985.

66. Ronald Dworkin, *Law's Empire*, Harvard University Press, 1986.

67. Ronald Dworkin, *Freedom's Law: The Moral Reading of the American Constitution*, Oxford University Press, 1996.

68. Rupert Cross, John Bell, *Statutory Interpretation*, Lexis Law Pub., 1995.

69. Roscoe Pound, *Law and Morals*, Chapel Hill, University of North Carolina Press, 1924.

70. Scott J. Shapiro, *Legality*, Harvard University Press, 2011.

71. Stephen Guest, *Ronald Dworkin*, Edinburgh University Press, 1992.

72. Steven J. Burton, *An Introduction to Law and Legal Reasoning*, Little Brown & Co. Law & Business, 1995.

73. Steven J. Burton, *Judging in Good Faith*, Cambridge University Press, 1994.

74. William L. Reynolds, *Judicial Process*, Third Edition, Thomson West, 1988.

(二) 论文类

1. Aleksander Peczenik, "A Theory of Legal Doctrine", *Ratio Juris*, Vol. 14 No. 1 (Mar., 2001).
2. Aleksander Peczenik, "Can Philosophy Help Legal Doctrine?", *Ratio Juris*, Vol. 17 No. 1, (Mar., 2004).
3. Andrei Marmor, "No Easy Cases", *Canadian Journal of Law and Jurisprudence*, Vol. 3, Issue 2, (Jul., 1990).
4. Andrei Marmor, "Should Like Cases Be Treated Alike?", *Legal Theory*, Vol. 11, (2005).
5. Arend Soeteman, "Legal Logic? Or can We Do Without?" *Artificial Intelligence and Law*, Vol. 11, Issue 2—3, (Jun., 2003).
6. Arthur L. Goodhart, "Determining the Ratio Decidendi of a Case", *The Yale Law Journal*, Vol. 40, No. 2 (1930).
7. Aulis Aarnio, Robert Alexy, and Aleksander Peczenik, "The Foundation of Legal Reasoning", *Rechtstheorie* 12 (1981).
8. Chaïm Perelman, "What's Legal Logic?", *Israel Law Review*, Vol. 3, No. 1, (March, 1968).
9. Ilmar Tammelo, "Logic as An Instrument of Legal Reasoning", *Jurimetrics Journal*, Vol. 10, No. 3, (Mar., 1970).
10. Edwin W. Patterson, "Logic in the Law", *University of Pennsylvania Law Review and American Law Register*, Vol. 90, No. 8 (Jun., 1942).
11. Harry W. Jones, "An Invitation to Jurisprudence", *Columbia Law Review*, Vol. 74, No. 6 (Oct., 1974).
12. H. L. A. Hart, "Positivism and the Separation of Law and Morals", *Harvard Law Review*, Vol. 71, No. 4 (Feb., 1958).
13. H. L. A. Hart, "Social Solidarity and the Enforcement of Morality", *The University of Chicago Law Review*, Vol. 35, No. 1 (Aut., 1967).

14. Harry T. Edwards, "The Growing Disjunction between Legal Education and the Legal Profession", *Michigan Law Review*, Vol. 91, No. 1 (Oct., 1992).

15. Ilmar Tammelo, "Logic as An Instrument of Legal Reasoning", *Jurimetrics Journal*, Vol. 10, No. 3, (Mar., 1970).

16. Jack L. Landau, "Logic for Lawyers", *Pacific Law Journal*, Vol. 13, (1981).

17. James Hardisty, "Reflections on Stare Decisis", *Indiana Law Journal*, Vol. 55, (1979).

18. Jason M. Dolin, "Opportunity Lost: How Law School Disappoints Law Students, the Public, and the Legal Profession", *California Western Law Review*, Vol. 44, (2007).

19. Jerome Frank, "Are Judges Human? Part One: The Effect on Legal Thinking of the Assumption That Judges Behave like Human Beings", *University of Pennsylvania Law Review and American Law Register*, Vol. 80, No. 1 (Nov., 1931).

20. John Dewey, "Logical Method and Law", *The Philosophical Review*, Vol. 33, No. 6 (Nov., 1924).

21. John Kekes, "The Enforcement of Morality", *American Philosophical Quarterly*, Vol. 37, No. 1 (Jan., 2000).

22. John Salmond, "Theory of Judicial Precedents", *Law Quarterly Review*, Vol. 16, (1900).

23. Jon O. Newman, "Between Legal Realism and Neutral Principles: The Legitimacy of Institutional Values", *California Law Review*, Vol. 72, No. 2 (Mar., 1984).

24. Kevin W. Saunders, "What Logic can and cannot Tell Us about Law", *The Notre Dame Law Review*, Vol. 73, No. 3, (Mar., 1998).

25. Mason, Sir Anthony, "The Use and Abuse of Precedent", *Austral-*

ian Bar Review, Vol. 4, (1988).

26. Neil MacCormic, "The Ethics of Legalism", *Ratio Juris*, Vol. 2, No. 2 (1989).

27. Nicholas F. Lucas, "Logic and Law", *Marquette Law Review*, Vol. 3, Issue 4, (1919).

28. Oliver Wendell Holmes, "The Path of the Law", *Harvard Law Review*, Vol. 110, No. 5 (Mar., 1997).

29. Robert S. Summers, "Two Types of Substantive Reasons: The core of a theory of common-law justification", *Cornell Law Review*, Vol. 63, No. 5 (Jun., 1974).

30. Ronald Dworkin, "Hard Cases", *Harvard Law Review*, Vol. 88, No. 6 (Apr., 1975).

31. Ronald Dworkin, "Judicial Discretion", *The Journal of Philosophy*, Vol. 60, No. 21, (Oct., 1963).

32. Ronald Dworkin, "Lord Devlin and the Enforcement of Morals", *Faculty Scholarship Series*, Paper 3611, 1996.

33. Robert S. Summers, "Pragmatic Instrumentalism in Twentieth Century American Legal Thought: A Synthesis and Critique of Our Dominant General Theory about Law and Its Use", *Cornell Law Review*, Vol. 66, Issue 2, (Aug., 1981).

34. Ronald Dworkin, "The Model of Rules", *The University of Chicago Law Review*, Vol. 35, No. 1 (Aut., 1967).

35. Scott J. Shapiro, "The 'Hart-Dworkin' Debate: A Short Guide for The Perplexed", *University of Michigan Public Law and Legal Theory Working Paper Series*, No. 77, (Mar., 2007).

36. Scott Brewer, "Exemplary Reasoning: Semantics, Pragmatics, and The Rational Force of Legal Argument by Analogy", *Harvard Law Review*, Vol. 109, No. 5 (Mar., 1996).

37. Susan Haack, "On Logic in the Law: 'Something, but not All'",

Ratio Juris, Vol. 20, No. 1, (Mar., 2007).

38. Theodore J. St. Antoine, "The Use and Abuse of Precedent in Labor and Employment Arbitration", *University of Louisville Law Review*, Vol. 52, (2014).

39. Thomas Grey, "Langdell's Orthodoxy", *University of Pittsburgh Law Review*, Vol. 45, No. 1, (1983).

40. Thomas Halper, "Logic in Judicial Reasoning", *Indiana Law Journal*, Vol. 44, Issue 1, Article 2, (1968).

41. Thomas Søbirk Petersen, "New Legal Moralism: Some Strengths and Challenges", *Criminal Law and Philosophy*, Vol. 4, Issue 2, (Jun., 2010).

42. Timothy Endicott, "Adjudication and the Law", *Oxford Journal of Legal Studies*, Vol. 27, No. 2 (Sum., 2007).

后　　记

经过历时一年之久的修改,这本书稿终于成形了。本书由我在北大读博期间撰写的十篇文章汇集而成,能以此种方式将它们出版或许是这些文字最好的命运。这是我出版的第二本专著,从主题上可以将其视为《裁判对法律的背离与回归:疑难案件的裁判方法新论》一书的姊妹篇。虽然从出版的时间来看,它更"年幼"一些;但从写作的时间来看,本书中文字的年龄要更为"年长",它们都是我长期思索疑难案件的产物。

随着年龄和生活阅历的增长,我渐渐地意识到疑难案件这个论题的重要性,当然也越来越看到了它的多面性和复杂性。与此形成对照的是,本书大多数文章写于我在北大读书的时代,无论在行文风格还是具体观点上,都散发着浓浓的稚嫩之气。尽管在研究初期并没有刻意地安排,但"无心插柳柳成荫",如今它们竟然能够展现出一种较强的内在逻辑,以至形成了读者眼前这本初具体系的论著。在修改过程中,除了更正了明显的错误,删掉了冗余的篇幅之外,其余的内容依然最大限度地保留了原貌。以此也算是对博士学习阶段的总结和纪念。

这本小书尝试从法哲学与法律方法论的双重视角来讨论疑难案件的应对之道。一方面,正如考夫曼所言,并不需要每一位法官都成为优秀的法哲学家,但他们至少要有一定的法哲学品位,借此来扩大自己的"难题意识"。在简单案件中,法教义学关于法律条文的一般性解释已经固化和沉淀了,案件的裁判方向基本上是明确的,通常并不会引发较为严重的实质性争议。而疑难案件中的情形则多少有些不同,法律想要表达的内容成为了法官必须直面的难题,此时法学理论和法哲学势必要出场,它们不仅要有所作为,而且要大有所为。另一方面,疑难案件一定不能依靠掷骰子或抛硬币来解决,它的裁判应当是一个理性化的过程,并且这种裁决方式在理论上是能够被推广的。基于此,本书提出的一个基本观点是,疑难案件的裁判依赖于理性化的价值判断,这种判断的价值基础来自法律本身所提供的实质理由和价值,在极端情形下所为的看似超越法律的价值判断也应与实质法秩序保持一致。

尽管疑难案件不可避免,但它只是司法实践中的一种例外状态,毕竟在大多数时候,呈现在法官面前的都是简单和常规案件。疑难案件虽然挑战了既有的法律体系,使得裁判暂时陷入了僵局,但它远没有一些论者所指出的那么可怕。在面对疑难案件时,我们需要诉诸一种深层次的规范性判断,即在眼前争议案件中,法律到底想表达何种内容?究竟想要得出一种怎样的规范性判断?这种内在的规范性思考及其所迸发出的理性力量,将最终决定着案件的裁判方向。我一直认为,对于任何疑难案件而言,总是存在着答案,尽管并不像德沃金所主张的那样必然存在唯一正确的答案。疑难案件的裁判整体上是试错性的,有时候得出的答案是否正确,在当下难以判明,而最终要在历史长河中不断变迁的审判实践中来检验。

在本书即将付梓之际,总有一些感谢的话要说。在北大读书和生活的六年里,那段紧张而又愉悦的日子或许是人生当中最美好的一段时光了。毕业数年后,恰逢这些文字又在母校的出版社出版,好像是上天冥冥之中的美妙安排。

一路走来要感谢的人很多。特别感谢我的导师张骐教授一直以来的教诲、指导和鼓励,让我明确和坚定自己的学术研究方向,也感谢导师和师母在生活上给予的特别关心和照顾。

本书收录的十篇文章都曾在期刊上先行发表过,感谢这些文章背后编辑老师的赏识和帮助。感谢北大出版社蒋浩老师提供宝贵的出版机会,感谢本书责任编辑毕苗苗老师,他专业的编辑能力和严谨的工作态度让本书避免了很多错误。感谢中国政法大学刘承韪教授领衔的"比较私法研究创新团队"提供的资助,为本书的出版扫除了费用上的后顾之忧。我指导的研究生阅读了本书的初稿,并指出了其中的一些错误,在此也向他们表示感谢!

后　记

　　此外，还要感谢那些在我生命中具有重要意义的家人、故交和友人，在此无法把他们的名字一一列出。正是因为他们的存在才构成了我生活的坐标系。就像有首歌的歌词一样，"我存在在你的存在"。感谢你们，让我体会到生活于世的重要意义。

　　本是春光绚丽、百花争艳的美好时节，一场瘟疫却席卷祖国大地。一个个家庭受到了严重的冲击，许多鲜活的生命离我们而去。不临灾难，不经历病痛，不面对死亡，我们永远不知道生命的脆弱和宝贵。新型冠状病毒对我们而言无疑也是疑难案件，眼下我们对于它的认知十分有限，消灭它的方法也是在实践中不断摸索、试错和成熟。相信这场灾难总会过去，生命之春必将到来！

　　不知不觉窗外已飘起了鼠年的第三场初雪，一片片，一朵朵，下个不停。今夜祈祷所有的人都平安！

孙海波

庚子鼠年年初大雪夜

于京郊昌平寓所